U0451160

稷山
CHINA JISHAN
后稷故里·板枣之乡

宫长为 ◎ 主编

后稷文化论集

稷山县人民政府
中国共产党稷山县委员会
中国先秦史学会 ◎ 编

中国社会科学出版社

图书在版编目(CIP)数据

后稷文化论集/宫长为主编.—北京：中国社会科学出版社，2023.4
ISBN 978－7－5203－7180－3

Ⅰ.①后… Ⅱ.①宫… Ⅲ.①后稷—传统农业—文化研究—中国—文集 Ⅳ.①K827=1 ②F329－53

中国版本图书馆 CIP 数据核字（2020）第 168985 号

出 版 人	赵剑英
策划编辑	李凯凯
责任编辑	刘凯琳
责任校对	赵　威
责任印制	王　超

出　　版	中国社会科学出版社
社　　址	北京鼓楼西大街甲 158 号
邮　　编	100720
网　　址	http://www.csspw.cn
发 行 部	010－84083685
门 市 部	010－84029450
经　　销	新华书店及其他书店

印　　刷	北京君升印刷有限公司
装　　订	廊坊市广阳区广增装订厂
版　　次	2023 年 4 月第 1 版
印　　次	2023 年 4 月第 1 次印刷

开　　本	710×1000　1/16
印　　张	26.25
字　　数	404 千字
定　　价	139.00 元

凡购买中国社会科学出版社图书，如有质量问题请与本社营销中心联系调换
电话：010－84083683
版权所有　侵权必究

后稷

立我烝民莫匪爾極
終古蒙恩與天合德

后稷像

稷王山

汾水河

稷王庙

第一、二、三届后稷农耕文化研讨会

万亩板枣园

《后稷文化论集》编委会

主　任：吴　宣

副主任：王　润　　王德谋　　王　钊　　李建民
　　　　张寒梅　　王红新　　高康夏

委　员：曹广杰　　贺贵荣　　张梅红　　杨志军
　　　　侯俊峰　　范志侠　　段杨慧　　宁水龙
　　　　黄建中

主　编：宫长为

序　　言

先周文化探索，承继先商文化探索，本是中国古代文明研究中的一个重要课题。

研究先周文化包括研究先商文化在内，对于认识和把握夏商周三代社会的基本性质，乃至五帝以降历史发展的基本进程，都具有重要的历史意义和积极的现实意义。

自20世纪初以来，伴随着近代考古学的传入，开启了先周文化探索的新篇章。大体上来说，似乎可以划分为两大阶段、四个时期：

第一个阶段，也就是第一个时期，即由20世纪30年代初至40年代末，期间陕西宝鸡斗鸡台遗址的发掘，包括长安、武功、岐山、旬邑、彬县等地的调查，以及钱穆先生发表《周初地理考》、吕思勉先生发表《周先世事迹》等文，可谓肇启时期。

第二个阶段，依次为第二个时期，即由20世纪50年代初至70年代末，期间陕西长安张家坡、客省庄的发掘，特别是岐山贺家村、凤雏遗址的发掘，其中出土17000余片甲骨等，引起学术界的极大关注，可谓探索时期。

第二个阶段，依次为第三个时期，即由20世纪80年代初至90年代末，期间随着陕西武功郑家坡遗址、扶风刘家墓葬、长武碾子坡遗址等的相继报告发表和研究，包括国家夏商周断代工程的成功实施，陕西说、山西说交相辩驳，可谓推进时期。

第二个阶段，依次为第四个时期，即由21世纪初至今，期间伴随着中华文明探源工程的持续展开，以陕西周原遗址为代表的先周文化探索，取得更加积极地丰硕成果，可谓发展时期。

我们从中不难看出，近百年来先周文化探索，从文献学、考古学不同角度，进行深刻的反思与探讨，并在这个发展的过程中，注重运用文献学与考古学相结合的方法，不断地推出新成果，不断地走进新阶段，大大地提高了我们对先周历史文化理解和认知，大大地丰富和发展了中国古代文明研究。

其中主要涉及两个方面问题，一方面，从文献学的角度出发，着重探讨先周文化中先公、先王的都邑所在；另一个方面，从考古学的角度出发，着重探讨先周文化中遗存、遗址的基本信息。

实际上，这两个方面问题的探讨，本属于同一个问题，或者说是同一个问题的两个方面，共同聚焦核心点，无疑是先周文化的起源，也就是后稷文化生成，怎奈文献记载迷雾重重，需要我们进一步加以疏解。

按照《尚书》有关记载，后稷本名弃，与尧舜禹为同时代的人，帝曰："弃，黎民阻饥，汝后稷，播时百谷"，也就是说，"后稷"是官职，"后"字或"司"字之误，"后稷"或曰"司稷"。自弃任"后稷"或曰"司稷"以来，依据《国语》有关说法，"昔我先王世后稷，以服事虞、夏。及夏之衰也，弃稷不务，我先王不窋用失其官，而自窜于戎、狄之间"，从虞、夏之际到商、周之际，前后长达近千年的历程，所谓"自后稷以来宁乱，及文、武、成、康而仅克安民。自后稷之始基靖民，十五王而文始平之，十八王而康克安之，其难也如是"。至今日观之，仍然也是疑窦丛生，真可谓"其难也如是"。

正是基于这样的研究情形，中国先秦史学会与山西稷山县委、县政府等多家单位展开合作，先后多次联合举办中国·稷山后稷农耕文化研讨会，结合已有的研究成果，聚焦先周文化的核心问题，进一步探讨以后稷为代表的先周文化，特别是后稷农耕文化的内涵和精神价值，取得了积极可喜的学术成果。

本部论文集正是以此为基础，同时，适当收录已有相关部分研究成果，汇集名曰《后稷文化论集》。

从总体上来看，全书可以分为八个部分，其中第一、二、三部分，以研究先周文化起源问题为中心，侧重有关山西说的讨论；第四、五、六部分，以研究后稷文化问题为中心，侧重有关后稷神话、稷祀和历史的考察；第七、八两部分，前者辨析稷、粟包括野生高粱问题，后者关注农耕文明的传承与创新。

因此，我们有理由相信，在我们走进新时代之际，在我们努力构建中国古代文明研究三大体系的今天，先周文化研究特别是后稷文化研究，也必将迈上一个新的台阶，开创一个新的局面！

宫长为

识于辛丑清明　修订于壬寅中秋

目 录

周初地理考——后稷篇 ………………………………… 钱　穆（1）
周先世事迹 ……………………………………………… 吕思勉（6）
武丁时代的晋南诸国——周 …………………………… 陈梦家（9）

先周文化与光社文化 …………………………………… 邹　衡（13）
试论先周文化的渊源
　　——先周历史初探之一 …………………………… 李仲立（24）
先周族最早来源于山西 ………………………………… 王玉哲（39）
释《尚书》"周人尊夏"说 ……………………………… 李　民（62）
周人的迁徙 ……………………………………………… 许倬云（73）
周族的起源及其播迁
　　——从邰的地望说起 ……………………………… 杨升南（81）
周族的起源地及其迁徙路线 …………………………… 杨善群（94）
周族起源考 ……………………………………………… 张玉勤（107）
先周文化再研究 ………………………………………… 王克林（117）
先周史溯源 ……………………………………………… 叶文宪（131）
周族的起源 ……………………………………………… 晁福林（144）

晋南稷山地区历史传说与周人起源 …………………… 曹定云（155）
周族起源山西考 ………………………………………… 田建文（166）
考古学视野下后稷文化的几点思考 …………………… 高江涛（174）
后稷与稷山 ……………………………………………… 黄建中（183）

论周人关于后稷的神圣叙事 …………………… 陈连山（192）
上博简《子羔》篇后稷感生神话试探 …………… 廖名春（198）
山陕后稷神话的民间叙事形态 ………… 段友文　刘　彦（205）
尔玛族群认同中的姜嫄神话 …………………… 李祥林（225）
万里山河唐土地，千年魂魄晋英雄
　　——试论后稷神话实反映先民对农业的认识 ……… 王　瑾（238）

稷神崇拜与稷祀文化系统 ……………………… 曹书杰（246）
社祀与稷祀关系研究 …………………………… 魏建震（268）
祈雨：后稷与中华农耕文明的侧影 …………… 王　政（281）

反映周族起源的始祖后稷传说 ………………… 杨　宽（290）
周为黄帝之后说靠得住吗？ …………………… 张广志（302）
后稷父族名号考辨
　　——兼谈帝喾与卜辞高祖夒以及帝俊、伏羲氏的
　　　关系 ……………………………………… 蔡运章（309）
后稷传说与后稷文化精神 ……………………… 杜　勇（319）
后稷教民稼穑的历史与其现代意义 …………… 徐义华（327）
追索周邦早期文明轨迹 ………………………… 宫长为（337）

《诗经》中所见的谷类——稷 ………………… 齐思和（349）
稷粟辨疑 ………………………………………… 吴荣曾（361）
《尔雅翼》中的"稷"与"粱" ………………… 樊喜庆（371）
稷山枣的前世今生 ……………………………… 夏连保（385）

"后稷教民稼穑于稷山"的内涵与外延 ………… 吴　宣（392）
2021后稷农耕文化研讨会成果发布 ……………………（406）
后　记 …………………………………………………（408）

周初地理考——后稷篇

钱　穆

一　后稷产闻喜，始教穑在稷山

后稷生闻喜，其说犹不止上举。明李汝宽《闻喜县城北门外重修后稷庙记》亦言之曰："先朝儒臣吕柟氏序《稷山县志》，谓其邑去后稷所产之地甚迩，而后稷始穑于此，邑因是名。"是亦谓后稷产闻喜，而始穑于稷山也。考之于古，鲁展禽亦言之，曰："稷勤百谷而山死。"《太平御览·隋图经》曰："稷山在绛郡，后稷播百谷于此山。"盖古者播谷，常择山地，以避水涝。后稷之于稷山，则犹神农之于介山，舜之于历山也。且今万泉亦有介山，与稷山一脉相连。《水经注》："稷山在汾水南四十许里，山东西二十里，南北三十里，高十三里，西去介山十五里。"相传介山为子推所逃隐，史称文公环而封之，为介推田，号其山曰介山。（旧说谓在西河界休，非也。参读《日知录》卷二十一"绵上"条。）而即实以求，有可疑者。夫其人曰介之推，犹之曰烛之武，人以地名，非地以人名也。介推之称由于介山，而介山之号，不由介推，其理甚显。今曰"号其山曰介山"，决不然矣。然则介山何以名？曰万泉之介山，亦犹界休之介山也。其先盖由烈山而耕。由烈山而误为历山，为厉山，为介山，其实则一。然则后稷始穑，固在此万泉、闻喜一带之山，为汾、洮间之原地，故闻喜有稷山，而万泉亦有介山也。

---

* 本文节选自氏著《古史地理论丛·周初地理考》，生活·读书·新知三联书店2004年版，小标题为编者所加。

江永曰："今山西沁源、介休之间，有绵上。然襄十三年晋侯蒐于绵上以治兵。治兵当近国都，未必远至介休。定六年宋乐祁如晋，赵简子逆而饮之酒于绵上。介休之绵上，非适晋所由。今翼城县西有绵山，俗谓之小绵山，当是简子逆乐祁之地。或晋有两绵上，治兵、迎乐祁者在翼城，为介推田者在介休也。"

二　汉祠汾阴后土，其故事源于后稷

《水经·汾水注》又云："汾水西迳郊邱北，故漢时之方泽也。贾逵云：汉法三年祭地汾阴方泽，泽中有方邱，故谓之方泽。邱，即郊邱也。许慎《说文》称从邑癸声，河东临汾地名矣。在介山北，山即汾山也。其山特立，周七十里，高三十里，山上有神庙，庙侧有灵泉，世亦谓之子推祠。扬雄《河东赋》：灵舆安步，周流容与，以览于介山。"今考《地理志》："汾阴，介山在南。"《武纪》诏曰："朕用事介山，祭后土，皆有光应。"此汉汾阴后土祠在介山也。又考《史记·封禅书》，元鼎四年夏六月中，汾阴巫锦为民祠魏脽后土营旁，见地如钩状，掊视得鼎。《武纪》以是岁十一月甲子立后土祠于汾阴脽上。则方汉廷未立后土祠前，汾阴已自有民祠后土营，所从来旧矣。称脽上者，如淳曰："脽，河之东岸，特堆掘长四五里，广一里余，高十余丈，汾阴县治脽之上，后土祠在县西，汾在脽之北，西流与河合。"师古曰："此临汾水之上，地本名郊，昔与葵同，彼乡人呼葵昔如谁，故转而为脽字耳。故《汉旧仪》云葵上。"而郦氏则分郊邱与脽为二。《旧通志》："轩辕氏祀地祇，扫地为坛于脽上。"《新志》因之云："轩辕之台虽无考，而汉武之后土祠，何为忽立此处，意必有所本。"窃疑魏脽后土，盖承晋人祠稷遗俗。故事流传，至今弗衰。（参读顾颉刚《古史辨》第二册李子祥《游稷山记事》及崔盈科《姜嫄传说及其墓地的假定》两篇。）至其地望，容有异同，正如稷山、介山之例。而后稷始稿，其事传述乃在汾水之阴，今闻喜、万泉、稷山、介山一带，迤东及于汾水入河之口，则汉祠后土之所由来也。

三　古称大夏在河东，太原乃涑域，涑水亦称晋水

又考实沈居大夏，杜《注》今晋阳县，服虔则曰："大夏在汾、浍之间。"顾氏《日知录》（卷三十一"唐"字条。）因之，云："《史记》屡言禹凿龙门，通大夏；《吕氏春秋》言龙门未辟，吕梁未凿，河出孟门之上；则所谓大夏者，正今晋绛吉隰之间，当以服氏之说为信。又齐桓公伐晋之师，仅及高梁，（原注：在今临汾县。）而《封禅书》述桓公之言以为西伐大夏，大夏之在平阳明矣。"而余按其说，犹有可疑者。夫曰凿龙门，通大夏，则大夏自近河域，不当在汾、浍之间也。《封禅书》齐桓之言曰："西伐大夏，涉流沙，束马悬车，上卑耳之山。"《索隐》："卑耳，山名，在河东大阳，《博物志》在解县。"此与汾、浍之间为无涉，二也。《吕氏春秋·本味篇》："和之美者，大夏之盐"，《山海经·北山经》："景山南望盐贩之泽"，《太平寰宇记》："景山在闻喜县东南十八里"。盐泽，郭《注》即解县盐池，今在河东猗氏县。会合而观，大夏之地，当在河东，不涉汾、浍，三也。《水经·河水注》："河水东过大阳县南，又东，沙涧水注之。水北出虞山，有虞城，其城北对长坂二十许里，谓之虞坂。戴延之曰：自上及下七山相重。《战国策》曰：昔骐骥驾盐车上于虞坂，迁延负辕而不能进。此盖其困处也。"沙涧本或作流沙涧。疑齐桓涉流沙，正指是水。则卑耳之山殆即虞山。其不涉汾、浍之间，四也。（《山西通志·山川考》疑流沙二字乃汾沁之讹，然亦定大夏为河东地，见《考一》《考十二》。又《平陆县志》沙涧在县东二十五里，箕山在县东九十里，下有清涧，名洗耳河，云巢父洗耳处。《通志》疑洗耳与卑耳声相近，相沿成讹，遂以山名为水名，以巢由事相傅会。然则卑耳与沙涧同在平陆，固无需改流沙为汾沁也。）又《史记·吴太伯世家》："封周章弟虞仲于周之北故夏虚，是谓虞仲。"《集解》："徐广曰：在河东大阳县。"《索隐》："夏都安邑，虞仲都大阳之虞城，在安邑南，故曰夏虚。"《左传》所谓大夏，正指安邑大阳夏虚而言，不涉汾、浍之间，五也。《管子·小匡篇》："西攘白狄之地，至于西河，方舟设泭，乘桴济河，至于石沈，县车束马，逾大行与卑耳之谿，拘泰

夏，西服流沙、西虞，而秦戎始从。"又曰："西至流沙、西虞。"西虞即虞仲所封。此又大夏在安邑大阳，为周初虞邑，不涉汾、浍之证六也。《齐语》亦言之，曰："逾太行与辟耳之谿，拘夏，西服流沙、西吴，南城于周，反胙于绛，岳滨诸侯莫敢不来服。"西吴即西虞也。《史记》言封虞仲于周之北故夏虚，此曰拘夏服西吴而南城于周，地望适合。岳者，《禹贡》岳阳为霍山，则齐桓伐大夏，明属安邑夏虚，不涉汾、浍之间，七也。《吕氏·简选》之篇亦言之，曰："齐桓公西至酆郭"，高《注》："酆郭在长安西南"，此则所谓乘桴济河，秦戎始从者矣。若以大夏为平阳，亦复不合。故知实沈居大夏，当在安邑大阳，不涉汾、浍，八也。又应劭注《汉志》临晋县，曰："以临晋水故名。"臣瓒曰："晋水在河之东。"又《史记·魏世家》："秦拔我蒲坂、晋阳"，《括地志》："晋阳故城今名晋城，在蒲州虞乡县西三十五里"，则河东蒲州本有晋阳。《水经注》："涑水所经，有晋兴泽南对盐道山"，其泽亦在虞乡县西境。岂涑水古又谓之晋水乎？班《志》有晋武公自晋阳迁曲沃之语，司马彪、皇甫谧有晋阳本唐国之说，后世以今太原晋阳说之，自误。然班说虽疏，恐有所自。窃疑晋之始封，唐之故居，或当在河东蒲州一带，故虞乡有晋阳，而班氏有晋自晋阳迁之说。其居翼居鄂已非其初，顾炎武、王世家辨晋初居翼，其论犹为未尽也。（顾、王二氏文，《通志·古迹考二》均引。）《史记·晋世家》又称："封叔虞于唐，唐在河、汾之东方百里。"夫曰河、汾者，河流既长，若谓河东百里，则不得其地望，曰河、汾之东，则河为兼受汾水之河，其东百里，正当涑水之阳，蒲州迤西及于闻喜一带之地，即当时之所谓太原也。后世不得"河、汾之东"一语真解，乃求之汾水之东，则何必曰河、汾？又汾流亦远，其东且何指乎？又《世家》："成王与叔虞戏，削桐叶为珪，与叔虞，曰：'以此封若。'史佚因请择日立叔虞，曰：'天子无戏言。'"旧说太甲放桐宫即闻喜县。闻喜当涑水之阳，若以涑水古称晋水论，则闻喜亦晋阳地也。成王削桐叶与叔虞，故乃封之涑水之阳，纵不必即为曲沃闻喜，而地望当相近。若以《魏世家》晋阳及今涑水有晋兴泽考之，则晋之初封，或尚在闻喜之西，其后乃迁而东，而北。其先在涑、洮，其后乃达于汾、浍也。若我说可信，则又晋唐故居，其先在河东涑水，不涉汾、浍之间，九也。

《左》昭元年晋荀吴败群翟于大卤，即太原也。初将战，魏舒曰："彼徒我车，所遇又阨，以什共车必克，困诸阨又克，请皆卒，自我始。"乃毁车以为行。晁错曰："曲道相值，险阨相薄，车骑之用，弗能及也。"此可以见太原之地势。赵武灵胡服骑射，正与魏舒所论异矣。晋居深山，戎翟之与邻，正可为证。

(作者单位：中国文化学院教授)

周先世事迹*

吕思勉

《史记·周本纪》曰："周后稷，名弃，其母，有邰氏女，曰姜原，姜原为帝喾元妃。姜原出野，见钜人迹，心忻然说，欲践之。践之而身动如孕者。居期而生子。以为不祥，弃之隘巷。马牛遇者，皆辟不践。徙置之林中，适会山林多人，迁之而弃渠中冰上，飞鸟以其翼覆荐之。姜原以为神，遂收养长之。初欲弃之，因名曰弃。弃为儿时，屹如钜人之志，其游戏好种树麻菽，麻菽美，及为成人，遂好耕农。相地之宜，宜谷者稼穑焉。民皆法则之。帝尧闻之，举弃为农师。天下得其利，有功。帝舜曰：弃，黎民始饥，尔后稷，播时百谷。封弃于邰号曰后稷，别姓姬氏。后稷之兴，在陶唐、虞、夏之际，皆有令德。后稷卒，子不窋立。不窋末年，夏后氏政衰，去稷不务，不窋以失其官，而奔戎狄之间。不窋卒，子鞠立。鞠卒，子公刘立。公刘虽在戎狄之间，复修后稷之业。务耕种，行地宜，自漆、沮度渭取材用。行者有资，居者有畜积。民赖其庆。百姓怀之，多徙而保归焉。周道之兴自此始。故诗人歌乐思其德。公刘卒，子庆节立，国于豳。庆节卒，子皇仆立。皇仆卒，子差弗立。差弗卒，子毁喻立。《集解》："《世本》作榆。"《索隐》："《世本》作伪榆。"毁喻卒，子公非立。《索隐》："《世本》作公非辟方，皇甫谧云：公非，字辟方也。"公非卒，子高圉立。《索隐》："《世本》云：高圉侯侔。"高圉卒，子亚圉立。《集解》："《系本》云：亚圉云都。皇甫谧云：云都，亚圉字。"《索隐》："《汉书·古今表》曰：云都，亚圉弟。按如此说，则辟方、侯侔，亦皆二人之名，实未能详。"亚圉卒，子公叔祖类立。

---

* 本文为氏著《先秦史》第八章第五节，上海古籍出版社2005年版。

《索隐》:"《世本》云:大公组绀诸盩。"《三代世表》称叔类,凡四名。皇甫谧云:"公祖一名组绀诸盩,字叔类,号曰大公也。"公叔祖类卒,子古公亶父立。古公亶父复修后稷、公刘之业,积德行义,国人皆戴之。薰育戎狄攻之,欲得财物,予之。已复攻,欲得地与民。民皆怒,欲战。古公曰:有民立君,将以利之。今戎狄所为攻战,以吾地与民,民之在吾,与其在彼,何异?民欲以我故战,杀人父子而君之,予不忍为。乃与私属遂去豳,度漆、沮,逾梁山,止于岐下。豳人举国扶老携弱,尽复归古公于岐下。及他旁国,闻古公仁,亦多归之。于是古公乃贬戎狄之俗,而营筑城郭室屋,而邑别居之,作五官有司,民皆歌乐之,颂其德。古公有长子曰大伯,次曰虞仲。大姜生少子季历。季历娶大任,皆贤妇人。生昌,有圣瑞。古公曰:我世当有兴者,其在昌乎?长子大伯、虞仲知古公欲立季历以传昌,乃二人亡如荆蛮,文身断发,以让季历。古公卒,季历立,是为公季。公季修古公遗道,笃于行义,诸侯顺之。公季卒,子昌立,是为西伯,西伯曰文王。"案《史记》述殷周先世,皆据《诗》《书》之说。周先代事迹,见于《诗》者较多,故其传亦较详。然周世系不如殷之完具。"自封弃于邰"至"不窋立"三十四字之间,后稷二字,凡有三解。号曰后稷之后稷指弃;后稷之兴之后稷,苞弃以后不窋以前居稷官者;后稷卒之后稷,则不窋之父也。《国语·周语》:大子晋谓"自后稷之始基靖民,十五王而文始平之";卫彪傒谓"后稷勤周,十有五世而兴",世数皆与《史记》合。《汉书·古今人表》,以辟方为公非子,高圉为辟方子,侯侔、亚圉皆高圉弟,云都为亚圉弟,则多辟方、侯侔、云都三代。故杜氏《释例》,以高圉为不窋九世孙。《路史发挥》引。然《酒诰疏》引《世本》世数悉与《史记》合;惟鞠作鞠陶,差弗作羌弗,公非作公飞,公叔祖类作组绀。《吴越春秋》亦云:公刘卒,子庆节立,后八世而得古公亶父;《吴大伯传》。此八世系除本计,亦与《史记》《世本》同,《汉书》殆非也。

《史记·刘敬传》:敬言公刘避桀居豳,《吴越春秋·吴大伯传》同,《史记·匈奴列传》曰:夏道衰,而公刘失其稷官,变于西戎,邑于豳,虽不言何时,然下文云"其后三百有余岁,戎狄攻大王亶父",则亦以为在夏末也。韦注《国语》,谓不窋当大康时。郑氏《诗谱》,以公刘当大康时。缪矣。此盖由误解后稷卒之后稷为弃之故。《索隐》

引《帝王世纪》云：后稷纳姞氏，生不窋，亦同此误。姞为后稷元妃，见《左氏》宣公三年，《史记·郑世家》同。谯周谓"《国语》云：世后稷以服事虞、夏，言世稷官，是失其代数"，亦见《索隐》。其说是矣。商自汤至纣三十王，不窋在夏末，至文王十五世，由商兄弟相及，而周父子相继也。其年代实略相当，可见系世之传不尽诬也。

周之兴，盖自公刘始，《诗·公刘》毛《传》曰："公刘居于邰而遭夏人乱，迫逐公刘，公刘乃避中国之难，遂平西戎，而迁其民，邑于豳。盖诸侯之从者十有八国焉。"案《史记》言庆节立，国于豳，则公刘尚未居豳，《刘敬》及《匈奴列传》皆言公刘居豳者，乃约略之辞，毛《传》盖亦如此。诸侯从者十八国《疏》云"不知出何书"，疑即《史记》所谓"百姓怀之，多徙而保归焉"者，诸侯，谓邑落君长也。邰旧说谓今陕西武功县，豳为今豳县，岐为今岐山县，钱穆《西周地理考》谓邰即台骀之地。《左氏》昭公九年，言金天氏有裔子曰昧，生台骀，"宣汾、洮，障大泽，以处大原。帝用嘉之，封诸汾川"。《水经·涑水注》：涑水兼称洮水。是台骀居汾、涑之域也。《左氏》昭公九年，王使詹桓伯辞于晋，曰："我自夏以后稷、魏、骀、芮、岐、毕，吾西土也。"《御览》引《隋图经》："稷山，在绛郡，今山西稷山县。后稷播百谷于此。"《水经注》：山西去介山五十里。介山。在今山西万泉县东。汉武帝尝用事介山。见本纪。《封神书》：汾阴巫锦，为民祠魏脽后土营旁。后汉立后土祠于汾阴脽上。汾阴，汉县，在今山西荣河县北。《周书·度邑》：武王升汾之阜，以望商邑。汾即邠，亦即豳。然则公刘旧邑，实在山西；大王逾梁山，当在今韩城；岐山亦当距梁山不远也。予案虞、夏之间，吾族以避水患，西造河、洛，更渡河而入河东，说已见前。山西之地，三面皆山，惟自蒲津渡河入渭域为平坦，钱氏之言，衡以地理情势，固无不合矣。庆节而后，贤君当推高圉、亚圉，故《鲁语》谓高圉、大王能帅稷。而《左氏》昭公十七年载王命卫侯之辞，亦曰"余敢忘高圉、亚圉"也。古公贬戎狄之俗，营筑城郭宫室，事盖与公刘同。以农耕之族，介居戎狄之间，而迄未为其所同化，亦可谓难矣。

（作者单位：华东师范大学历史系教授）

武丁时代的晋南诸国——周[*]

陈梦家

令多子族眔犬厌璞周　《前》5.1.7+5.7.7

令多子族从犬厌璞周　《续》5.2.2

令𣄰从仓厌璞周　《前》7.31.4

令欣族璞周　《前》4.32.1

从仓侯璞周　《别二》东洋 5

氏多□□从仓厌属璞周　《燕》641

王曰：余其曰多尹其列二厌上丝眔☒厌其祀…周　《别二》桃山

令上绅□璞周　《续》5.22.3

璞周　《河》636，《下》37.4，《明》984，1759

医弗敦周　《拾》4.12

串弗戋周　《铁》26.1

令周　《铁》128.2，《林》1.26.18，《前》6.63.1

周不☒☒　《乙》5329

周弗其☒犬　《坎》T0007a，《善》

周　《京津》1267—1274，存 2.317

以上武丁卜辞之周多⊞或⊞，与西周金文"宗周""才周"之周同形，所以孙诒让释周（《举例》上 32），是正确的。"璞周"之璞是动词，唐兰所释，并以为相当于《默钟》"数伐"、《虢季子白盘》"搏伐"、

---

[*] 本文节选自氏著《殷虚卜辞综述》第八章第六节，中华书局 2004 年版，文中引书保留简称，详参原书。

《诗六月》"薄伐",也是正确的(《殷虚文字记》)。卜辞惟于伐周称璞,而武丁以后不见有关周的记载。

周文武以前的初期历史,记载很少而不明确。《周语》上"我先王不窋用失其官而自窜于戎狄之间"。《诗·公刘》说公刘"于京斯依""于豳斯馆",《匈奴列传》说公刘"邑于豳",而《周本纪》则以为庆节"邑于豳"。此京与豳在汉之临汾,今新绛县东北廿五里。《说文》附豳于邠下,《孟子·梁惠王》下"昔者太王去邠",《逸周书·度邑篇》"乃升汾之阜以望商邑",《周本记索隐》云"豳即邠也,古今字异耳"。豳、邠古今字,皆得名于汾。《汾水注》"汾水又西与古水合,水出临汾县故城黄阜下"。《太平寰宇记》"九京一名九原……有水名古水,出九原西"。《汉书·地理志》"汾阴,介山在南",汾阴在今荣河万泉县境,据《汾水注》"介山即汾山也"。又说稷山"西去介山十五里,山上有稷祠,山下有稷亭"。汾山就是《说文》的豳山,乃古公去岐以前的豳邑,古公得名于古水。周之得名,亦在此附近。《涑水经》"西过周阳县南"注云"《竹书纪年》晋献公二十五年正月翟人伐晋、周有白兔舞于市,即是邑也"。《史记·孝文纪正义》引《括地志》云"周阳故城在绛州闻喜县东三十九里",在今县东六十里,董泽在其西。又据《水道提纲说》"汾口西岸即韩城之周原堡也",东去周阳亦不远。《公刘》诗曰"逝彼百泉""观其流泉";《河水注》卷四"水出汾阴县南四十里,西去河三里,平地开源,溃泉上涌,大几如轮,深则不测"。此所形容,当是今万泉县东谷中有井泉百余区之地。由上所述,公刘之豳以及周在今山西南部之新绛、稷山、河津、万泉、荣河一带,当大河之东、汾水之南、盐池西北的涑水流域。到了古公,《孟子·梁惠王》下说"太王去邠逾梁山,止于岐下",所逾的梁山即《汉书·地理志》"夏阳、《禹贡》梁山在西北"之吕梁山,今韩城县西北九十里。自古公而周始去晋南而至于陕。以上所述,大致根据《周初地理考》,其结论云"周人盖超于冀州,在大河之东"(《燕报》10∶1958)。其论证各点,我们已稍加修正,但此说之是否正确,还待证明。

卜辞中只有武丁时代有关于征伐周的记录,此以后再不出现。关于殷代晚期的殷周关系,则《竹书纪年》和《后汉书·西羌传》两书有较详的记载：

《西羌传》　及武乙暴虐，犬戎寇边，周古公逾梁山而避于岐下。

《纪年》　武乙三十四年，周王季来朝。《太平御览》八十三

《西羌传》　及子季历，遂伐西落鬼戎。

《纪年》　武乙三十五年，周王季伐西落鬼戎。《西羌传》注

《西羌传》　太丁之时，季历复伐燕京之戎，戎人大败周师。

《纪年》　太丁二年周人伐燕京之戎，周人大败。《西羌传》注

《西羌传》　后二年，周人克余无之戎，于是太丁命季历为殷牧师。

《纪年》　太丁四年，周人伐余无之戎，克之，周王季命为殷牧师。《西羌传》注

《西羌传》　自是之后，更伐始呼翳徒之戎，皆克之。

《纪年》　太丁七年，周人伐始呼之戎，克之；十一年周人伐翳徒之戎，捷其三大夫。《西羌传》注

帝乙二年，周人伐商。《太平御览》八十三

文丁杀季历。《晋书·束晳传》

《诗·閟宫》　（大王王季）实始翦商。

周王季所伐的西落鬼戎即西落的鬼方之戎。落即潞，韦昭《郑语》注以为隗姓，《汉书·地理志》上党郡"潞，潞子国"，今潞城县东北四十里。赤狄之中，潞氏最强，《左传》宣公十五年潞"夺黎氏地"，六月晋"简林父败赤狄于曲梁，辛亥灭潞"，七月"晋侯治兵于稷以略狄土，立黎侯而还"。王季之伐鬼戎，实与西伯戡黎有同一的意义，即肃清晋南诸戎，此诸戎在晚殷当是殷都以西的外围。失此屏障，就影响了殷的安全。

王季所伐的燕京之戎，据《淮南子·地形篇》"汾出燕京"高诱注云"燕京，山名也，在太原，汾水所出"。

王季所伐的余无之戎，徐文靖《竹书统笺》以为是余吾与无皋二

戎。他说"《左传》闵二年晋申生伐东山皋落氏,《上党记》东山在壶关县城东南,今名无皋(按此引《郡国志》上党郡壶关注文)。成元年刘康公败绩于徐吾氏,《上党记》纯留县有余吾城,在县西北四十里"。但《春秋地名考略》(13:21)则以为皋落在垣曲西北六十里。若余无与余吾或徐吾有关,则王季所伐的余无之戎仍在隗姓的潞境,仍是鬼方的一支。

(作者单位:中国社会科学院考古研究所研究员)

先周文化与光社文化[*]

邹 衡

先周文化与晚商文化是决然不同的两种文化，因此，先周文化第一期也绝不是从陕西的商文化第一、二、三期直接发展来的。这在陶器上表现最为明显。两者的陶器作风有很大的不同，它们之间一般不存在承授关系。那么，先周文化第一期究竟又是从哪里来的呢？我们只要分析一下先周文化的陶器特征，就不难做出解答。

先周文化陶器最突出的特征，就是同时存在两种不同类型的陶鬲，经过我们的分析，这两种陶鬲是有不同的来源的。联裆鬲是来自东方的山西地区，而分裆鬲反而来自西方的甘肃地区。现在分别进行探讨。[**]

光社文化是解放初期在山西太原地区新发现的一种青铜时代文化，以太原北郊光社遗址[①]为代表。分布地区还不十分清楚，估计：其东不会越过太行山；其西应该包括陕西东、北部分地区在内，其影响所及，可能远至河套地带[②]；其南或可至所谓河东地区的吕梁山一带。从现有材料来分析，光社文化至少可以分为三个发展阶段：其早期约相当于夏文化晚期至早商时代，应该是由许坦型的河北龙山文化[③]发展来的；中

---

[*] 节选自《论先周文化》，《夏商周考古学论文集》，文物出版社1980年版。文中所谓"本书"，皆指《夏商周考古学论文集》。另，引书简称保留原貌，详参原书。

[**] 此处我们只节选了前一个问题。

[①] 解希恭：《光社遗址调查试掘简报》，《文物》1962年第4、5期，第28页。

[②] 内蒙古历史研究所：《内蒙古中南部黄河沿岸新石器时代遗址调查》，《考古》1965年第10期，第491页。

[③] 高礼双：《太原市南郊许坦村发现的石棺墓葬群》，《考古》1962年第9期，第508页。

期的年代下限不能晚于"殷墟文化早期"，即武丁前后；晚期约相当于"殷墟文化晚期"①。

在光社文化的中期陶器（《文物》1962年第4、5期，第30页）中就有联裆鬲的发现。这种陶鬲的颜色都呈褐色，绳纹极细，有的领部有楔形点文；其足根有锥形和平足两种。这些特征，除楔形点纹外，恰好都与先周文化的联裆鬲相同（图一）。而且两者的圆肩平底陶罐也有些相似。这当然不会是偶然的巧合，它们之间一定存在必然的联系。由于光社文化的这种联裆鬲的年代比先周文化第一期要早，因此只有一种可能，即先周文化的联裆鬲是从光社文化来的，而绝对不可能相反。

先周文化中的一部分因素来自光社文化分布区，除了陶器以外，还可以在金文中找到证明。

周族中有一个著名的氏族，徽号叫爪。从《乍册睘卣》（《断代》二，页117，图十七；图版玖：左）、《尊》（《尊古斋》1.36）的铭文，可知此族中有官至作册的，与上述矢族地位相同。因其地位显赫，铸的铜器也不少。作者曾搜集到此族铜器60余件，还有类似族徽30余件，其中有出土地点的共7器：

爪己爵　宋代出于山西太原东寿阳县紫金山（《考古图》5.4）。菌柱在鋬与流折间，粗体腹，有扉。其年代约相当于"殷墟文化第三期"。

爪卣　陕西岐山贺家村出土。高体壶形，圈足盖（《陕图释》51），约为西周初年器。

爪父戊（？）鼎　1929年洛阳出土。扁腹，柱足，涡纹和短夔相间（《滕稿》3），西周早期器。

爪父戊鼎　1929年洛阳出土。二弦纹（《滕稿》4），西周早期器。

爪猷卣　洛阳出土。失盖，矮胖体，三列阳纹（《滕稿》28），西周早期器。

爪父乙卣　传河南浚县出土。口近圆，双身目夔（《美帝》A615—

---

① 参见本书第陆篇《关于夏商时期北方地区诸邻境文化的初步探讨》，第252页。

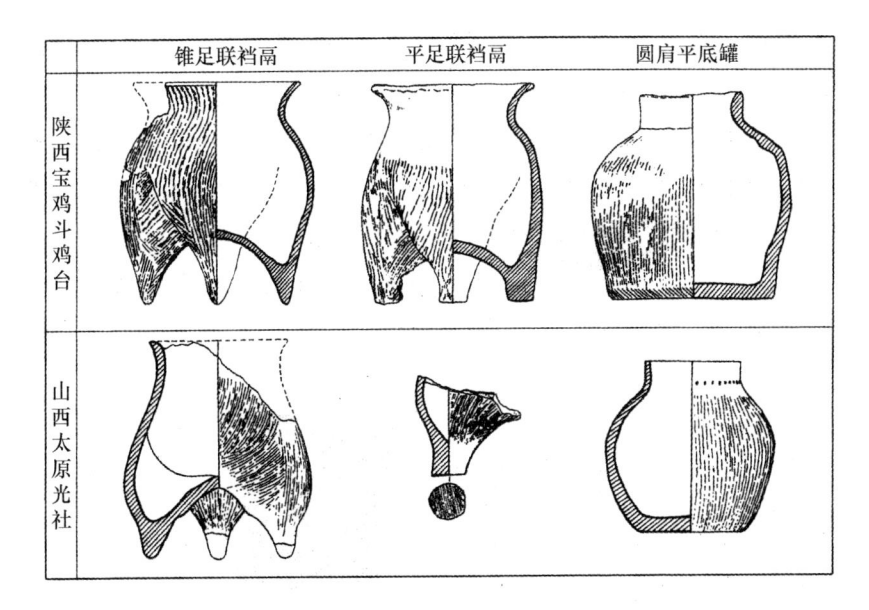

	锥足联裆鬲	平足联裆鬲	圆肩平底罐
陕西宝鸡斗鸡台			
山西太原光社			

图一　先周文化（上）与光社文化（下）陶器比较

上排：斗 F8：70016、斗 E9：50054、斗 D6：10300

R254）。西周早期器。

  𢎖父甲簋　辽宁喀左县山湾子出土①。双耳有珥，无盖，西周早期器。

  从以上诸器的年代与分布似可做以下推测：𢎖族早期曾住在山西太原附近，后迁至陕西；克商以后，其中某些支族已迁至洛阳等地。

  但是，此族徽不识。今从其形状观察，乃是弓形器的象形无疑。不过，这种弓形器并非商式，而是具有明显特征的山西样式。例如在山西石楼县罗村公社沙窑桃花庄②和石楼后兰家沟③可能属于光社文化的墓葬中都曾发现这种青铜制造的弓形器，其形制与此族徽完全一样（图

---

  ① 喀左县文化馆等：《辽宁省喀左县山湾子出土殷周青铜器》，《文物》1977 年第 12 期，第 29 页，图版肆：1。
  ② 谢青山、杨绍舜：《山西吕梁县石楼镇又发现铜器》，《文物》1960 年第 7 期，第 52 页，图 4：右上。
  ③ 郭勇：《石楼后兰家沟发现商代青铜器简报》，《文物》1962 年第 4、5 期，第 34 页，图 2；本文图二：1。

二）。桃花庄的一件据说是在死者头部出土的，形似弓，两边后部有穿孔各一个，器高 17 厘米（后兰家沟的一件高 13.5、下宽 24.5 厘米）。"文化大革命"中，在山西保德县林遮峪也可能属于光社文化的墓葬中并发现了两件用黄金做的弓形饰（《文物》1972 年第 4 期，第 66 页，图一六；本书第陆篇图版 44：5、6），形制与上器也基本上相同，高 11.1、宽 26 厘米，两尖端也各有一穿孔，出土时叠放在死者的胸部。因用黄金制造，说明其物的珍贵。

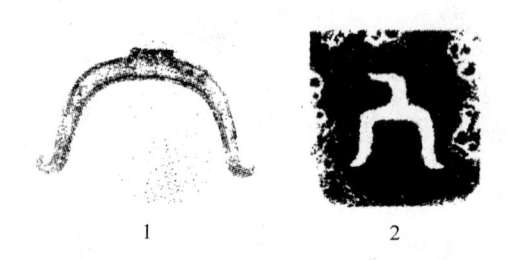

图二　光社文化铜弓形器与几族徽
1. 山西石楼后兰家沟光社文化墓葬出土的青铜弓形器；2. 几文（《三代》6.5.8）

这种弓形器目前只在山西省境内发现，别处尚未见过。太原附近虽未发现过此物，但寿阳紫金山出有《几己爵》，其族徽显然是此物的象形。由此可以证明，太原、寿阳、保德、石楼等地的青铜文化有着密切的关系。几族用此物作族徽，表明此物应该是这种青铜文化的重要标志物。也就是说，几族与光社文化的关系是非常密切的，这样就为这个氏族原住山西境内提供了直接的物证。

周族中还有一个著名的氏族，徽号叫夫或夫，即"天"。金文中，画人体的族徽很多，天字的特征是：正面站立，圆头，两肩平张，两臂下垂，两腿分开，手足皆外撇。1963 年在陕西扶风齐家村发现了《文考日己方尊》《方彝》《方觥》三器（《考古》1963 年第 8 期，第 414 页，图版贰：1-3），同铭，同花纹，同形制作风，其为一家同时铸造无疑。但其族徽有如上两种画法：一种带一小鸡儿[①]，一种没有。可见

[①] 张政烺先生曾函告笔者谓：此物或即"巾"，遮盖布？

这两种写法是相通的。以这样的标准，作者曾找到有同样族徽的铜器50余件。其中有出土地点的共9器：

文考日己方尊　陕西扶风齐家村出土。

文考日己方彝　同上。

文考日己方觥　同上。此三器约属西周早期。

天亡簋　即《大丰簋》。清道光时陕西岐山出土。武王时器。

天簋　陕西长武县丁家公社刘主河大队出土①。直腹而深，双耳有小珥，三列刀纹饕餮。同出者还有方鼎一、环首刀一。约为西周初期器。

天鼎　陕西绥德义合公社塌头村窖藏坑出土②深腹盆鼎，双身尾上卷饕餮，柱状足。约相当于"殷墟文化第三期"，绝对年代约为廪辛至文丁之时。同出者有锛、凿、刀、匕、戈、钺、镞、甲泡、瓿、觚、爵、壶、簋、勺等共22件。其时代大体与鼎相同。

天父乙斝　粗体，双身小夔，无地纹（《美帝》A532—R94），出于陕西宝鸡戴家沟。约当商周之际。

天爵　山西灵石旌介村出土，先周第二期器。

天尊　河南出土。觚形，口目分离饕餮纹（《滕稿》31）。西周早期器。

此外，上述的另一《天尊》与西安东郊灞桥出之陶尊同一作风，也可能是陕西出土。

从以上诸器的时代和出土地点似乎也可以排列出：天族早期曾居住在与山西石楼隔河遥对的陕北绥德，再迁至泾渭地区的岐山、扶风、长武一带，克商后，有的支族迁至河南。

以《郐娟鼎》③为例，（郐，妘姓），则《天姬自作壶》（《通考》

---

① 田学祥、张振华：《陕西长武县文化大革命以来出土的几件西周铜器》，《文物》1975年第5期，第90页，图一○、一一：3；图一一：1；图九。

② 黑光、朱捷元：《陕西绥德塌头村发现一批窖藏商代铜器》，《文物》1975年第2期，第82—87页。又见《陕铜》79—92。

③ 罗西章：《扶风新征集了一批西周青铜器》，《文物》1973年第11期，第79页。

731；《三代》12.7.2）的铭文，可以证明天族是姬姓。按《姓考》①：
"天，黄帝臣天老之后。"郭沫若先生又有"天黿"为古轩辕之说②，黄帝正是姬姓。《国语·晋语四》说：

> 昔少典氏娶于有娇氏，生黄帝、炎帝。黄帝以姬水成，炎帝以姜水成。成而异德，故黄帝为姬，炎帝为姜。

姬水不知何所指，而黄帝墓相传在桥山（《史记·封禅书》）。《汉书·地理志》上郡阳周县条自注说：

> 桥山在南，有黄帝冢。

今黄陵县有黄帝陵（《文物》1962 年第 1 期，封底），其地正在绥德与岐山间。黄帝族早期活动的地域也许就在洛河之东北一带，往后才发展到泾渭地区。

《国语·晋语四》又说：

> 黄帝之子二十五人，其同姓者，二人而已。
> 凡黄帝之子，二十五宗，其得姓者十四人，为十二姓，姬、酉、祁、己、滕、箴、任、荀、僖、姞、儇、依是也。唯青阳与苍林氏，同于黄帝，皆为姬姓。

据西周至东周的金文（包括货币文）证明，这十二姓中的姬、祁、荀、姞等姓就在今陕西、山西两省。

"天黿"器传世者甚多，作者曾搜集 100 件左右。但有出土地点的仅成王时的《献侯鼎》二器（《通考》38；《三代》3.50.2；《三代》

---

① 《姓觿》卷 3 引。
② 郭沫若：《殷彝中图形文字之一解》，《殷周青铜器铭文研究》卷 1，人民出版社 1954 年版，第 7 页。衡按：《国语·周语下》："我姬氏出自天黿"。

3.50.3），出于陕西乾县。

从时代来说，天黿器也有属于先周时代的。例如：

天黿父癸方鼎 腹较深，饰饕餮纹、目纹、乳丁纹（《宝蕴》16；本文图三：A）。其形制近似河南温县出土的《征鼎》（《文物》1975年第2期，第90页，图一三），后者属于"殷墟文化第三期"。

天黿簋 鼓腹，双耳小珥，无盖。双身龙纹（《武英》71），介于前章所述Ⅲ、Ⅳ式盆簋之间，当属先周文化第二期。

除此以外，还有天兽的族徽。这些兽类很难准确地判明其种属，只能依其形状分类如下：

第一类 张大口，有角，修尾，高腿。形凶猛，或即《诗·大雅·韩奕》郑笺所谓"貔，猛兽也"之类。有二器：《天□鼎》（《三代》2.1.10；本文图三：1）、《天□不知名器》（《录遗》613）。

第二类 张小口，有角，腿粗壮，修尾，背上有脊毛。有二器：《天□妣辛簋》（《长安》1.15；《三代》6.22.3；本文图三：2），双耳有珥，饕餮纹，商周之际器。《天□父甲斝》（《三代》13.50.6）。

第三类 张小口，有耳，细足，卷尾，身上似条纹，类虎（图三：3）。仅一器，即《天□父丁鼎》（《宁寿》1.2；《三代》2.21.4），束领、分裆，圆涡四瓣花、兽面纹，可能为先周器。

第四类 嘴向下，体肥胖，后腿粗大，前腿稍较细短，有耳，短尾，似熊。有二器：《天□鼎》（《三代》2.1.8；本文图三：4）；《天□鼎》（《三代》2.1.9）。

第五类 张口，身短，尾短，似猪（图三：5）。仅一器，即《天□父乙瓯》（《三代》14.24.9）。

第六类 身瘦长，粗尾，嘴向下，似狐，或即《尔雅·释兽》"貁似狸"之类。有二器：《天□父丁爵》（《三代》16.8.3；本文图三：6），饰变形夔纹（《善斋吉金录》7.40），约为西周早期器。《天□父丁尊》（《录遗》194）。

此外，传洛阳出土的天兽器群（参见《美帝A451说明》），作者亦曾搜集十五六器；惟其人体之双手又各牵一兽，可能为上述天兽族之别支。

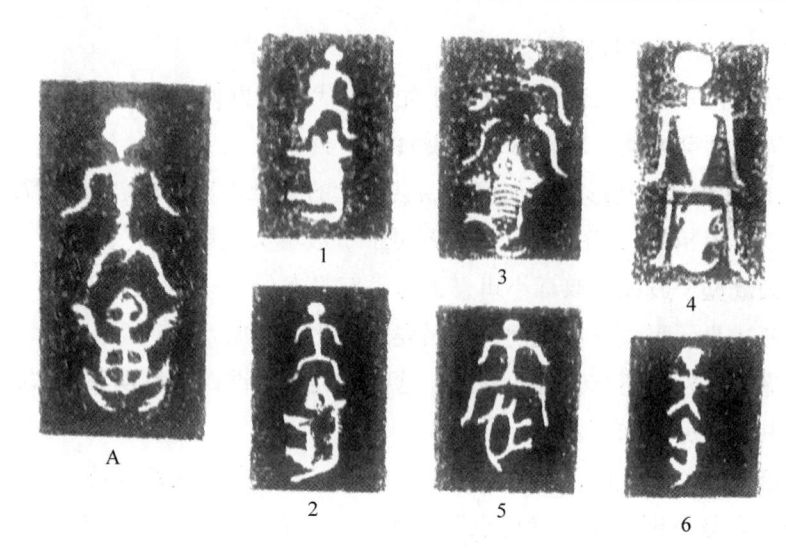

图三 天黽与天兽族徽

A. 天黽父癸方鼎（《三代》2.39.8）　1. 天兽鼎（《三代》2.1.10）　2. 天兽妣辛簋（《三代》6.22.3）　3. 天兽父丁鼎（《三代》2.21.4）　4. 天兽鼎（《三代》2.1.8）　5. 天兽父乙觚（《三代》14.24.9）　6. 天兽父丁爵（《三代》16.8.3）

从这些天兽器，人们会很容易地联想到：《史记·五帝本纪》记载黄帝与炎帝在阪泉之野作战时，正好是用了六支不同图腾的军队：熊、罴、貔、貅、貙、虎（《大戴礼记·五帝德》谓黄帝"教熊、罴、貔、豹、虎以与赤帝战于版泉之野"稍有不同）。难道这完全是巧合吗？当然，我们搜集的材料是有限的，今后也还可能有其他天兽类的族徽发现，黄帝族所率氏族或者不止六个。但是，这些族徽总不能说与黄帝族没有关系的吧。

除以上六族与天族外，还有夒（禾）族也应与光社文化区域有一定的关系。

前节所举先周之夒器，大都无出土地点（最近在殷墟孝民屯小墓中也出有夒器[①]，此未必是商人器），但山西境内却有名郊的古地名。《水

[①] 中国社会科学院考古研究所安阳工作队：《1969—1977年殷墟西区墓葬发掘报告》，《考古学报》1979年第1期，第81页，图五八：6、9。

经·汾水注》：

> 汾水西迳郊邱北，故汉氏之方泽也。

《汉书·武纪》："（元鼎）四年……十一月甲子立后土祠于汾阴脽上。"师古注：

> 此临汾水之上，地本名郊，音与葵同，彼乡人呼葵音如谁，故转而为脽字耳。故《汉旧仪》云"葵"上。

又《旧通志》：

> 轩辕氏祀地祇，扫地为坛于脽上。

《路史·国名纪卷七》本自《说文》（六下），以为郊在河东临汾。

看来，郊（或葵）有可能为猤族的原住地。

关于周人的发祥地，一般都认为在陕西，即武功县境。例如《史记·周本纪·正义》引《括地志》说：

> 故𥠇城一名武功城，在雍州武功县西南二十二里，古邰国，后稷所封也。有后稷及姜嫄祠。

1976年11月，作者曾到传为古邰国遗址的今扶风绛帐附近的姜嫄嘴（今又名颜村）调查过一次，看到该处确有姜嫄庙，并有堆积比较丰富的仰韶文化和陕西龙山文化遗址，偶尔也拾到西周晚期陶片，但未发现先周文化遗物。可以肯定地说，这个传说完全出于后人的附会。

类似的传说也在晋西南地区流传。例如在稷山、闻喜一带也有稷王庙、后稷庙和姜嫄墓（《古史辨》第二册，页97—108），等等，这当然也是附会。不过，照一般文献记载，周人是起源于陕西，很少说到起源于山西的。晋西南地区既有此传说，总会多少有些影子。

近人也有从文献上找出根据的。譬如有人认为豳、邠古今字，皆得名于汾。又引《水经·汾水注》：

> 汾水又西与古水合，水出临汾县故城黄阜下。

又《太平寰宇记》卷四十七绛州正平县条：

> 九原一名九京……有水名古水，出此原西。

说者谓《汾水注》的汾山就是《说文》（六下）的豳山，乃古公去岐以前的豳邑，古公得名于古山、古水，等等①。这些考据，自然也为先周文化来自山西说提供了旁证。

我们于此，还可稍加补充。《诗·大雅·绵》记明周之先人曾经"自土沮（徂）漆"。王引之以为土即杜（《经义述闻》卷六），陈梦家从其说（《殷虚卜辞综述》，页272）。我们认为土即卜辞所见土方，也就是今天山西西南部的石楼县②。据此，更可直接证明周人来自山西省③。

不过，光社文化区域，在古代，民族极为复杂，光社文化所包括的族属当然也不会是单纯的。商代的鬼方、土方、舌方、燕京之戎、翟（狄），等等，都在这个区域④，而先周之诸氏族同这些古族差不多又都发生过关系。例如：

前节所述岐山双庵村发现有先周时代的陆器，而"陆终氏"就曾"娶于鬼方氏"（《大戴礼记·帝系篇》）。

又八族族徽所象的弓形器，土方所在地石楼就有发现。

《古本竹书纪年》曾记载"周王季伐西落鬼戎，俘二十翟王"（《后

---

① 见于陈梦家《殷虚卜辞综述》（科学出版社1956年），第292页，转引《燕京学报》1931年第10期，第1955—1981页。
② 参见本书第陆篇《关于夏商时期北方地区诸邻境文化的初步探讨》，第257—259页。
③ 并参见本书第301页注释②。
④ 参见本书第陆篇《关于夏商时期北方地区诸邻境文化的初步探讨》，第257—259页。

汉书·西羌传注》引）。又"周人伐燕京之戎"（同上）。可见周人迁岐以后，继续在这一带作战。

总之，光社文化区域，是戎狄杂处的区域，而早期的姬周文化也应该包括在内。但是，究竟哪些属于姬周文化，目前还不能分清，而有待于今后的考古工作。[①]

《国语·周语上》记载祭公谋父的话说：

> 我先王不窋，用失其官，而自窜于戎狄之间。

周人之所以自窜，是因为受到薰育（鬼方）、狄人的侵犯（《孟子·梁惠王下》、《庄子·让王篇》、《吕氏春秋·审为篇》、《淮南子·道应训》《诠言训》《泰族训》以及《史记·周本纪》等）。上述的绥德天器，也许正是因为周人仓皇逃窜，才把大批的铜器窖藏下来。大概到古公亶父之时，在光社文化区域内再也住不下去了，只好带着私属，逾过梁山，渡过漆水，找到岐山下的一大片平原安居下来；并和从西北来的另一个姜姓族联了姻（《诗·大雅·绵》《孟子·梁惠王下》《史记·周本纪》）。从此周人才兴旺起来。

（作者单位：北京大学考古文博学院教授）

[①] 据前所述，至少有两条值得注意的线索，一是出兀器的山西寿阳（太原东）地区；二是出天器的陕西绥德（石楼县对岸）地区。

试论先周文化的渊源[*]

——先周历史初探之一

李仲立

先周历史是指武王灭商以前周人兴起的历史。亦即周文化形成和发展的历史。

史学界、考古学界的前辈们，对先周历史的研究，做过大量工作，提出了许多难能可贵的见解。先周文化渊源问题是个复杂问题，在史学界、考古学界也有分歧的意见，有的主张"陕西龙山文化"是周文化的前身，而北大所编《商周考古》则表示了异议。最近徐锡台同志又提出"没有发现齐家文化被周文化叠压的现象"，但认为早周文化可能是在客省庄第二期文化的基础上接受了齐家文化的一些因素发展起来的[①]。有的认为周人兴起在陕西武功；有的则又认为周人兴于山西。笔者试图就所见到的一些考古地下材料同文献记载结合起来，互为印证，做一些初步的探讨，以就教于前辈。

先周历史之研究，必然涉及有关社会生产、生活状况、社会结构、经济政治制度的演变等诸多问题，将另文论述。本文着重探索先周文化的渊源，作为先周历史初探的首篇。

一

《史记·周本纪》载先周世系如下：

---

[*] 原载于《社会科学》1981年第1期。
[①] 徐锡台：《早周文化的特点及其渊源的探索》，《文物》1979年第10期。

后稷——不窋——鞠——公刘——庆节——皇仆——差弗——毁喻——公非——高圉——亚圉——公叔祖类——古公亶父——王季历——文王。

照世系表，后稷当为周人第一世祖。后稷生在何时、何地，有些什么活动？《史记·五帝本纪》《夏本纪》《周本纪》均有记载。《五帝本纪》说弃为舜的农官。《夏本纪》云：禹治水，后稷负责后勤供给工作。《周本纪》说："周后稷，名弃。其母有邰氏女，曰姜原。"（弃只知其母，不知其父。）"弃为儿时，屹如巨人之志，其游戏好种树麻菽，麻菽美。及为成人，遂好耕农，相地之宜，宜谷者稼穑焉，民皆法则之。帝尧闻之，举弃为农师，天下得其利，有功。帝舜曰：'弃，黎民始饥，尔后稷播时百谷。'封弃于邰，号曰后稷，别姓姬氏。后稷之兴，在陶唐、虞、夏之际，皆有令德。"

《史记·正义》："邰，亦作斄。"《正义》引《括地志》云："故斄城一名武功城，在雍州武功县西南二十二里，古邰国，后稷所封也。"

顾颉刚先生早就认为上述说法实不可信。他说："西周人对于后稷的传说，详见于《生民》一诗。"从这首诗看"后稷只是后稷，他没有做帝喾的儿子，没有做禹的辅佐，没有做舜的臣子，也没有做契的同官……《閟宫》说后稷'缵禹之绪'，而《生民篇》不言，《尧典》上乃以禹稷为同官，是一个破绽"[①]。所谓"后稷之兴，陶唐、虞、夏之际"的说法是缺乏依据的。"陶唐、虞、夏之际"反映了原始公社部落联盟的整个历史阶段，后稷兴起之说，令人难信。

从《史记·周本纪》所载世系看，后稷到文王，仅十五代，经历了陶唐、虞、夏、商一千多年时间，不合情理，早已被人指出。《毛诗疏》云："虞及夏、殷共有千二百岁。每世在位皆八十年，乃可充其数耳。命之短长，古今一也，而使十五世君在位皆八十许载，子必将老始生，不近人情之甚，以理而推，实难据信也。"

《周本纪》云："后稷卒，子不窋立。不窋末年，夏后氏政衰，去稷不务，不窋以失其官而奔戎狄之间。"《史记·正义》引《括地志》

---

① 顾颉刚：《古史辨》第一册中编，上海古籍出版社1982年版，第135—136页。

说："不窋故城在庆州弘化县南三里，即不窋在戎狄所居之城也。"弘化县即今甘肃省庆阳县。

过去不少学者对先周世系进行过考证、解释。谯周根据《国语·周语》"世后稷以服事虞、夏"的记载解释说："言世稷官，是失其代数也。若不窋亲弃之子，至文王千余岁，惟十四代，实亦不合事情。"戴东原认为，从有邰始封至不窋亦应有十余世。他说："汉刘敬对高帝曰：'周之先自后稷，尧封之邰，积德累善，十有余世，公刘避桀居豳。'所谓积德累善，十有余世，与《本纪》'皆有令德'之文，是汉初相传、咸知不窋已上代系中隔矣。"①

全面考察，从后稷到不窋恐怕不是缺少世代问题。司马迁治史比较严谨，他在《殷本纪》中所载世系一般为卜辞所证实，未证实者仅个别。而像《周本纪》从后稷到不窋中缺十几代，在《史记》中这样的例证还不多。另外，1949年后在少数民族调查中曾发现有些少数民族如彝族虽然没有文字记载，但口耳相传，人们还能背诵出先世几十代，难道在周人中对不窋以上的十多世代就毫无所知吗？后稷之传说可能是后人所加，不窋以上世代根本不存在，当然就毫无所知了。顾颉刚先生曾经指出："后稷，周人自己说是他们的祖，但有无是人也不得而知……周的民族重耕稼，所谓'后稷'，也不过因为他们的耕稼为生，崇德报功，追尊创始者的称号。""我们既知道周民族是特重耕稼的，又知道耕稼的事是不会由一个人突然发明而且骤得到无数种类的极美丽的成绩的，又知道后人想象中的创始者是不必真有其人的，故我们可以怀疑后稷本是周民族所奉的耕稼之神，拉做他们的始祖，而未必真是创始耕稼的古王，也未必真是周民族的始祖。"② 后稷始邰之说不可信者一。

司马迁著《史记》按照大一统思想的需要，因袭夏商周三代同源之说。《夏本纪》说："夏禹，名曰文命。禹之父曰鲧，鲧之父曰帝颛顼，颛顼之父曰昌意，昌意之父曰黄帝。禹者，黄帝之玄孙，而帝颛顼之孙

---

① 《戴东原集》卷1《周之先世不窋已上缺代系考》，上海商务印书馆缩印经韵楼刊本。
② 顾颉刚：《古史辨》第一册中编，上海古籍出版社1982年版，第66、141—142页。

也。"《殷本纪》说:"殷契,母曰简狄,有娀氏之女,为帝喾次妃……契长而佐禹治水有功。"《周本记》也曰:"周后稷,名弃。其母有邰氏女,曰姜原。姜原为帝喾元妃。"如此记载,是要说明夏禹、殷契、周后稷都是黄帝的子孙。不过,编排的世系,漏洞是很明显的。后稷始邰之说不可信者二。

《诗·大雅·生民》:"厥初生民,时维姜嫄。"

《诗·大雅·绵》又记载:"民之初生,自土沮漆。"这两篇诗对周始祖的说法是互相矛盾的。后稷始邰之说不可信者三。

《诗·大雅·生民》云弃在邰"有邰家室"。而《诗·大雅·绵》又说:"古公亶父,陶复陶穴,未有家室。"从"有邰家室"到"未有家室",这种文化的倒退,亦证后稷始邰之说不可信者四。

《周本纪》所讲,在古公亶父以前,周人从戎狄之俗,公亶父去豳迁周原后,与姜姓部族通婚,接受姜姓部族文化影响,才"贬戎狄之俗,而营筑城郭家室",这种说法,反映了周文化逐步发展的客观过程,是合理可信的。在陕西岐山凤雏村所发现的大型的宫室建筑基址,即周的宗庙建筑基址,经研究,认为其"始建年代,有可能在武王灭商以前",宗庙建筑"基址位于周人迁丰以前的岐邑所在"[1]。

证明了《史记》对"周原"的记载是有所据的。相反,从考古发掘的情况看,直至目前为止,有关专业人员,虽然进行过多次调查,也未能在武功邰之地发现先周文化遗迹。后稷始邰不可信者五。

二

后稷始邰既不可信,先周之活动当在什么地域范围内呢?钱穆先生在《周初地理考》中已提出周人初兴在晋地。山西汾水之汾与陕西邠县之邠,古音同。邠从分,邠地与汾水流域有关。此外,周人自称为夏族子孙。《尚书·君奭》说:"惟文王尚克修和我有夏。"《立政》"乃

---

[1] 陕西周原考古队:《陕西岐山凤雏村西周建筑基址发掘简报》,《文物》1979年第10期。

伻我有夏"。《史记·封禅书》正义引《世本》说禹都"平阳，或在安邑，或在晋阳"。即今山西中部和汾水流域晋西南一带。徐中舒师在《西周史论述》中证明"周人出于白狄"。①今山西、陕北、陇东古为戎狄杂居之处。周人当兴于山西。西周初年，唐叔封于晋，率"怀姓九宗""启以夏政，疆以戎索"（《左传·定公四年》）。戎即狄，在春秋前都表示文化落后的意思。怀姓即隗姓，隗姓在春秋时为赤狄之后，可见晋在开国之初，大部分居民均为狄人。所谓"夏政是夏商以来在晋地村公社所行的旧政，戎索可能是晋国所在的戎区尚在粗耕农业阶段，土地大量就是适用戎区的办法"②。《左传·昭公十五年》载晋大夫藉谈追述晋国初年"居深山之中，戎狄之与邻，而远于王室。王灵不及，拜戎不暇"。《国语·晋语二》又载周王卿士宰孔说晋国的局势是"戎狄之民实环之"，即处在白狄、赤狄的包围之中。如果这些材料能说明戎狄活动于山西一带的话，那么，周人与戎狄之关系还有如下材料说明。《左传·庄公二十八年》载："晋献公……又娶二女于戎，大戎狐姬生重耳，小戎子生夷吾。晋伐骊戎，骊戎男女（纳女）以骊姬。归生奚齐。其娣生卓子。"晋献公爱骊姬，黜诸公子。公子重耳（晋文公）随舅父狐偃出奔于狄。《史记·晋世家》说："重耳遂奔狄。狄，其母国也。"《四书释地》云："山西交城县为狄地，舅犯（狐偃）实生于其地。"所以重耳受到狄君的爱戴，并为他出兵打晋国采桑。《国语·晋语四》又讲"狐氏出自唐叔"，唐叔就是周武王之子唐叔虞。可见白狄与周人不仅同婚，且而同祖同种。晋国吕相在对秦国的绝交辞中也说："白狄及君同州（同处雍州）君之仇雠，而我之婚姻也。"由是观之，周人出于白狄，活动于山西一带。

　　文献所载周人兴于山西，亦可得到地下发掘材料的印证。山西境内，古为戎狄杂居之处，据郭老考证，殷代鬼方居于山西保德县一

---

① 与徐中舒师有相类似主张的有李亚农先生。他说："周族在殷周之际，他本身就是戎狄。"

② 徐中舒：《试论周代田制及其社会性质》，《中国的奴隶制与封建制分期问题论文选集》，生活·读书·新知三联书店1956年版，第427页。

带①。在山西出土的龙山文化的地下材料，反映出该地区文化的特殊性，这至少是山西省考古界所公认的。在山西晋南各县"发现了许多处纯粹灰陶的遗址，也有规模很大的，从器形、纹饰来看，可能是龙山文化在山西境内的发展形态之一"，而西周遗址"在晋城东四义、巴公镇见到，从尖锐的鬲足，灰暗的绳纹平底陶罐等看来与陕西省等发现的基本上一致"②。在山西"芮城南礼教村发掘的龙山文化遗址发现了半地穴式的房子，有柄的石刀，夹砂绳纹灰陶罐、鬲等遗迹和遗物，都是晋西南龙山文化的特征，它与平陆盘南村、万荣荆村等遗址一样，应当属于豫西地区龙山文化的范畴，但具有比较特殊的性质，而且越向北发展，这种特点越为明显"③。在山西境内发现的龙山文化"有一些遗物带有显明的地方色彩。这些遗址一般的特点，是以绳纹灰陶为主，也有兰纹、席纹、方格纹和磨光的灰褐色陶片。出土大致有碗、罐、鬲、鼎、甄和圈足器。特别是晋中太原光社遗址内发现的小口卵腹大型三足鬲是其他地区所没有的……在东太堡遗址内发现有孔石礴、单耳陶鬲和绳纹甄。在许太坦遗址内发现浅腹高足鼎……在石楼二郎坡、桃花庄、后兰家沟、下庄以及忻县连寺沟等地，陆续发现了几批铜器……其中一部分也带有西周早期的风格"④。灰陶、尖足鬲、三足器、平底罐以及铜器中的早周作风等特征可能与先周有关。邹衡先生从早期遗址出土的陶鬲的研究中认为周文化中的"联裆鬲是来自东方的山西地区"⑤。他说："在光社文化的中期陶器中就有联裆鬲的发现。这种陶鬲的颜色都呈褐色，绳纹较细，足根有锥形和平足两种。这些特征，恰好与先周文化的联裆鬲相同，而且两者的圆肩平底陶罐也有些相似。这当然不会是偶然的巧合，它们之间一定存在必然的联系。由于光社文化的这种联

---

① 郭沫若主编：《中国史稿》第一册，1962 年内部印行本，第 141 页。
② 顾铁符：《晋南——文物的宝库》，《文物参考资料》1956 年第 10 期。
③ 山西省文物工作委员会：《山西省十年来的文物考古新收获》，《文物》1972 年第 4 期。
④ 山西省文管会、山西考古所：《山西省几年来考古工作概况》，《文物》1962 年第 4—5 期。
⑤ 邹衡：《论先周文化》，油印本。

裆鬲的年代比先周文化第一期要早,① 因此只有一种可能,即先周文化联裆鬲是从光社文化来的,而绝对不可能相反。"邹衡先生所提出的先周文化源出于山西太原北郊光社遗址为代表的光社文化的意见是值得重视的,是有道理的。因为在古代先民中通常所使用的生活用具多是陶器,所以陶器往往被看成是反映他们生产和生活状况,表现他们的习俗,代表一定文化特征的器物。陶器形制和纹饰的多样性,就是不同部族或不同地区,或同一部族的不同发展阶段上的文化差异的表现。譬如仰韶文化与龙山文化中的陶器就有很大的不同。在龙山文化中各地区也有差异,在山东龙山文化中就不见陶鬲,而鼎、鬶则特别多,在河北、河南、陕西龙山文化中的炊具多为陶鬲,而且从东向西越来越普遍,可见陶鬲起源于中原地区,陶鬶则起源于山东地区。此外,在河南龙山文化中除陶鬲外,还有斝,而在陕西龙山文化中则多出土双耳罐,少见陶鼎。陶质有夹砂、泥质两类,灰陶占80%以上,黑陶数量很少,它与河南龙山文化很接近,而与山东龙山文化则有很大的不同,这样的例子很多。总之,从陶器的形制、花纹的不同,区别出了各种文化性质。这是人们所公认的。

  我们探索先周文化渊源也是这样。先周遗址中出土的陶器是很能说明问题的。特别是陶鬲,使用极为广泛。先周墓葬,不论大小,一般都随葬着陶鬲就可以管见其普遍性了。陶鬲使用的时间比较长,但不同地区、不同部族、不同文化性质间所使用的陶鬲是不同的。就是在西周文化中,由于时间早晚的不同,陶鬲也分成若干类型。如张家坡遗址中的陶鬲就区分为七式②,在马王村灰坑 11 出土的陶鬲又分为六式③,沣东出土的陶鬲则别为早、中、晚三期④,等等。在西周文化中的陶鬲虽然

---

  ① 邹衡在《论先周文化》中指出:光社文化至少可以分为三个发展阶段,其中期约相当于夏文化晚期至早商时代,应该是由许坦类型的河北龙山文化发展来的。中期的年代下限不能晚于"殷墟文化早期",即武丁前后。晚期约相当于"殷墟文化晚期"。
  ② 中国科学院考古研究所编著:《沣西发掘报告》,文物出版社 1962 年版。
  ③ 中国科学院考古研究所沣西发掘队:《陕西长安鄠县调查与试掘简报》,《考古》1962 年第 6 期。
  ④ 中国科学院考古研究所丰镐考古队:《1961—1962 年陕西长安沣东试掘简报》,《考古》1963 年第 8 期。

被分成多少种类型，但是，实际上，在西周或早期的文化遗址或墓葬中，常见到的只有分裆鬲和联裆鬲这样两种不同的陶鬲类别，其余皆因时间的推移出现一些差异。在大多数情况下，分裆鬲和联裆鬲分别出于不同的遗址或墓葬中，但也有同出于一遗址或墓葬的。如在沣西张家坡173号墓同时出土了分裆鬲和联裆鬲①，在户县的灰坑11，也同样出现了分裆鬲和联裆鬲②。这两种陶鬲在周文化中同时出现，在我看来，不能简单地视为两种不同文化类型的代表，应当是先周文化中一种陶鬲逐渐发展演变的结果。因为一个部族的文化在其原始阶段总是单一的。由简单到复杂，由单一到多样化，应该说是文化发展的一般规律，更重要的是它符合于地下发掘的和文献记载的有关先周的材料的推论。在洪赵、曲沃以及山西南部都发现不少的早周遗址，说明先周确在山西，特别是汾水流域广泛活动着。

三

《史记·周本纪》"夏后氏政衰，去稷不务，不窋以失其官而奔戎狄之间"。所谓奔戎狄之间，《括地志》以为宁、原、庆三州之地。说"宁、原、庆三州，秦北地郡，为义渠戎之地，周不窋、公刘居之"。宁、原、庆三州即今之甘肃庆阳地区、平凉部分地区及陕北部分地区。《括地志》又曰："不窋故城在庆州宏化县南三里"（《寰宇纪·关西道庆州》条，《古今图书集成·职方典·庆阳府部汇考》同）。宏化县即今甘肃省庆阳县。

先周不窋、公刘在甘肃庆阳地区一带活动，长期居住当是无疑的。相传不窋坟在庆阳县城东山巅，庆阳城北关，曾被称为皇城，在明代还在庆城建有"周旧邦"木牌坊。据清代乾隆年间修《甘肃通志》载：在庆阳县西南三里相传为公刘子姓之居，称为"西姬峪"，在县东

---

① 中国科学院考古研究所编著：《沣西发掘报告》，文物出版社1962年版。
② 中国科学院考古研究所沣西发掘队：《陕西长安鄠县调查与试掘简报》，《考古》1962年第6期。

十里地多花木，称为花坡，相传"不窋遗园"。在县北三十里有腴田数亩，号天子掌，人莫敢垦，谓"公刘庄"。当地群众至今还流传公刘生在庆阳，被称为周老王，庆阳县温泉公社有公刘庙（群众称为老公殿）。省通志的记载和群众中的传说不是毫无所据的。正如《周本纪》所云："公刘虽在戎狄之间，复修后稷之业，务耕种，行地宜。"公刘居庆阳一带，对当地农业的发展起了很大作用，至今还在群众中有流传。

《国语·周语》又云："我先王不窋用失其官，而自窜于戎狄之间。"韦昭注："不窋失官，去夏而迁于邠，邠西接戎，北接狄也。"不窋、公刘都居住于邠地（今陕西邠县）。

不窋、公刘居邠与居"原、宁、庆三州"之说是一致的。正如徐中舒师所指出："从甘肃庆阳邠地以东至于山西汾山流域皆属古代长林丰草野猪出没的黄土高原地带。"[①] 豳，说文豕部有豥字。注谓"二豕也，豳从此，缺"。

火部说燹，"火也，从火，豥声，稣典切"，声为后人所加。邑部邠字下有豳字，邠、豳同音。豳从豕从山，山乃火形之讹，甲骨文火作凶，象火焰上出火星迸发之形，省其二小点则与篆文山形同。金文中善鼎铭有豨师其人，豨即燹字。趞鼎作燹师，静簋铭作燹盉师。燹乃豳之繁体字，燹，从攴，象捕捉野猪之形。从火，有烧食猪肉之意。在石头上烧食猪肉是戎狄之习俗，《礼记·礼运》郑注："中古未有釜甑，释米捋肉加于烧石之上而食之耳，今北狄犹然。"邠从分，邠与汾通，《诗·大雅·韩奕》云："汾王之甥。"此汾王即周厉王，故周王又称为汾王。在铭文中有燹王盉铭。

庆阳一带与山西同为华北黄土高原，地处泾河上游，内有子午山，现称子午岭。《寰宇纪》载：子午川一名鸠山，山长千余里，北入大漠，南尽分水，其东水皆东南流为延安界，其西水皆西南流为庆阳界，直南直北皆随地而异名。《正宁县志》也讲："山接横岭，川连分水，势踞上游，险阻可恃。"子午山与分水相连，《甘肃通志》及有关县志

[①] 徐中舒：《西周史议述》，《四川大学学报》1979年第3期。

明确记载,从陕西邠县以北的宁县、正宁、合水直至庆阳、华池都称为北豳。《甘肃通志》载:宁州(今宁县城)沿西一里许周之先公刘居此,谓之北豳,有"公刘邑",在后魏太和十四年仍称宁州为邠州,二十年又改为豳州,这不正反映出历史的渊源了吗?《正宁县志》也讲:"罗川为北豳日地",正宁"为北豳地公刘属邑",其"西南到邠州八十里","顾其地界,陕甘之间与邠耀等境,犬牙相错"。

陕西邠县至陇东庆阳一带为先周活动之区域,还可从《诗·大雅·绵》得到证实。《诗》曰:"绵绵瓜瓞,民之初生,自土沮漆。"子午山是今庆阳地区内最大的山脉,山上有林,山下有沮水,林中有可猎取的各种野兽,特别是野猪,川地(沿河两岸的低平地,当地群众称为川地)丰产菜瓜,如是观之,《绵》之诗句绝非一般情景的抒发,当为先周源出之写真。如今庆阳一带群众中还经常说他们的祖先是从山西大槐树庄下来的。槐与隗同音,即白狄、赤狄之后。狄与翟通,今庆阳为翟姓者且众。

庆阳一带因为子午山存在的关系,对自然环境有一定的影响,所以雨量较多,气候也较暖和,土地肥沃,有川地、山林和平原,适合于狩猎和采集相结合的粗耕农业发展的要求,盛产小米和小麦这些耐旱作物,自古以来是一个比较理想的耕作区。陕西关中,人们称为"秦川"。至今在庆阳地区的群众中还流传着:"八百里秦川,比不过董志源边"的谚语。谚语虽有夸张之处,但陇东庆阳一带确属富饶之区是一点不过分的。先周的居民可能是沿着山西汾河流域,到陕北、入子午山到庆阳、宁县、正宁、合水、镇原、平凉及陕西长武、邠县、枸邑一带的某些点,逐步扩大其活动区域的。《甘肃通志》载:庆阳府"好稼穑务本业,有先王遗风,陶复陶穴以为居,于貉为裘以御寒"。在合水"务耕作事樵采,人无逐末,依然古风"。《汉书·地理志》也讲:安定、北地"以射猎为先"。这些记载表明庆阳一带长期保存着先周遗俗。子午岭一带群众现今还有打猎的习惯。

地下发掘的材料更是无可辩驳的事实,充分证明了先周曾在庆阳一带活动。在庆阳地区内,据初步调查,发现的周代遗址十分丰富(详细情况见附表*）。不少遗址内都含有仰韶、齐家和周的遗物。有的遗址的文化层的分布非常清楚，如合水县嵩咀铺公社九站遗址中，周文化层下面是寺洼文化，有不少的罐器，有马鞍型口大耳罐，在合水县板桥公社常家沟垴遗址内，仰韶、齐家文化分布于沟下部，周代遗物分布在沟上部的山峁上。此外，还有一些遗址是单一周文化遗址，如宁县早胜（《甘肃通志》称早社）公社遇村遗址，周文化层比较厚，而且发现有高裆和矮裆时陶鬲，表明居住时间很长[①]。西周遗址中表现的不同情况，说明这一地区是周文化的发祥地之一，而且是周人和其他族系的人共同杂居之地。

甘肃省博物馆的调查也表明：甘肃东部是先周活动之地。说："近年来，在甘肃东部的渭河、泾水、西汉水等流域发现周代遗址，共计57处……从遗址的分布，说明周族活动，在甘肃境内仅限于东部地区，如天水、武山、陇西、西礼、平凉、泾川、庆阳、宁县等地。在兰州附近、河西走廊（即在甘肃西部）地区没有发现周代遗存。"[②]

四

先周文化在光社文化基础上，随着时间的推移，先周文化也在不断地变化发展。邠县下孟村周代遗址，大致可以看到先周文化的演变、发展。陕西下孟村遗址是一九五九年三月份试掘的。下孟村西周遗址土层共分为四，代表着发展的不同阶段。"第一层是农耕土"；"第二层灰色土……包含有泥质灰陶片、夹砂灰陶片及黑红色绳纹陶片"。"泥质灰陶：数量最多，陶土未经淘洗，质较粗，以浅灰色居多，深灰色很少。""砂质灰陶：数量较少，陶土内羼有细砂。""砂质黑红陶：数量很少，陶土内加有细砂"；"第三层黄褐色土……（一）陶片：分砂质黑红陶，泥质黑红陶、泥质灰陶和泥质黑陶等四种。砂质黑红陶：占数量最多"；

---

* 附表从略，读者可查阅原文出处《社会科学》1981年第1期。
[①] 参见庆阳地区博物馆编《庆阳地区文物概况》。
[②] 甘肃省博物馆：《甘肃古文化遗存》，《考古学报》1960年第2期。

"第四层黄红色土……（一）陶片：以细泥泥质红陶与彩陶最多"。从地层上可以明显看出：第四层是仰韶文化层，第三层是先周文化层，陶器多为砂质和泥质的黑红陶，同光社文化的黑褐色陶相似，再进而发展为第二层的细砂灰陶——粗砂灰陶。且由深灰到浅灰。器物的发展也表现很突出。第三层"有敞口绳纹鬲口沿，浅腹高足鬲口沿，并且口沿外侧带有扭状纹和锁状窝纹"，发展为第二层的"口沿外卷，肩腹饰绳纹的鬲。有凹状纹低裆的鬲足"。同时有盂、豆的出现。① 郊县下孟村的周代遗址第三层与光社文化相近，第二层、第一层与西周中、晚期相近。

先周文化在不断同其他文化交流，或在其他文化影响的情况下，也表现出了不同地方或不同时间上的种种变化。宝鸡竹园沟等地西周墓中发现的安国式类型的陶器就是例证。竹园沟《发掘简报》说："濛峪沟口以及竹园沟所出陶器的风格十分接近平凉、庆阳一带所出'安国式'陶器，它们之间应该有着密切的关系，比较其器形，竹园沟西周墓马鞍形双耳罐比平凉安国镇出土同类夹砂红陶罐的马鞍形深度更加显著，并在罐底加了高圈足，而濛峪沟口的马鞍形双耳罐则同'安国式'同类陶罐比较接近。总体的估计是，竹园沟、濛峪沟、茹家庄西周墓地所出陶器，与甘肃东部'安国式'类型陶器有着一定的继承和发展关系，大致说，竹园沟陶器约晚于已知的'安国式'陶器，也略晚于濛峪沟的陶器。"② 这个结论基本上是正确的。所谓"继承和发展的关系"则道破了安国式类型的陶器之为先周文化的实质。遗憾的是该地发掘简报的作者未进一步论述。对此，我们不得不给予必要的补充。

甘肃陇东庆阳豳地一带，早在旧石器时代就有先民在这里劳动、生息，创造了古代的物质文明。至于那些先民的族系现在还很难搞清楚。在西汉时庆阳县被称为郁郅，我怀疑可能是《夏本纪》中记载的析枝的转音，析，从木从斤，或许是以启山林的意思，当是这里的开拓者之一，郁郅都从邑，表示已发展为有城堡居住。周人从山西逐渐向西南推移中，吸收了当地的土著文化而形成在豳地的先周文化，平凉安国式类

---

① 参阅陕西考古所泾水队《陕西郊县下孟村遗址发掘简报》，《考古》1960年第1期。
② 宝鸡市博物馆、渭滨区文化馆：《宝鸡竹园沟等地西周墓》，《考古》1978年第5期。

型的文化特征可能就是这样出现的。

大家知道，陇东同关中自然条件相近，文化面貌也大致相同，陇东地区的仰韶文化，彩陶多为砖红底色、黑彩，以钩叶圆点纹和弧线三角纹为主，还有口沿单线条纹，都和关中仰韶文化相似，而不同于甘肃仰韶文化。在仰韶文化之后，在陇东出现的齐家文化也与陕西龙山文化（客省庄二期文化）相似。夏鼐先生曾指出：齐家文化"和东边的以客省庄为代表的陕西龙山文化非常接近。如果齐家文化的发现在客省庄的发现之后，可能便被省称为'甘肃龙山文化'"。①

甘肃齐家文化出现的时间比陕西龙山文化晚，它是在陕西龙山文化的影响下产生的。正如安志敏同志指出："岐山双庵遗址的陶器器形属于陕西龙山文化的范畴，然而陶质已全部变为红陶与齐家文化相似，这就证实以红陶为主的齐家文化应起源于陕西龙山文化。"② 齐家文化分布区域很广，以大夏河、洮河、湟水流域为主。时间有早有迟，但总的趋势是甘肃东部的齐家文化要早于甘肃西部，譬如"甘肃东部秦安和天水等地出土的齐家文化遗址或遗物皆与大何庄所出的较接近，而与秦魏家出土的有较大的区别。在住房方面秦安寺咀坪与大何庄都发现有白灰面住房，但在建筑技术上后者要比前者进步，寺咀坪房子穴壁深、单室、呈穹庐形，而大何庄的房子总面积约64平方米，除中间主室外，在其周围还有1—1.4米的空间距离，这种大空间的分隔，虽然是出于实用功能的需要，它在建筑史上标志空间处理的新阶段。在陶器方面，如秦安寺咀坪与天水七里墩出土的高裆鬲、带耳甗以及折肩显著的高领双耳罐等都具有明显的齐家文化早期的特点……说明齐家文化的年代在东边的要比西边的为早"③。这就是说齐家文化也是由东向西传播的。

周人在庆阳陇东一带活动，接受当地土著的齐家文化的影响，并逐步代替齐家文化，形成一种新的文化——平凉安国式类型的文化。

平凉安国式类型的文化是以发现于平凉安国镇而得名。这种文化类

---

① 夏鼐：《碳14测定年代和中国史前考古学》，《考古》1977年第4期。
② 安志敏：《略论三十年来我国的新石器时代考古》，《考古》1979年第5期。
③ 端居：《齐家文化是马家窑文化的继续和发展》，《考古》1976年第6期。

型在庆阳也有发现。分布的区域在泾河流域和渭河上游,这与先周的活动地区是一致的。平凉安国式类型的文化,出现的时间是在齐家文化之后,这一点已为庆阳县石桥遗址所证实。在"石桥遗址的灰层中,含有少量的齐家文化遗物,由此推之,它是晚于齐家文化的一种新的文化遗存"[①]。我们知道,齐家文化的绝对年代,根据 C14 测定的数据有三个,即公元前 2255±140 年、公元前 2034±81 年、公元前 2000 年。根据这几个数据,一般认为,齐家文化在公元前 2000 年左右。安国式文化当在公元前 2000 年以后的几百年中,这与周人在庆阳豳地活动时间大致相合。平凉安国式类型的文化特征:陶器含有"羼和料,羼入砂粒较多,还有利用早期陶末作羼和料的,制作甚为粗糙,有一部分陶器羼和料的颗粒,历历露在器表"。这是光社文化中夹砂粗陶的发展。"陶器多呈红褐色",这与光社文化中的陶色相似。陶鬲多高领、瘦长体、锥足、袋足等,保持着光社文化的一些特征,同时也出现有矮足鬲,还应该指出:齐家文化中的陶鬲多是分裆。前面说述周人原使用的陶鬲是联裆鬲。在庆阳豳地一带周文化代替了齐家文化,同时接受了齐家文化的影响,所以在安国式类型的文化中,出现不少的分裆鬲。在宝鸡竹园沟一号西周墓出土的陶鬲,其特点是"裆微连",在鬲峪沟西周墓中的陶鬲也是"裆稍分"。这种特点正表明先周文化中联裆鬲向分裆鬲的过渡,这也正说明,陶鬲越向西发展,分裆越为突出。如果以为使用分裆鬲是先周最原始的文化,则是不妥当的。因为它背离了我国远古文化由东向西发展的历史的真相。安国式陶鬲更接近于西周的陶鬲。安国式类型还有一个突出的文化特征,就是马鞍形口罐,这是接受当地土著文化影响同光社文化中的大型三足器相结合的产物。

综上所述,安国式类型的文化是先周在豳地活动时及在周原初期的文化特征。

从先周文化的渊源中,可见周人活动的范围应是汾水流域、泾河上游、渭河上游这一广阔地带,从到目前为止所公布的 1955—1957 年"陕西长安县沣西乡"的考古发掘,1961—1962 年"陕西长安沣东"的

---

① 甘肃省博物馆:《甘肃古文化遗存》,《考古学报》1960 年第 2 期。

试掘，以及 1977 年以来对岐山县京当公社，扶风县法门公社、黄堆公社等地的早周宫室基址、居住遗址、墓葬的发掘等材料来看，陕西长安张家坡早期居住遗址被认为是"文王作邑于丰时开始的"①。在陕西岐山凤雏村第一次发现了西周的宫室建筑遗址，基本查明了西周早期岐邑都城的位置。并认为"建于周太王时"②。在陕西境内的早周遗址中只有"长武县弥家山、柴村、下孟村的周文化遗址最早"③。可见，要找到更早的先周文化遗址，恐怕是要在长武、邠县、栒邑以及甘肃庆阳地区去认真地考察和发现。

先周文化从古公亶父迁至周原后，周部族与姜姓部族世代通婚。姜姓部族是羌族中文化比较高的一支，周部族和姜姓部族的结合，农业生产得到了进一步的发展，先周文化开始了一个新飞跃。《诗·鲁颂·閟宫》："后稷之孙，实维大王，居岐之阳，实始翦商。"从此，先周文化开始了空前规模的大融合、大交流，并与殷商文化有比较频繁的接触，使先周的青铜文化进一步地得到发展，所以在灭商以后的一个短时期内，青铜文化从未有过的高度的繁荣阶段。

（作者单位：甘肃省庆阳师专历史系教授）

---

① 中国科学院考古研究所编著：《沣西发掘报告》，文物出版社 1962 年版，第 12 页。
② 陈全方：《早周都城岐邑初探》，《文物》1979 年第 10 期。
③ 徐锡台：《早周文化的特点及其渊源的探索》，《文物》1979 年第 10 期。

先周族最早来源于山西[*]

王玉哲

一 小引

克商而建立周王朝的周族，在文王、武王以前的先周历史，文献记载极为疏略。其族当时活动的地域，据《史记·周本纪》和《诗经》中的《绵》《公刘》等篇所述，有土、邠、豳、岐山、漆沮、周原等地。历代学者如班固（《汉书·地理志》）、郦道元（《水经注》）、皇甫谧（《帝王世编》）等，凡言古地志者，无不主张这些地名均在陕西泾、渭流域一带。尤其是1976年春考古队在陕西岐山的凤雏村发现了大型宫室建筑基址，学者认为这是周人迁丰以前的岐邑所在[①]。有的同志证明，这里的宫室建筑遗址就是周太王时所建的[②]。可见克商前夕先周族的根据地是渭水北的岐山，从田野考古上进一步给以证实。这说明前人的说法，在这一点上是信而有征的。

但是，周太王迁岐以前，先周族所居留的土、邠、豳（邠）、梁山等这些早期的地望是否也如前人所说，都在陕西泾、渭流域呢？到现在为止，渭水流域的田野考古一点也找不到明确的迹象。20世纪30年代在陕西宝鸡发掘了一批瓦鬲墓。邹衡先生最近通过对瓦鬲墓出土器物的研究，认为瓦鬲墓第一、二期是先周文化。瓦鬲墓第一期的年代不能晚于殷虚

---

[*] 原载于《中华文史论丛》1982年第3辑。
[①] 见陕西周原考古队《陕西岐山凤雏村西周建筑基址发掘简报》，《文物》1979年第10期。
[②] 陈全方：《早周都城岐邑初探》，《文物》1979年第10期。

文化第四期。殷虚文化第三期和第四期的绝对年代已被估计为商代廪辛至帝辛之间。邹衡先生说："早在先周文化第一期以前，泾、渭地区已存在相当于早商和晚商早期的青铜文化。"① 1972 年 1 月在岐山县京当公社曾发现几批青铜器，据说"应属于商代晚期前段，即殷虚早期阶段"②。1973 年 12 月在扶风的白家窑大队修建水库发现一批陶鬲、陶豆、陶罐，"时代大体相当于殷虚文化第一期"③。所以，邹衡先生就指出，"岐山、扶风一带确实分布有相当于武丁以前的商文化遗址与墓葬"④。李仲立先生也说："从考古发掘的情况看，直至目前为止，有关专业人员，虽然进行过多次调查，也未能在武功邰之地发现先周文化遗迹。"⑤

据此，则泾、渭地区在周太王从邠迁岐以前，虽然有古遗址，但不是先周文化，而是商或其他部族的文化居于主要地位。并且，可以明确地说，"先周文化第一期也绝不是从陕西的商文化第一、二、三期直接发展来的"⑥。很显然，旧说把先周族早期迁徙地点邰、豳等地说在泾、渭地区，未必可信了。

那末，先周族较早期的文化地望到底在什么地区呢？

早在 20 世纪 30 年代钱宾四先生就曾提出，先周族最初根据地不在陕西，而在山西大河之东⑦。我们从周人自称是夏后，可能是夏族的一分支，而夏迹又多在山西、河南两地观之，则周人最早的渊源，似也应来自山西、河南一带。因之，钱先生的说法，甚有可能。所以，国内外的史学界采用或相信其说的逐渐增多了。⑧

---

① 邹衡：《论先周文化》，《夏商周考古学论文集》，文物出版社 1980 年版，第 334 页。
② 见《文物》1977 年第 12 期，第 86 页。
③ 同上。
④ 见邹衡《论先周文化》，《夏商周考古学论文集》，文物出版社 1980 年版，第 335 页。
⑤ 李仲立：《试论先周文化的渊源》，《社会科学》1981 年第 1 期。
⑥ 见邹衡《论先周文化》，《夏商周考古学论文集》，文物出版社 1980 年版，第 335 页。
⑦ 钱穆：《周初地理考》，《燕京学报》第 10 期。
⑧ 最早采用钱说的为吕思勉的《先秦史》（开明书店 1940 年版，第 117—118 页）。1949 年后有陈梦家的《殷虚卜辞综述》（科学出版社 1956 年版，第 292 页）。部分赞成此说的，有邹衡的《夏商周考古学论文集》（第 342 页），李仲立的《试论先周文化的渊源》（《社会科学》1981 年第 1 期）等。日本的学者如贝塚茂树的《中国古代史之发展》第二部第三章也有很多地方根据钱氏之说论述；伊藤道治的《中国古代王朝之形成》附录四《西周文化的起源和宗周》，也以钱说（即周原在山西南部，到古公时西迁陕西）来解释殷代末期的甲骨文中看不到周的原因（见原书第 346 页）。

钱先生谓周远祖后稷、公刘所居之邰、邠两地不在陕西，实在山西汾、涑二水流域，衡以当时地理情势，大致可信。其文具在，可以复按，这里为了节省篇幅，不再征引。我们只从另外六个方面，对周人最早源于晋境说，加以证实。

二 山西汾水流域自商至西周一直留有周族的根据地

周族本为夏族的一分支（详另文）。他们一则曰："用（应为周，说详后）肇造我区夏"（《尚书·康诰》），再则曰："惟文王尚克修和我有夏"（《尚书·君奭》），三则曰："乃伻我有夏，式商受命"（《尚书·立政》），这是他们自称周为有夏。山西既为夏族早期的发祥地，原属夏族的周，夏亡之后他们在山西理应仍有其活动地盘。但由于史料缺逸，这方面并无直接的材料，我们只能从残存的零星史料中，辑出一鳞半爪加以分析。

（1）歌颂周族远祖最初之迁徙的诗篇称："民之初生，自土沮（徂）漆"（《绵》），意思是说周的远祖从土迁往漆。这个"土"实即古史上经常提到的"土方"。《诗·长发》："洪水芒芒，禹敷下土方。"土方既是与禹发生关系，其地望应当距夏墟不远，而夏墟古在山西南部。一直到商时山西南部仍居有土方之族，武丁时卜辞：

癸巳卜㱿贞：旬亡𡆥。王固曰：有祟，其业（有）来艰。乞至五日丁酉，允业（有）来艰自西，沚𢦔告曰：土方征于我东啚，戋二邑，舌方亦牧我西啚田。（《菁》2）

乞至九日辛卯，允业（㞢）来艰自北。𠦪妻娟告曰：土方侵我田十人。（《菁》6）

郭沫若先生根据此卜辞，认为"沚国在殷之西，土方在沚东，舌方在沚西，由殷而言，则土方当在殷之西北或正北"。又说："土方之距殷京约有十二三日之路程也。"① 陈梦家先生则认为土方即杜，亦即《左传》襄公二十四年之唐杜氏。② 唐杜在今山西境。邹衡先生认为"卜辞中土方的地望应在今石楼一带"③。按"土"本为一地名，或名为土方，居住此地的一少数族即以地名为族名。

总之，土方即在山西，而《诗·大雅·绵》谓周族曾"自土沮（徂）漆"，则周族最早曾住过山西，当无可疑。

从田野考古的角度上看，似乎先周族也有最早源于山西的迹象。邹衡先生曾分析陕西、山西所出土的器物，得出的结论说："先周文化陶器最突出的特征，就是同时存在两种不同类型的陶鬲，经过我们的分析，这两种陶鬲是有不同的来源的。联裆鬲是来自东方的山西地区，而分裆鬲反而来自西方的甘肃地区。"又说："在光社文化的中期陶器（《文物》1962年第4、5期，第30页）中就有联裆鬲的发现……这些特征除楔形点纹外，恰好都与先周文化的联裆鬲相同。而且两者的圆肩平底陶罐也有些相似。这当然不会是偶然的巧合，它们之间一定存在必然的联系……即先周文化的联裆鬲是从光社文化来的，而绝对不可能相反。"④ 光社文化是以山西太原北郊光社遗址⑤为代表的文化。在山西芮城发掘的龙山文化遗址，具有晋西南龙山文化的特征。它与平陆盘南村、万荣荆村等遗址一样，是属于豫西地区龙山文化的范畴，但具有比较特殊的性质，而且越向北发展，这种特点越明显。⑥ 这些山西境内的龙山文化，其中有的具有早周作风，可能与先周有关系。⑦ 所以，先周族最初来自山西境，又有考古学上的证据了。

（2）商末先周族与山西境内少数族的频繁斗争，见于《古本竹书纪年》：

---

① 郭沫若：《卜辞通纂》，第513页。
② 陈梦家：《殷虚卜辞综述》，科学出版社1956年版，第272页。
③ 邹衡：《夏商周考古学论文集》，文物出版社1980年版，第280页。
④ 邹衡：《论先周文化》，《夏商周考古学论文集》，文物出版社1980年版，第386页。
⑤ 解希恭：《光社遗址调查试掘简报》，《文物》1962年第4、5期，第28页。
⑥ 山西省文物工作委员会：《山西省十年来的文物考古新收获》，《文物》1972年第4期。
⑦ 李仲立：《试论先周文化的渊源——先周历史初探之一》，《社会科学》1981年第1期。

（商）武乙三十四年，周王季历来朝，武乙赐地三十里，玉十瑴，马八匹。(《太平御览》八十三引)

（武乙）三十五年，周王季伐西落鬼戎，俘二十翟王。(《后汉书·西羌传注》引)

大丁二年，周人伐燕京之戎，周师大败。(《后汉书·西羌传》注引；《通鉴外纪》二引，"周人"作"周公季")

（大丁）四年，周人伐余无之戎，克之。周王季命为殷牧师。(《后汉书·西羌传》注引；《文选·典引》注引作"武乙即位，周王季命为殷牧师")

（大丁）七年，周人伐始呼之戎，克之。(《后汉书·西羌传》注引)

（大丁）十一年，周人伐翳徒之戎，捷其三大夫。(《后汉书·西羌传》注引；《通鉴外纪》二引作"大丁十一年，周伐翳徒戎")

殷商末年，在武乙、大丁之世，正相当于先周的王季时，周族和一些少数族进行过多年的战争。这些少数族计有西落鬼戎、燕京之戎、余无之戎、始呼之戎和翳徒之戎。这些戎狄的地望，大概都在山西境，现在我们依次加以讨论。

西落鬼戎：按西落鬼戎即殷周时的鬼方，其地望旧说谓在岐周之西[①]。1945 年我在《鬼方考》一文中，已指出其错误。这个"西落"实即《左传》宣公十五年所说的晋侯"立黎侯而还，及洛"之"洛"，也就是《国语·郑语》所说的，当成周者"北有卫、燕、翟、鲜虞、潞、洛、泉、徐、蒲"中之"洛"。这个"洛"地在今山西长治县。春秋时住在洛地的是隗姓之赤狄，即鬼方之后。因此，我们认为周王季所伐的鬼方必在山西。

燕京之戎：所谓"燕京之戎"实即住在燕京之地而得名的戎。燕京一地据《淮南子·地形训》："汾出燕京"，高诱注谓："燕京，山名也，在太原汾阳，汾水所出。"《山海经·山经》："北次二经之首，在河之

---

① 见王国维《鬼方昆夷玁狁考》。

东，其首枕汾，其名曰管涔之山。"郭注："今在太原郡故汾阳县秀容山。"以《淮南子·地形训》校《山海经》，则"管涔"为"燕京"的音变。所以《水经·汾水注》："汾水出太原汾阳县北管涔山。"郦注云："《十三州志》曰：'出武州之燕京山'，亦管涔之异名也。"则燕京之戎古时在山西汾水上游，大概没有问题。①

余无之戎：徐文靖的《竹书统笺》以为"余无之戎"是余吾与无皋二戎。我在1943年写《獯狁考》（未刊稿），曾考证这个"余无"实即《左传》成公元年所说的刘康公败绩于徐吾氏之"徐吾"，也就是《山海经·北山经》"北鲜之山是多马，鲜水出焉，而西北流注于涂吾之水"中之"涂吾"，也是西周铜器《兮甲盘铭》"王初各伐厰允于啚盧"中之"啚盧"。而《汉书·地理志》上党郡有余吾县。这都是一个地名的不同写法，地在今山西的屯留县。②

始呼之戎、翳徒之戎：历代史家对此二戎，地系未详。《周官·职方氏》："正北曰并州，其山镇曰恒山，其泽薮曰昭余祁，其川虖池、呕夷，其浸涞易。"虖池即滹沱，钱宾四先生怀疑此地即王季所伐的始呼、翳徒二戎所居之地③。此说若确，则此二戎也都在山西的东部。

上面我们考察了这些少数民族都在山西境内，远在殷商末年，周人连年和晋地的戎狄进行战争。先周之族这时已迁居于陕西岐山，与山西距离遥远。假如山西南部这一带没有周族的土地，王季为何劳师远征？这是不可理解的。可是，我们若想到先周族本为居山西的夏族之一分支，夏亡后，周族主力虽已西迁，但必仍有部分居民留在山西一带，作为周族原居地之留守者。王季以此为根据地连年向诸戎展开战争，扩充其东方的势力。这样，王季与山西诸戎的连年战争就可以理解了。

（3）周厉王奔彘与周宣王料民于太原：西周末年周厉王时发生了一次国人暴动的事。这是由于厉王暴虐、专制，国人再也忍耐不下，就自行集合起来打进王宫，厉王抵挡不住，只得离开镐京逃命。据史书说

---

① 参看顾颉刚《燕国曾迁汾水流域考》，《禹贡半月刊》第1卷第5期。
② 其详载拙稿《獯狁考》第四章第三节（未刊）。
③ 见钱穆《周初地理考》。

他逃避到山西汾水之旁的彘邑，一直到死，住了十四年之久。所以，诗人称他为"汾王"①。周厉王逃命为什么不逃他处，而选择逃往山西呢？山西必然是周王室除镐京外，唯一有保障的地盘，所以，他才能在彘邑安居了十四年之久。

厉王以后的宣王，在位四十多年，专事征讨。宣王三十九年，与羌氏之戎战于千亩（今山西介休），吃了败仗。《国语》称"宣王既丧南国之师，乃料民于太原"（《周语》上）。国家军队损失了需要加以补充，乃料民。为什么周王能在山西的太原料民？可见太原之民是直接属于周王的民。《左传》桓公二年师服称"晋，甸侯也"。《左传》昭公十三年子产说："卑而贡重者，甸服也。"《周语》中，周襄王曰："昔我先王之有天下也，规方千里以为甸服，以供上帝山川百神之祀，以备百姓兆民之用，以待不庭不虞之患。"是则甸服从制度上说是周王畿的土地。叔虞封晋，其地自在王畿，晋既为甸服，晋之汾水流域自然是直接属于周室，周厉王当然可以用为避难之地，而周宣王也可以料民于太原了。

通过以上三点看，我们似乎可以这样说，山西汾水流域部分地区，自商末到西周末年一直有周王室的根据地。

三　姬姓之古国在山西者独多

周族为姬姓，而姬姓之国在山西者特多。《左传》襄公二十九年传谓："虞、虢、焦、滑、霍、扬、韩、魏，皆姬姓也，晋是以大。若非侵小，将何所取？武、献以下，兼国多矣。"以上所说的八国，有六国又见于《国语·郑语》，史伯答郑桓公友之言曰："当成周者……西有虞、虢、晋、隗、霍、扬、魏、芮。"这两处所提到的国家除隗外，其余均姬姓。现在我们依次考察他们的地望：

虞：虞又见于《左传》桓公十年传谓虢公出奔虞，《左传》僖公五

---

① 周厉王奔彘事见《国语·周语》和《史记·周本纪》，称"汾王"见《诗·大雅·韩奕》。彘地在今山西霍县。

年传谓虞灭于晋。《汉书·地理志》河东郡大阳下云："吴山在西，上有吴城，周武王封大伯后于此，是为虞公。"由此可证古之虞国在今山西平陆县东北六十里。

虢：《汉书·地理志》弘农郡陕县下云："北虢在大阳，东虢在荥阳，西虢在雍州。"周幽王时虢公石甫灭焦，徙都下阳，是即北虢。虢之宗庙社稷皆在此。《春秋》僖公二年经曰："虞师晋师灭下阳。"此后遂无虢事。这也是虢都下阳的明证①。故《郑语》史伯所说之虢当指北虢。北虢下阳即大阳，在今平陆县东北。从地位上看，虞在晋南，虢又在虞南，因而才有晋献公"假道于虞，以伐虢"②的事。

焦：焦地最早见于《诗经》："狎狁匪茹，整居焦、获"（《六月篇》。按旧以焦获连读为一地，非是。其实焦与获为二地）。这个焦也就是《左传》僖公三十年传烛之武见秦伯曰"许君焦、瑕"之"焦"。《战国策·赵策三》："赵以公子郚为质于秦而请内焦、黎、牛狐之城以易蔺、离石、祁于赵。"《汉书·地理志》弘农郡陕县下注云："故虢国有焦城，故焦国。"《水经注》则谓陕城中有小城故焦国也。大概河南陕县为古之焦，地近山西之平陆，春秋时属晋。

滑：《左传》僖公三十三年秦偷袭郑时，曾灭滑。此滑在秦、郑之间。《左传》成公十七年郑子驷侵晋、虚、滑。杜《注》谓虚、滑为晋之二邑。旧说滑在今河南堰师，近晋。

霍：《史记·管蔡世家》谓文王子霍叔处封于霍。其后晋献公灭霍。韦昭《国语注》："霍，周文王之子霍叔处之国也。"《左传》昭公十五年传，记籍谈之言曰"晋侯……景、霍以为城"中之霍，与霍叔之霍同一地。《汉书·地理志》河东郡彘县，谓霍太山在东北。

扬：扬为春秋时晋羊舌氏邑，《左传》昭公二十八年晋魏献子分羊舌氏之田以为三县。故城在今山西洪洞县东南十五里。

韩：韩见于《左传》僖公二十四年传，旧说在今陕西韩城县。然《诗经·大雅·韩奕》为韩侯受赐与娶妻之诗，篇中列举的地名有梁

---

① 参看雷学淇《竹书纪年义证》卷27《文侯纪》《献公纪》，辩之颇详。
② 见《左传》僖公二年传。

山、屠、汾、燕等地，均在山西境，燕国离陕西韩城绝远，何以《诗》称韩城为"燕师所完"？可见旧说不可信。

《春秋》成公五年"梁山崩"，《尔雅·释山》："梁山，晋望也。"则梁山当为晋地之山。《晋语二》有屠岸夷，《史记·赵世家》有晋大夫屠岸贾，皆因地为氏，知晋地有屠。燕立国于汾水旁①。韩既是与梁山、屠、汾、燕四地有关，则其地望必亦在晋明矣。

《左传》僖公十五年述秦、晋在韩之战，秦伯占之曰："涉河，侯车败。"这是晋惠公戎马还泞而止之先兆。又说晋侯"三败及韩，曰：寇深矣"，知韩必近绛都。因为秦师涉河，绛感威胁，是韩必在河东可知。②

魏、耿：晋献公十六年作二军，灭耿、灭霍、灭魏（见《左传》闵公元年）。服虔谓三国皆姬姓。《史记·魏世家》谓魏之先，毕公高之后，毕公高与周同姓。《史记正义》引郑玄《诗谱》谓魏，"姬姓之国，武王伐纣而封焉"。魏国南枕河曲，北涉汾水。《汉书·地理志》河东郡河北下注曰："《诗》魏国、晋献公灭之，以封大夫毕万。"地在今山西芮城东北。《汉书·地理志》河东郡之皮氏下注谓："耿乡故耿国，晋献公灭之，以赐大夫赵夙。"则耿也在今山西西南芮城附近。

芮：《左传》桓公三年传谓芮伯万为其母芮姜所逐，出居于魏。则芮伯所封之国必近魏。《左传》昭公九年王使詹桓伯责让晋国说："我自夏以后稷，魏、骀、芮、岐、毕，吾西土也。"这是指克商前先周的土地，也是魏、芮连举。历代史志中有两芮：一为《汉书·地理志》冯翊临晋下"芮乡，故芮国"，今同州朝邑县西南二里，芮城故址是也；一为魏收《地形志》谓河北县有芮城，今山西解州属县也，与蒲州之虞乡接壤。清雷学淇谓："盖周之芮在同，殷时之芮在解，《诗》所谓虞芮质厥成也。"③ 大概芮原在河东，武王克商后，芮始改封于

---

① 见顾颉刚《燕国曾迁汾水流域考》（《禹贡半月刊》第1卷第5期）及江永《春秋地理考实》。

② 同上。

③ 见雷学淇《竹书纪年义证·武公纪》。

河外。

燕:《史记·燕世家》谓燕国始祖是召公奭，与周同姓。周武王灭封，封召公于北燕，未确指其地。《汉书·地理志》始定其国都在今河北大兴县境。其实燕国原来也在山西汾水流域，周初才改封在河北北部。①

姬姓之国在山西者，除前面所谈的诸国外，还有很多。如晋国，史实明备，可以不论。其他还有"荀""贾"二姬姓国，均见于《左传》桓公九年传。"荀"又作"郇"②，地在今山西解县。"贾"，大概就是《左传》庄公二十八年所说，晋献公娶于贾的"贾"，刘昭引《博物志》谓临汾有贾乡、贾伯邑。

另外，还有姬姓的戎狄，其最初似乎也大都在晋境。出自唐叔的大戎狐氏③，春秋时白狄之鲜虞④等，一直飘忽于山西南北部。《左传》庄公二十八年谓晋伐骊戎，杜《注》骊戎为姬姓⑤，其地望旧说在陕西的骊山。顾颉刚先生考证，根据《晋语四》"公（晋文公）说，乃行赂于草中之戎与丽土之狄以启东道"，此"丽土之狄"即是骊戎。既谓"以启东道"，则此戎必在晋都之东，析城、王屋一带⑥。可证骊戎不在骊山而亦在山西南部。

以上所说的地处山西境内的姬姓之国，随便检之，数已近二十。若详为博稽，恐怕绝不止此数。从一般史书看，周与陕、豫两地远比山西为密切，何以姬姓在山西境者独多?

上所举在山西的姬姓戎狄，一定不是周的封国。他们这些原始的姬姓氏族，理应老早就住在山西境内。其他如虞为"太王之昭"，虢为

---

① 按顾颉刚《燕国曾迁汾水流域考》以为燕初封河南郾城汝水流域，以后迁山西汾水流域，再迁才到河北省北部。我却认为燕国从未到过河南郾城。其实燕始居地在山西汾水上游，周初才迁到河北省的北部。
② 见《左传》僖公二十四年传。
③ 见《左传》庄公二十八年传。
④ 见《国语·郑语》韦昭注及《谷梁传》昭公十二年范注，均谓为姬姓。
⑤ 见《国语·晋语》一，韦昭注，亦言姬姓。
⑥ 见顾颉刚《骊戎不在骊山》，《浪口村随笔》卷之一（油印本）。

"王季之穆"①，荀为"文王之昭"②，晋唐叔虞为武王子，周成王时受封③。虞为克商以前周太王时即居山西南部，史有明文。其余姬姓诸国，大都不知何时所封④，未必都是灭商以后才自陕西东殖者。

根据山西境内姬姓之国独多这种现象，我们是否可以推想，周人原本为山西境内的部族，当周太王率众西迁时，难免有一部分或好多部分没有跟着迁移而仍留守原地未动。于是才出现了两种现象：一为周人自商末即与晋地有着密切的关系，二为姬姓之国在山西者独多。

像先周族这种现象，在西欧的古史里，也有其例。如凯撒（Julius Caesar）在比利时之高卢所发现六千阿杜亚提西（Aduatici），乃系迁徙中之辛姆布利人之支队，在此照管多余之平原与行李。大队则继续向意大利前进。⑤ 这段史实和先周的迁徙有些相像。

先周族大概在周太王避薰育从豳迁岐时，也有一部分仍留原地。《左传》僖公五年载宫之奇说道：

大伯、虞仲，大王之昭也，大伯不从，是以不嗣。

什么是"不从"，杜注谓："太伯、虞仲，皆太王之子，不从父命，俱

---

① 见《左传》僖公五年。
② 见《左传》僖公二十四年。
③ 说见《左传》昭公元年、定公四年及《史记·晋世家》。然金文《晋公器铭》谓："我皇祖唐公□受大命，左右武王"，则与旧说成王灭庸乃封唐叔说不同，未知孰是。
④ 按魏国据《史记·魏世家》谓"魏之先毕公高之后也。华公高与周同姓"。《索隐》谓"《左传》富辰说文王之子一十六国，有毕、原、丰、郇，言毕公是文王之子。此云与周同姓，似不用左氏之说。马融亦云：毕、毛文王庶子"。韩国按《史记·韩世家》谓："韩之先，与周同姓。"《索隐》："按左氏传云：邗、晋、应、韩，武之穆，是武王之子，故《诗》称韩侯出祖，是有韩而先灭。今据此文云：其后裔事晋，封于韩原，曰韩武子。则武子本是韩侯之后。晋又封之于韩原。"燕国据《史记·燕世家》谓："召公奭与周同姓。"《诗·甘棠》释文云："燕世家云与周同姓，孔安国及郑皆云尔。"皇甫谧云："文王之庶子。"案《左传》富辰言文之昭，十六国无燕。案《论衡·气寿篇》召公，周公之兄，说与谧合。《谷梁》庄公三十年传云："燕，周之分子也。"《史记集解》引谯周曰："周之支族。"由此可见魏、韩、燕三国渊源异说纷纭如此。
⑤ 参看孙樸尔女士（E. C. Semple）《地理环境之影响》（*Influences of Geographic Environment*），陈建民译本，商务印书馆1937年版，第101页。

让适吴。仲雍支子，别封西吴，虞公其后也。"顾炎武驳之曰："不从者，谓太伯不在大王之侧尔。《史记》述此文曰：'太伯、虞仲，太王之子也。太伯亡去，是以不嗣。'以亡去为不从，其义甚明。杜氏误以不从父命为解，而后儒遂傅会《鲁颂》之文，谓太王有翦商之志，太伯不从。此与秦桧之言莫须有者何以异哉！"① 崔述《丰镐考信录》也说："《晋世家》云：太伯亡去，是以不嗣，以不从为亡去，是所谓不从者，谓不从太王在岐耳，非有他也。"② 案顾、崔二氏之说，基本上是正确的。当年太王与私属转徙，"止于岐下，豳人举国扶老携弱、尽复归古公于岐下"③。可是，太王之子太伯、虞仲二人却"不从"其父一起西迁。他俩没有跟随去陕西的岐山，因之也就没有嗣太王的王位，而仍留在原来的旧地，做了山西虞国之祖。可能在周武王灭商的先后，又有部分虞的族众东迁至太湖附近，又成了吴国的始祖。

前面我所谈的山西境内大部分姬姓之国，恐怕也和太伯、虞仲一样，在周太王西迁时他们也未走，而仍留守在山西境内。在周武王克商之后，这些小国由周王重新封之。

四 姜姓之族原亦在山西

前面我们讲过，姬姓之族多在山西，与姬姓关系最密切的姜姓之族，从古史上看，最初也多在山西。

姜姓的古部族最著者有齐、许、申、吕四国。四国的渊源均来自四岳。《国语·周语下》曰：

> 昔共工氏弃此道也……欲壅防百川，堕高堙庳，以害天下。皇天弗福，庶民弗助，祸乱并兴，共工用灭……其后伯禹念前之非

---

① 顾炎武之说转引自刘文淇《春秋左氏传旧注疏证》僖公五年疏证。案顾说可能出自《日知录》，经查阅，未能找到。故只能暂取转引，以俟博闻。
② 崔述：《丰镐考信录》卷1。
③ 《史记·周本纪》。

度,釐改制量,象物天地,皆类百则,仪之于民,而度之于群生。共之从孙四岳佐之,高高下下,疏川导滞……祚四岳国,命以侯伯,赐姓曰姜,氏曰有吕……申吕虽衰,齐许犹在。

从这段史文中可知,姜姓的齐、许、申、吕,都出自四岳,并且与传说中的共工有关系。现在我们若知道共工建国的地方和四岳的所在,则姜姓部族最初的根据地,自然也就推知了。徐旭生先生曾考古地名,水以共名者三:一在今山西省五台山境内;一在今山西芮城县界,离黄河东曲处不远;一在今河南新安县界内,去"莘、虢之间"不远。国以共为名者二:一在今陕西泾川县与灵台县之间,一在今河南北部的辉县。徐先生最后说:

> 这分处四省的五个地方,全有为共工氏旧居的可能性。但是,共工在古代传说中特别同水有关系,又同颛顼很有关系。《潜夫论·五德志》以至于把他同颛顼相混。"颛顼之虚"为帝丘,今为河南的濮阳县。共工氏如果远在西方,就不会同颛顼发生关系。独辉县与濮阳邻近,颛顼常与共工战(《淮南子·兵略训》),才有可能。它同漳水发源的发鸠山,赵、代间的空桑,全相去不很远,所以炎帝少女精卫溺海和衔木石填海的神话,同振滔洪水以薄空桑的神话,才有发生的可能。它的旧地在今辉县境内,大约可无疑义。[①]

传说中的共工建国即是在黄河北岸的冀州区域,而姜姓部族的远祖在传说上和共工有密切的联系,自然这就使我们推想,古代的姜姓之族也有发祥于冀州的可能性。

《国语》所说的齐、许、申、吕均出自四岳,所谓"祚四岳国",盖因姜姓最初住在四岳区域之内,所以说其祖先为四岳。四岳一地又见于《左传》昭公四年,司马侯之言曰:"四岳、三涂、阳城、大室、荆山、中南,九州之险也。"杜预注四岳谓:"东岳,岱;西岳,华;南

---

① 见徐旭生《中国古史的传说时代》,科学出版社1960年版,第48页。

岳，衡；北岳，恒。"这是以后世之五岳地理释之，未必为古代四岳的原义。并且，据《周语》所说祚有吕以四岳，明指吕国所居之一方域。那时小小的吕国，焉能有如杜注所定四岳广包好几千里呢？四岳绝非指四座大山明矣。

古文献上"四岳"的异文又作"太岳"，《左传》中有两处：

夫许，太岳之胤也。（《左传》隐公十一年）
姜，太岳之后也。（《左传》庄公二十二年）

这两处记载若和前引《周语》之文比较一下，就知道"四岳"实即"太岳"。按"太"或"大"《说文解字》中籀文作穴，与战国时四字形极相近，大概古原作"太岳"，后因形近而讹为"四岳"①。太岳一地确知在今山西境内。《禹贡》曰：

冀州：既载壶口，治梁及岐，既修太原，至于岳阳。
导岍及岐，至于荆山，逾于河。壶口、雷首，至于太岳。

郑康成《诗·唐风谱》谓："太岳在河东故县彘东，名霍太山。"《汉书·地理志》河东郡彘下班氏自注曰："霍太山在东。"是知河东彘县的霍太山称太岳，这也就是说四岳即今山西南部的霍太山，极为明白②。姜姓的申、吕等国既是出自四岳，可能就是住在山西南部霍太山附近的部族。《诗经·大雅·崧高》就说："崧高维岳，峻极于天，维岳降神，生甫及申，维申及甫，维周之翰。"这里的甫就是吕，《尚书·吕刑》在《礼记·表记》引作《甫刑》，是其证。《毛传》谓："崧，高貌，山大而高曰崧，岳，四岳也。"赞美太岳山之高大灵异，故能生

---

① 按"大"与"四"在古书上相混的例子很多，如《墨子·非攻》下篇有"卿制大极"，孙诒让谓："疑为'乡制四极'……四篆文作穴，与'大'篆文亦近，故互文讹。"
② 后人对四岳异说颇多，多谓是四座大山，或以为西方的大山，例如杜预以为四岳为岱、华、衡、恒四山。顾颉刚先生作《九州之戎与戎禹》，则以为四岳为西方之山，在今甘肃之汧山，均不确。

吕、申等国。① 这又是姜姓最初应当是山西中南部的部族的最好说明。

姜姓的齐、许、申、吕等国既源于山西霍太山一带，但春秋以前，他们的主要族众都早已迁出山西。当然他们在迁徙时可能还有部分遗民仍留在山西境内。春秋时晋人有吕甥、吕相，地名有吕乡、吕城（霍县附近）。建国于山东的齐国，原出自吕国，如其始祖太公望曰吕尚，其子丁公曰吕伋（《尚书·顾命》亦有吕伋），还是用最早居地名为名。大概他们自商末就住在山西，周武王平定天下，又重封之。周人灭商，吕尚出力最大，于是乃从山西太岳山区的吕国，改封到山东的营丘。②吕国的另一支族和申国则到周宣王时才从山西南迁到河南的南阳一带。此段史实见之于《诗经·崧高》。诗中申与甫（即吕）并举。但因申伯是周宣王之舅（即《诗》谓"丕显申伯，王之元舅"），故诗中只对申伯加以颂赞。诗句有"于邑于谢，南国是式"，"登是南邦"，"王命申伯，式是南邦"，"往近王舅，南土是保"，"申伯信迈，王饯于郿，申伯还南，谢于诚归"。从这些诗句中可知，他们所封之地为谢，在今河南南阳一带，诗中一再称谢为"南"，则其原居地必在北无疑。诗句中"王饯于郿"之"郿"，《毛传》只注为地名，不详其所在。后世注疏家多以陕西右扶风之郿县说之，这是错误的。实此郿也在山西境③，故得于郿饯之。

西周春秋时有姜姓之戎，自称也是四岳之后。《左传》襄公十四年姜戎氏言曰："我诸戎是四岳之裔胄也。"可见姜姓之戎也应在晋地。《国语·周语上》记周宣王"三十九年战于千亩，王师败绩于姜氏之

---

① 《诗》之"崧高维岳"之"崧高"乃形容词，并非如一般人谓是指太室山为崧高，或说为岳也。阎若璩《潜邱札记》："因思崧高维岳，非当时以太室山为岳，乃诗人借岳来赞美之曰：有崧然而高者维是四岳之山，其山高大上至于天，维是至天之大岳，降其神灵和气以生甫国之侯及申国之伯。《尔雅》撰于《三百篇》后，缘此遂实指嵩高为中岳。太史公又出于《尔雅》后，并补注《尧典》曰中岳，嵩高也。是殆忘却《禹贡》之太岳矣。将尧有二中岳邪？汉武登礼太室，《易》曰嵩高中岳，名益显，皆为《尔雅》所误者。"

② 傅斯年《小东大东说》谓齐初封在今河南南阳，后乃迁营邱。我却以为姜姓的吕最初在山西，周初姜吕有一支分封在山东的，即齐国；另一支在宣王时从山西徙封河南，即吕国。

③ 按《太平寰宇记》潞城县下云："微子城在县东北二十里"（卷45）。这个微子城的微，大概就是古之郿。微、郿二字古音同部（同为段氏十五部），故得相通。如《春秋经》庄公二十八年"冬，筑郿"，《公羊》《谷梁》皆作"筑微"可证。此潞城之微，西距太岳不远。

戎"。按千亩一地，《左传》桓公二年谓，晋穆侯夫人姜氏，以千亩之战时所生之子名成师。《续汉书·郡国志》太原郡界休有千亩聚，大概就是古之千亩。周宣王既是与姜氏之戎战于此地，我们猜想姜姓的戎，在周宣王时也在山西境内。

姜姓之族还有一部分文化比较落后、一直过着游牧生活的部族，就是史书中所说的羌人，或称西羌。《后汉书·西羌传》说："西羌之本，出自三苗，姜姓之别也。"姜与羌古原为一字，已成定论。后世看到这一部分姜姓之族在陕、甘一带，因而名之为西羌。

羌人在殷商时称为羌或羌方，当时是势力强大的部族，大致位于商都的西部、北部。伐羌的记载，见之于甲骨卜辞者极多，摘录几条如下：

  辛巳卜贞，登妇好三千，登旅一万，呼伐羌。(《库》310)
  癸卯卜，宾贞，叀凿呼令沚㔿羌方。十月。(《前》6.60.6)
  叀商方步立于大乙，戋羌方。(《粹》144)

商人伐羌方，动用一万三千人，规模之大可以想见。羌族的地望卜辞中也有反映：

  己酉卜㱿，王叀北羌伐。(《前》4.37.1)
  王乎伐马羌。(《林》2.15.18)
  贞令多马羌。(《粹》1554)
  丁未卜争……告曰马方……河东。(《前》4.46.4)

这里的"马方"，陈梦家先生谓"可能是马方之羌"[①]。此说若确，则这种马羌活动范围在河东。卜辞中的"河东"可能即汉代的河东郡一带，称"北羌"应在殷墟之北。如此，则姜姓的羌方在商代大概也在山西境内的中北部。

---

① 见陈氏《殷虚卜辞综述》，第281页。

从上面所论姜姓之族，不论是属于诸夏的姜姓诸国，还是属于姜姓的戎狄、羌方等，自商末到周初，都活动于山西境内。我们又知道羌姓之族自始就与姬周有极密切的关系。姜与姬累世婚姻，两族必自古就住在一起，或者为相邻部族，才能维持这种密切关系。从姜姓族居地也可证明先周族必亦源于山西。

五 古有易与先周的关系

上古传说中在夏、商时北方有古国曰有易，见于《山海经》《竹书纪年》《楚辞》及《周易》等书：

> 王亥托于有易，河伯仆牛。有易杀王亥，取服牛。（《山海经·大荒东经》）
>
> 殷王子亥，宾于有易而淫焉，有易之君曰绵臣，杀而放之，是故殷上甲微假师于河伯以伐有易。（郭璞《山海经注》櫽括《竹书纪年》之文）
>
> 简狄在台，喾何宜？玄鸟致诒，女何嘉？该秉季德，厥父是臧，胡终弊于有扈（扈为易之讹），牧夫牛羊……恒秉季德，焉得夫朴牛……昏微遵迹，有狄不宁。（《楚辞·天问》）
>
> 丧羊于易，无悔。（《易经》大壮六五爻辞）
>
> 鸟焚其巢，旅人先笑后号咷，丧牛于易，凶。（《易经》旅上九爻辞）

上面这些有关有易的历史资料，古代学者一直没有注意到，就是注意到也不知说的什么。自从王国维发现甲骨卜辞中的殷先公先王有王亥、王恒，并取《竹书纪年》《楚辞》《山海经》《吕览》《世本》《史记》诸书以证之[①]，有易的历史才为近人所知。后来顾颉刚先生又从《周易》

[①] 参见王国维《殷虚卜辞中所见先公先王考》（《观堂集林》卷9）和《古史新证》第三章（来薰阁影印手稿本，1934年）。

中检出上引两爻辞,并指出这也是说的有易的故事。① 于是有易的历史,才较清楚了。

根据学者多年的研究,有易的地望"当在大河之北,或作易水左右"(王国维语)。《天问》中的"有扈"为"有易"之讹②。有易又作有狄,狄、易二字古音同部,故可互相通假③。有狄也就是历史上的狄人。这一古代部族,最初居于河北北部的易水流域。有易曾与殷的先公王亥发生过冲突。综合有关的零星史料,其整个故事是说,殷先公王亥,带着很多牛羊,到河北易水流域去放牧,那位有易国的首领绵臣把王亥杀掉,并把他的牛羊夺去。殷国兴师问罪,打了两世的仗,才把绵臣杀死,报了大仇。所谓"昏、微遵迹,有狄不宁",大概就是由于这次的冲突,有易在河北北部再也不能平安地住下去,于是才从易水流域西迁到山西。因而到商末,有易(或有狄)在山西,与当时居于汾水流域的先周族发生冲突。《孟子》和《周本纪》中有这样的记载:

> 昔者大王居邠,狄人侵之,去之岐山之下居焉,非择而取之,不得已也。(《孟子·梁惠王》下篇)
>
> 古公亶父……薰育戎狄攻之……乃与私属遂去豳……止于岐下。(《史记·周本纪》)

这里的"狄人"又名"薰育戎狄",就是古有易的后裔。

周太王居邠为有易所攻事,从地理形势上观之,则先周族所居之邠必在山西,而不会在陕西明矣。

---

① 顾颉刚:《周易卦爻辞中的故事》,《燕京学报》第6期。
② "扈"原作"户"(邑是后加的),户与易字古文字形相近。于是有易讹变为有扈,说见吴其昌《卜辞中所见殷先公先王三续考》。
③ 按易、狄二字古音段玉裁同列入第十六部,江有浩同列入支部。其声母"易"为喻纽,"狄"为定纽。高本汉《分析字典·绪论》谓喻纽古有舌尖前声母[d],后世失落,则定喻二纽古可通假。

六　周原一地原在山西太原

殷商末年先周族所居地见于《诗》者，有周原一地①，张守节《周本纪正义》谓"因太王所居周原，因号曰周"。周原地望，据《周本纪集解》引徐广曰："（岐）山在扶风美阳西北，其南有周原。骃案：皇甫谧云：邑于周地故始改国曰周。"这些说法只能说明陕西岐山下有地名周原，但不能证明这个周原就是周族最早的根据地。皇甫谧、张守节说由于周族人迁到周原，于是才开始有周之名。迁陕西岐山周原是在周太王时，那就是说在周太王以前，先周之族还不名"周"。可是，殷墟一期卜辞，早在周太王以前武丁时，就已出现"周"族之名②，足证皇甫谧等之说毫无根据。

案周族居地"周原"之名有二，周太王迁岐之前所居之旧地可能也有周原之名。如山西太原古时就有"周原"之名。请看下面的材料便清楚了。

《春秋经》昭公元年："晋荀吴帅师败狄于大卤。""大卤"一名不见于其他史志，《左传》《公羊》《谷梁》三传均作"大原"，是知大卤、大原实为一地。为什么一地有这样两个名字？《公羊传》谓："此大卤也，曷为谓之大原？地物从中国，邑人名从主人。原者何？上平曰原，下平曰隰。"《谷梁传》谓："中国曰大原，夷狄曰大卤，号从中国，名从主人。"这就是说，周人按地的形势高大而广平，故名之为"大原"。别国的人则称之为"大卤"。可是，此地名卤，毫无意义，我认为此"卤"为"周"字之讹。"大卤"原为"大周"之误译。

案"卤"字金文作"⊗"（《免盘》），"周"字金文作"囲"（《𢆶

---

① 《诗经·大雅·绵》："周原膴膴。"
② 按殷王武丁时卜辞有："己卯卜，充贞：令多子族从尤侯璞周。古王事。五月。"（《续》5.2.2）一期卜辞中有关周的还有多条，详见拙稿《先秦史稿》（未刊）第九章第四节。

篡》），二字古文字形体极相近。自赵宋到清的金石家，如薛尚功（《钟鼎彝器款识》卷九鲁公鼎下）、阮元（《积古斋钟鼎彝器款识》卷四鲁公鼎下）、徐同柏（《从古堂款识学》卷十三）、方濬益（《缀遗斋彝器款识考释》卷三，鲁公鼎下）、刘心源（《奇觚室吉金文述》卷四）等，都把"周"误认为是"卤"字。卤、鲁同音，于是本为"周"国，误为"鲁"国，本是"周公"而误为"鲁公"。一直等到后来发现《矢令彝》，盖铭和器铭文辞全同，唯盖铭"周公子明保"，器铭作"囝公子明保"。这才确认囝不是卤而是周字。由此，我们可以推想《春秋经》说荀吴败狄于"大卤"，实即"大周"之误。此地大概是先周时代周族人聚居之地，外族人即以周族的族名称此地，遂有"大周"之名。周人自己则以此地形势高大广平，因而名曰"大原"。这就是《谷梁传》所谓"中国曰大原，夷狄曰大卤（周），号从中国，名从主人"之由来。或以大周与大原两名合之，于是才出现"周原"之名。所以，"周原"实即山西的"太原"。

先秦之太原初见于《诗经·六月》和《尚书·禹贡》。具体的地望，由来是学者间争辩的问题。有的认为在今之甘肃[①]，有谓在今之陕西[②]，有谓在今之内蒙古[③]，又有谓在今之山西者[④]。其实，先秦文献中的太原、大卤、大夏、唐、夏墟，为一地之异名[⑤]。过去我曾对古之大原作过专门的考证，根据先秦记太原之史料，爬梳抉择，比较参验，最后立六证推定，古之太原在今山西的临汾县[⑥]。

古之太原既已证明是周原，所以周族最初所居之周原，实即在今山西之临汾。大概在商末周太王时，才从山西的周原西迁到陕西的岐山

[①] 顾炎武《日知录》卷三认为在平凉；胡渭《禹贡锥指》、戴震《毛郑诗考正》、俞正燮《癸巳存稿》定为固原州；陈奂《诗毛氏传疏》定为镇原。

[②] 见阎若璩《潜邱札记》、王鸣盛《尚书后案》的《禹贡篇》。

[③] 朱右曾《诗地理征》谓在汉之五原。

[④] 朱熹《诗经集传》谓在太原府阳曲县，王国维《鬼方昆夷猃狁》谓在汉之河东郡。

[⑤] 按《初学记》州郡部之河东道下引《春秋地名》云："晋大卤、太原、大夏、太墟、晋阳、太康六名，其实一也。"杜预《春秋释例》卷六："隐六年晋大卤、太原、大夏、参墟、晋阳六名，太原晋阳县。"二书均已指出六名实为一地。

[⑥] 已详拙稿《猃狁考》第四章（稿本，未刊）。因文字太繁，这里就不征引了。

下，并以原来居住的旧地名，称其新迁之地，于是陕西也才有了周原之名。①

又《易经·未济》有爻辞说："震，用伐鬼方，三年，有赏于大国。"其实这个"用"字乃"周"字之讹。在殷墟卜辞中"周"作"囲"或"用"。如卜辞中就有这种辞例：

"用方弗凶囨"（《合》181）。
"贞：用弗凶囨"（《合》218）。

这里的"用"实即"周"字之别构。古文字的"周"和"用"极易相混。《说文》口部"周，密也，从用、口。"甲骨金文中的"周"大都无"口"，即成了"用"字。所以《易经·未济》爻辞所说的"震，用伐鬼方"的"用"，实为"周"字之讹变，爻辞说的是殷高宗武丁时，震和周两个小方国伐鬼方有功，得到大国即殷商的赏赐。当时鬼方是在山西境内②，这也反映周族在商武丁时还居住在山西，从而就近可以征伐鬼方，这与前面我们所论先周族所居之周原在山西是相合的。

七 先周族的迁徙是自东而西

先周族从豳迁岐山是在古公亶父（周太王）时，《史记·周本纪》说：

古公亶父复修后稷、公刘之业，积德行义，国人皆戴之。薰育

---

① 按远古民族迁徙无常，从旧地迁到一新地后，经常以旧地名称此新土。古今中外历史上颇不乏例。如十六七世纪，欧人发现新大陆，向美洲移民。西班牙人首先占据中美、南美，于是就名其地为新西班牙；英人占据了北美中部东陲，于是就称其地为新英伦；法人据今之加拿大号新法兰西。其他如英美同名的地名都是这样来的。如波斯顿人到新大陆，仍名其名为波斯顿；牛津、剑桥人到美国，也称其地为牛津、剑桥。至于中国历史上这种情况更多得不胜枚举了。

② 其详见拙文《鬼方考》，《国学研究论文专刊》第一辑之三，1945 年；又见拙稿《先秦史稿》（未刊）第九章第四节。

> 戎狄攻之，欲得财物，予之。已复攻，欲得地与民……（公亶父）乃与私属，遂去豳度漆沮，逾梁山，止于岐下。

这是说周大王从豳地度过漆沮，越过梁山，最后达到岐山。从豳到岐，没有说明其迁行方向是西迁还是南迁。在这一点上，《诗经·大雅·绵》之篇却有明确的记载：

> 绵绵瓜瓞，民之初生，自土沮（徂）漆，古公亶父，陶复陶穴，未有家室。古公亶父，来朝走马，率西水浒，至于岐下，爰及姜女，聿来胥宇。周原膴膴。

这里虽然没有说从何处迁于岐下，但先周自公刘就"于豳斯馆"，大概也是说的自豳迁岐。其方向很明白地说，是"率西水浒"，是从东西迁。

与《竹书纪年》一同出土的《穆天子传》也说：

> 大王亶父之始作西土，封其元子吴太伯于东吴。（《穆天子传》卷2）

既说"始作西土"，其原处必在东可知，封吴太伯于"东吴"是指山西南部的虞。吴、虞古本一字，称虞为东，则其迁地在西。所以《穆天子传》和《诗经》的说法完全一致，都说周太王从豳迁岐是自东徂西。

按照旧说，以豳为今陕西泾水上游的邠，岐为陕西的岐山县，从地理位置上看，邠在岐山之北，从邠迁岐应当说是南迁，不应说是"率西水浒"或"始作西土"。可见旧说极不正确。奇怪的是，千年以来竟无一人发其覆者何哉？

其实，太王"去豳度漆沮，越梁山，止于岐下"，根据我们的看法，豳为山西汾水旁边的一个地方。前已证之，无须赘述。漆沮乃指陕西渭水北的洛水。《禹贡》："泾属渭汭，漆沮既从，沣水攸同。"又说："导渭自鸟鼠同穴，东会于沣，又东会于泾，又东过漆沮入于河。"文字很清楚，漆沮水是指泾水与大河之间流入渭河的洛水。《水经·渭水注》就说："洛水入焉，阚骃以为漆沮之水也。"《汉书·地理志》述《职方》谓："寖曰渭、洛。"颜师古注曰："洛即漆沮也，在冯翊。"可见漆沮为洛水，前人多能言之。后人徒以惑于周人自陕西泾水旁之邠迁于岐山县之说，于是乃把漆沮一名析为漆和沮二水，并谓在汉之右扶风。其实不是那么回事。过去我曾用周金文及较早的文献证明渭北之洛水，古只名漆沮水，到战国末年始有洛水之名。[①]

太王迁徙时所逾之梁山，大概在河西。按梁山、岐山之名，山西与陕西都有。《禹贡》："冀州，既载壶口，治梁及岐，既修太原，至于岳阳。"以《尔雅》"两河之间曰冀州"度之，则此梁、岐二山，必在山西境。《汉书·地理志》左冯翊夏阳下班氏谓："《禹贡》梁山在西北。"班固所说的《禹贡》梁山虽然未必可信，但谓河西有梁山或者是事实。太王所逾之梁山，恐即指此。至于岐山即在今陕西省岐山县，近已有田野考古为之证实。

周太王从山西汾水旁的豳西迁，逾今之洛水，逾河西之梁山，再往西即到达陕西岐山。可见先周族这次大迁徙，确是自东而西，与《诗经》《穆天子传》所记完全相合。

从以上六个方面看，我们下一结论，说先周族最早来源于山西，当非孟浪之言也。

（作者单位：南开大学历史学院教授）

---

① 详拙稿《猃狁考》第四章第三节《洛之阳考》（未刊）。

释《尚书》"周人尊夏"说[*]

李 民

周、夏之关系，常见于古文献的记载，乃是历史研究中的一大史案。

在古代诸文献中，现今所能见到的最早的一部书，那就是《尚书》。它不仅时代早，而且多出自历代史官之手，因而它保存了很多有关上古时期的历史资料，以致成为我们今天研究夏、商、周三代历史的极为珍贵的文献资料。

在《尚书》中曾多次提到过这样一个史事：即周人非常崇夏，往往以夏人之后自居。我们据此，可归纳为"周人尊夏"说。此一事件在探求夏、周之关系时，应给予充分的重视，其实例如下：

《康诰》曰："王若曰：孟侯、朕其弟、小子封。惟乃丕显考文王，克明德慎罚？不敢侮鳏寡，庸庸祗祗威威显民。用肇造我区夏，越我一二邦，以修我西土。"

这里，周公告诫康叔到东土上任后，一定要追念周文王的功绩和效法文王的德行，其中谈到文王的功绩时，特别提出了"肇造我区夏"这一条。按，"肇"，《尔雅·释诂》曰："始也。""区"，《广雅·释诂》曰："小也。"是周人在这里自称"区夏"，亦即称自己为"小夏"。这与《大诰》中记周人所说之"兴我小邦周"意义相同。

再如，《君奭》曰："公曰，君奭，天寿平格，保乂有殷，有殷嗣天灭威。今汝永念，则有固命，厥乱明我新造邦。公曰：君奭，在昔上

---

[*] 原载于《〈尚书〉与古史研究》（增订本），中州书画社，1983年1月第2版。

帝割申劝宁王之德，其集大命于厥躬。惟文王尚克修和我有夏。"

杨筠如《尚书核诂》曰："此有夏即谓有周。"其说甚是。这里的"我新造邦"和"我有夏"显然是周人的自指。

又《立政》曰："（周公曰）乃惟庶习逸德之人，同于厥政。帝钦罚之，乃伻我有夏，式商受命，奄甸万姓。"

此处之"有夏"亦应指"有周"而言。

以上所举《尚书》之三例，皆为"周人尊夏"的重要证据。至于周人为什么尊夏，以及它所包含哪些重要的历史内容，由于《尚书》的本身记载非常简略，除记重大史事外，一些重要事件的详细情节往往缺而不录，所以难予考稽。欲探求周人何以尊夏，还必须勾稽于其他的历史文献。

遍搜历史文献，使我们看到，周人之所以尊夏有以下三个重要原因。

一　夏、周之族源关系

周、夏之间在族源上确有密切的关系。

据《左传》昭公九年载，周之詹桓伯曰："我自夏以后稷，魏、骀、芮、岐、毕吾西土也。"又《国语·周语》载，祭公谋父对穆王说："昔我先王世后稷，以服事虞、夏。"《逸周书·商誓解》曰："昔在后稷，惟上帝之言，克播百谷，登禹之绩。"另外，《诗·閟宫》也说："赫赫姜嫄……是生后稷。""奄有下土，缵禹之绪。"

从以上记载中看出，夏禹与周之先祖后稷，其关系十分密切。这种密切的关系还可以上溯到他们的族源之间。

原来周、夏之先，皆属黄帝之部落联盟。

黄帝族是以天鼋为图腾的，郭沫若在《献侯鼎》铭考释中说："天鼋即轩辕也。《周语下》：'我姬氏出自天鼋'，犹言出自黄帝。"[①] 依"我姬氏出自天鼋"这句话来看，黄帝族中的重要的一支是以天鼋为其

---

① 见郭沫若《两周金文辞大系图录考释》。

图腾的，这正与周之先祖密切相关。

再据《史记·五帝本纪》载，黄帝又号有熊，此又知黄帝这一大的部落联盟中的另一支重要的氏族（或部落）是以熊为图腾的。此史事与夏之先人鲧有着密切的关系。如《左传》昭公七年载，子产曰："昔尧殛鲧于羽山，其神化为黄熊，以入于羽渊，实为夏郊。"《楚辞·天问》也说："（鲧）化而为黄熊，巫何活焉？"

在黄帝时期包括稍后一段时间内，由许多个分别以鼋、熊、龙[①]、蛇为图腾的氏族或部落结成了一个大的部落联盟，而周、夏之先皆在其中。由于夏、周的族源上存在着这种密切关系，以致有人认为："'姬''姒'两字古本音通用。"又说："'姒''姬'音既相近，义又相通，则姬姓、姒姓为一姓之分化可知。"[②] 此一说法虽不能十分肯定，但确有一定程度的合理性。《史记·五帝本纪》曰："自黄帝至舜、禹皆同姓，而异其国号，以章明德。故黄帝为有熊，帝颛顼为高阳，帝喾为高辛，帝尧为陶唐，帝舜为有虞，帝禹为夏后而别氏，姓姒氏……弃为周，姓姬氏。"《集解》曰："姓者所以统系百世使不别也，氏者所以别子孙之所出，故《世本》之篇，言姓则在上，言氏则在下也。"我们在理解《五帝本纪》及《集解》所说的这些话时，不能胶滞于后世的姓氏关系，应还其原始面貌，应把它视为部落联盟与氏族之间的相互关系，只有如此，才能对上古时期的姓、氏之别得出合理的解释。

要之，夏、周之先祖实为一个强大的部落联盟的不同氏族或部落。

二　周之先民与夏本在同一地区

夏人最早活动的重要地区之一是在现今的晋南[③]，其证据甚多，今举例如下：

《左传》哀公六年："《夏书》曰：'惟彼陶唐，帅彼天常，有此冀

[①] 《汉书·律历志》引《世经》曰："太昊氏以龙纪。"
[②] 杨宽：《中国上古史导论》，《古史辨》七下。
[③] 除晋南外，豫西也是夏的一个中心地区，此姑不论。

方。'"杜《注》曰："唐虞及夏同都冀州。"孔《疏》曰："尧治平阳，舜治蒲坂，禹治安邑。三都相去各二百余里，俱在冀州，统天下四方，故云有此冀方也。"

《世本》云："夏禹都阳城，避商均也。或在安邑，或在晋阳。"（《史记·封禅书·正义》引）

《括地志》亦曰："安邑故城在绛州夏县东北十五里，本夏之都。"（《史记·秦本纪·正义》引）

由于夏人最早曾居住在晋南，所以这一地区后来又有夏虚之称。

《左传》定公四年曰："分唐叔以大路，密须之鼓，阙巩，姑洗，怀姓九宗，职官五正，命以《唐诰》，而封于夏虚。启以夏政，疆以戎索。"杜《注》曰："夏虚，大夏，今大原晋阳也。"服虔曰："大夏在汾浍之间。"历来对于夏虚的具体地望尽管有种种不同说法，而以顾炎武考辨较详，《日知录》卷三十一《唐》下曰："《史记》屡言，禹凿龙门，通大夏。《吕氏春秋》言，龙门未辟，吕梁未凿，河出孟门之上。则所谓大夏者，正今晋、绛、吉、隰之间。《书》云：维彼陶唐，有此冀方。而舜之命皋陶曰：蛮夷猾夏者也。当以服氏（指服虔）之说为信。又齐桓公伐晋之师，仅及高梁（原注：在今临汾县），而《封禅书》述桓公之言，以为西伐大夏，大夏之在平阳，明矣。"他在前人考据的基础上，得出了大夏在平阳（即今临汾）的结论。此说较为有力。此外，还有一说也值得注意：《史记·吴太伯世家》载："是时武王克殷，求太伯仲雍之后，得周章。周章已君吴，因而封之。乃封周章弟虞仲于周之北故夏虚。"《索隐》曰："夏都安邑，虞仲都大阳之虞城，在安邑南，故曰夏虚。"据此说，大夏当在汾浍以南。尽管目前对于夏虚的地望定不下来，但它的大范围应在晋南，这是肯定的。

又由于晋南是夏人的旧居，后世居住在这一地区的人们也不断追忆此事，如《国语·晋语》有"晋主夏盟"之说，《左传》也有"韩子祀夏郊"[①]的记载。

至于周人，其先民也是活动在这一地区。这主要有以下事实为据：

---

① 《左传》昭公七年。

（1）《尚书·尧典》虽然是一篇制作时代较晚的文献，但其中却保存了不少有关上古时代的历史和传说，因而在一定程度上可以反映出公元前二千多年以前的中国古代氏族社会末期的某些历史状况，应该有分析、有鉴别地使用这一文献资料。

在《尚书·尧典》中，提到了不少的人名，如尧、舜、禹、弃（即后稷）、朱虎、熊、罴、夔、龙、驩兜等，他们都分别代表着一定的氏族。那时，氏族各有自己的图腾，以别于其他的氏族。而那些有影响的氏族酋长，则往往以本氏族的图腾（或族徽）作为个人的名字。后人常因不解其义而予以曲解，致使原义混乱难辨。

当时的氏族之间共同组成了部落，从而又组成部落联盟。通过对《尧典》的剖析，可以明显地看出，尧、舜、禹、弃等所代表的氏族（或部落）早已形成了一个大的部落联盟。既然如此，那么，尧、舜、禹、弃等氏族之间应该比邻。依上述所引《左传》"惟彼陶唐……有此冀方"和杜《注》"唐虞及夏同都冀州"的说法，周之先祖弃所居住的地区，亦当在"冀州"范围以内。

又古本《竹书纪年》载："后稷放帝子丹朱于丹水。"（此据《史记·五帝本纪·正义》引。《山海经·海内南经》则引作："后稷放帝朱于丹水。"）《史记·五帝本纪》则曰："禹践天子位，尧子丹朱，舜子商均皆有疆土，以奉先祀。"《索隐》曰："《汉书·律历志》云：封尧子朱于丹渊为诸侯。"从这些错综复杂的记载中，可以隐隐约约地看出：尧之后代丹朱之时，其氏族可能与后稷氏族之间发生过大的矛盾，因战败被迫迁（即放）居丹水附近。至禹时，禹仍视其为"诸侯"，仍"封"其于丹水附近，即是说这一氏族（或部落）已定居丹水。

丹水在什么地方？据《水经·丹水注》认为："《吕氏春秋》曰：尧有丹水之战，以服南蛮。即此水也。"《水经注》把丹朱之被"放"于丹水，说成是"尧服南蛮"之丹水，即源出今陕西商县南流入汉江的丹水。此说不可信。

按，丹水之名，最早可见于古本《竹书纪年》。其文曰："晋出公五年，丹水三日绝，不流。""幽公九年，丹水出，相反击。"（见《水经·沁水注》引）这也就是《山海经·西山经》所说的丹林之水。

"(谒戾之山）沁水出焉，南流注于河。其东有林焉，名曰丹林，丹林之水出焉，南流注于河。"此丹水源出今山西高平县北。以地名论，此丹水得名较早；以地理论，当在古"冀州"范围内。故"后稷放丹朱"及"禹封丹朱"事，皆发生在"冀州"，不当以江汉流域之丹水求之。这也是后稷原居晋南地区的又一旁证。

（2）后稷所居之邰究竟在哪里？《史记·周本纪》载："帝舜曰：'弃，黎民始饥，尔后稷，播时百谷。'封弃于邰。号曰后稷，别姓姬氏。"《正义》曰："《括地志》云：故斄城，一名武功城，在雍州武功县西南二十二里，古邰国，后稷所封也，有后稷及姜嫄祠。"据此说，后稷所"封"之邰，地当在今陕西武功县。此说不确。①

其实，后稷所居之邰，应在今山西南部。

《左传》昭公元年载，晋平公有疾，使叔向问子产曰："寡君之疾病，卜人曰：'实沈、台骀为祟'，史莫之知，敢问此何神也？"子产答曰："昔高辛氏有二子，伯曰阏伯，季曰实沈，居于旷林，不相能也。日寻干戈，以相征讨。后帝不臧，迁阏伯于商丘，主辰，商人是因，故辰为商星。迁实沈于大夏，主参，唐人是因，以服事夏商。"又曰："昔金天氏有裔子曰昧为玄冥师，生允格、台骀。台骀能业其官，宣汾、洮，障大泽，以处大原。帝用嘉之，封诸汾川。沈、姒、蓐、黄实守其祀。今晋主汾而灭之矣。由是观之，则台骀，汾神也。"在子产看来，实沈、台骀皆为少皞之后代。其实，实沈、台骀应为古代之氏族名。

古代之氏族，除以图腾命名自己的氏族外，有时又以地名名之。而氏族长则常以本氏族之名为己名，后世传闻久远，又尊以为神。因此，台骀、实沈，为地名、为氏族名、为人名、为神名，其始一也。这里所说的台骀，实为居住在汾、洮②间台骀一地的台骀氏族。

按，"邰""骀"音近，古可通用。如《左传》昭公九年曰："我自夏以后稷，魏、骀、芮、岐、毕吾西土也。"杜《注》："骀在始平武功县。"是"邰"又作"骀"。《经典释文·春秋左氏音义》曰："骀，他

---

① 《汉书·地理志》也持此说，详见《地理志》"右扶风·斄"下，自注。
② 《水经·汾水注》："司马彪曰：洮水出闻喜县。"

来反，依字应作邰。"所以《说文通训定声》谓："骀，假借为邰。《左》昭公九年《传》：'魏、骀、芮、岐、毕。'按即后稷始封之地。"

"骀""邰"互通，而"台骀"亦即"骀"（或邰）。所以《说文通训定声》释"骀"又曰："又叠韵连语，《左传》昭元年：台骀，汾神也，《论衡》《水经注》皆作台。"是台骀为骀，也可作台。钱穆在《周初地理考》（见《燕京学报》第十期）一文中也说："今考姜嫄为有邰氏女，邰亦作骀，《路史·疏仡纪》，高辛氏上妃有骀氏女，曰姜嫄是也。闻喜于古为台骀邑。台骀之称有骀，犹陶唐之称有唐也……台骀所处大原，兼带汾、洮，在河东，障大泽，实相当于今之闻喜，即姜嫄之有邰，而后稷之所生也。"由此可知，"台骀"之原始为地名，亦即后稷所"封"之"邰"。

《水经注》卷六《汾水注》曰："汾水又径稷山北……山上有稷祠，山下有稷亭。"杜预也说："稷，晋地，河东闻喜县有稷山。"[1] 又《太平御览》引《隋图经》曰："稷山在绛郡，后稷播百谷于此山。"[2] 此地之地名曰稷，有稷山、有稷祠，其所在范围皆与台骀之地望合，更见得后稷始"封"之邰地，当在今日之晋南地区。

（3）关于梁山、岐山的地望。据《史记·周本纪》载："古公亶父复修后稷、公刘之业……遂去豳度漆沮、逾梁山，止于岐下。"《正义》引《括地志》曰："梁山在雍州好畤县西北十八里。"《集解》引徐广曰："（岐山）在扶风美阳西北，其南有周原。"以上这些说法与《汉书·地理志》[3] 大致相同，都认为古公亶父逾梁、居岐，其地望皆在古之"雍州"即今之陕西境内。按，此说不误。但是应该指出，这里的梁、岐是周人西迁时带来的名字，其原始地名当为今山西南部之梁、岐。

《尚书·禹贡》有一条这样的记载："冀州，既载壶口，治梁及岐。"《禹贡》之成文时代较晚，自不待言，然而《禹贡》中确实也夹

---

[1] 《左传》宣公十五年："晋侯治兵于稷。"杜预《注》。
[2] 《太平御览》卷45《地部》"稷山"条。
[3] 《汉书·地理志》"左冯翊·夏阳""右扶风·美阳"下，自注。

杂了一些古老的原始素材，不能全然抹掉。它所言之"冀州"，其中心地区指今日之山西南部亦当属定论。《禹贡》既把梁、岐二山列入"冀州"，地望又与壶口[①]相近，其地绝不可能在"雍州"境内。历来研究《禹贡》者，对梁、岐考证甚多，但以宋人之考辨为最力，蔡沈《书集传》曰："梁、岐皆冀州山。梁山，吕梁山也，在今石州离石县东北。《尔雅》云：'梁山，晋望。'即冀州吕梁山也。吕不韦曰：'龙门未辟，吕梁未凿，河出孟门之上。'又《春秋》'梁山崩'，《左氏》《谷梁》皆以为晋山，则亦吕梁山矣。郦道元谓：'吕梁之石崇疏，河流激盈，震动天地，此禹既事壶口，乃即治梁也。'"《书集传》又说："岐山，在今汾州介休县狐岐之山，胜水所出，东北流注于汾……二山（指梁、岐）河水所经，治之所以开河道也，先儒以为雍州梁、岐者，非是。"王应麟也支持蔡沈的说法。《困学纪闻》卷十《地理》下曰："《禹贡》：冀州，治梁及岐。先儒皆以为雍州之山。晁氏谓：冀州之吕梁、狐岐山也。蔡氏《集传》从之。"

具有初步考古知识的宋人，在其考证古史方面确有超出前人之处。蔡沈考证梁、岐二山的地望可谓其中之一例。

因夏初的梁、岐在今之晋南，所以《史记·周本纪》"（古公）逾梁山、止于岐下"《集解》引皇甫谧曰："邑于周地，故始改国曰周。"《汉书·地理志》"右扶风·美阳"下自注曰："《禹贡》岐山在西北。中水乡，周大王所邑。"《穆天子传》甚至提出"大王亶父之始作西土"[②]。由此可见，雍州的梁、岐必为后起的地名，即周人迁后命名的梁、岐。

又大禹时期的梁、岐即在今晋南地区，那恰恰与后稷所"封"的台骀地望相近，也同《水经·汾水注》所记的稷山、稷祠的地望相近，这就进一步证明了后稷所始"封"的"邰"地当在今山西南部地区。

---

① 《水经·汾水注》："（平水）出平阳县西壶口山，《尚书》所谓壶口治梁及岐也。"
② 《穆天子传》卷2。

三　周人宣传夏、周关系的意义

周之先民原本居今山西的南部，与比邻的夏及其他氏族、部落共同结成了一个部落联盟。后来，夏的势力逐步扩大并在社会经济发展的基础上形成了国家。在夏王朝的初年，周族仍从属于夏政权，只是往后由于夏政权出现了动乱，"戎""狄"相继进入夏王朝的腹地，因而周人才逐渐向西迁徙，其时间当在后稷之后世。据《史记·周本纪》载："后稷卒，子不窋立。不窋末年，夏后氏政衰，去稷不务。不窋以失其官，而奔戎狄之间。"《国语·周语》也说："我先王不窋，用失其官，而自窜于戎狄之间。"韦《注》曰："尧封弃于邰，至不窋失官，去夏而迁于邠，邠西接戎，北近狄。"

不窋究竟是弃以后的哪一代，又相当于夏王朝的什么时期？由于史料缺乏，目前尚难定论。据《左传》襄公四年和哀公元年所载，夏王朝自启以后，经太康、仲康、相以至少康中兴，在一百多年间，一直处于动乱之中，太康时期，东方夷族首领后羿，乘机西进"因夏民以代夏政"，以后寒浞又夺取王位，一直到少康时，才算恢复了夏政权的统治。很可能周之先民在这个动乱时期逐渐西迁，并与河西之"戎""狄"杂处。看《左传》昭公九年"自夏以后稷，魏、骀、芮、岐、毕吾西土也"这段话，应有两层意义：一则说明周人自认为他们是夏的后代；一则说明从后稷以后，周人才发展到陕西之邰、岐等地。

雍州之梁、岐，虽为后起的地名，可是周人为了追念大禹的功绩，甚至把周人开辟梁、岐之功归之于大禹。《诗·韩奕》曰："奕奕梁山，维禹甸之。"就有这个意思。禹治之梁山本在山西，《韩奕》所言之梁山在陕西。周人硬把自己所治之梁山，说成是大禹之功绩，此可见周、夏关系之深，周人对夏怀念之深。

关于西迁后的周人何时形成了国家，这也是一个悬而未决的问题。不过，从一些文献记载来看，周人至晚是在古公亶父时已经出现了国家。《诗·閟宫》曰："后稷之孙，实维大王。居岐之阳，实维翦商。"郑《笺》曰："大王自豳徙居岐阳，四方之民，咸归往之。于时而有王迹，故云是始翦商。"又《诗·皇矣》也说："居岐之阳，在渭之将，万邦之方，下民之王。"再据《史记·周本纪》所说："豳人举国扶老携弱，尽复归古公于岐下。及他旁国闻古公仁，亦多归之。于是古公乃贬戎狄之俗，而营筑城郭室屋，而邑别居之。作五官有司。"这些都是周人建立国家的有力证据。

我们从目前周原地区的考古发掘来看，周人在灭商以前，它的社会经济就有了明显的发展，出现了大规模的宫室（宗庙）建筑，有了大量的带字甲骨。凡此，皆表明周人在文王时期，其国家已有了相当程度的发展，绝非处于草创阶段。

周人从周原地区发展起来后，待其势力壮大，便开始向东推进，以至挥戈中原，灭掉商王朝。

周王朝是以"小邦周"猝然夺取了"大邦殷"的统治，这本不是一件容易办到的大事，而周王朝怎样去巩固它的统治，其事则更为不易。为了统治广大地区，周人除采取了一系列的经济、政治和军事手段外，还展开了强大的"宣传攻势"。其中有两个重要宣传手段是值得提出的：他们一方面宣传自己的统治与殷朝的"古先哲王"是同样的"有德"，如《尚书·康诰》曰："今民将在祗，遹乃文考绍闻衣德。言往敷求殷先哲王，用保乂民。"又《酒诰》："王曰：封！我闻曰在昔殷先哲王，迪畏天显小民，经德秉哲。"周人抓住殷人怀念其先哲王的心理，拼命宣传自己是如何地效法着殷之先哲王。另一方面，周人面对广大的中原地区，特别是面对原来夏王朝的中心地区，尽量抓住人们追念夏王朝政绩的心理，又拼命地宣传自己是夏的后代，这也就是"周人尊夏"的重要原因。周人一时说"我有周"，一时又称"我有夏"，一再表明夏、周关系之密切。不过，我们应该看到，这不单是出于周人的"宣传"需要，它本身也反映了夏、周族源关系的某些原始面貌。

综上所述三周之先民确实原居于今之山西南部，并与其他氏族（或部落）错处河、汾间，与夏族以及其他氏族结成了一个比较强大的部落联盟。当夏王朝建立后不久，从属于夏政权的周族乘夏动乱之时，开始向西迁徙，这也就是史书所说的"至不窋失官，去夏而迁"[①]。后来周族在西方崛起，建立国家，迁都沣、镐，进而渡河灭商，统治了广大的中原地区。面临这种发展了的形势，周人又重新把夏、周间的一段古老的历史搬来着力宣传，借以巩固其统治。只有理解了这些历史内容和它的含义，我们才能对《尚书》中"周人尊夏"的言论，如"我区夏""我有夏"等语句做出合理的解释。

（作者单位：郑州大学历史文化学院教授）

---

① 《国语·周语》，韦昭《注》。

周人的迁徙*

许倬云

先周文化第一期当在商王廪辛康丁之时，不能晚于帝乙帝辛。在殷王世系上，廪辛康丁在位时间颇短，接下去的武乙则在位颇久。陈梦家先生据《竹书纪年》，定武乙在位三十五年之久。而其前辛丁不过十年，其后文丁也只有十一年（陈梦家，1956：210**）。武乙是商王中颇多是非的君主，在他的手上，殷又迁离亳改都河北。据说他向天神挑战，做了天神的偶像，与他赌博。天神的代理人赌输了，武乙用革囊盛血，射破革囊，号为射天，大约以革囊中血漏泄，象征天神流血而死。武乙又远去河渭之间狩猎，据说在那里被雷电殛死（《史记会注考证》：3/24—25）。武乙之迁，商周之间也颇多事。据《后汉书》"西羌传"，当时，武乙暴虐，犬戎寇边，古公亶父逾梁山而避于岐下。这一传说大约是在周人历史上有极大的意义，《孟子》"梁惠王下"也说古公亶父为了避狄难而去邠逾梁山，止于岐下。周人迁徙，只有由亶父统率的一部分南下岐山，其未徙的周人，当仍在邠地。如果以长武一带先周文化第一期的遗址作为亶父迁徙以前周人的居地，在泾水上游与岐山之间，确有一片海拔一千多公尺的高地，横亘在泾水河谷与渭水河谷之间。郑玄所谓"梁山横长，其东当夏阳，西北临河，其西当岐山"（《史记会注考证》：4/7），似即这一片山地。但是先周文化第一期在长武一带泾水上游发展，至多只能推溯到古公亶父的时代。周人在此以前

---

* 节选自氏著《西周史》（增订本），生活·读书·新知三联书店 1994 年版。
** 本文随文注保留，请参照原书参考文献。

自然还当另有渊源，而且还必须追溯到先周文化以前。

卜辞中有关周族的记录，大多在武丁之世，陈梦家即列出了十六条之多。其中最多的是命某族伐周，如：

"令多子族眔犬侯璞周"

"令多子族从犬厌璞周"

"令㿰从仓侯璞周"

"令放族璞周"

"从仓侯璞周"

"氐系□□从仓厌璞周"

"王曰余其曰多尹其列二医上丝眔厌其……周"

"令上绅□璞周"

"璞周"

"医弗敦周"

"串弗戋周"

"令周"

"周不☐☐毕"

"周弗其☐犬"

"周"

此中璞、敦、戋，都是征伐的意义。后面几点则对周可以下命令，也关怀周的擒获，则周可能已对商顺服了。武丁以后的卜辞，即不再有关于周人的记载（陈梦家，1956：291—292）。武丁为商代名王，传统的历史称他为复兴殷道的高宗，享国五十九年。卜辞中，武丁一代的占卜活动也最为多姿多彩，对外的接触也特别多（陈梦家，1956：269—298）。第一章[*]曾说到商代四周方国的经营，武丁之世商与羌最多纠纷。武丁也在井方有事，李学勤以为井方更在周之西边。周人与商之间的战争，相当频繁，似乎很难以商人悬师远征为解。伐周统帅是犬侯，

---

[*] 指《西周史》第一章《由新石器时代到商代》。

犬侯封地，丁山以为在今日河南商丘一带。其论证可备一说（丁山，1956：115—117）。如丁说果然，犬侯率众由豫东经安阳入晋南，颇有可能，若劳师远涉渭水流域，即不大合理了。由商周冲突的记录看来，周人祖先当以原在汾域为较有可能。

周人在武丁时进入商人的文化圈与势力圈，也是可能的事。事实上，在卜辞中有关周人的记录，似已称为周侯（岛邦男，1958：406—409）。武丁到廪辛之世，有将近一百年的时期。这一段时期，周人的祖先在何处落足，颇难考定。陕北的地理形势是一片黄土高原，纵列有黄河、洛水、泾水三条河谷，横排有这三条流域支流的河谷。陕北黄土高原的海拔，不过五六百公尺到一千公尺之间。河谷又有今日称为头道原二道原的台地，古代称为原隰。那些横排山河谷的上游每每只隔一条高岗（史念海，1963：40—44）。渭水谷地，地势更平，土地肥沃，新石器时代的末期，已有陕西龙山文化的主人在彼处落户生根，周人的祖先既僻处陕北，一时未必能挤进这片土地。然而先周以前的周人未必不能在比较少竞争对手的陕北与山西西部活动。钱穆以为后稷起自晋南，公刘由戎狄中出来重新务农，也在山西的西南角。假设周人的祖先正处于北方游牧文化与南方农耕文化之间，钱氏的理论仍可站得住，不过当以古公亶父以前若干世为其理论范围所及，却不能把古公亶父以后的先周文化也仅置于晋南。

商人青铜文化具有优势文明的冲击力，是以在商人政治势力所及的外围，文化势力圈更为广袤。关中最好的河谷地带为渭水两岸以及泾水的下游。如上章所说，远在周人成气候之前，商人已经在此有所经营。商代青铜器出土于陕西者，有相当于郑州二里冈上层的器物，如空足鬲、空足鼎、空足平底斝及云雷纹锥足鬲。分别在西安、铜川、蓝田、麟游、扶风出现。相当于武丁以前商器的铜器则有岐山京当的一批窖藏，包括鬲、瓿、爵、斝、戈各一件。相当于武丁祖庚祖甲之世的，则至少有郿县出土的一件云雷纹鼎，与安阳武官村及小屯的二件酷似。扶风白家窑水库发现的商代陶器群，也与这些铜器的发现互为佐证，说明商文化早已达泾渭地区。这些铜器并不完全仿照商器，也有由当地陶器传统中衍生的铜器形制（邹衡，1980：128，333—334）。泾渭河谷文化，应是当地文化与商文化的糅和体。不仅后来周人进入泾渭地区时必然会受到商文化的影响，先周文化仍在陕北时，因为密迩泾渭地区，也必然接受相当的影响。这是先周文化中很重要的一个成分，其中不仅有商文化的因子，还有陕西龙山文化与商文化糅和后的混合因子。古公亶父以后的先周文化，无疑接受这一个因素的影响，发展了周文化的主流。

先周文化的构成因素，当然又不止于此。先周文化以前的周人祖先，曾经奔窜于戎狄之间，到古公亶父时，戎狄的压力又曾逼迫周人南徙避难。周人与戎狄的接触，必然相当频繁。这些戎狄即是卜辞中的鬼方土方，王国维认为是后世獯狁一类的北方部族（王国维，1959：583—606）。山西中部与陕西北部，自古以来经常是中原的农耕文化与北方草原文化作拉锯战的战场。山西西部黄河沿岸属于商代中期以后的文化，自成一种地方性面貌，其分布地在保德、忻县、石楼、义牒、永和、灵石、平陆一带。除了有接近商式的青铜器外，这些地带出土了类似草原文化的器物，其最显著者为铜刀、铜匕、铜削、铜匙的柄把，成兽头状，有能摇动的铜舌（文物编辑委员会，1979：57—58；吴振录，1972；沈振中，1972）。在隔河相望的陕西绥德清涧一带，情形也相似，除了有与中原同类器物基本相同的铜器外，同出的马头铜刀和蛇形铜匕，完全与上述山西的刀匕相同，具有浓重的草原文物特色（文物编辑委员会，1979：125；黑光等，1975）。如果先周文化也在山陕间的黄河两岸发展，草原文化的因素自然不能排除，不过未必是先周文化的主要成分。

邹衡、徐锡台诸人考察先周文化，均以鬲的形制为线索。先周文化的鬲有联裆与分裆两类，一般以联裆鬲来自东方的山西地区，而分裆鬲来自西方的甘肃地区。东方的影响当来自光社文化。而光社文化的分布范围，大约东不越太行山，西去包括山西中部、陕西的东部与北部，甚至及于河套地带，往南则到达吕梁山区所谓河东一带。光社文化的时代，初期约略相当夏文化的晚期及早商时代，当是由河北龙山文化发展。中期不能迟于殷墟文化早期，亦即武丁之世；晚期则与殷墟文化的晚期相近（邹衡，1980：258，336）。光社文化的中期有联裆鬲出土，不论是平足的抑锥足的，其形制均与宝鸡斗鸡台的鬲相似。光社的圆肩平底罐也与斗鸡台瓦罐酷肖（图一）。光社的中期比先周文化的第一期为早，则先周的鬲来自光社文化因素，殆无疑问（邹衡，1980：336；解希恭，1962：28—30）。

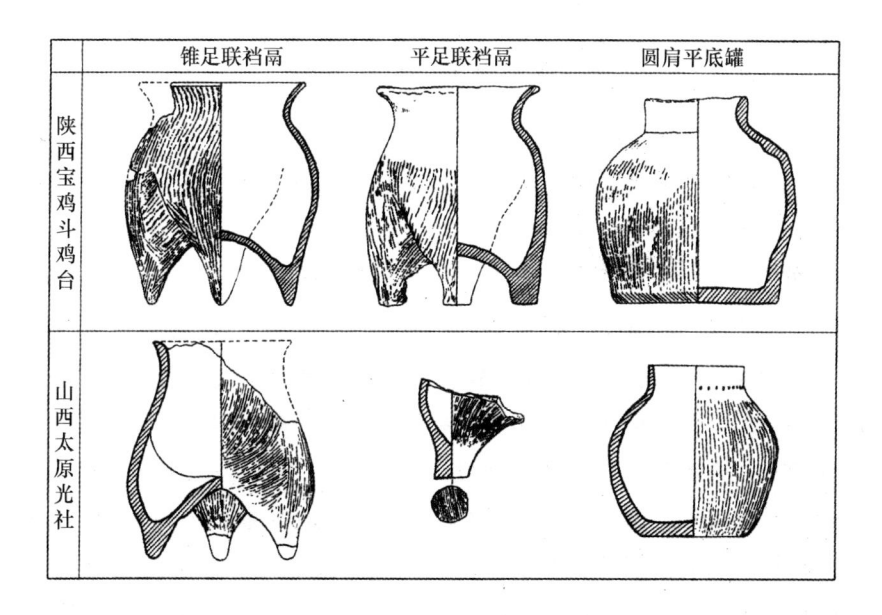

图一　先周文化（上）与光社文化（下）陶器比较

上排：斗 F8：70016、斗 E9：5004、斗 D6：103007

邹衡以为先周文化与光社文化有血缘关系的第二证据则是一种弓形器。这种东西的用途不明，但主要在山西的光社文化墓葬中发现，例如石楼、保德都有过此物出土，青铜制，也有赤金制（杨青山等，1960：52；郭勇，1962：34；吴振录，1972：66）。这种弓形器至今未在他处见过，当系光社文化的地方特色。邹衡以为周人铜器中有八为族徽者，可能即为反映这件器物的象形符号。带八字的铜器多至六十余件，其中可考知出土者为七件。出土地分别在山西太原，陕西岐山，河南洛阳、浚县，以及辽宁喀左。据推测，八族早期曾住在山西太原，后徙至陕西，而进入西周后，又迁至河南等处（邹衡，1980：336—337）。

周代铜器族徽中还有一个"天",像正面垂臂、两腿分立的人形。"天"字诸器多达五十余件,出土地可考者为陕西扶风、岐山、长武、绥德、宝鸡,山西灵石,也有一器出于河南。在山西陕西出土的"天"器,分布地与光社文化及先周文化都有关系,也可推测天族可能先住在石楼、保德一带,然后迁往泾渭地区的长武、扶风、岐山一带(邹衡,1980:338—339)。至于他论证天氏及天黿、天兽诸器与黄帝族系的关系,与先周文化的渊源问题无关,可不必论。

本文前节曾引钱穆的理论,钱氏以为周人祖先起自山西,提出了若干古代的地名的证据。豳之地望,旧说都根据《汉书》"地理志"认为在陕西,即汉代的扶风栒邑。钱氏则以为豳亦作邠,从分从邑,当由汾水而来;栒邑的栒,亦当作郇从旬从邑,而郇瑕氏之地,《左传》《国语》均谓在晋(钱穆,1931)。豳之未必原在泾水流域,徐中舒由《诗》的内容、名词,皆证明今本"豳风"不是西周初年之诗,"豳风"所咏也非陕西泾上的土风,由音乐用土鼓苇龠苇籥,以及今日所见"豳风"诸诗中的地名产物诸点,证明"豳风"为春秋鲁国的歌诗(徐中舒,1936)。徐氏所证"豳风"之豳不代表陕地之豳,甚为有理。但以为"豳风"代表鲁国师工的歌诗,仍有可商榷之处。鲁国为周公之后,在周初分封列国之中居特殊的地位,拥有"周礼尽在鲁矣"的特权。傅斯年以为《诗经》诸诗,有调有词,起兴犹如后世之填词,但填词的规律严,"起兴"式的填辞句入曲调,较填词为自由。《吕氏春秋》"音初篇",列举了四方之音的起源,自是以为四方各有音声,不仅方言不同,用方言歌唱的音乐,也必然会不相同。依《吕氏春秋》之说,以"侯人兮猗"为越音的歌诗,是南音;以"燕燕往飞"起兴的为北音,今在"邶""鄘""卫"中;秦音即是西音,未提起兴之句为例;"破斧之歌"为东音,在"豳风"的"破斧"中。其中"破斧之歌",《吕氏春秋》所述的本事是夏后孔甲田于东阳萯山的事,与《诗经》中今见"破斧之歌"中周公东征事全无相干,惟有用起兴为释始通(傅斯年,1952:Vol. II,67—70)。《吕氏春秋》"音初篇"所记,可能是传说。然而正因其内容与世所熟悉的《诗经》不同,其传说倒可能有古老的来源。祖先在豳创业的事,周人岂能不加追述。然而公刘之世,周人朴质未文，其歌诗是否有文字传下，大为可疑，是以"生民""公刘"诸诗，都用后世追述语气。然而音乐曲调，口耳相承，又有乐师保存因袭，大约即可留下"豳风"的名称，是以鲁人兼用四代之乐，而有击土鼓吹苇籥的土俗音乐。此说虽据《周礼》"春官·籥章"及《礼记》"明堂位"，材料似乎晚些。但礼仪为文化中最保守的部分，这些乐器之出现于鲁人乐队中，当仍由礼仪从古之故（徐中舒，1936：443—444）。鲁人如以旧乐谱新词，自然可以有徐氏所指"豳风"诗篇内容比较切合后世鲁国情事的现象。否则以东方之鲁而袭用远在泾上的豳总有难通之处。豳在《吕氏春秋》中既称为东音，泾上明明在西，焉可以东为号（徐中舒，1936：447）？如以山西汾上为邠之命名来源，则汾域与岐山周原相对而言，颇符合"东音"的名称。再以四方音中的北音为旁证，王国维引北伯器，证明邶为商代在北边的旧壤，当属之河北易县（傅斯年，1952：Vol. II，69）。本章前文曾指陈先周文化有草原文化的成分：商周之际，河北、山西、东至辽宁、西及陕北，有夏家店上层文化，具强烈的草原色彩，但也由与龙山文化同时的夏家店下层文化相接（文物编辑委员会，1979：39—40）。这一个文化与先周文化既然早有接触，北音之起源，大可不必等到召公之后封于燕时。

如前文所说，"豳风"既称为东音，当指在汾水流域旧居发展的音乐，后来虽也无妨由鲁国乐工加入新词以歌咏本国的事迹，其乐调则当仍旧是邠土的谱子，乐具也是旧有的土鼓及苇籥。土鼓即土缶，先周文化中颇有大腹陶罐；苇籥当是芦苇所制的管乐器，苇管无法久存，在考古学上不能有所证实。籥是宗教性乐舞中的重要部分，《邶风·简兮》，说明在"万"的武舞中，舞者左手执籥，右手秉翟；《小雅·宾之初筵》中，籥舞笙鼓是祭祀列祖的乐舞方式。凡此均说明了籥在周人礼仪中的重要性。苇籥是籥中原始的一种，只有属之周人发展的最早阶段。土鼓苇籥作为反映先周文化的音乐，颇为相当。

由于周人的起源在山西，周人始终不忘本族与山西古族夏人的渊源。周人自谓夏的后人，认夏为正宗。《诗》"周颂"中，《时迈》："我求懿德，肆于时夏"，《思文》："无此疆尔界，陈常于时夏"，都以夏作为自己的疆域看待。《书经·康诰》："用肇造我区夏"，也是以夏为自己疆域（傅斯年，1952：Vol. Ⅱ，88；Vol. Ⅳ，234）。夏代建国山西，及于河南，其疆域未及渭水流域。周人自同于夏的心理，只能由历史记忆中周人老家在山西为解释。傅氏以为周人是夏人的后代，其与殷商的争衡，代表古代中国东西两大族系的拉锯战（傅斯年，1952：Vol. Ⅳ，88—94）。傅氏之时，考古学的发现系以仰韶龙山两文化对峙为基本假设，因此他有夷夏东西对峙学说。今日考古学的新发现，肯定了第一章所说几个大文化系统并存的局面。周人与夏的关系，不能由地望确立，遂只能用历史渊源为说了。周人持此观念，更足说明前节周人来自山西的假设。

综合上述诸点，钱氏以为豳即邠，邠原指汾水流域的都邑，随着周人迁去陕西，邠的地名也搬了家。若比较泾水与汾水的情形，汾水支流众多，当一个"分"字，远比泾水合适。在泾水流域，这个从分从邑的地名，若别无更古的来源，实在太觉突兀。先周文化在东，故"豳风"仍保留东音的名称。"豳风"代表了周人开创时的音乐，无论后世配上哪一种歌词，其乐器则仍在礼仪性乐舞中出现。邹氏由考古资料中找到先周文化与光社文化的关系，又以铜器铭文的族徽追索有关诸族的迁徙路线为由今日山西迁入陕西。钱邹之说的结合，当可指出周人入陕西以前，原在山西汾水流域发展。其地密迩北方的草原文化发展的地区，是以先周文化中有草原文化的色彩（如蛇形匕首、马头铜刀之属），而周人祖先在不窋以后与"戎狄"混合及古公亶父受戎狄压迫而迁徙的传说，也因此很易解释了。

（作者单位：美国匹兹堡大学历史系教授）

周族的起源及其播迁
——从邰的地望说起

杨升南

在周族人的早期历史上，邰这个地方十分重要，《诗·大雅·生民》曰：

> 即有邰家室。

毛传云："邰，姜嫄之国也。尧见天因邰而生后稷，故国后稷于邰。"孔颖达疏："言国后稷于邰，犹《文王》笺云'国于周'。后稷以前未有国，于此始封也。"《史记·周本纪》："封弃于邰，号曰后稷，别姓姬氏。后稷之兴，在陶唐虞夏之际。"陶唐即尧，是尧封弃于邰，周族才从此兴旺起来。可见，邰地是周族的早期活动地域，是周人的发祥地。故探讨周人起源和早期历史的学者，皆对邰的地望十分注意。

但是，对邰的地望，学界却有两种主张：一说是陕西武功，一说是晋西南。主陕西说者谓晋西南之说"不能成立"[1]，主晋西南说者亦谓陕西说"不确"[2]。由此，邰之所在就成为史界一件悬案，此案不结，周族的起源问题亦无从说起，所以对邰的地望有必要再加考察。

---

* 原载于《人文杂志》1984年第6期。
[1] 齐思和：《西周地理考》，《燕京学报》1946年第30期。
[2] 李民：《尚书与古史研究》（增定本），中州书画社1981年版，第91页。

一

邰在陕西武功，是自汉以来学者们的传统说法。汉宣帝时，美阳（今陕西扶风、武功地区）出一铜鼎，汉政府的一些官员以为是"天呈祥瑞"，欲仿汉武帝得鼎故事，将其献于宗庙并改元，张敞从鼎上铭文和出土地点，辨识出乃是西周时器，于是上书道："臣闻周祖始乎后稷，后稷封于釐（以下用邰代），公刘迁于豳，太王建国于岐梁。文武兴于酆、镐。由此言之，则岐梁酆镐之间，周旧居也，因宜有宗庙坛场祭祀之臧。"① 邰即邰县，《汉书·地理志》右扶风下有邰县，班固自注云"周后稷所封"。同书《樊哙传》"从攻雍，邰城，先登"。颜师古注云："邰读与邰同，县名。即后稷所封，今武功故城是也。音胎。"自是以后，说邰地望者，皆宗之。如稍后的许慎在《说文解字》邰字下即云："邰，炎帝之后，姜姓所封，周弃外家国也。从邑，台声，右扶风邰县是也。《诗》曰：'即有邰家室。'"直至现今的通史、教科书以及释《诗经》者皆多采其说。②

据古代地理书记载，这里还有不少关于姜嫄、后稷的遗迹。西晋司马彪《续汉书·郡国志》载扶风郿县下有"邰亭"（西晋时汉邰县入郿县，故云都在郿县③）。《水经·渭水注》：

> 渭水又东经邰县故城南，旧邰城也，后稷之封邑矣。《诗》所谓"即有邰家室"也。城东北有姜嫄祠，城西南百步有稷祠。

唐李泰《括地志》亦载：

---

① 《汉书·郊祀志下》。

② 主此说者颇多。如范文澜《中国通史简编》、何兹全主编《中国通史参考资料》、袁梅《诗经译注》等。

③ 《说文解字》段玉裁注。

故〇城一名武功城，在雍州武功县西南二十二里。古邰国，后稷所封也，有后稷及姜嫄祠（《史记·周本纪》"封于邰"《正义》引）。

明康对山《武功县志》载有古〇城，云：在县南八里漆村东，汉〇城在县西南三十里。有姜嫄庙，在城外西南。姜嫄墓，在上南门外南去三百六十步又西四十步。有后稷祠，在城内西上。①《清一统志》卷247乾州直隶州武功县内亦有〇城、姜嫄冢、姜嫄祠、后稷祠等有关遗迹。

陕西武功关于姜嫄、后稷的遗迹这样多，恐非无故。此说最早见于张敞上书中。班固著《汉书》当是依据了西汉时的一些皇家档案，张敞所上之书，他可能见到，故能在书中录其文，特别是鼎铭的文字，若不见张敞上书原文，则无由得知。

张敞是西汉中期宣帝时人，美阳鼎出世时敞官为京兆尹。他以"好古文字"著称，是当时的古文字学家。汉初文帝除"挟书律"，武帝开献书之路，设立国家图书馆，秦焚之余而保存于民间的先秦古籍必大量涌出。这些书是用六国古文写的，汉时通行隶书，故识者不多，而张敞"好之"故能识。他所讲的周人历史，有些在今天的考古发掘中已得到证实，如扶风岐山周原遗址的发掘，长安沣西的发掘，皆证明"太王建国于岐梁，文武兴于酆、镐"之言不虚。而他在讲周人历史时，先称"臣闻"，可见其说自有本。武功之邰，曾是周人祖先活动过的地方，当是事实。是不是弃所"封"的邰呢？要考察了山西西南的情况后，才能回答这个问题。

二

弃所封的邰在山西省西南部的主张，虽是近代才提出来的，②但典籍记载，却要早于武功的邰。《左传》昭公元年载，晋平公有疾，卜官

---

① 康海（对山）：《武功县志》之《地理志》《建置志》。
② 钱穆：《周初地理考》，《燕京学报》1931年第4期。

占卜是实沈、台骀二神为祟，晋人不知其为何神，时郑子产往问晋侯疾，晋人乃相问，子产曰：

> 昔金天氏有裔子曰昧，为玄冥师，生允格、台骀。台骀能业其官，宣汾、洮，障大泽，以处大原，帝用嘉之，封诸汾川；沈、姒、蓐、黄实守其祀，今晋主汾而灭之矣。由此观之，则台骀，汾神也。

在远古时代，氏族或部落首领死后，则变为本氏族、部落的保护神。这是神话产生的源泉，故在这些神话中往往保存着历史的事实。所以在远古时"如无神话，即无史事"①。故台骀部落的地望，可由台骀为何地神得知。

《左传》言台骀宣汾、洮，封诸汾川，为汾神，"汾神"，他书引作"汾、洮神"。《史记·郑世家》"台骀，汾、洮神也"，《水经·涑水注》引《左传》上文作"台骀，汾、洮之神也"，独《左传》作"汾神"，当有脱字，是台骀应为汾洮二水之神。台骀既为汾、洮二水神，其部落所居，必为汾、洮二水相涉。汾水之名自古未改，洮水之经流，唐孔颖达作《左传》疏时虽指为在晋地，但又说其水"后世竭固，无其外耳"，已不能确指。其实，郦道元《水经·涑水注》中已讲得很清楚：

> 涑水所出，俗谓之华谷，至周阳与洮水合。水（指洮水——引者）源东出清野山，世人以为清襄山也。其水经大岭下，西流出渭之晗口，又西合涑水……司马彪曰："洮水出闻喜，故王莽以县为洮亭也。"然则涑水殆亦洮水之兼称乎？

郦道元所疑甚是。今山西省绛县西南仍有一条小河名洮水河（不在闻喜县，但闻喜与绛县相邻），由南而西北行，与涑水合，此即《涑水注》

---

① 顾颉刚：《史林杂识·黄帝》。

所称的"西合涑水",经绛县西南的"礼（元）古（堆）铁路"之一段即沿洮水河谷。

《涑水注》所指的洮水与今天的洮水河其大小相符,是一条不大的河。治理此河并无足称道,且与汾水并提也不相称,所以,洮水古时应兼涑水名。涑水发源于绛县西南的陈村峪,西南流出经闻喜、运城、临猗至永济入黄河,虽远不及汾水之流长,但比作为洮水支流的洮水大得多。且洮水是晋西南除汾水外的一条大河,而水流至运城以下,地势平坦,沿河两岸宜于农作,但亦有水患之虞,故台骀治理其水以为功。台骀治汾、洮水而为汾、洮二水之神,故其部落活动当在汾水下游与洮水（即涑水）相关一段的地带,即在晋西南。

台骀部落之名台、骀二字音同,故可省称为"骀"。《左传》昭公九年詹桓伯对晋人说:

> 我自夏以后稷,魏、骀、芮、岐、毕,吾西土也。

杜预注云:"在夏世以后稷功,受此五国为西土长。骀,在始平武功所治邰城。"可见杜预将骀字作邰。陆德明《经典释文》云:骀,他来切。依字应作邰。是台骀省称作骀,骀与邰乃异字而通。

杜预以骀为邰,是;而说此骀之地在"始平武功"则不确。这段文字将魏、骀、芮连言,其地必近。魏国的地望《毛诗·魏谱》云:

> 魏者虞舜夏禹所都之地。在《禹贡》冀州雷首之北,析城之西……其封域南枕河曲,北涉汾水。

《礼记·缁衣·正义》引《世本》:"禹都咸阳,及后乃徙安邑。"安邑即今晋西南的夏县。雷首、析城孔疏谓:"雷首在蒲坂南,析城在濩泽西南,皆在河东界内。"河曲即黄河转弯之处,故魏地当在今汾水以南,黄河以北的地区。芮,春秋时有芮国。《左传》桓公三年:"芮伯万之母芮姜恶芮伯之多宠也,故逐之,出居于魏。"可见芮地近魏。《读史方舆纪要》载芮城县西三十里有芮伯城,芮当在今山西芮城县境。与魏、芮连言，且夹在二国之间的骀，必在此两国之邻近。此骀国应在山西而不在陕西。与魏、芮两国邻近的骀正与前述汾、洮二水相应的台骀部落所在地相符，足证魏、骀、芮皆是晋西南之"国"。过去读《左传》见此处把地处陕西武功的骀夹在山西的魏、芮之间，以为是叙事无次，实乃未晓骀的地望。

　　从民族学的角度来看，后稷部落也应是最先活动于晋南。

　　相传后稷与尧、舜、禹、契等部落皆是黄帝之后。《尚书·尧典》孔疏引《世本》云："黄帝生玄嚣，玄嚣生蛴极，蛴极生帝喾，帝喾生尧。"《世本》又载："帝喾卜其四妃之子，皆有天下。元妃有邰氏之女曰姜嫄，是生后稷，次妃有娀氏之女曰简狄而生契，次妃陈锋（或作鄷）之女曰庆都，生帝尧，次妃娶訾氏之女曰常仪，生挚。"（《诗经·生民·正义》引）《帝王世纪》"舜姚姓，其先出自颛顼"，而颛顼乃"黄帝之孙，昌意之子"（《艺文类聚》卷十一引）。这些有关世系的传说当然不尽可靠，但是说他们是一些具有亲缘关系的部落，当合于事实。

　　据《尚书·尧典》，后稷与舜、禹、契等部落同在尧的朝廷中供职。《尧典》中把这些氏族或部落首领"君臣化"，当然不足信，但是这种"同朝供职"的关系，却反映出这些部落是处在同一个部落联盟中。官职之设，是联盟议事会成员的分工；传说的尧、舜、禹"禅让"故事，是联盟首领更迭的程序；朝廷中人事的安排，是联盟议事会开会的情况。后稷既在尧、舜、禹、契部落联盟中，而又与他们有亲缘关系，其活动地必相近。摩尔根在谈到北美易落魁人的联盟时写道：

　　　　凡属有亲属关系和领土毗邻（重点为引者所加）的部落，极自然地会有一种结盟以便于互相保卫的倾向。

在其后摩尔根又写道：

　　　　一个部落一旦分化为几个部落之后，这几个部落各自独占一块领土而其领土互相邻接（重点为引者所加），于是它们便以同宗氏族为基础，以方言接近为基础，重新结合成更高一级的组织，这就是联盟。①

据文献记载，尧、舜、禹部落皆活动于晋南地区。尧部落活动于今临汾、襄汾、翼城一带，临汾旧称平阳，传说尧都在此②，翼城县有古唐城③。舜部落活动在永济一带，蒲坂为舜都之地。禹部落有阳城、平阳、安邑诸说。阳城在今河南登封县告成镇，在告成五度河西王成岗发现古城堡一座，属龙山文化晚期，或说即禹都阳城。《孟子·万章》谓"禹避商钧于阳城"，是禹为避舜子而到此就居，其部落当本是与尧、舜部落相邻近的。安邑即今夏县，该县东下冯发掘一处龙山晚期遗址，或以为属夏人的遗物。服虔云汾、浍之间称为"大夏"，地处此间的襄汾县陶寺发现一处龙山文化晚期遗址及墓葬群，内涵极为丰富，或说此为夏人早期的文化遗存④。禹之后以"夏"为朝代名，当与它们曾居于"大夏"之地有关。

契部落是商人的祖先，商族早期活动地有山东、河南、河北、内蒙古以及陕西等说法。最近李民同志提出"商人最早起源于山西西南部（包括邻近陕西的东部一些地段）"，其后沿黄河东下而进入河南，向东发展⑤，是说商之祖先契部落亦活动在晋西南一带。其说可从。

尧、舜、禹、契部落皆活动在晋南，作为部落成员之一，且与尧有亲缘关系的后稷部落，亦应在晋南。

同陕西武功一样，这里也有不少关于姜嫄后稷的遗迹和传说。《水经·汾水注》载：

汾水又经稷山北，山在水南四十里许，山东西二十里，南北三

---

① [美] 摩尔根：《古代社会》（新译本），杨东莼等译，商务印书馆1977年版，第120、121页。
② 李济：《山西南部汾河流域考古调查》，《考古》1983年第8期。
③ 黄石林：《关于探索夏文化问题》，《河南文博通讯》1978年第1期。
④ 高炜等：《关于陶寺墓地的几个问题》，《考古》1983年第6期。
⑤ 李民：《关于商族的起源》，《郑州大学学报》1984年第1期。

十里，高十三里，西去介山十五里。山上有稷祠，山下有稷亭。

《太平御览》45引《隋图经》云：

> 稷山在绛县，后稷播百谷于此。

明李汝宽《重修后稷庙记》谓：

> 稷山实闻喜之故地。今山上有后稷祠、墓，稷山县主之，山下有姜嫄祠、墓，闻喜主之。祠旁又有蛇虎涧，俗传为姜嫄弃稷之所。故境内神庙稷居其半，其在北城外者，又称壮丽。邑人岁以夏四月十有七日为神之诞辰，前后赛会三日，农家之器用咸鬻于此。[（清）李遵唐撰《闻喜县志》卷十一《艺文志中》]

此地民众对姜嫄、后稷母子的崇奉直至近代犹然。李子祥《游稷山感后稷教稼之功德记事》写道：

> 丙寅（1926年）春，移权稷山清河区务，稷山是其南界。巡行乡邑，村村有稷王庙，即后稷庙。庙貌雄伟，他庙所不及，亦多有稷王娘娘庙（即姜嫄庙——引者）者。触目惊心，以为后稷教稼，功在万世，德及普天，何独一县崇奉之隆以至于此？①

有关姜嫄、后稷遗迹和传说在这里如此之多，民众崇奉如此之隆，亦非如故。这恐怕是用"附会"两字所不能解释得了的。这些遗迹和传说故事所在地区又与《左传》记载的古骀国地望相吻合，正反映出后稷部落最早是在山西南部。因此认为今闻喜、稷山一带为弃所在之地域，即古邰国地，② 当是可能的。

---

① 见《古史辨》第一册，第96—99页。
② 钱穆：《周初地理考》，《燕京学报》1931年第4期。

三

山西省西南部有邰地，是周族祖先弃活动的地方，证据确凿，似不容置疑。但是，陕西武功为古邰地，周人祖先活动过的地方，亦有历史依据。看来肯定其中的一个都与历史事实相违。我们以为两个邰地都与周族早期的活动有关。

为何有两个邰，且都是周人祖先活动之地？此乃古人迁徙时留下的足迹。古人迁徙时，常把原住地的地名一起带走，以名新居地。晚如春秋时晋国的绛就有二，而商之都亳则至少有八九处。古人迁徙时，不仅把地名带走，还把本族在原地的一些带纪念性的遗迹也搬去，在新地安排起来。所以，在陕西、山西两地都有周人祖先的遗迹，都有相同的地名——邰。我们正可以借此追寻他们播迁流徙的途径。

周之始祖弃是原始社会末期的人物，他与尧、舜、禹、契部落活动在晋西南，故山西西南部之邰应是周族最早活动之地，而陕西武功之邰名，乃是周族向西迁徙时带过去的。

据古文献记载，周族人从不窋（以下用∽代）开始了迁徙《国语·周语》载祭公谋父谏周穆王曰：

> 昔我先王世后稷，以服事虞夏。及夏之衰也，弃稷不务，我先王不∽用失其官，而自窜于戎狄之间。

这段话中有两个问题需要究明：一是不∽"窜"戎狄的时期，二是"戎狄之间"在何地。

按《史记·周本纪》不∽是后稷（弃）之子，"夏衰"当然是指夏初。夏初太康失国，有穷后羿、寒浞代夏政谓之"政衰"。而崔东壁提出"夏衰"在孔甲时。崔云：

> 不∽之父乃弃之裔孙，袭为后稷者，不∽非弃子也。《国语》所

谓"夏衰"，盖谓孔甲以后，谓在太康时，误矣。①

崔氏把不窋为弃子改为弃之"裔孙"，把时间从夏初拉到夏末，主要是根据周人的世次。《周语》有太子晋语云："自后稷之始基靖民，十五王而文始平之。"《诗·大雅·公刘》孔疏云："计虞及夏、殷、周有千二百岁，每世在位皆八十许年，乃可充其数耳。命之短长，古今一也，而使十五世君在位皆八十许载，子必将老始生，不近人情之甚。以理而推，实难据信。"很显然，《史记·周本纪》所载世次当有脱。脱在哪里？多以为脱在弃与不窋之间。但从"夏衰"而不窋"自窜"看，不窋前后均有脱。因为此"夏衰"应在夏初而不会在夏孔甲时，理由有二：

一、夏初太康失国，帝相被杀身死，有穷、寒浞篡夺夏政，夏统中绝。作为夏王朝的稷官，因王朝倾覆，方有"弃稷不务"之事。相反，若在孔甲时，国君虽淫乱，但农为立国之本，不可废农官弃农事。

二、夏、周两族的关系甚密，周人至建国后还常以夏人自称②，有人认为周人可能是夏人的分支③。夏周两族有这样密迩的关系，故周在夏统绝后不愿屈从于穷、寒夷人新政，并"自窜"而他走。

故"夏衰"当指少康至相失国之时为是，然据《周本纪》不窋为弃子，又与太康生相之时间不相牟。稷与禹同时，少康为禹孙，仲康相距禹已四世，若不窋为弃子，享年太长。《路史·发挥·周世考》云：

> 详之夏氏之书记、帝王之世云：帝俊生稷，稷生台玺，台玺生叔均……不窋不得为稷子明矣。

叔均为弃孙见《山海经·海内经》云："稷之子曰叔均。"李泰棻《西周史征》据此谓："叔均生不窋。不窋末年，夏后氏政衰，去稷不务，不窋以失其官，而奔戎狄之间。"（卷一）以不窋为叔均子，虽未可必，

---

① 《崔东壁遗书》，上海古籍出版社1983年版，第164页。
② 见《尚书》之《康诰》《君奭》《立政》等篇。
③ 刘泽华等编：《中国古代史》（上），人民出版社1979年版，第56页。

但时代亦约略相当，可备一说。

弃至公刘之间，据《史记·刘敬传》刘敬对汉高祖曰："周之先自后稷，尧封之邰，积德累善，十有余世，公刘避桀居豳。"同书《匈奴列传》："夏道衰，而公刘去稷官，变于西戎，邑于豳。"公刘当在夏末商初时。弃至公刘十余世，不窋在夏初，不窋与公刘间也有世次脱漏。

不窋所"窜"的戎狄之间在何处？《元和郡县志》以为在唐之庆州，该书在"关内道·庆州"下云：

> 《禹贡》雍州之域，古西戎地。《周本纪》曰：夏时政衰，后稷子不窋奔戎、狄之间。今州理东南三里有不窋城是也。

在理化县内又载有不窋墓，"在县东二里"。唐庆州，即甘肃庆阳，当失之过远。且公刘迁豳、太王迁岐，庆州在岐西，豳在岐东，如此则公刘由西迁到东，太王又由东迁到西，反复打转，于理亦不合。《国语·周语》韦昭注谓不窋之迁在邰，云：

> 尧封弃于邰，至不窋失官，去夏而迁于邰。
> 邰，西接戎，北接狄也。

邰即豳，《文选·西征赋》"化流岐豳"，李善注"邰与豳同"。豳为公刘所迁之地，《诗·公刘》篇述其迁豳之事甚详，当不虚，故不得谓不窋迁豳。

欲明不窋所迁之地，当知周人迁徙情况。据《诗》《书》记载，周族人迁徙主要有：一、不窋"自窜于戎狄之间"；二、公刘迁于豳；三、太王迁岐；四、文王作邑于丰，武王迁镐。故不窋迁往之地，即公刘迁离之地。公刘所迁离之地，《诗·公刘·毛传》云：

> 公刘居邰而遭夏人乱，迫逐公刘，公刘乃避中国之难，遂平西戎，而迁其民，邑于豳焉。

司马彪《续汉书·郡国志》云"栒邑有豳乡",刘昭注谓:

> 郑玄《诗谱》曰:豳者,公刘自邰而出,所徙戎狄之地!

弃"封"于邰,其后不窋"自窜"于戎狄、之间,当已离开邰地,为何公刘又"自邰而出"呢?所以公刘所居的邰,已非弃所受封时的邰,而是不窋所迁的新地。这个邰是陕西武功,是不窋迁到新地后,将原住地名带至今陕西渭水旁的新地的。

不窋迁离山西到陕西之途,当是越黄河后沿渭水而西。山西省地形三面皆山,东北高而西南低,如箕形,汾、涑水流入黄河的地带即箕形之口部。出山西当在这里渡河进入陕西境为最便利,这里在后世成为陕西山西间出入的要道。古代人迁徙皆沿河而行,河流两岸地势平坦,交通便利,土地肥美,宜于农耕,易获得食物。故其迁徙或顺流而下,或溯河而上。遇有适宜之地,即停下耕种。

渭水沿岸有丰富的古文化遗存,其中的客省庄二期文化(即陕西龙山文化),直接叠压在周文化层的下面。有一种意见认为,早周文化与客省庄二期文化有关[1],而客省庄二期文化已发掘的重要遗址,如华县横阵村、西安米家崖、长安客省庄皆在渭水流域,反映了早期周人在渭水沿岸地带活动的情况。再往上推,客省庄二期文化又是承袭庙底沟二期文化发展而来的[2],庙底沟二期文化与客省庄二期文化在晋西南都有分布,芮城的西王村遗址,即是一处有代表性的庙底沟二期文化遗存[3]。庙底沟二期文化到客省庄二期文化,时间上不一定同周之始祖弃及不窋西迁挂得上钩,但却反映出晋西南的古文化与渭水流域的古文化有着较密切的关系。可以说不窋是踏着前人走过的路西去的。陕西武功的古邰地,正是在渭水旁,《水经·渭水注》云:

---

[1] 徐锡台:《早周文化的特点及其渊源的探索》,《文物》1979年第10期。
[2] 见《文物考古工作三十年》,文物出版社1979年版,第125页。
[3] 同上书,第56页。

渭水又东经邰县故城南，旧邰城也，后稷之封邑，《诗》所谓"即有邰家室"也。

"后稷之封邑"乃沿汉人旧说，不可据已如前述，而邰（邰）城在渭水旁，可见不窋出晋南，溯渭水而西，到今武功地住下，而将此地名为邰。

不窋之迁，是周族人的一次大转移，其后公刘迁豳，太王迁岐，皆不离秦川沃土之地。周人就是在这里繁衍、壮大，终至文王时挥戈东向，武王灭商，而创立周王朝。

（作者单位：中国社会科学院古代史研究所研究员）

周族的起源地及其迁徙路线[*]

杨善群

周族创建了西周王朝，在东周即春秋战国时期，周王室在名义上还是天下的共主。周族在中国的统治长达八百多年。可是关于周族的起源地及其在太王亶父以前的迁徙路线，自20世纪30年代以来，学术界异说纷纭，莫衷一是。1949年以后，考古工作者对先周文化遗址进行了大量的探测和发掘，史学工作者进行了更为热烈的讨论。本文即拟在前贤研究的基础上，对这个问题做一些考核和辨析，以求对太王以前的周族历史有一个比较明晰的了解。

一 周族的起源地在晋西南

周族的始祖名"弃"，为"后稷"之官，这是有大量的历史记载证明而为学术界所公认的。至于弃所处的时代，应该是在尧、舜、禹之际。《墨子·尚贤中》引"先王之书《吕刑》"曰："（尧）乃名三后，恤功于民：伯夷降典……禹平水土……稷降播种。"《书·尧典》载帝舜曰："弃……汝后稷，播时百谷。"《汤诰》又曰："古禹、皋陶久劳于外……后稷降播，农殖百谷。三公咸有功于民。"[②]《孟子·滕文公上》云："当是时也，禹八年于外……后稷教民稼穑。"《诗·鲁颂·閟宫》称周之始祖后稷："奄有下国，俾民稼穑；奄有下土，缵禹之绪。"

---

[*] 原载于《史林》1991年第3期。
[②] 《史记·殷本纪》引。

《逸周书·商誓解》并载周武王之言："在昔后稷……克播百谷，登禹之绩。"上述先秦古籍，所叙周祖后稷的事迹，几乎是一致的。有些著作虽然晚出，但它们都当以可靠的史实为依据。故《史记·周本纪》总结道："后稷之兴，在陶唐、虞、夏之际。"古本《竹书纪年》有一条记载："后稷放帝（尧）子丹朱于丹水。"这个"后稷"当也指周之始祖弃。《国语·鲁语上》载展禽曰："昔烈山氏之有天下也，其子曰柱，能殖百谷百蔬；夏之兴也，周弃继之，故祀以为稷。"《礼记·祭法》在引述这段文字时将"夏之兴"改作"夏之衰"，与其他各种记载不合，显然是不对的。《左传·昭公二十九年》记蔡墨曰："稷，田正也。有烈山氏之子曰柱为稷，自夏以上祀之。周弃亦为稷，自商以来祀之。"杜预注："汤既胜夏，废柱而以弃代之。"杨伯峻《春秋左传注》并引顾颉刚、史念海《中国疆域沿革史》云："则知弃本商稷。"杜、杨二注，把弃当作商代之稷官，完全曲解了传文之义。《左传》所记蔡墨的话，他的意思是说："自夏以上"，以柱为稷神而"祀之"；至商朝因弃的年代已很久远而奉为稷神，故"自商以来祀之"。这进一步证明，弃活动于唐、虞及夏初，与尧、舜、禹同时。

明确了弃为后稷的时代，就可以进一步探讨弃所在的地域了。《诗·大雅·生民》称周始祖后稷"即有邰家室"，《史记·周本纪》则点明帝舜"封弃于邰"。显然，所谓"有邰"或"邰"，就是周人的起源地。邰的地望，学术界有不同的二说：一说在陕西武功县，一说在今山西西南部闻喜、稷山一带。从各方面的记载来分析，邰最初的地望应以后说为是。《左传·昭公元年》记子产曰："昔金天氏有裔子曰昧，为玄冥师（水官之长），生允格、台骀（此字以下用～代）。台～能业其官，宣（疏通）汾、洮，障大泽，以处大原。帝用嘉之，封诸汾川……则台～，汾神也。"台～二字音同，故可简称为～，后人又把神名变为地名。《左传·昭公九年》载周室詹桓伯曰："我自夏以后稷，魏、～、芮、岐、毕，吾西土也。"上列"西土"五地，"魏"与"芮"均在晋西南汾河与黄河之间，则夹在其中的～当也在此一带。杜注及许多注释以～在今陕西武功县是错误的。詹桓伯列举周疆土开拓的地名，不可能河东河西跳着乱叙，且～为汾神，不可能跑到陕西。由此更可见，周"自夏以后稷"开始的起源地在"魏、~、芮"所在的山西，以后才发展到陕西的。《国语·鲁语上》有云："稷勤百谷而山死。"韦昭注："稷，周弃也，勤播百谷，死于黑水之山，《毛诗传》云。"不知"山"在何处。其实，在山西闻喜县之西、稷山县之南，至今犹有稷王山，"稷勤百谷而山死"之处当就在这里。

周人往往以夏的继承者自居，这也是一个周族起源于晋西南的有力明证。《诗·周颂·思文》称后稷"陈常于时夏"；《书·康诰》记周公赞文王"用肇造我区夏"；《君奭》又谓"惟文王尚克修和我有夏"；《立政》更宣传上帝"伻（使）我有夏式（代）商受命"。周人常把自己建立的国家称为"有夏"，说明他们与夏朝有着特别密切的关系。而夏朝活动的主要区域就在晋西南，许多记载都把那里称为"夏墟"。《左传·定公四年》述周王室分封唐（晋）国时，"命以《康诰》而封于夏虚"。据考证，晋国之初封即在今山西翼城县一带。《史记·吴世家》又述周武王克殷后，"封周章弟虞仲于周之北故夏虚"。据《集解》《索隐》的注释，此所谓"夏虚"在今山西安邑县南。再说《国语·周语上》云周之先祖曾"服事虞、夏"，而虞舜的活动地域也在晋西南①。许多史学家指出，周族之初可能属于"陶唐、虞、夏之际"一个大部落联盟中的一支，周族之姓"姬"与夏族之姓"姒"古本音同相通。唐、虞、夏、周部落的首领原先曾在一个部落联盟中共事，后来周人又在夏政权中任职，与夏族的关系相当融洽。惟其如此，周人常称自己之国为"有夏"，就是很自然的了。

这里还应当辨析的是，历史上姜族的活动地域，因为弃之母曰姜嫄（此字以下简作"原"）。姜族固然起源于西方，是从羌人中分离出来的，但它很早就已经东迁。《书·尧典》《国语·周语下》《史记·齐世家》都记有"四岳"佐禹平水土的事迹，而四岳即为姜姓。据王玉哲先生的考证，"四岳"实即"太岳"，"因形近而讹"，太岳"即今山西

---

① 《史记·五帝本纪》："舜，冀州之人也，舜耕历山。"《正义》引《括地志》云："蒲州河东县（今山西永济县）雷首山，一名中条山，亦名历山。"虞舜活动于晋西南的资料颇多，兹不俱引。

（中）南部的霍太山"①，"四岳"当就是霍太山（亦称太岳山）一带的部族首领。既然活动于今山西中南部的姜姓"四岳"曾佐禹平水土，则姜原在晋西南生弃，就是顺理成章的事。传说姜原为"有邰氏女"，"邰"与汾神之～及晋西南的地名～音同相通。有邰氏活动于汾河下游，以神名和地名为其氏族名，也是完全可能的。

最能说明周族起源于晋西南的是，那里有许多关于周族始祖的地名、传说和古迹。《水经·汾水注》云："汾水又径稷山北，（稷山）在水南四十里许……山上有稷祠，山下有稷亭。"《太平御览》卷四十五引《隋图经》曰："稷山在绛郡（今山西稷山县），后稷播百谷于此山。"据说在稷山县，村村有稷王庙，亦多有稷王娘娘庙。县南有稷王山，"相传稷王弃随其母姜原常往来此山，教人播种"②。闻喜县西北稷山下有姜原墓。墓旁有冰池，传为姜原弃后稷处。民间流行姜娘娘生稷王爷而弃之的传说。每年夏历三月初一，还要举行"姜娘娘庙大会，香火甚盛"③。这些地名、传说和古迹，应该事出有因，不能简单地用"附会"二字一笔予以否定。

近年来的考古发掘也为周族起源于晋西南提供了有力的证据。据报道，"在河东，即今山西省西南部，先后在河津、稷山、新绛、绛县、翼城、襄汾、临汾、曲沃、侯马、夏县、运城、解州、闻喜、永济等县共发现夏文化遗址三、四十处"④。这些遗址中，很可能也有先周文化的遗存。更为值得注意的是，在山西太原附近光社文化遗址中出土的联裆鬲，其特征几乎与先周文化的联裆鬲完全相同。由于光社文化的联裆鬲比先周文化的都早，因此学者们推定，"先周文化的联裆鬲是从光社文化来的"⑤。这就把周族的迁徙源流建立在可靠的考古学分析的基础之上。

自1931年钱穆在《燕京学报》第10期上发表《周初地理考》，提

---

① 王玉哲：《先周族最早来源于山西》，《中华文史论丛》1982年第3辑，第12页。
② 李子祥：《游稷山感后稷教稼之功德记事》，《古史辨》第二册，第97页。
③ 崔盈科：《姜原之传说和事略及其墓地的假定》，《古史辨》第二册，第99—103页。
④ 邹衡：《夏商周考古学论文集》，文物出版社1980年版，第238页。
⑤ 同上书，第336页。

出"周人盖起于冀州，在大河之东"的论说，六十年来，经过广大史学和考古工作者的努力，证据愈来愈丰富和确凿。这个论说，应该得到史学界的普遍认可，写进一般的历史教科书中。

二 夏朝前期迁至关中

作为周族起源地的邰，还有一种记载认为在今陕西武功县，历来许多文献皆如是说，那里也有一些纪念周先祖的古迹。《水经·渭水注》记："渭水又东径斄县故城南，旧邰城也，后稷之封邑矣，《诗》所谓'即有邰家室'也。城东北有姜原祠，城西南百步有稷祠。"《括地志》亦云："故斄城一名武功城，在雍州武功县西南二十二里，古邰国，后稷所封也。有后稷及姜原祠。"[①] 明代康海《武功县志》并载："古斄城在县南八里，漆村东，古有邰氏之国也。"近年来，考古工作者在武功郑家坡遗址发掘得许多先周文化的遗物。据分析："武功郑家坡各型（陶）鬲都延续至西周，早期各型鬲分别是西周同型鬲的祖型……盆的特点是深腹，特点与西周盆一致。其余簋、豆、钵、盘、尊等特征与西周一致，但形制都早于西周。""郑家坡遗址出土的卜骨、生产工具与西周的卜骨、生产工具有着明显的承袭关系；遗址的房屋全为半地穴式，特点与沣西早期的房屋相同。""郑家坡出土的铜鼎正是西周初期高柱足铜圆鼎的祖型。"[②] 如此看来，似乎今陕西武功县一带又是周先祖姜原、后稷生活的地方，是古台邰国的所在地。

为什么在山西的稷山、闻喜和陕西的武功，两地都有"邰"（~）的名称，都有关于姜原、后稷的古迹和传说，都可以在考古学上找到先周文化的遗存？杨升南同志正确地指出："此乃古人迁徙时留下的足迹。古人迁徙时，常把原住地的地名一起带走，以名新居地。""两个邰地

---

① 《史记·周本纪·正义》引。
② 尹盛平：《从先周文化看周族的起源》，《西周史研究》，《人文杂志丛刊》第二辑，1984年版，第223页。

都与周族早期的活动有关。"① 他举例说明：商朝的早期都城"亳"就有多处，春秋时晋都"绛"由今山西翼城县迁至曲沃县后，仍以旧名称之。这些无疑都是有力的证据。周族的先祖姜原和弃应该生活于晋西南的稷王山，因而那里有姜原弃后稷的古迹和弃教民播种的传说。后来周族迁徙到陕西武功，为纪念其先祖创业的功绩，仍以"邰"称呼其新居地，并在那里布置了祭祀先祖的场所。

周族从山西的稷山、闻喜一带迁到陕西武功的时间，杨升南同志认为在"不窋"（此字以下用"窟"字代）时。但《水经注》《括地志》等许多历史记载都明确指出：位于今陕西武功的邰地，是"后稷之封邑"。《汉书·地理志》在"右扶风"所属的"斄"县下，有班固的自注："周后稷所封。"故陕西的这个"邰"，也是"后稷"的居住地，而非不窟所迁之处。不过，这个居住在陕西邰地的"后稷"，已不是周的始祖、姜原之子弃。《史记·周本纪》曰："后稷之兴，在陶唐、虞、夏之际，皆有令德。"是知周祖后稷不止一人。《国语·周语上》引周室祭公谋父的话说得更明确："昔我先王世后稷，以服事虞、夏。及夏之衰也，弃稷不务，我先王不窟用失其官。"可知从"虞、夏之际"到"夏之衰"这样一段长达数百年的时间中，周的先祖世世代代都为"后稷"之官。《史记索隐》引谯周按："言世稷官，是失其代数也。"清初学者戴震考述："盖不窟已上，世为后稷之官，不知凡几传，至不窟，然后失其官也。"② 然则周族之由山西迁往陕西，就在始祖弃之后"不知凡几传"的"世为后稷之官"时。

从虞、夏之际的弃到夏朝行将衰亡时的不窟，周先祖世为后稷之官有数百年，其由山西迁往陕西，具体究竟应在何时呢？查史书记载，夏朝前期太康当政时有一次大乱。《史记·夏本纪》云："帝太康失国。"《集解》引孔安国曰："盘于游田，不恤民事，为羿所逐，不得反国。"《左传·襄公四年》对这件事的经过作了详细的叙述："昔有夏之方衰也，后羿自鉏（今河南滑县东）迁于穷石（今河南洛阳市南），因夏民

---

① 杨升南：《周族的起源及其播迁——从邰的地望说起》，《人文杂志》1984年第6期。
② 《戴东原集》卷1《周之先世不窟已上缺代系考》。

以代夏政。"后羿用寒浞为相，旋又被寒浞所杀。夏臣靡逃奔有鬲氏（今山东德州市东南），利用夏民"以灭浞而立少康"。少康又灭浞之二子所建之过、戈二国，夏朝才得以中兴而稳定下来。《后汉书·西羌传》也说："昔夏后氏太康失国，四夷背叛。"可见夏太康失国其动乱程度之剧烈。作为后稷之官的周族祖先，必因夏政权的颠覆和四夷之叛乱，无法在晋西南再呆下去，乃率领族众，溯黄河、渭河而上，到达今陕西中部的武功。夏太康是夏启之子，可知周族因避太康之乱由晋西南迁往关中是在夏朝前期。至少康中兴夏朝局面稳定后，周族祖先当继任后稷之官，而以其新迁居地今关中的武功，作为后稷之封邑。

三　夏末商初遁入甘肃庆阳

周族至不窋时又有一次大的迁徙。《国语·周语上》载："及夏之衰也，弃稷不务，我先王不窋用失其官，而自窜于戎、狄之间。"不窋是周族自弃之后又一个有名的祖先。《左传·文公二年》论祀之礼云："禹不先鲧，汤不先契，文、武不先不窋。"可知不窋在周族历史上的地位实相当于夏之鲧和商之契，是十分重要的。关于不窋的世系，崔述《丰镐考信录》谓："不窋之父，乃弃之裔孙袭为后稷者，不窋非弃子也。"其说甚确。所谓"夏之衰"，大多史家均认为在孔甲至桀时。《史记·夏本纪》曰："帝孔甲立，好方鬼神，事淫乱。夏后氏德衰，诸侯畔之。""自孔甲以来而诸侯多畔夏，桀不务德而武伤百姓，百姓弗堪。"此时蛮夷入侵，四方骚乱。《后汉书·西羌传》曰："后桀之乱，畎夷入居邠、岐之间。"同时商族的势力迅速兴起，在取代夏朝之后，也向西步步进逼。近年来，在陕西中部的蓝田、西安、扶风、岐山、礼泉、耀县等地，都发现了不少商代铜器，且其年代都属商早期，与郑州二里岗期基本同时。这"说明远在盘庚迁殷以前，关中东部及至渭河北岸广阔沃野已是商王朝势力范围"[1]。居于今陕西武功、隶属于夏政权

---

[1] 参见西安半坡博物馆、蓝田县文化馆《陕西蓝田怀珍坊商代遗址试掘简报》，《考古与文物》1981年第3期；卢建国等《陕西耀县北村商代遗址调查记》，《考古与文物》1984年第1期。

又为夏族分支的周族祖先，可能受到蛮夷和商朝两股势力的夹击，无法再在原地生活下去，于是向西北方向迁移，"自窜于戎、狄之间"。

不窋所至之地，历史记载都相当明确。《史记·周本纪·正义》引《括地志》云："不窋故城在庆州弘化县南三里"；《元和郡县志》卷三《关内道·庆州》记："后稷子不窋奔戎狄之间，今州理东南三里有不窋故城，是也"；《庆阳府志》亦载："不窋，后稷之后，值夏德衰乱，窜居北豳，即今之庆阳也"。三志所述，都说不窋避乱至今甘肃庆阳建城而居。相传不窋坟在庆阳县城东山颠，县东十里地多花木，为"不窋遗园"。庆阳地区气候温和，土地肥沃，雨量较多，是一个较理想的耕作区。不窋率周族来到这里后，当即垦殖播种，大搞农业。据清乾隆年间修的《甘肃通志》载：庆阳府至今其民"好稼穑，务本业，有先王遗风"[①]。可知不窋确实到了今甘肃庆阳地区，在那里辛苦经营，发展开拓。他的迁徙路线应该是从今陕西武功出发，沿着渭河的支流径河、马连河，溯水向西北而上。

另有一种说法认为，夏末避乱窜至庆阳的是周族祖先中最后一任后稷。《史记·周本纪·索隐》引《帝王世纪》云："后稷纳姞氏，生不窋。"《左传·宣公三年》亦载郑石癸曰："吾闻姬、姞耦，其子孙必蕃。姞，吉人也，后稷之元妃也。"然则不窋为后稷娶姞氏女所生。查庆阳附近的姞姓之国有密须，在今甘肃灵台县西南，商末为文王所灭。后稷奔甘肃庆阳，纳姞姓的密须女而生不窋，这是很可能的。因为后稷在夏末动乱中失官，率众迁徙，仍可袭用其旧号，至不窋出生，不再任稷之官，才取以一个特别的名字。

周族祖先曾在甘肃庆阳一带活动，也已经为越来越多的地下发掘资料所证明。据甘肃省博物馆在20世纪50年代末的统计，"甘肃东部的渭河、径水、西汉水等流域，发现周代遗址，共计57处"[②]。1978—1979年，中国社会科学院考古研究所泾渭考古队开展考古调查时，在甘肃东部又发现了若干处新的先周文化遗址，如镇原县的常山遗址和高

[①] 参见李仲立《试论先周文化的渊源》，《社会科学》1981年第1期。
[②] 甘肃省博物馆：《甘肃古文化遗存》，《考古学报》1960年第2期。

庄遗址，灵台县的妻家岭遗址和姚庄遗址，在此之前发现的还有平凉县的安国镇遗址和庄庙遗址，径川县的蒜李遗址[①]等。据专家们的分析，平凉县安国镇出土的陶鬲，在形制、质地上更接近于西周的陶鬲，它们之间有直接的承袭关系。由此可知，周族祖先在今甘肃东部的活动范围是相当广阔的。

甘肃庆阳地区周族祖先的活动，一直延续到公刘时。据明清间编的《庆阳府志》载，该地有"公刘庄"，"在府城北三十里，有腴田数亩，号'天子掌'，人莫敢垦"。清康熙年间编的《宁州志》亦载："公刘旧邑，在州西一里，周之先公刘居此。《诗》云'乃积乃仓'，即此地也。"《正宁县志·地理志》并称："周为北豳地，公刘旧邑。"《诗·公刘》有云："酌之用匏。"所谓"匏"，即用刀切葫芦对半剖开以盛水之物，或称"瓢"。今甘肃庆阳地区农村仍然沿用，俗名"瓜舀子"[②]。庆阳温泉公社至今还有公刘庙，当地居民称为"老公殿"，传说周先祖公刘即生于庆阳。公刘是不窋之孙。《史记·周本纪》曰："不窋卒，子鞠立。鞠卒，子公刘立。"然则周先祖在甘肃庆阳地区垦殖繁衍，经过了三代人的努力。

四　商朝早期徙至陕西彬县一带

周族祖先在公刘时进行第三次迁徙，《诗·大雅·公刘》记叙的就是这次迁徙的情况。《诗》云："度其夕阳（西面之地），豳居允（信）荒（大）。笃公刘，于豳斯馆。"此处两次提到"豳"，并说要在那里"居"和"馆"，可知公刘是迁徙到了豳地。《史记·周本纪》曰："公刘卒，子庆节立，国于豳。"这表明，庆节以豳作为国都，稳定地居住下来。周先祖最后一任后稷或不窋由今陕西武功窜至甘肃庆阳在夏末商

[①] 参见胡谦盈《试谈先周文化及相关问题》，《中国考古学研究——夏鼐先生考古五十年纪念论文集》（二集），科学出版社1986年版。

[②] 参见穆长青《略论周先祖在北豳的创业活动及南迁》，《西北大学学报》1985年第2期。

初，而公刘之迁豳仅过了二代，其时应在商朝早期。

豳的地望历史记载也甚为明确。《史记·周本纪·集解》引徐广曰："新平漆县之东北有豳亭。"《正义》引《括地志》云："豳州新平县即汉漆县，《诗》豳国，公刘所邑之地也。"这里所谓"新平""漆县"，即今陕西邠（彬）县。《索隐》进一步指出："豳即邠也，古今字异耳。"《汉书·地理志》在"右扶风""栒邑"县下班固自注曰："有豳乡，《诗》豳国，公刘所都。"其地亦在今陕西彬县东北、旬邑县西南。

有一种说法认为："豳、邠古今字，而汾、邠亦相通"，因而推定公刘所居的豳还在晋西南的汾水下游一带。这是错误的。《诗·公刘》在"于豳斯馆"下即云："涉渭为乱，取厉取锻。"可知公刘为了在豳地建造宫室，曾使人横渡渭水，采取砺、锻之石。"若豳诚在汾，则晋地多山，胡为跋涉数百里之外，涉渭而不涉汾，以取厉锻乎？"[①] 此点实无法说通。况且，公刘迁徙的路线是由北向南。《诗》中又说："逝彼百泉，瞻彼溥原，乃陟南冈，乃觏于京。"显然，公刘的迁徙是为了改善环境。他往看百泉交灌的大原，越过南面的山冈，来到众所宜居的、可营造都邑的京地。这正和从甘肃庆阳到陕西彬县的迁徙方向和彬县周围水源丰富、原野广阔的情况相合。

近年来的考古发掘，进一步证明彬县一带是周先祖的活动地域。据不完全统计，目前在陕西长武县发现的先周文化遗址有司家河、胡家河、下孟村和碾子坡等，在彬县又有弥家河、雅店等遗址[②]。1959年陕西省考古研究所泾水工作队在长武县下孟村遗址就发现了不少先周文化遗物，并首次发现有钻有灼而无凿的先周卜骨[③]。1979—1980年，中国社会科学院考古研究所泾渭工作队又在这一带进行复查，发现长武县冉店乡碾子坡是周人迁岐以前的一处重要先周文化居住址和葬地，它的早

---

① 齐思和：《西周地理考》，《燕京学报》1946年第30期。
② 胡谦盈：《浅谈先周文化分布与传说中的周都》，《华夏文明》第二集，北京大学出版社1990年版，第70—71页。
③ 《陕西邠县下孟村遗址发掘简报》，《考古》1960年第2期。

期遗存约稍早于周太王亶父时期，大致与安阳殷墟第二期（殷王武丁至祖甲）文化的年代相当。这里共发现房屋基址、窖穴、灰坑和烧陶窑址一百多处，发掘先周墓葬二百多座，出土石器、铜器、骨（角）器和陶器数量甚多。特别是在居住址中见到许多青铜工具和用具，如作为武器的铜链、缝纫使用的铜锥以及青铜容器鼎和甗等，说明碾子坡先周遗址已经具有比较进步的青铜文化①。

十分明显，周先祖自公刘、庆节，中经皇仆、差弗、毁榆、公非、高圉、亚圉、公叔祖类，直至太王亶父共十代人，长期在今陕西彬县及其周围的长武、旬邑等地经营开拓，使经济、文化都有了长足的发展。

五　商朝晚期南移至岐山之阳

在太王亶父时，周先祖又作了第四次迁徙。《孟子·梁惠王下》云："昔者大王居邠，狄人侵之……去邠，逾梁山，邑于岐山之下居焉。"《诗·大雅·绵》《史记·周本纪》俱载其事。《后汉书·西羌传》谓："及（殷）武乙暴虐，犬戎寇边，周古公（即太王亶父）逾梁山而避于岐下。"可知此时已值商朝晚期。

关于这次迁徙的路线，学术界的说法分歧甚大，必须做一番细致的辨析。《诗·绵》在开头叙述道："民之初生，自土沮漆。"这里的"沮"，高亨《诗经今注》云："借为徂，往也。"不少学者信从此说。其实是不对的。因为在本诗中就有"自西徂东"之句，这个"徂"字才可释为"往"。在同一首诗中用同一个字，不得一处用其原字，一处又用其他字假借。诗人用字不可能混乱到这种地步。因此，"沮漆"二字当从《毛传》"沮，水；漆，水也"。诗中之"土"，有些学者认为："实即古史上经常提到的'土方'"，并举《诗·长发》和武丁时卜辞为例，说明"土方"在夏、商时均居于今山西南部。② 因而这次"自土沮漆"的迁徙乃是从山西迁到陕西。这也是牵强附会的。按此"土"字，

---

① 胡谦盈：《太王以前的周史管窥》，《考古与文物》1987年第1期。
② 见前引《中华文史论丛》1982年第3辑王玉哲文。

《齐诗》作"杜",与"沮、漆"均为水名。《汉书·地理志》在"右扶风""杜阳"县下有班固自注:"杜水南入渭。"显然,杜、沮、漆都是邠地周围南流入渭的水。所谓"自土沮漆",陈子展《诗经直解》今译为:"是在杜水、漆、沮水之侧",甚符合诗的原意。全诗用这一句开场,实是说明周民在公亶父迁徙以前起初生活的地点。

《诗·绵》又叙述这次迁徙的经过说:"古公亶父,来朝走马,率西水浒,至于岐下。"有的学者根据"率西水浒",断定这次迁徙的路线是"从东西迁"[1],亦即由山西迁往陕西。这同样是一种误解。所谓"西水",高亨《诗经今注》释为"豳城西边的水",它的流向应该是由北向南。杜、沮、漆水都南流入渭,沿着其水而行,自然应该是南迁。《穆天子传》卷二云:"大王亶父之始作西土,封其元子于东吴。"这也是太王"西迁"论者的一条证据。其实,这里的"西土",乃是相对"东吴"而言,所谓"始作",则是周人的一种观念,认为他们的伟大事业是从太王亶父开始的。《诗·鲁颂·閟宫》曰:"后稷之孙,实维大王,居岐之阳,实始翦商。"故武王追尊先祖为王,从公亶父开始。根据这种观念,可知"大王亶父之始作西土",绝不意味着太王之前在东,而由太王始西迁。

在阐述太王迁徙的路线时,还必须辨析一下梁山的地望。有些学者引《水经·河水注》:"(河水)又南出龙门口,汾水从东来注之,昔者大禹导河积石,疏决梁山,谓斯处也";又引《汉书·地理志》"左冯翊""夏阳"县下班固自注:"《禹贡》梁山在西北",据此认为,太王所逾之梁山在今陕西韩城县西北[2],从而证明太王之迁徙路线是从山西到陕西。这也是不符事实的。梁山的地理位置,《史记·周本纪·正义》说得很清楚:"《括地志》云:'梁山在雍州好畤县(今陕西乾县)西北十八里。'"郑玄云:"岐山在梁山西南。然则梁山横长,其东当夏阳(今陕西韩城县)西北,临河;其西当岐山东北,自豳适周,当逾之矣。"显然,太王所逾之梁山是其西端,在今乾县西北,而不是其东

---

[1] 见前引《中华文史论丛》1982年第3辑王玉哲文。
[2] 见钱穆《周初地理考》,《燕京学报》第10期。

端，在今韩城县西北"临河"者。其实，主张太王西迁论者有一个最大的漏洞，就是由山西迁往陕西，必须渡过黄河，而有关太王迁徙的任何一种史料都没有"渡河"的记载，足见太王西迁论的站不住脚。

综上辨析表明，周族祖先的多次迁徙，是在今山西、陕西、甘肃三省的广阔范围内进行的。近年来的考古学发现，"先周文化陶器最突出的特征，就是同时存在两种不同类型的陶鬲"。"这两种陶鬲是有不同的来源的。联裆鬲是来自东方的山西地区，而分裆鬲反而来自西方的甘肃地区。"①徐中舒先生称周原文化有山西和甘肃东西两个来源的考古学发现，是"经过长时期的研究而得出的结论，是科学的概括，是我们研究西周史的起点"②。这个考古学发现，也为研究周族祖先的迁徙史提供了科学的实物的证据。我们既不同意周族是起源于关中的土著，自后稷至太王一直活动于今陕西境内的观点；也不同意周族祖先长期滞留山西，至太王时始西迁至岐下的说法。晋西南、关中、甘肃庆阳都有周族祖先迁徙和活动的足迹，这就是我们在全面检验文献资料、考古发现和近人研究成果之后所得出的结论。

（作者单位：上海社会科学院历史研究所）

---

① 邹衡：《夏商周考古学论文集》，第336页。
② 徐中舒：《周原甲骨初论》，《古文字研究论文集》，《四川大学学报丛刊》第十辑，1982年版。

周族起源考[*]

张玉勤

灭商建立西周王朝的周族，在中国古代史上是产生过巨大影响的古老民族。它起源于什么地方？传统的说法是陕西泾渭流域。自20世纪30年代，我国史学家钱穆先生一改旧说，提出周族来自山西汾水下游，古公亶父时才迁往陕西[①]以后，史学界多有争论，至今莫衷一是。近年，随着对先周文献和考古研究的逐步深入，笔者经多方考订，认为周族乃姜炎部落与姬黄部落联婚产生，起源于晋南地区，发展于泾渭流域，公刘时，才由山西辗转迁往陕西的。

一 "周族起源"指什么

周族之名，由古公亶父迁居岐下周原而来，然周族的起源，则应追溯到他的始祖弃。《史记·周本纪》载："周后稷，名弃。其母有邰氏女，曰姜原。姜原为帝喾元妃。"弃"及为成人，遂好耕农，相地之宜，宜谷者稼穑焉，民皆法则之。帝尧闻之，举弃为农师，天下得其利，有功。帝舜……封弃于邰，号曰后稷，别姓姬氏。后稷之兴，在陶唐、虞、夏之际，皆有令德"。这说明，弃与尧、舜、大禹同时。周族的初起，是从部落联盟军事民主制时期开始的。

弃之后，经夏、商两代到武王建立西周王朝为先周时期，其间一千

---

[*] 原载于《山西师大学报》1994年第4期。
[①] 《周初地理考》，《燕京学报》第10期。

余年，有三次大的迁徙，分别展示了周族的兴起和发展。

第一次迁徙，是"不窋末年，夏后氏政衰，去稷不务，不窋以失其官而奔戎狄之间"①。商初，其孙公刘辗转迁入陕西旬邑以西至漆水上游一带。他以豳为中心，"复修后稷之业，务耕种，行地宜，自漆、沮度渭，取材用，行者有资，居者有畜积，民赖其庆"。以后，子孙相继三百多年，为周族的发展奠定了基础。

第二次迁徙，是商武丁后期，公刘的九世孙古公亶父因遭薰育戎狄攻扰，"乃与私属遂去豳，渡漆、沮，逾梁山，止于岐下"，迁居周原。周原，今陕西岐山县北岐山下。广义而言，北倚岐山，南临渭河，西到汧水，东达武功。《诗·大雅·绵》"周原膴膴，堇荼如饴"，说明周原无疑是一片肥沃、宜于农作的原野。古公利用周原的有利条件，兴建城邑，加强农业生产，改革戎狄陋俗，创立奴隶制国家机构。又经王季对西北诸戎狄部落的征伐，使周很快成为西方的方伯之国。

第三次迁徙，是商纣王时，西伯昌（文王）"遵后稷、公刘之业，则古公、公季之法，笃仁、敬老、慈少、礼下贤者"，积极争取人心，进而向西北、河东扩张，"作丰邑，自岐下而徙都丰"。丰，今陕西长安西南沣河以西。文王都此，采取有效措施，继续发展生产，巩固奴隶制度，向河东、河南扩张，为周灭商创造了条件。

不难看出，周族自公刘迁居陕西以后的四百余年，乃是它的发展时期。这和周族的起源毕竟不同。起者，始也；源者，头也。起源，是起始开头的意思。要探索周族的起源，必须把周始祖弃至公刘这一段的居住地搞清楚。《周本纪》载，"后稷卒，子不窋立"。这后稷是历代农官的通称，不是单指弃。弃与尧、舜、大禹同时，不窋到"夏后氏政衰"，才"失其官而奔戎狄之间"。弃与不窋相距遥远，怎么可能是父子关系！从弃到不窋，再延到公刘居豳，中间长达五百余年，这便是周族的初起时期。这一时期，周族居于何地，才是我们探讨周族起源的关键所在。舍此而求它，自然是牛头不对马嘴。

①《史记·周本纪》。

二 周族不起源于陕西

由于《史记·周本纪》有"封弃于邰"的记载，加以历代经注家的引申发挥，人们便认定周族是从漆水流域的邰，即今陕西武功一带起源的。其实，这记载的本身就不能自圆其说。《周本纪》一边说弃母姜原"有邰氏女"。注引《说文》云"邰，炎帝之后，姜姓，封邰，周弃外家"。一边又说舜"封弃放邰，号曰后稷，别姓姬氏"。这就怪了，邰既是周弃外家姜姓的封国，姜姓当时没有灭国，也没有改封它地，弃怎么能再封于邰呢？再看《诗·大雅·绵》"绵绵瓜瓞，民之初生，自土沮漆"，诗序曰："绵，文王之兴，本由太王也。"意思是文王的事业，由太王起始，即到古公亶父时，周人才绵绵不断生息在漆水流域的。这与"封弃于邰"又相矛盾。周族究竟是从哪位先公开始的？是弃还是古公亶父？足见，仅凭文献资料是很不可靠的。要获得圆满的答案，还必须借助考古资料的补充、验证。

我们知道，一个古老的部落，在他兴起和发展的过程中，必然形成自己传统的物质文化和精神文化。在物质文化中，和人们生活休戚相关的居住遗迹、生产工具、生活用具尤其是陶器，最具代表性。它的时间性、地域性很强，文化类型和形制特点最突出。因此，我们运用考古标型学的方法，把出土的陶器按时间、地域分类排比，以便掌握不同文化陶器类型的群体特征。这特征，由于时间、地域上的差异，发掘范围上的局限和受相邻文化的影响，不是孤立地看个别陶器是否相同或者有无，而是看常用的陶器在陶质、陶色，尤其是形制及其演变规律上是否基本一致。然后，以此为线索，溯本求源，弄清楚生活在这一文化类型中的部族起源和发展于何时何地，是很有价值的。

1949年以来，我国考古工作者在陕西先周族生活过的泾渭流域发现了两类不同性质的考古文化。一类是"姜炎文化"，以扶风刘家姜戎偏洞室墓葬和沣西客省庄二期文化遗址为代表。刘家姜戎墓出土的典型陶器有高领双鋬或双耳乳状袋足分裆鬲和单耳、双耳、腹耳、双大耳凹底罐，不见盆、尊、豆、瓮、甗等。陶质陶色：鬲多为掺有陶末的夹砂红褐和灰褐陶；罐多为夹砂灰陶。乳状袋足鬲的制法是先模制三个乳状袋足，然后将三足拼接捏合，再用泥条盘筑一个高领接上去，足跟也是后接上去的。特点是高领、袋足肥硕、分裆、内隔较高，足跟易于脱落。这种以高领乳状袋足鬲和附耳罐为主的陶器群体，早期与甘青地区的齐家文化关系密切。两者都属高领、袋足、耳器类。陶胎中都掺有陶末，分裆鬲的制法相同，袋足肥硕，附錾耳的作风一样，双耳罐的形制也酷似。中期以后，也就是刘家文化二期，即公刘居邠后，由于先周文化的渗入，器群有变化，开始出现周式折肩罐，陶胎中不再掺有陶末，乳状袋足鬲形体变得瘦长，墓葬形制也变成了周人的竖穴土圹式。不过，在西周王朝建立之前，高领双耳乳状袋足鬲和单大耳罐等仍为陶器中的主要器物，陶器群体依然保持着姜炎文化的基本特征①。客省庄二期文化，又称陕西龙山文化。该类遗址出土的典型陶器有高直领单耳把袋足分裆鬲和联裆鬲；单耳、双耳、三耳罐和圜底罐。同样属于高领、袋足、耳器类。和齐家文化的关系也密切：双耳罐、圜底罐与齐家文化的双大耳罐、高领双耳罐、圜底罐很相似，袋足分裆鬲的足尖内部附加一块泥的作风也与齐家文化相同。只是由于地处渭河中下游，受到中原文化的影响，客省庄二期文化中有袋足联裆鬲出现，其制法与分裆鬲不同，是一次模制三个袋足，再拼接上一个高领和把耳，故袋足瘦高，不似乳状袋足那样肥硕，裆部也没有捏合痕迹。另外，陶色以灰为主，也与齐家文化的红、黄为主不同②。尽管如此，从陶器群体上看，刘家文化与客省庄二期文化仍然是共性为主。他们同属于姜炎文化体系，都与齐家文化关系密切。生活在姜炎文化体系中的陕西姜炎部族，显然是由陕甘青地区的古老氏族发展来的土著。

另一类是先周文化，以长武碾子坡遗址和武功郑家坡遗址为代表。出土的典型陶器有袋足联裆鬲、瘪裆鬲、折肩罐、圆肩罐、深腹盆、大口尊、甑、豆、瓮等，耳器少见。陶质陶色多为夹砂灰陶和泥质灰陶。其中瘪裆鬲是从先周一直延用到西周晚期的最具特色的炊器，其制法是

---

① 《扶风刘家姜戎墓葬发掘简报》，《文物》1984 年第 7 期。
② 《试论齐家文化与陕西龙山文化的关系》，《文物》1979 年第 10 期。

先用泥条盘筑一个圆筒，然后将一端切开成三个三角形体，用手向里挤压，捏制成三足，足尖里填充泥块，裆部凹瘪，另一端制成口沿或接上口沿。这种以袋足联裆鬲、瘪裆鬲、折肩罐、深腹盆、大口尊、瓮等共存为特征的陶器群体在陕西突然出现，然后延续发展到晚期，竟与沣西张家坡等遗址出土的西周早期陶期群体无异。现就长武碾子坡和郑家坡遗址的出土陶器分类排比，辨析如下：

长武碾子坡遗址位于邠北，该遗址的先周文化早期遗存，经碳十四测定为公元前 1285±145 年，略早于古公亶父时期。出土陶器，多为口沿外附有四个鸡冠横耳或半环形对斜耳的乳状袋足分裆鬲。仅此而言，显然具有姜炎文化早期类器的特征。但从陶器群体上看，已含有许多先周文化的因素。陶色以灰为主，红褐次之；器形，乳状袋足分裆鬲之外，还有瘪裆鬲、广折肩平底敛口罐、微折肩平底小口罐、圆肩平底敛口罐、平底深腹盆、大口尊、瓮等。墓葬均为周的竖穴土圹式，陶窑形制、房屋基址与西周结构相似，常见的锤斧也是先周和西周时期广泛使用的生产工具[1]。这说明公刘居邠之后，其文化已逐渐扩展到北边长武一带的姜炎地区，至于晚期遗存，只见附有錾耳的乳状袋足分裆鬲，不见瘪裆鬲等先周器物，那是因为古公亶父迁岐后，先周文化也随之南移了。

武功郑家坡遗址位于漆水下游，在岐下周原的东南部。根据地层关系和陶器的形制，可分早、中、晚三期。早期相当于二里头文化至二里岗下层，即夏末商初，是迄今陕西所见最早的先周文化遗存。出土陶器大多为先周类型，有袋足联裆鬲、瘪裆鬲、平底深腹盆、窄折肩平底侈口尊、斜折肩侈口平底瓮，但不见周氏折肩罐。有的器形也与早于它的客省庄二期文化联系紧密，如高领袋足联裆鬲的制法与客省庄二期文化晚期的单耳把高领袋足联裆鬲一脉相承；圜底罐与客省庄二期文化的圜底罐相同。这表明郑家坡遗址早期文化是受到客省庄二期文化很大影响的先周文化，同样反映了公刘居邠后，其文化扩展到南边武功一带客省庄二期文化地域之内的早期情况。中期，为古公亶父迁岐后，由于郑家

---

[1] 《陕西长武碾子坡先周文化遗址发掘记略》，《考古学集刊》第 6 期。

坡一带已成为周族活动的中心地区，表现在文化上，自然和早期有了较大差距。出土陶器已具有了先周文化陶器群体的典型特征：灰陶比例迅速增大，瘪裆鬲因制法简便易行得到推广，周式平底折肩罐、深腹盆多见。甚至连偶尔出土的双鋬乳状袋足鬲，袋足也变得瘦长下垂，圆足尖微外撇，已不见姜炎同类器的肥硕作风。这说明古公亶父率族迁居岐下周原后，随着政治势力的扩大和"乃贬戎狄之俗"的推行，先周文化在早期的基础上有了飞越的发展。陶器群体在发展演变中已趋于稳定、成熟。晚期，为文王作丰之时，出土陶器与中期衔接紧密，并有了新的发展；陶色以灰为主，器形有袋足联裆鬲、瘪裆鬲，已不见乳状袋足分裆鬲；有平底深腹盆、折肩罐，进而出现了平底圆肩罐。非但如此，陶器群体的陶质、陶色、器形竟与沣西张家坡等遗址出土的西周早期陶器相似。①

总之，从郑家坡遗址和碾子坡遗址的早期到郑家坡遗址的中、晚期，是有联系、有发展的先周文化体系。它的陶器形制在发展中虽有演变，如鬲由分裆向联裆、瘪裆，鬲裆由高向低，袋足由肥向瘦；深腹盆，颈从无到有，体由高向矮；罐，由广折肩向窄折肩、圆肩演变等，但陶器群体基本不变。该群体与姜炎文化的陶器群体由于彼此相邻或者间处，虽然互有渗入，如先周文化陶器群体中，屡见乳状袋足分裆鬲出现；姜炎文化陶器群体内，周式联裆鬲、折肩罐日趋增多，但各自的主体特征不变。先周文化与土著的姜炎文化体系分明，迥然有别，他们之间根本不存在继承关系。尤其从时间上看，无论是先周文化陶器群体在陕西的最早出现，还是姜炎文化陶器群体渗入先周文化陶器因素，都发生在夏末商初公刘居邠之后。事实证明，弃至公刘前的周族，还没有生活在陕西。他们是到公刘时，才从其他地区迁徙来的。

三　周族起源于晋南

周族起源于晋南，从历史文献资料和考古资料上，都可以得到

---

① 《陕西武功郑家坡先周遗址发掘简报》，《文物》1984年第7期。

证明。

从历史文献资料上看，《史记·周本纪》一开始就说：弃母"姜原为帝喾元妃"。帝喾，黄帝曾孙，姬姓；姜原，炎帝后人，姜姓。姬、姜两族通婚，反映了一个历史事实：在父系氏族公社时期，由于原始农业的发展，分别兴起于陕西、河南、山东的炎帝部落、黄帝部落和以蚩尤为首的九夷部落，都向土质肥沃疏松、最适于原始农耕的黄河三角地带发展。他们在晋西南相遇，经过争战，打败了蚩尤，就地结成了以炎、黄部落为核心，包括蚩尤余部在内的部落联盟，号称"华夏"。于是一些姜姓的姬姓的小国交叉相错地在晋南地区建立起来。从此，姬、姜二族世代通婚，开始了广泛的文化交流①。周族就是从这时开始产生的。周始祖弃随父姓姬，故周人常以"有夏"自居。说自己是夏族的后代。这在许多史料价值很高的先秦典籍中，如，《今文尚书》的《康诰》《召诰》《君奭》《立政》；《诗》的《閟宫》；《逸周书》的《商誓解》中都有记载。神农、炎帝最早发明农业，周弃又继承母家的专长，被尧举为农师，世代管理部落联盟的农事，号曰"后稷"。

部落联盟，通常是由若干近亲或近邻部落结成的。据史载，华夏部落联盟的成员，陶唐氏居平阳，有虞氏居蒲坂，夏后氏居安邑，分别在今山西晋南的临汾、永济、夏县一带。三者相距不过二百里。由此推知，同样作为华夏部落联盟的成员，又世代分管部落联盟农事的周弃部落，其居住地也绝不会离开晋南。具体在晋南的什么地方，我们从历史文献的字里行间，也能找到蛛丝马迹。周人以"有夏"自居，表明他们和夏的关系密切。《礼记·表记》载："夏道尊命，事鬼神敬而远之，近人而忠焉；殷人尊神，率民事神，先鬼后礼；周人尊礼尚施，事鬼神敬而远之，近人而忠焉。"进而表明他们和夏的鬼神观念是一致的。夏的发祥地，《史记·郑世家》集解引服虔的话说："大夏在汾、浍之间。"顾炎武也有同样的看法。据此，经考古发掘，证明他们的论断正确。夏的早期活动中心，的确在汾、浍之间，即今晋南塔儿山（古称崇山）周围的翼城、曲沃、襄汾一带。与夏关系密切，鬼神

---

① 见拙作《神农、炎帝、黄帝关系辨》，《山西师范大学学报》1990 年第 3 期。

观念相同的周族自然在其附近。今襄汾县西有稷山县，稷山县境有稷王山，传说"后稷教民稼穑于稷山"。今稷王山顶还有稷王庙和后稷母亲姜嫄的坟墓。这一地区，当时东靠"大夏"，西北近戎狄，又在华夏部落联盟的地域之内。从地望上看，姬周部落早期曾活动于这一带是可能的。

从考古资料看，周弃既为姬、姜二族联姻所生，他的后人又继承了姜炎事业，世代作华夏部落联盟的农官，这就决定了先周的早期文化是以姜炎文化和华夏文化融为一体并与华夏文化接近为特征的。表现在陶器群体上，主要就是以上两种陶器因素的共存、融合，并与华夏文化陶器群体的联系。无独有偶，在晋南襄汾县发现的大柴遗址文化，正与此吻合。该遗址地处"夏墟"，南与二里头文化东下冯类型相接，北和陶寺类型龙山文化晚期毗邻。经碳十四测定，年代为公元前1650年至公元前1550年，即公元前17世纪到公元前16世纪，相当于夏代后期。出土陶器多为手制，以泥质灰陶和夹砂灰陶为主，盛行器耳、器鋬和凹底。典型器物有长颈双鋬袋足鬲、直筒鬲和圜底内凹的一侧附耳一侧附鋬罐、折肩罐、大口尊、深腹盆和瓮等。这一陶器群体和刚刚跨入夏纪年的陶寺类型龙山文化晚期相比，差异很大。除陶质陶色均以泥质灰陶和夹砂灰陶为主外，制法上，大柴以手制为主，陶寺晚期以轮制为主；器类上，大柴盛行一侧附耳一侧附鋬的作风，陶寺晚期不见。陶寺晚期常见的炊具斝、容器束颈折肩罐、圈足罐、圈足瓮和最具特色的汲水器——扁壶，大柴也不见。显然，大柴对陶寺晚期不存在延续发展关系。大柴遗址与陶寺遗址仅距三十余华里，两地陶器群体何以相差悬殊？这是因为大柴遗址开始于夏代后期，在陶寺晚期，周人还没有迁居此地的缘故。有的同志以此否定大柴文化与夏文化的关系，是不对的。和二里头文化东下冯类型相比，两者的陶器同以手制为主，均以泥质灰陶和夹砂灰陶为最多。大柴出土的圜底内凹折肩罐、深腹盆、大口尊、一侧附耳一侧附鋬罐和东下冯类型的雷同；生产工具中，大柴出土的刀背带有缺口的梯形石刀，也与东下冯类型的一致。这种现象表明，东下冯遗址所在的晋南地区，也是大柴文化的发祥地。晋西南位于黄河三角地带，这里是中原龙山文化、陕甘龙山文化、山东龙山文化的交汇处，人们争论不解的二里头文化东下冯类型，其实就是这些文化的融合体，这是华夏部落联盟的产物。大柴文化与东下冯类型接近，正说明它是由姜炎文化和华夏文华等融合而成的。拿大柴的陶器群体来说，它和东下冯类型、陶寺类型晚期一样，都以泥质灰陶和夹砂灰陶为主，而且均有二里头文化一二期多见的深腹盆，说明它在陶质陶色以及一些陶器的器形上，继承了夏文化的因素；大柴和东下冯类型共有一侧附耳一侧附錾圈底内凹罐，与刘家文化早期的双耳凹底罐相似，又说明它们沿袭了姜炎文化带耳、带錾、圜底、内凹的作风。当然，大柴和东下冯类型也有不同的地方。如，大柴的陶器群体中，就不见东下冯类型常见的炊具斝、鼎；东下冯类型的高领、细颈、柱状实足鬲，也与大柴的长颈双錾袋足鬲、直筒鬲迥然有别。这进一步说明大柴文化是与东下冯类型有联系又有区别的独特的先周文化类型。它是发祥于晋西南地区的周族逐步向北发展，到夏的后期移居到这一带的遗存。

大柴文化后期，时值夏末，"夏后氏政衰……不窋以失其官而奔戎狄之间"。于是，周族从山西辗转迁徙到陕西。公刘以后，大柴文化类型开始在旬邑以西的邠及其周围出现，郑家坡遗址和碾子坡遗址早期反映的就属这种情况。尽管它们和大柴之间尚有欠缺环节，但陶器群体和大柴一样，都是以瘪裆鬲、折肩罐、深腹盆、大口尊、瓮等共存为特征的，均不见斝和鼎。在陶质、形制上也相同或相近。如，郑家坡早期的直筒鬲，侈口、矮裆、饰绳纹，和大柴的直筒鬲相似；碾子坡的袋足鬲，高领、双錾，与大柴的长颈双錾袋足鬲相近。至于器形局部上的差异，如大柴的盆、尊、罐多圈底内凹，碾子坡、郑家坡的同类器均平底；大柴的鬲、罐多附錾耳，碾子坡、郑家坡的同类器则錾耳罕见或不见，这是由于地域上、时间上的差异和受到周边不同类型的文化影响造成的。而且，用发展的眼光去看，这些差异从圜底、凹底到平底，从有錾有耳到无錾无耳，也符合先周文化陶器形制的演变规律。

现在，我们可以把山西、陕西两省发现的先周文化遗址按发展顺序连接起来了，这就是大柴遗址——郑家坡遗址早期、碾子坡遗址早期——郑家坡遗址中、晚期——沣西张家坡等西周遗址。这顺序无论在时间上，还是在地域上，都与历史文献上的记载大致吻合。它证明，周族起源于山西晋南，到夏末商初时，才从"夏墟"出发渡河西迁到邠，然后，又从邠向南发展，相继迁徙到周原和沣西的。

（作者单位：山西师范大学历史系教授）

先周文化再研究*

王克林

根据《史记·周本记》的记载和史家传统的观念或说法，姬周部族的崛起及其文化渊源出自我国西北地区的陕西关中渭水流域一带。自20世纪以来，史学界前辈钱穆、陈梦家诸先生则一改旧说①，提出周人应当起源于山西汾河下游的晋南地区的意见。孰是孰非，笔者初学时踌躇有年。囿于古史茫茫，特别是有关周族早期历史与事迹的文献甚为简略，且尚有矛盾之处，因此，仅凭几条文献材料去阐明周族的起源、迁徙的轨迹及早期文化内容、特征，显然是有一定难度的。因此，我们认为只有在充分占有田野考古资料和取得一定研究成果的前提下，结合有限的历史文献或古史传说的启示，相辅相成，彼此衬托去进行探索，方可在这个问题上有所收获。

从70年代以来，我们就开始从事这方面的研究，并于1983年发表《试论齐家文化与晋南龙山文化的关系——兼论先周文化的渊源》②一文，从考古学文化的陶器因素中，追索周族的起源和文化发生、发展及变化的轨迹。认为周族最初崛起于山西晋南，大约在虞夏之际西迁，即《国语·周语上》所载："昔我先王世后稷，以服事虞夏，及夏之衰也，弃稷不务，我先王不窋，因失其官，而自窜于戎狄之间。"韦昭注：

---

* 原载于《文物季刊》1995年第1期。

① 钱穆：《周初地理考》，《燕京学报》1931年第10期；陈梦家：《殷墟卜辞综述》，科学出版社1956年版。

② 《史前研究》1983年第2期。

"（不窋）去夏而迁于邠，邠西接戎，北近狄也。"我们提出"由于周族屡遭戎狄部族的侵扰，使其一部离开故地晋南老家，向西迁徙"这一观点。拙作发表后，褒贬不一，有的学者提出拙作的观点"证据脆弱"的异议①。我们欢迎讨论切磋以促进这一问题的深入研究。但我们经再度研究后，仍持旧说，并增加了一些新的资料，以详细、系统地加以论证。

我们论证周族及其文化最初起于晋南，后迁徙于陕西渭水流域的材料或依据，还是以晋南地区的汾河流域近年发掘出土的丰富的新石器时代晚期的龙山文化和夏商时期文化中的陶器为出发点。众所周知，按照考古学研究的对象和方法，这几个不同阶段的物质文化中，陶器是最活跃积极的一种文化因素。这一文化因素所表现的地域性很强，文化的区系类型和形制的发展变化特征明显而年代易判，特别是与当时人们生活密切相关的鬲、斝、甗等炊器和大口尊、豆、盆、三足瓮等盛器，是说明我们所讨论问题的绝好资料或主要依据。考古学文化因素中的陶器，数量多，形制复杂，在器形的产生或变化方面，是一定地区的人们经济生活的一个表征。换句话说，其规律性或自身文化联系及区系类型特征，无疑对当时使用这些陶器的人们文化共同体的判断，是一个重要的线索。

因此，我们以考古学标型学为手段，把这些陶器放到一定位置进行比较研究，由器形的生产与变化，探其源，觅其本，察其发展演变规律，这对于未有文字的史前和古史记载缺乏的历史初期的人类社会的探索，将不失为一个有效途径。

一

大家知道，除来自他文化的因素外，组成先周文化的主要内容是陶器，而一般说来，陶器中最能表现先周文化的实质和来龙去脉者为陶

---

① 黄怀信：《先周族及其文化渊源与流转（摘要）》，《西北大学学报》（哲学社会科学版）1988年增刊。

鬲，陶鬲在先周文化中，形制较多，可大致分为联裆鬲、分裆鬲，围绕这一问题，产生了多种意见。

尹盛平、任周芳二同志认为："虽然郑家坡先周文化与客省庄二期文化之间还存在着缺环，但大体可以看出是有继承发展关系的。"[①]

徐锡台先生认为，早周文化可能是从客省庄二期文化的基础上接受了一些齐家文化因素发展起来的。[②]

邹衡先生指出："先周文化的形成是由多种文化因素相互融合的过程，这些文化因素的主要组成部分有来自殷墟为代表的商文化，有从光社文化中分化出来的姬周文化，有来自辛店、寺洼文化的姜炎文化。"[③]

胡谦盈同志断言："寺洼文化应是姬周文化的形成与发展的一种十分重要因素。"[④]

我们认为，第一，从目前的资料中尚观察不到先周文化与其分布区内的客省庄二期文化有较多的或一定的联系，正如张忠培先生所说："先周文化以高领袋足分裆鬲著称，客省庄文化晚期以单把联裆罐形鬲为其文化的显著特征，两者当不属于一个谱系。"[⑤] 因而可以断定，先周文化与客省庄二期文化基本无关。

第二，对分裆鬲来自寺洼、辛店文化的看法不敢苟同。究其源，查其始，二文化及其前身不具备产生该分裆鬲的条件，也没发现较原始的分裆鬲。过去由于对所发现的先周文化年代把握不确，谱系梳理不清，难免偏差。

我们研究的结果是，先周文化是晋南以襄汾县大柴遗址[⑥]为代表的

---

① 尹盛平、任周芳：《先周文化的初步研究》，《文物》1984年第7期。
② 徐锡台：《早周文化的特点及其渊源探索》，《文物》1979年第10期。
③ 邹衡：《论先周文化》，《夏商周考古学论文集》，文物出版社1980年版。
④ 胡谦盈：《试谈先周文化及其相关问题》，《中国考古学研究——夏鼐先生考古五十年纪念论文集》（二），科学出版社1986年。又见胡谦盈《姬周陶鬲研究》，《考古与文物》1982年第1期。
⑤ 张忠培：《客首庄文化及其相关诸问题》，《考古与文物》1980年第4期。
⑥ 中国社会科学院考古研究所山西工作队：《山西襄汾县大柴遗址发掘简报》，《考古》1987年第7期。属于这类遗存者还有中国社会科学院考古研究所山西工作队在临汾地区对二里头文化遗址的调查与试掘所获资料，主要有翼城感军遗址，见《考古》1980年第3期。

所谓的陶寺类型分布区内相当于二里头文化时期的一类遗存（有人将这类遗存统归于"东下冯类型"，不妥。本文暂称"大柴文化"）在发展过程中，有一支迁往陕西，在以后不同时期受周邻地区诸考古学文化影响而形成发展的。

二

大体说来，沣镐及周邻地区的考古学文化先后序列依次为：客省庄二期文化→华县南沙村下层①、华阴横阵 M9② 等单位代表的二里头时期文化→耀县北村早期③、蓝田怀珍坊 M3、M4④ 等单位代表的二里冈时期文化→西安老牛坡 M10、M26⑤ 等单位代表的殷墟早期时期文化→老牛坡 M21、西安袁家崖墓葬⑥等代表的殷墟晚期文化。

可以充分证明，直到殷墟四期之间，周人或周文化并未控制沣镐地区。老牛坡、袁家崖的墓葬中反映的是强烈的商文化及沣镐地区土著文化色彩。《史记·周本纪》曰："（文王）明年，伐崇侯虎，而作丰邑，自岐下而徙都丰。"《诗经·大雅·文王有声》云："既伐于崇，作邑于丰。"三者相印证，可知周人在帝辛时期才控制了沣镐地区，而崇与丰的密切关系或可说明，老牛坡、袁家崖一类遗存似可认为当是在其地的一些方国（诸如崇国）所属的古文化遗存。也就是说，沣镐地区根本不存在早于帝辛时期的先周文化，至多有受其影响而产生的一些文化因素。

---

① 北京大学考古教研室华县报告编写组：《华县、渭南古代遗址调查与试掘》，《考古学报》1980 年第 3 期。

② 中国社会科学院考古研究所陕西工作队：《陕西华阴横阵遗址发掘报告》，《考古学集刊》第 4 集，中国社会科学出版社 1981 年版。

③ 陕西省考古研究所商周室、北京大学考古专业商周实习组：《陕西耀县北村遗址发掘简报》，《考古与文物》1988 年第 2 期。

④ 西安半坡博物馆、蓝田县文化馆：《陕西蓝田怀珍坊商代遗址试掘简报》，《考古与文物》1981 年第 3 期。

⑤ 西北大学历史系考古专业：《西安老牛坡商代墓地的发掘》，《文物》1988 年第 6 期。

⑥ 巩启明：《西安袁家崖发现商代晚期墓葬》，《文物资料丛刊》(5)，1981 年。

沣镐地区较早的周文化遗址或墓葬，有下列地点：

马王村①　H11　陶鬲、罐；
客省庄②　T32∶2B　陶双錾分裆袋足鬲；
客省庄③　M1　陶双錾分裆袋足鬲、铜戈；
张家坡④　83沣毛M1　陶分裆袋足鬲、陶罐、铜鼎、铜簋；
张家坡⑤　67M89　陶双錾袋足分裆鬲。

显然，这少数单位仅能反映商周之际的周文化面貌，如果结合沣镐地区西周早期的考古发现⑥。则知周文化（主要指西周早期以前）有以下特点：

1. 陶鬲可分为双錾袋足分裆鬲（较晚无錾）、联裆鬲、宽折沿分裆鬲、盆形鬲、筒形鬲（后二类较少见）等多种形态；

2. 其他陶器有深腹盆、罐、豆、圈足器、簋、大口尊、三足瓮等；

3. 陶器中，以鬲、罐、豆、盆、圈足器、簋、大口尊、三足瓮为序，依次由多到少。

探讨先周文化当由以上器类入手。

三

大多先周文化的材料往往受到一些限制。如武功郑家坡⑦，仅是遗址

---

① 中国科学院考古研究所沣西发掘队：《陕西长安、户县调查与试掘简报》，《考古》1962年第6期。其中在马王村，H10压在H11之上，H10出土了大量西周早期瘪裆陶鬲和一件西周早期花纹作风的陶范，而H11则出土与"瓦鬲墓"初期相似的陶鬲与陶罐。又见北京大学历史系考古教研室商周考古编写组《商周考古》，文物出版社1979年版。

② 中国科学院考古研究所：《沣西发掘报告》，文物出版社1962年版。

③ 中国社会科学院考古研究所丰镐发掘队：《长安沣西早周墓葬发掘记略》，《考古》1984年第9期。

④ 同上。

⑤ 中国社会科学院考古研究所沣西发掘队：《1967年长安张家坡西周墓葬的发掘》，《考古学报》1980年第4期。

⑥ 参见中国科学院考古研究所《沣西发掘报告》，文物出版社1962年版；中国社会科学院考古研究所沣西发掘队《1967年长安张家坡西周墓葬的发掘》，《考古学报》1980年第4期。

⑦ 宝鸡市考古工作队：《陕西武功郑家坡先周遗址发掘简报》，《文物》1984年第7期。

材料；而扶风刘家①、凤翔南指挥西村②、宝鸡斗鸡台③等则仅是墓葬材料，皆不能全面反映该遗址所代表的先周文化的全貌，显得十分单薄。

前一段时间发表的长武碾子坡④先周文化遗址中，既有遗址又含墓葬，材料丰富，十分重要。器形有：双錾分裆袋足鬲、联裆鬲、豆、盆、罐、圈足器、大口尊等，这类遗存显然与沣镐地区的西周早期及商末周初的周文化有发展关系。

我们认为，任何一难以确切断定年代的考古文化绝不能早于明显属于更早阶段的另一考古学文化。因而，考察诸遗址的先周文化年代，要从早于先周文化的诸文化入手。

在周原一带，扶风益家堡遗址⑤的调查及试掘，扶风杨堡、召陈村、齐家村⑥等遗址的调查，都发现不晚于殷墟二期的陶器，近似于典型的商文化特点；而在武功郑家坡、游凤镇浮沱村、凤翔西村、扶风美阳、岐山京当、宝鸡峪泉及附近的耀县丁家沟、礼泉朱马嘴⑦等地都有商代铜器出土，多不晚于殷墟二期。所以，我们认为，周原地区的先周文化遗存绝不可能早于殷墟二期。

碾子坡先周文化的年代似乎孤证难考。若单纯依据历史事件来订其年代未免过于主观。即便如原报告中指出的陶簋 H134∶3 与殷墟三期偏晚的 M505 中簋相似，器盖 H507∶4 与殷墟二期偏晚的 M336 器盖相同，也显得勉强。

难道从现有的考古资料中就无法找出可对比的考古学文化或遗存吗？

---

① 陕西周原考古队：《扶风刘家姜戎墓葬发掘简报》，《文物》1984 年第 7 期。
② 韩伟、吴镇烽：《凤翔南指挥西村周墓的发掘》，《考古与文物》1982 年第 4 期。
③ 苏秉琦：《斗鸡台沟东区墓葬》，1948 年；又《斗鸡台沟东区墓葬图说》，中国科学出版社 1954 年版。
④ 中国社会科学院考古研究所泾渭工作队：《陕西长武碾子坡先周文化遗址发掘记略》，《考古学集刊》第 6 集。
⑤ 扶风县博物馆：《陕西扶风益家堡商代遗址的调查》，《考古与文物》1989 年第 5 期。
⑥ 同上。
⑦ 李峰：《试论陕西出土商代铜器的分期与分区》，《考古与文物》1986 年第 3 期；《陕西出土商周青铜器》（一），文物出版社 1979 年版；邹衡：《论先周文化》，《夏商周考古学论文集》，文物出版社 1980 年版。

扩大眼界来看，碾子坡先周文化与山西晋南地区的"大柴文化"①中的陶器相同处较多。关于大柴文化，我们另文讨论，但对上两种文化，我们有如下认识（图一、二）：

1. 均有双鋬袋足分裆鬲、大口尊（大柴文化的大口尊来自二里头文化）、粗柄钵形豆、深腹盆、器盖、小钵等器。

2. 根据我们初步研究，双鋬袋足分裆鬲源于山西汾河流域的陶寺类型文化，而其他地区绝不见更早者②。陕西客省庄二期文化中仅在临潼康家遗址③中发现一件（H4：3），除此之外在陕北地区属于"朱开沟文化"④的延安大砭沟⑤、神木石峁⑥等遗址也有发现。上述遗址的此类鬲，当是受陶寺类型影响的结果。大柴文化又直接由陶寺类型发展而来，因此，碾子坡先周文化的此类鬲渊源自不待言。

3. 粗柄钵形豆也颇具特点，豆盘外壁饰绳纹的作风在陶寺类型中屡见，而其他文化基本不见⑦。如今此器又发现于碾子坡遗址。

4. 碾子坡先周文化中的大型敛口瓮，器形乃至肩部装饰二至四个小耳的作风见于大柴文化的翼城感军⑧，侯马东阳呈⑨、乔村—乔山底⑩等遗址。

---

① 李峰：《试论陕西出土商代铜器的分期与分区》，《考古与文物》1986年第3期；《陕西出土商周青铜器》（一），文物出版社1979年版；邹衡：《论先周文化》，《夏商周考古学论文集》，文物出版社1980年版。

② 有人认为，晋中地区的双鋬鬲早于"陶寺类型"，本文意见与之相左。参见许伟《晋中地区西周以前古遗存的编年与谱系》，《文物》1989年第4期。

③ 陕西省考古研究所康家考古队：《陕西临潼县康家遗址发掘简报》，《考古与文物》1988年第5、6期。

④ 内蒙古文物考古研究所：《内蒙古朱开沟遗址》，《考古学报》1988年第3期；田广金《内蒙古中南部新石器时代文化特征和年代》一文中称"朱开沟文化一段"，本文称之为"朱开沟文化"。

⑤ 尹达：《新石器时代》，生活·读书·新知三联书店1979年版。

⑥ 西安半坡博物馆：《陕西神木石峁遗址试掘简报》，《史前研究》1983年第2期。

⑦ 该作风在"齐家文化"中偶也发现。

⑧ 中国社会科学院考古研究所山西工作队：《晋南二里头文化遗址调查与试掘》，《考古》1980年第3期。

⑨ 侯马市博物馆资料。

⑩ 同上。

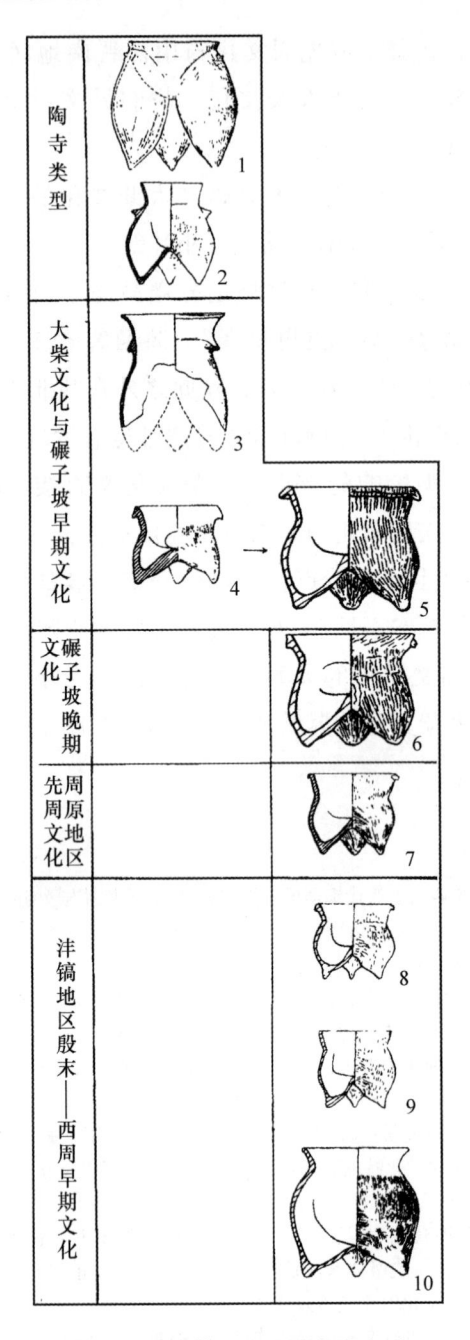

图一 双鋬袋足分裆鬲发展序列

1、2. 陶寺 H303∶12、T404∶4∶11；3、4. 大柴 H5∶28、H11∶11；5、6. 碾子坡采∶02、M171∶11；7. 刘家 M37∶8；8. 客省庄 M1∶1；9、10. 张家坡 83 沣毛 M1∶4、M72∶1

凡上，使我们把大柴文化（甚至陶寺类型）与碾子坡先周文化联系起来。若再把周原地区先周文化、周文化及沣镐地区周文化联系起来综合研究，除上述四点外还有：

1. 筒形鬲、盆形鬲存在着嬗递关系（图二）。

2. 碾子坡先周文化及沣镐地区周文化中多出圈足器，圈足上部或盆或罐，特征明显，以往未知渊源，或称之簋①。该器原始形态在陶寺类型中不乏见②，大柴文化中目前未见，但可参考受陶寺类型、大柴文化影响的朱开沟文化中的同类器物③，也可使大柴文化与先周文化或周文化关系更加明确（图二）。

3. 无独有偶，深腹盆也存在着类似于圈足器的情况，大柴文化现发表材料中不见，但见于东阳呈、乔村—乔山底遗址。本文借用受大柴文化影响的晋中二里头时期文化的一件同类器物替代④（图二）。

现在看来，大柴文化与碾子坡先周文化的相近之处可说明两点：

其一，二者年代仿佛，由于碾子坡先周文化受到大柴文化影响，其年代当不早于大柴文化；又由于碾子坡先周文化业已分期，除一些我们无法把握的器物或单位外⑤，按照原报告分期，我们推定，其早期开始于大柴文化较晚阶段，亦即二里头文化四期前后，下限可至二里冈下层时期，其晚期则相当于二里冈下层时期，下限可到殷墟初期。

---

① 中国社会科学院考古研究所泾渭工作队：《陕西长武碾子坡先周文化遗址发掘记略》，《考古学集刊》第6集。

② 圈足器除在陶寺遗址中有发现外，又见于曲沃县方城遗址，见中国社会科学院考古研究所山西工作队《山西曲沃县方城遗址发掘简报》，《考古》1988年第4期；又见于曲沃县东许遗址，山西省考古研究报资料；又见于襄汾县中梁村，见中国社会科学院考古研究所山西工作队《晋南考古调查报告》，《考古学集刊》（6），1989年。

③ 见内蒙古文物考古研究所《内蒙古朱开沟遗址》，《考古学报》1988年第3期。朱开沟M1033：3（图十二：9）。

④ 晋中考古队：《山西太谷白燕遗址第一地点发掘简报》，《文物》1983年第3期。图十二：8（H392：39）。

⑤ 见苏秉琦《斗鸡台沟东区墓葬》，1948年；又《斗鸡台沟东区墓葬图说》，中国科学出版社1954年版。"先周文化居址出土陶器"中鬲H131：74、H151：87（图九：3、4）属之。

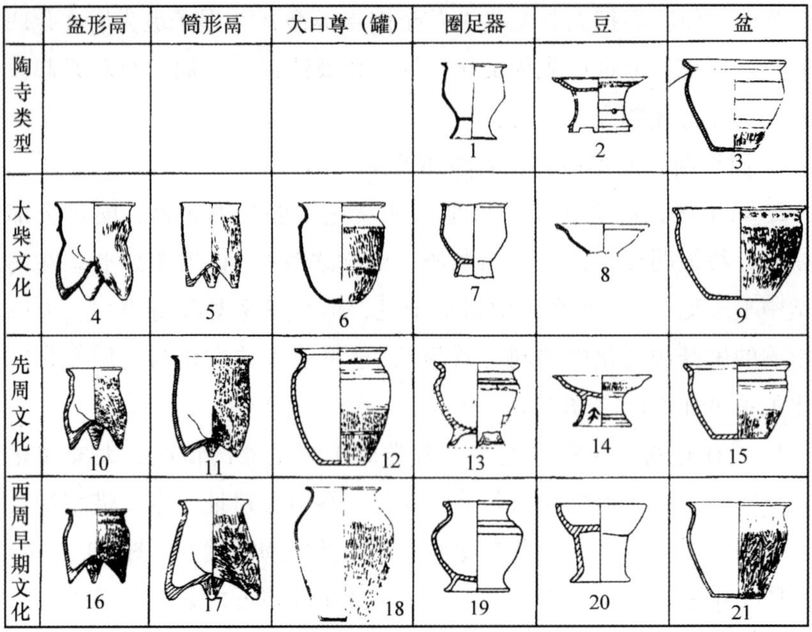

	盆形鬲	筒形鬲	大口尊（罐）	圈足器	豆	盆
陶寺类型			1	2		3
大柴文化	4	5	6	7	8	9
先周文化	10	11	12	13	14	15
西周早期文化	16	17	18	19	20	21

图二　陶寺类型、大柴文化、先周文化、西周早期文化关系图

1—3. 陶寺 H303∶18、H301∶3；4—9. 大柴 H7∶4、H3∶9、H7∶3、朱开沟 M1033∶3、大柴 H5∶29、白燕 H392∶39；10、11. 郑家坡 H2∶3、H2∶5；12—15. 碾子坡 H118∶3、H813∶35、H2∶51；16. 扶风北吕 M12∶1；17、19、20. 张家坡 M70∶1、M50∶3、M33∶7；18. 张家坡 H413；21. 张家坡 H201（原文为尊）

其二，大柴文化与碾子坡先周文化的关系为我们暗示了这样一个历史事实，即大柴文化发展过程中的较晚阶段，其中一支向陕西的长武附近地区迁徙，其线路暂不讨论。

如果以上结论不差，1931年钱穆先生所言"周人初起皆在晋，其后越汾达于河，渡河而达于韩"[①] 当指大柴文化中一支西迁之史事，文献考证与考古学研究结论竟然吻合。

过去有人认为，先周文化的双鋬袋足分裆鬲是受到甘青地区的寺洼文化的影响产生的，恐怕是未能正确把握两种文化的年代所致。寺

---

① 钱穆：《周初地理考》，《燕京学报》1931年第10期；陈梦家：《殷墟卜辞综述》，科学出版社1956年版。

洼文化还存在有单把鬲，与客省庄二期文化有关，但看不出产生双錾袋足分裆鬲的迹象或过程。本文认为此类鬲产生于晋南，并有向西传播的过程，也就大体肯定，寺洼文化的此类鬲间接来自晋南而以碾子坡为媒介，或寺洼文化的此类鬲就是受先周文化影响的结果，这并不逊于二者的关系。也许从寺洼文化及先周文化中的双耳（把）袋足分裆鬲中可觅到单把鬲的影子，但除双耳（把）外，器形与双錾袋足分裆鬲无别。

就此，我们把大柴文化、先周文化、周文化联系起来了。

四

如上所述，碾子坡先周文化开始于二里头文化四期即夏代末期，周原地区先周文化则早不过殷墟二期，沣镐地区周文化早不过帝辛时期。

考古学对历史学特别是它的史前及历史初期阶段应起到弥补史阙和恢复历史本来面目的作用。因此，我们不妨大胆地将在考古学研究中获得的资料结合历史文献对周族的起源及迁徙进一步探索。

《史记·周本纪》《左传》《国语》《诗经》中记载下列三件大事，以《史记·周本纪》最为详尽。

第一，"不窋末年，夏后氏政衰，去稷不务。不窋失其官而奔戎狄之间"；

第二，"公刘虽在戎狄之间，复修后稷之业，务耕种，行地宜，自漆、沮度渭，取材用……公刘卒，子庆节立，国于豳"；

第三，"（古公亶父）乃与私属遂去豳，度漆、沮，逾梁山，止于岐下"。

以上历史文献与考古学文化相对应，大体反映出周族的起源和发展的轨迹及时间表。从我们的比较分析来看，其迁徙时间与途径大致如下：

夏末，周人从晋南大柴文化分布区内迁往陕西长武一带，与第一事件相符。不窋在夏后氏政衰失其官前，还在晋南，为夏王朝直接控制区，约当夏商之际因商灭夏，殃及周人，所以不窋率族而窜于戎狄之间，否则何故奔于戎狄呢？

至庆节时，周人国于豳，此地仍在长武一带。因为未言及迁都之事，在豳一直延续到殷墟二期，此与第二事件相符。

古公亶父迁岐的蛛丝马迹，在刘家、郑家坡等周原一带发现的先周文化遗存所表征的历史现象可为佐证，与第三事件相符。

周族在周原站住脚后，虎视整个东方，殚精竭虑，休养生息，对内政治改革，对外安抚拉拢，并得到商王朝的器重，使其有力量向东扩张，并在文王时把商人从沣镐地区赶走，所谓"三分天下有其二"即此。

五

前面我们论述了先周文化的发生、发展的过程，提出了先周文化源自大柴文化的论点，与文献记载周人的迁徙大体相符。我们认为，虽然先周文化直接源自大柴文化，并发展成为周文化，但在发展过程中，也受到其他文化的影响。简单说来，沣镐地区的周文化的构成中，除先周文化的因素外，其他文化的影响有：

来自商文化的文化因素。有大多数铜容器、铜戈及宽折沿分裆陶鬲、陶簋（绳纹陶簋除外），还有殉狗的习俗。

来自朱开沟文化的文化因素。有陶三足瓮、大口尊（与二里头文化的大口尊不同）、鬲口沿带附加堆纹或锯齿状口沿的作风。

来自寺洼文化的文化因素。有单耳罐。特别应指出，在周原地区的先周文化中单耳罐盛行，如来自徐家碾 M12：3[①] 一类单耳罐。或可考虑，单把鬲、单耳罐等徐家碾 M12 代表的一类文化遗存为周人西迁前的当地土著文化因素，而正是 M12：9 单把扁受双錾分裆袋鬲的影响发展为双耳袋足分裆鬲，在碾子坡及周原地区先周文化中有不少发现。

[①] 中国社会科学院考古研究所泾渭工作队：《甘肃庄浪县徐家碾寺洼文化墓葬发掘纪要》，《考古》1982 年第 6 期。

沣镐地区周文化中的联裆鬲可分为两类。一类上承先周文化①，一类上承当地土著文化②。这两类鬲随着时间推移，在发展过程中互相参照，逐渐接近，日趋雷同。

但这并不妨碍我们探讨姬、姜两大集团的关系。来自大柴文化中的一支西迁陕西为姬姓集团，与相邻的寺洼文化居民即姜姓集团通婚、联姻。在文化交流与民族融合过程中，姬姓集团占主导地位。《史记·周本纪》记载古公亶父迁周原时，"豳人举国扶老携弱，尽复归古公于岐下。及他旁国闻古公仁，亦多归之。于是古公乃贬戎狄之俗"。到了古公儿子公季时，"公季修古公遗道，笃于行义，诸侯顺之"。文王时，姬姓集团影响更大，"诸侯皆响之"。

六

综合上述，鉴于具有明显文化特征的双錾鬲、大口尊、深腹盆、圈足器等文化因素与大柴文化、陶寺类型的密切关系，先周文化及周文化的来源清楚明了，周族的起源、迁徙、发展过程随之解决。

陶寺类型分布于山西汾河流域的襄汾、曲沃、翼城、侯马一带，即历史记载或传说中的"尧都""夏墟"地望之所在。封于"夏墟"的晋国在西周时期的晋文化遗址也集中发现于这一区域；大柴文化也分布在这一范围内，在夏代为夏王朝直接控制地区③。这里，我们就不难理解古史记载中周与夏的密切关系了。

《左传·昭公九年》："我自有夏以后稷，魏、骀、芮、岐、毕，吾西土也"；

《国语·周语上》："昔我先王世后稷，以服事虞夏"；

---

① 见中国社会科学院考古研究所沣西发掘队《1967年长安张家坡西周墓葬的发掘》，《考古学报》1980年第4期。张家坡M16:6，M158（鬲无编号）、M71:3等皆属此类。

② 见中国社会科学院考古研究所沣西发掘队《1967年长安张家坡西周墓葬的发掘》，《考古学报》1980年第4期。张家坡M33:5等属此类。

③ 《左传·定公四年》言封唐时"命以唐诰而封于夏虚，启以夏正，疆以戎索"。唐约在今曲沃、翼城一带，从侧面证明此地在夏代为夏王朝直接控制。

《尚书·康诰》："惟乃丕显考文王……用肇造我区夏"；

《尚书·立政》："乃伻我有夏，式商受命"；

《尚书·君奭》："惟文王尚克修和我有夏"。

结合考古资料及上述文献记载，不难看出：周族来源于大柴文化中的某一支；先周文化由大柴文化发展而来，并接受了周邻地区其他考古学文化的一些影响。

（作者单位：山西省考古研究所研究员）

先周史溯源*

叶文宪

周人是一个和夏人、商人并存的部族，夏商时代周人的历史可以分为四个阶段：第一阶段自弃（后稷）至不窋，第二阶段自不窋至公刘，第三阶段自公刘至古公亶父，第四阶段自古公亶父至武王。由于文献中关于先周史的记载过于简略，因此本文力图依据考古发掘所提供的先周文化资料并结合卜辞、文献来逐段追溯先周历史。

一　第四阶段先周史的证实

第四阶段先周史从古公迁岐、季历被杀、文王作丰到武王都镐伐商，其下限是清楚的，上限据《古本竹书纪年》记载"武乙三十四年周王季历来朝"和"文丁杀季历"推算，古公亶父约与廪辛、康丁是同时代人，最早也不会早于祖庚、祖甲。因此先周四段应与商代晚期相当，对应于考古上的殷墟三、四期。20世纪50年代以来周原和丰镐遗址考古发掘的丰硕成果已经搞清了周原与丰镐的地望，并已证明关于第四阶段先周史的记载是正确无误的。

自1933年在宝鸡斗鸡台首次发现先周文化遗存以来已陆续发现了几十处先周文化遗址，其中经过发掘的重要遗存有长武碾子坡，长安沣西，武功郑家坡，岐山贺家村，扶风刘家、北吕，凤翔西村，宝鸡

---

* 原载于《史学月刊》1995年第6期。

纸坊头。① 它们的年代除碾子坡早期可以早到古公亶父迁岐之前以外，其余均属先周四段。依据这些资料考古学家在先周文化研究方面已取得三个重要成果：

首先，搞清了夏商时代在陕西并存有五支青铜文化：商文化分布在关中东部的耀县、华县、西安一带，最西达到扶风；鬼方文化分布在陕北绥德、清涧一带，最南达到淳化，其与晋西石楼地区的青铜文化属同一系统；僻于陕西南凤县一带的龙口类型文化含有明显的寺洼文化和蜀文化因素；姜戎文化分布在宝鸡以西一带，最东达到扶风；以上四支青铜文化皆非先周文化，只有分布在泾渭地区的才是先周文化。②

其次，把以扶风刘家、宝鸡纸坊头和晁峪为代表，以高领袋足鬲为典型器的刘家（姜戎）文化与先周文化分开了。③

最后，证明了甘青地区的寺洼文化、辛店文化和齐家文化都与先周文化有密切联系，但都不是先周文化的源头。④

在扶风、西安、蓝田、华县、耀县、铜川一带发现了许多商代遗址，其年代大都属于二里冈期或殷墟一、二期，只有个别晚到殷墟三、四期⑤。而扶风刘家遗址的发掘又表明从二里头文化晚期到商周之际从

---

① 《陕西长武碾子坡先周文化遗址发掘纪略》，《考古学集刊》第6辑；《长安沣西早周墓葬发掘纪略》，《考古》1984年第9期；《陕西武功郑家坡先周遗址发掘简报》，《文物》1984年第7期；《岐山贺家村周墓发掘简报》，《考古与文物》1980年第1期；《陕西岐山贺家村西周墓葬》，《考古》1976年第1期；《扶风刘家姜戎墓葬发掘简报》，《文物》1984年第7期；《扶风北吕周人墓地发掘简报》，《文物》1984年第7期；《凤翔南指挥西村周墓的发掘》，《考古与文物》1982年第4期；《宝鸡市纸坊头遗址试掘简报》，《文物》1989年第5期。

② 张长寿、梁星彭：《关中先周青铜文化的类型与周文化的渊源》，《考古学报》1989年第1期。

③ 尹盛平、任周芳：《先周文化的初步研究》，《文物》1984年第7期；李峰：《先周文化的内涵及其渊源探讨》，《考古学报》1991年第3期；张天恩：《高领袋足鬲的研究》，《文物》1989年第6期。

④ 谢端琚：《试论齐家文化与陕西龙山文化的关系》，《文物》1979年第10期；邹衡：《夏商周考古学论文集·论先周文化》，文物出版社1980年版。

⑤ 《华县、渭南古代遗址调查与试掘》，《考古学报》1980年第3期；卢建国等：《陕西耀县北村商代遗址调查记》，《考古与文物》1984年第1期；《西安老牛坡商代墓地的发掘》，《文物》1988年第6期；《陕西蓝田怀珍坊商代遗址试掘简报》，《考古与文物》1981年第3期；《陕西扶风益家堡商代遗址的调查》，《考古与文物》1989年第5期。

扶风向西直至宝鸡、天水一带都是刘家文化（含晁峪、石嘴头类型）分布区。刘家文化的典型器为带双耳的高领袋足鬲与双耳罐、使用偏洞墓和有随葬石块的特殊葬俗，它已被确认是羌人的遗存。上述事实表明在先周四段以前周人并没有生活在关中地区，关中以扶风为界，东部是商人版图，西部是羌人领地。正因为商人和羌人在关中接壤，所以在殷墟卜辞中可以见到大量关于征羌伐羌和用羌人祭祀的记载。而当古公亶父迁岐之后周人占据了商、羌之间的中间地带把他们隔开了，所以武乙、文丁之后的卜辞中就只见用羌人祭祀而不见征伐羌人的记载了。

周人进入关中之初是臣服商人的。《古本竹书纪年》记载武乙三十四年季历来朝，《诗·大雅·大明》记载季历取殷贵族挚仲氏之女为妻，周原甲骨文中周人自称"周方伯"并祭祀成汤、太甲和武丁，都证实了商周之间的这种臣属关系。古公亶父迁岐后娶太姜为妻，以后武王又娶邑姜为妻，文王和武王还都得到姜尚的鼎力相助，周姜联姻和羌人对周人的支持与商羌交恶有密切关系。这一点在考古上即反映为刘家文化与先周文化的融合，岐邑范围内出现姜戎墓地也可以此解释，武王灭商后刘家文化便迅速地消融到周文化之中了。

随着周人势力的扩张，商人从关中东撤，《古本竹书纪年》所谓季历来朝，"武乙赐地三十里"正是商人东撤的反映。至于文丁杀季历和帝辛囚西伯昌则透露出商人企图遏制周人扩张所做的努力。因此，在关中西部至今未曾发现过相当于殷墟三、四期的商人遗址。西安老牛坡出土的商代晚期墓葬表明，这一带可能是商王朝在关中的最后一道屏障——崇方[①]，而到文王作丰之时崇方也被周人翦灭了。

二 第三阶段先周史的证据与疑点

第三阶段先周史是从公刘迁豳开始的，但公刘何时迁豳却无明文记载。从古公亶父到公刘共历十世，由此上推，先周三段约相当于商代中期，肯定对应考古上的殷墟一、二期，可能还对应二里冈上层。

---

① 刘士莪：《西安老牛坡商代墓地初论》，《文物》1988年第6期。

先周三段周人居于豳地。豳地在今旬邑、彬县、长武一带，这一点历史文献方志均无异议。长武碾子坡的发掘也为此提供了考古学证据。碾子坡早期居址与墓葬是迄今唯一已发掘的年代早于古公亶父的遗址。碾子坡早晚期之间的文化面貌有明确的延续性，而且甘肃平凉的大陈、庄庙、翟家沟等地也都发现过类似碾子坡早期的陶盆、陶豆、陶鬲[1]，可见第三阶段先周文化曾广泛分布在泾水中游地区，因此李峰认为在这个由子午岭、六盘山和陇山环抱的半封闭地域孕育了周人的早期文化[2]。

殷墟卜辞中有大量关于周方的记载，《殷墟甲骨刻辞类纂》收录的87条关于周方的卜辞中一期卜辞占80条，其内容记载了商周之间发生过的一场大战和双方密切的往来，武丁以后的卜辞只有7条而且内容简略不明详情。有人认为武丁"寇周""伐周"是古公亶父去豳迁岐的原因[3]，可是上文已经分析，古公亶父迁岐的时间不可能早到武丁时期，因此武丁时期周人应当仍旧生活在豳地。在扶风和耀县都已发现年代早到二里冈期和殷墟一、二期的商人遗址，这些深入关中腹地的商人西和羌人接壤，北与周人为邻，这样，武丁卜辞中的商羌战争和商周关系便都能得到圆满的解释了。然而迄今为止，豳地所发现的先周三段遗存的年代都是相当于殷墟二期即先周三段后期的，尚未发现先周三段前期即相当于殷墟一期和二里冈期的遗存，因此，一期卜辞中的周方是否确在豳地，现在还未得到考古学的证实。这是关于第三阶段先周史的第一个疑点。

《史记集解》引皇甫谧云：古公亶父迁岐后"邑于周地，故始改国曰周"。古公之前周人居豳，然而武丁卜辞中有"周方"之名，可见并不是周人因地得名，而是周原因周人徙居该地而因人得名的。

长武、彬县一带已发现的许多先周文化遗存除碾子坡早期以外年代

---

[1] 《平凉文物》1982年；乔今同：《平凉县发现石器时代遗址》，《文物参考资料》1956年第11期。

[2] 李峰：《先周文化的内涵及其渊源探讨》，《考古学报》1991年第3期。

[3] 范毓周：《殷代武丁时期的战争》，《甲骨文与殷商史》第3辑，上海古籍出版社1991年版。

都在先周四段①，平凉庄庙和庆阳巴家嘴还出土过类似碾子坡晚期的陶鬲②。这些证据表明，如果该地区真是豳地，那么在古公亶父迁岐后周人仍聚居于此地，这与《史记·周本纪》"豳人举国扶老携弱尽复归古公于岐山"的记载不甚吻合。这是关于第三阶段先周史的第二个疑点。

泾渭流域的先周文化可以追溯到第三阶段晚期，可是还有这样两个存疑待考的问题。

三　第二阶段先周文化的缺失

第二阶段先周史是从不窋失官奔于戎狄之间开始的。不窋失官的原因是"夏后氏政衰"。《史记集解》引韦昭注曰："夏太康失国，废稷之官，不复务农。"这是拘泥于"不窋为后稷之子"的说法编排的。其实《国语·周语》有言云："昔我先王世后稷，以服事虞、夏。"谯周按曰："言世稷官，是失其代数也。"戴震《周之先世不窋以上阙代系考》曰："盖不窋以上，世为后稷之官，不知凡几传，至不窋，然后失其官也。"崔述《丰镐考信录》也说："不窋之父，乃弃之裔孙袭为后稷者，不窋非弃子也。"他们已考证得十分明白，在后稷与不窋之间世系肯定有缺漏，所以不窋去夏奔戎狄的时间决不会在太康之时而应在夏朝末年。据《史记》记载，从不窋到古公亶父传11代，而商人从成汤到祖甲传24王，两相比较差距太大，所以这一时期的周人世系也应有缺漏。按常理分析，这一段缺漏的世系当在不窋与公刘之间而不在公刘与古公之间，不过其中细节已无法考证了。据此而论，先周二段应与商代前期相当，对应于考古上的二里冈期，先周一段应与夏代相当，对应于考古上的二里头文化。

关于第二阶段先周史，文献中只有一条线索，《史记·周本纪》：

---

① 胡谦盈：《试谈先周文化及相关问题》，《中国考古学研究》（二），科学出版社1986年版。

② 《平凉文物》1982年；许俊臣等：《甘肃合水、庆阳县出土早周陶器》，《考古》1987年第7期。

"不窋失其官而奔戎狄之间",《国语·周语》:"我先王不窋用失其官,而自窜于戎狄之间"。不窋迁僻之地望,《括地志》《元和郡县志》《庆阳府志》都认定在庆州东南有不窋故城,今庆阳县也传说城东有不窋坟和不窋遗园,然而据目前所掌握的考古资料,庆阳、平凉一带均属寺洼文化安国类型分布区,还没有发现可以确认是先周二段的遗址。由此看来,庆阳地区有关不窋的地名古迹都应是不窋的后裔迁居豳地后带来的。

先周三段周人生活的豳地以西是六盘山区,豳地西南的关中西部是刘家文化分布区,豳地东南的关中东部是商文化分布区,因此第二阶段的先周文化只能向豳地的东北方去寻觅。

从豳地往东北直至内蒙古东南部,这一黄河两岸的广阔区域是李家崖文化分布区①,这一地区也是卜辞所载鬼方、𠱾方、土方等部族方国和文献所载戎狄的分布区,在石楼、绥德一带出土的富有特色的青铜器就被认为是鬼方或𠱾方的遗存②。李家崖文化最南边的遗存是陕西淳化黑豆嘴③。据已发现的先周四段和三段遗址数量和分布范围分析,当时的周人确实是一个小邦,那么先周二段当不窋率众离开故土迁入戎狄之间时周人必定更少;他们进入戎狄之间与戎狄杂居,也必定会接受对方的影响,甚至可能出现"戎狄化"现象,从而使我们难以找到和辨认出他们的遗存。

先周二段考古资料的缺失也许可以说明关于不窋自窜戎狄的记载是可靠的,但也给我们追溯先周文化渊源带来了巨大的困难。

四 第一阶段先周史的探索

关于周人的发源地,自古以来学者们都认为是在关中,但自从

---

① 《陕西清涧县李家崖古城址发掘简报》,《考古与文物》1988年第1期;吕智荣:《试论李家崖文化的几个问题》,《考古与文物》1989年第4期。

② 《新中国的考古发现和研究》,文物出版社1984年版;李伯谦:《从灵石旌介商墓的发现看晋陕高原青铜文化的归属》,《北京大学学报》1988年第2期。

③ 姚生民:《陕西淳化县出土的商周青铜器》,《考古与文物》1986年第5期。

1931年钱穆先生首创周人源于晋南说以来，赞同钱氏新说的史学家越来越多。不过大多数考古学家仍持关中说，他们普遍认为客省庄二期文化（陕西龙山文化）是周文化的源头，只有少数学者认为先周文化发源于晋南或晋中①。下面我们分别对这三个地区的夏代及先夏文化进行一番探索。

（一）关中：武功非邰与周人非关中土著

《诗·大雅·生民》称后稷"即有邰家室"，《史记·周本纪》说舜"封弃于邰"。历来注家都认为邰在今武功县。武功地处漆水和渭水交汇处，在漆水下游和渭河北岸已发现27处先周文化遗址，其内涵与已发掘的郑家坡遗址是一致的②。郑家坡遗址的发掘者把该遗址的中晚期定在古公亶父迁岐之后，早期定在夏商之际③，但张长寿、梁星彭认为其早期的断代有误，他们认为郑家坡是西周早期遗址，其上限为文王作丰之时④。既然漆水下游先周遗址的可靠年代只是先周四段，那么指认武功为封弃之邰就缺乏考古依据了。武功的位置介于岐邑与丰镐之间，此地的先周文化遗址群的年代又都在先周四段，所以只能把这一带看作是周人从岐邑向丰镐发展时的一个中间站。武功不是后稷受封之邰，那么这一带的姜嫄祠、后稷祠等古迹和"邰"的地名当然都是文王作丰之时带来的了。

客省庄二期文化是由关中仰韶文化发展而来的一支土著文化，主要分布在泾水以西的渭河流域，分布面和第四阶段先周文化大体相同，因此许多人认为先周文化就是由客省庄二期文化发展而来的⑤。可是，客省庄二期文化的年代为公元前2300—前2000年，而关中地区发现的先周文化遗址都属第四阶段，最早不过公元前1300年，两者之间缺环太大，而且类型学分析表明两者的陶器也不能紧密衔接，而客省庄二期文

---

① 参见拙文《周人起源与周文化渊源研究述评》，《中国史研究动态》1992年第8期。
② 《关中漆水下游先周遗址调查简报》，《考古与文物》1989年第6期。
③ 《陕西武功郑家坡先周遗址发掘简报》，《文物》1984年第7期。
④ 同上。
⑤ 徐锡台：《早周文化的特点及其渊源的探索》，《文物》1979年第10期。

化的年代与齐家文化倒能紧密衔接，并且陶器形制也与齐家文化极其相似。因此，现在还不能证明客省庄二期文化是先周文化的源头，相反，它倒很可能是齐家文化的源头①。既然如此，周人当然不会是关中土著了。

（二）晋南：陶寺类型的去向与东下冯类型的来龙去脉

晋南的龙山文化分布为两个类型，陶寺类型主要分布在北部汾水下游的临汾盆地，已发现遗址 75 处，三里桥类型主要分布在南部涑水流域的运城盆地，已发现遗址 18 处。考古学家已经证明，陶寺类型是本地区的庙底沟二期文化的直接继承者，而三里桥类型不是由本地区庙底沟二期文化发展来的。② 三里桥类型的主体分布在黄河南面的豫西地区和关中华山周围，处于客省庄二期文化和中原龙山文化王湾类型之间，其陶器群中既有王湾类型的常见器形，又有客省庄二期文化的陶器，所以考古学界对三里桥类型的性质还有分歧。

进入夏代纪年后晋南成为二里头文化东下冯类型分布区，已发现的 42 处东下冯类型遗址有 36 处分布在临汾盆地，6 处在运城盆地。尽管东下冯类型多鬲、斝、甗等文化因素，和陶寺类型、三里桥类型都有些相似，但其文化的整体面貌既与三里桥类型相去甚远，又不是陶寺类型的自然延续③，却与二里头类型同属于二里头文化，而且其形成年代比二里头类型略晚，所以它是二里头类型发展到一定阶段后向晋南传播、继承了当地陶寺类型的某些因素、并受到北邻的光社文化和东邻的先商文化影响而形成的④。

分布于伊洛平原的二里头类型是中原龙山文化王湾类型发展而来的，但是二里头类型的带流鬹、凸弦纹觚、折盘形豆、单耳鼓腹杯、三足盘等器形都与山东龙山文化相似而与王湾类型有别，二里头类型墓葬

---

① 张忠培：《客省庄文化及其相关诸问题》，《考古与文物》1980 年第 4 期。
② 《晋南考古调查报告》，《考古学集刊》第 6 辑。
③ 高天麟、李健民：《就大柴遗址的发掘试析二里头文化东下冯类型的性质》，《考古》1987 年第 7 期。
④ 李伯谦：《东下冯类型的初步分析》，《中原文物》1981 年第 1 期。

以觚、鬹、盉等酒器和三足盘、平底盘、豆等食器随葬的习俗也都与山东龙山文化相似而与王湾类型有别，因此，李伯谦认为二里头类型很可能是太康失国、后羿代夏以后形成的夏文化①。东下冯类型和二里头类型属于同一个文化系统，但是却缺少上述带有东方文化色彩的器物，而有单耳罐、鬲、斝、甗、蛋形三足瓮等富有北方文化色彩的器物。综上所述，东下冯类型应是一支从豫西迁到晋南的夏人留下的遗存。

如果这支夏人就是先周一段的周人，那么《尚书》中"周人尊夏"的现象就能得到圆满的解释了②。由于东下冯类型的年代比二里头类型略晚，而且东下冯类型又缺乏带东方文化色彩的器物，因此可以认为周人是因为太康失国才进入晋南的，后羿入主中原后并没有渡河追击北迁的周人，因此周人保持了自身的文化没被"夷化"，并在晋南一直生活到夏朝末年。这次迁徙的原因可以说是"夏后氏政衰"，但晋南原是尧都所在地，该地的陶寺类型就被认为是唐尧部落的遗存③，这次迁徙绝不是"奔戎狄之间"，所以，在夏初率领周人从豫西进入晋南的应是某一代后稷而不是不窋④。正因为如此才会在晋南留下台骀、稷王山、稷祠、稷亭、稷王庙、姜嫄庙等地名、古迹与传说。

东下冯类型与陶寺类型分布在同一地区，而且两者年代互相衔接，但是两者的陶器在陶质、陶色、纹饰、器形、组合等方面可资比较的地方却很少，所以它们不属于同一个文化系统。这一事实意味着夏初在晋南发生过一次居民的置换。《史记·五帝本纪》曰："禹践天子位，尧子丹朱、舜子商均皆有疆土，以奉先祀。"陶寺类型晚期的年代已进入夏代纪年，或能证明夏代初期陶唐氏在晋南还有一席之地，但是当周人进入晋南后他们就被赶走了。《古本竹书纪年》云："后稷放帝子丹朱于丹水"，晋南地区东下冯类型取代陶寺类型的事实不仅可以证明这一记载是可信的，而且可以反证东下冯类型当是第一阶段的先周文化。

---

① 李伯谦：《二里头类型的文化性质与族属问题》，《文物》1986年第6期。
② 李民：《释〈尚书〉"周人尊夏"说》，《〈尚书〉与古史研究》，河南人民出版社1981年版。
③ 田昌五：《先夏文化探索》，《文物与考古论集》，文物出版社1986年版。
④ 李民：《再论夏、周族之关系》，《夏商史探索》，河南人民出版社1985年版。

据李民考证，丹朱所居的丹水不是陕南的丹江而是晋东南的丹河。[①] 对此目前还不能用考古资料予以证实，不过根据太谷白燕遗址二期与三期文化的材料可以知道，龙山时代陶寺类型曾经波及影响到晋中广大地区[②]，而进入夏代纪年后，与陶寺晚期的直口肥袋足鬲、方格纹单把鬲、双耳罐、斝、甑、折肩罐相仿的器物一直远播到内蒙古伊金霍洛旗的朱开沟遗址[③]。联系到《舆地广记》有"（周）武王封帝尧之后于蓟"的记载[④]，上述事实可能意味着尧的部分后裔在周人入主晋南时迁徙到了遥远的北方。

学术界已经确认二里头类型是夏文化，既然晋南并不是二里头类型分布区，为什么自古以来都称晋南为夏墟呢？这是因为周人与夏人本是同族，而且他们是由于故土沦于东夷之手才进入晋南的，所以就把夏族祖先的古迹、地名都带到晋南来了。否则按《世本》所言禹都阳城"或在安邑，或在晋阳"，就得认为东下冯类型是夏文化，那样二里头类型就没有着落了，既无法解释东下冯类型与二里头类型的关系，也无法解释它们各自的来龙去脉了。

如果上述推理成立，那么可以认为二里头文化东下冯类型就是第一阶段先周文化遗存。

（三）晋中：太原盆地的土著文化与第二阶段先周文化的线索

晋中太原盆地及迤北忻定盆地的龙山时代遗存中含有三种不同的文化因素：第一种是以夹砂罐和小口蓝纹壶为代表的本地区仰韶文化晚期文化的延续，第二种是以釜形斝、盆形鼎、盘口盆为代表的晋南庙底沟二期文化因素，第三种是以彩陶壶、长颈壶、短颈壶为代表的大汶口文化因素。在周邻地区文化的影响下本地区先民创造出了以双鋬手鋬式鬲为特色的晋中龙山文化。

---

① 李民：《再论夏、周族之关系》，《夏商史探索》，河南人民出版社1985年版。
② 《山西太谷白燕遗址第二、三、四地点发掘简报》，《文物》1989年第3期；许伟：《晋中地区西周以前古遗存的编年与谱系》，《文物》1989年第4期。
③ 《内蒙古朱开沟遗址》，《考古学报》1988年第3期。
④ 张澍粹：《世本集补注》。

进入夏代纪年后晋中龙山文化陶器的整体面貌发生了重要变化，新出现的高领鬲和空足三足瓮成为晋中夏代文化的标志，它也被称作光社文化。由于在晋南的陶寺类型晚期遗存中已经出现成熟形态的高领鬲和空足三足瓮[1]，而且夏商时代这两种文化因素又广泛出现于陕西李家崖文化、内蒙古朱开沟文化[2]和蔚县夏家店下层文化[3]之中，因此我们更加坚信，光社文化是在陶寺类型北迁的强烈影响之下形成的。不过光社文化并不是陶寺类型的自然延续或后裔，而是太原盆地的土著文化。由于所处地域邻近，它与东下冯类型有一定的联系，这种联系是通过扁三角形足鼎、四足方杯、筒流爵、空足三足瓮等器物反映出来的。

进入商代纪年后晋南成为二里冈文化分布区，22处二里冈遗址一半分布在临汾盆地，一半分布在运城盆地，出土的器物与郑州二里冈相同，完全是商式的，而与东下冯类型几乎没有什么继承关系，另外在东下冯和垣曲还都发现有二里冈期的夯土城址[4]。这些事实意味着在夏商之际晋南又发生了一次居民的更替，这次是周人迁出商人迁入，这一事件应该就是"夏后氏政衰，去稷不务，不窋以失其官而奔戎狄之间"了。

进入商代纪年后晋中地区也出现了商式的翻缘鬲、假腹豆等商文化因素，但是却缺乏圜底器、大口尊等二里冈期商文化中常见的器形，而其最有特色的绳纹口侈沿深腹鬲、三足瓮、小口绳纹罐和单把喏口罐等器物又绝不见于二里冈文化。晋中在商代没有像晋南那样"全盘商化"，这意味着该地区仍为土著所盘踞，这和文献与卜辞的记载是相吻合的。当商代初期商人掩有晋南与关中东部时，不窋只能率领周人向北迁徙避入戎狄之间，而晋中便是他们迁徙途中的第一站。

---

[1] 《晋南考古调查报告》，《考古学集刊》第6辑。
[2] 吉发习、马耀圻：《内蒙古准格尔旗大口遗址的调查与试掘》，《考古》1979年第4期。
[3] 《蔚县考古纪略》，《考古与文物》1982年第4期；《蔚县夏商时期考古的主要收获》，《考古与文化》1984年第1期。
[4] 《山西夏县东下冯遗址东区、中区发掘简报》，《考古》1980年第2期；《文物考古工作十年》，文物出版社1990年版。

晋中太谷白燕遗址第五期的年代相当于二里冈上层至殷墟二期，白燕五期出土的器物一方面出现大量商式翻缘鬲，另一方面又保持着独特的三足瓮，瓮足从空足变成实足，这说明白燕五期文化始终保持着浓厚的自身特征，同时又与商文化有着不同寻常的密切关系，而同东下冯类型的关系比较疏远。白燕五期遗存的这一特点说明，不窋没有避入晋中的太原盆地。

由于徙居于戎狄之中的周人一定十分弱小，而且徙居期间又很难保持原有的文化不发生变化，因此我们目前还无法确指哪些考古遗存是第二阶段的先周文化，然而关于这一点也不是毫无线索可寻的。

先周三段在晋中吕梁山以西的黄河两岸广大地区广泛出现了矮颈分裆鬲和侈沿裆鬲，它们的形制与武功郑家坡、宝鸡斗鸡台所出的同类先周陶鬲相近，应当把它们看作是以联裆（或称瘪裆）为特征的周式鬲的前身，而且这一地区所出的三足瓮与太原盆地的不同，始终保持着空足的特点，直到先周四段在柳林高红、清涧李家崖、绥德薛家渠和洪洞永凝堡、扶风齐家村、长安普渡村的西周前期墓中仍能见到这种空足三足瓮[①]，其中的文化纽带与渊源关系不能不令人深思。

持晋南说的考古学家都把空足三足瓮看成是一种先周文化因素，并循其分布去追溯周人迁徙的路线[②]。笔者认为，尽管空足三足瓮是东下冯类型的常见器形，但由于它最早见于陶寺类型，因此不能认为它是周人固有的文化因素；夏商时代这种器形又同时屡见于李家崖文化、朱开沟文化和夏家店下层文化壶流河类型，把它们都指为先周文化显然不妥；在先周四段和西周早期墓葬中虽然也有空足三足瓮，但毕竟数量有限，把它看作周文化因素理由也不充分；所以，把它看作是周人进入晋南后所继承的陶寺类型的文化因素也许更加合适，而晋中太原盆地、陕北、内蒙古南部和壶流河流域出现的这种文化因素也正好用陶寺类型的北迁来予以解释。

---

① 《山西洪洞永凝堡西周墓葬》，《文物》1987年第2期；《1962年陕西扶风齐家村发掘简报》，《考古》1980年第1期；《长安普渡村西周墓的发掘》，《考古学报》1957年第1期。

② 王克林：《试论齐家文化与晋南龙山文化的关系》，《史前研究》1983年第2期。

由于晋中地区已发表的考古资料有限，我们还不能把先周二段和三段前期周人活动的范围和文化面貌具体地描写出来，但是我们相信，晋中与陕北的黄河两岸地区将是寻找所缺失的周人踪迹的希望之地。

综上所论，我们现在已经可以把先周历史大致复原出来了：

周人原是夏人中的一支，在太康失国、后羿占据豫西夏人故地之后，他们在后稷的率领下迁入晋南，把原居该地的陶唐代丹朱部落排挤到了晋中以北的地方。成汤灭夏后商人乘胜进占晋南，周人又在不窋率领下北迁避居于晋中、陕北一带黄河两岸地区，生活在舌方、鬼方、土方等戎狄之间（土方可能是夏遗民[①]）。武丁时期周人与商人有密切往来，并在一场战争中被商人打败，于是周人在公刘率领下西迁到泾水中游的豳地，并与当地的羌人联姻。姬羌两族联姻后周人逐渐强大起来，大约在祖甲廪辛之时古公亶父率领周人南迁至周原。以后的历史，史籍中记载得已十分明白了。

（作者单位：苏州科技学院人文学院教授）

[①] 胡厚宣：《甲骨文土方为夏民族考》，《殷墟博物苑苑刊》创刊号，中国社会科学出版社1989年版。

周族的起源[*]

晁福林

周族历史悠久，一般认为它兴起于"陶唐、虞、夏之际"（《史记·周本纪》）。相传周的始祖弃曾被舜命为"后稷"、"播时百谷"（《尚书·尧典》），并和大禹一起治水（《史记·夏本纪》）。关于周族兴起的时代，没有什么大的疑问，专家们争论较多的是周族起源的地域问题。

关于姬周族[①]的最初居地，学者们进行过多方面的探讨，不少人认为是在陕西的泾渭流域。其主要根据有三项。一、《诗经·生民》谓后稷"即有邰家室"，邰地在今陕西武功县。二、与姬周族累世婚姻的姜族自来居于关中平原西部，传说宝鸡一带有姜太公垂钓处姜城堡、神农祠等。三、考古资料表明，关中地区的漆水下游有不少先周文化遗址，可见先周文化是一种土著文化。

和这种说法不同的是姬周族源于晋境说。首倡此说的是钱穆先生[②]，后来吕思勉[③]、陈梦家[④]两先生陆续采用钱说。从考古学角度对此说加

---

[*] 节选自氏著《夏商西周的社会变迁》，北京师范大学出版社1996年版。

[①] 严格说起来，公亶父迁岐后，方有周称。本文所谓"姬周族"实际上是指公亶父以前的一个姬姓部族，也可以说是后来称为"周族"的那个族，只是为了行文方便，才以姬周族相称。正如下面我们所称"晋境"指汾水流域一样，都是以后世通用的概念来说明前代的事情，特附识于此，庶几近于"必也正名"之义。

[②] 钱穆：《周初地理考》，《燕京学报》1931年第10期。

[③] 吕思勉《先秦史》，开明书店1940年版，第117—118页。

[④] 陈梦家：《殷虚卜辞综述》，科学出版社1956年版，第292页。

以说明的有邹衡①、李仲立②两先生。近年，王玉哲、李民两先生又从新的角度对此说加以证实③。诸家所论虽然大旨不误，亦多有发明，但因侧重点不同，故而详略取舍各自有别。总括诸家所论，经梳理补充并稍加修正，可以对姬周族源于晋境说提出下述几项比较系统的论证。

第一，先周历史上屡有邠称。如《孟子·梁惠王》下谓"昔者太王去邠"，《逸周书·度邑》谓"王乃升汾（《周本纪》引为豳）阜以望商邑"等。由于邠、豳同字④，所以又屡有豳称。如《诗经·公刘》谓"于豳斯馆"，《史记·匈奴列传》谓公刘"邑于豳"，《史记·周本纪》谓庆节"邑于豳"。姬周族以邠相称，应当是由于它长期居于汾水流域的缘故。周厉王曾经避难到汾水边上的彘邑居住十四年之久，以至《诗经·韩奕》称他为"汾王"。周宣王败于姜戎氏以后曾经"料民于太原"（《国语·周语》上）。这些都说明汾水流域是姬周族的根基之地。后来公亶父迁岐时才将邠称带了过去，犹殷人所居之地皆称亳然。

第二，《诗经·绵》追述姬周族发祥史说："民之初生，自土沮（徂）漆。"此"土"应当和《诗经·长发》"禹敷下土方"之土方以及殷虚卜辞习见的"土方"有关系。或谓土方即《左传》襄公二十四年"唐杜氏"之杜，或谓它在今山西石楼一带，其地望均在晋境。《诗经·公刘》有"逝彼百泉""观其流泉"之句，与晋境泉水特多的情况相合。《水经注》卷四谓："水出汾阴县南四十里，西去河三里，平地开源，喷泉下涌，大几如轮。"陈梦家说："此所形容，当是今万泉县东谷中有井泉百余区之地。"⑤ 此地在晋西南，公刘所视之泉，当即此处。

第三，公亶父自邠迁岐时，其子"大伯不从"（《左传》僖公五年），仍留在姬周族原住地，做了虞国始祖。虞在今山西平陆境。此可

---

① 邹衡：《夏商周考古论文集》，文物出版社1980年版，第342页。
② 李仲立：《试论先周文化的渊源》，《社会科学》1981年第1期。
③ 王玉哲：《先周族初最早来源于山西》，《中华文史论丛》1982年第3辑。李民：《释"尚书"周人尊夏说》，《中国史研究》1982年第2期。
④ 见《说文》六篇下和《史记·周本纪》索隐。
⑤ 陈梦家：《殷虚卜辞综述》，科学出版社1956年版，第292页。

证迁岐以前姬周族必在晋境，故而《穆天子传》才说"大王亶父之始作西土，封其元子太伯于东吴（虞）"。如果说姬周族源于泾渭流域，那就不会有"西土""东吴（虞）"的说法。《尚书·大诰》云："有大艰于西土，西土人亦不静。"此称泾渭流域为"西土"，则其"东土"即当指汾水流域。公亶父迁岐的原因，或谓"狄人侵之"（同上），或谓"薰育戎狄攻之"（《史记·周本纪》），所谓"狄人""薰育戎狄"，皆古有易族的名称。有易族原居于冀境的易水流域，后被商族攻击，"昏微遵迹，有狄（易）不宁"（《天问》），被迫西迁，而与居于汾水流域的姬周族冲突。经过长时期的相持斗争，姬周族也被迫西迁。依晋冀接壤的形势观之，姬周族也应是居于晋境，而不会在陕地的。

第四，周人屡次自称"有夏"，如"惟文王尚克修和我有夏"（《尚书·君奭》）、"乃伻我有夏，式商受命"（《尚书·立政》）等皆然。姬周族和夏关系密切，甚至可能原为夏族分支。《逸周书·商誓》："在昔后稷惟上帝之言克播百谷，登禹之迹。"这里明确指出后稷活动于"禹之迹"。《尚书·康诰》篇谓文王"用肇造我区夏"。夏的基地在豫西、晋南一带，这屡为考古和文献资料所证明。《诗经·閟宫》说后稷"奄有下土，缵禹之绪"，谓后稷所居为禹之故地。《閟宫》还说"实维大王，居岐之阳"，明确指出迁岐自大王始。从姬周族与夏的密切关系看，姬周族也当在晋境而不在陕地。春秋时人叙述周族发祥史，谓自夏世至武王克商以前曾据有魏、骀、芮、岐、毕五地，前三地中的魏、芮可确知为晋境之地，其中间的骀亦当如此。这里所述五地，前三处在晋，后两处在陕，可见在春秋时人的印象里，周人是由晋境而至陕地的。（见《左传》昭公九年）

第五，后稷母姜原是有邰氏女。《路史·后纪》卷三："上妃有骀氏曰姜原。"有骀氏当即《左传》昭公元年所谓的"封之汾川"，后来又成为"汾神"的台骀氏。既然被封在汾川，那么其地望亦必在晋境，后稷的"即有邰家室"（《诗经·生民》）也当在晋境。

第六，与姬周族累世婚姻的姜族多居于晋境。姜族最著名者有齐、许、申、吕四国，古称"四岳"（《国语·周语》下）或"太岳"（《左传》隐公十一年、庄公二十二年）。《诗经·崧高》谓"维岳降神，生甫（吕）及申"，即明指姜姓的甫（吕）、申与"岳"有直接关系。春秋时代的姜戎氏曾经自称"四岳之裔胄"（《左传》襄公十四年）。四岳、太岳古均指晋境的霍太山，因此与四岳、太岳有直接关系的姜族应当是在晋境的。姜与羌古同字。卜辞关于羌的记载有近万条之多。羌族在卜辞里又分为"马羌"（合集6624）、"北羌"（合集6628）、"羌方"（合集22982）、"丹黾羌"（合集451）等部，多居于晋境。尽管陕西和甘肃南部也有姜族分布。但其主要居留地仍在晋境，这就为姬周族源于晋境说提供了一项旁证。

第七，考古材料也证明姬周族源于晋境。先周墓葬，不论大小，一般都随葬陶鬲。常见到的只有分裆鬲和联裆鬲两种。其联裆鬲的形制恰与山西光社文化的相同。"由于光社文化的这种联裆鬲的年代比先周文化第一期要早，因此只有一种可能，即先周文化的联裆鬲是从光社文化来的。而绝对不可能相反。"[①] 另外，周族里有徽号作铜弓形的和作"天"字形的两个著名氏族，根据对所出土的这两个氏族的百余件铜器的断代和分布区域的研究，邹衡先生指出，这两个氏族早期居于山西，后迁至陕西的泾渭流域，克商以后，有的支族才迁至河南[②]。不难发现，这个论断是周族源于晋境说的极有力的证据。

总之，和姬周族源于陕西泾渭流域的说法比较起来，姬周族源于晋境说的证据比较充分，应属可信。需要指出的是，由于上古诸族屡有迁徙，因此相关的地名和史迹也往往随之带到各地，例如商亳就有四五处之多。泾渭流域是公亶父以后的姬周族的根据地，在这些地方出现先周的某些地名和史迹并不能说明姬周族源于泾渭流域，而只能窥见姬周族自晋迁陕的某些源流发展情况。

关于姬周族国号问题，古代的学问家多有所论。最早的可能是西汉时期的司马迁。他说：

> 戎狄攻大王亶父，亶父亡走岐下，而豳人悉从亶父而邑焉，作

[①] 邹衡：《夏商周考古学论文集》，文物出版社1980年版，第336页。
[②] 同上书，第336—339页。

周。(《史记·匈奴列传》，索隐谓"作周"即"始作周国")

东汉时期的高诱说：

> 岐山之阳有周地，及受命，因为天下号也。(《吕氏春秋·古乐》注)

高诱认为周的称号源于岐山之阳的周地。魏晋时期的皇甫谧进一步指出：

> 公亶父"邑于周地，故始改国曰周"。(《史记·周本纪》集解引)

他断定周称自公亶父始，并谓"始改国曰周"，可见，皇甫氏以为公亶父以前并不称为周。唐朝的张守节明确指出：

> 因太王所居周原，因号曰周。(《史记·周本纪》正义引)

唐朝的司马贞也说：

> 后稷居邰，太王作周。(《史记·周本纪》索隐述赞)

"太王"即公亶父，司马贞也认为周称自公亶父起。但公亶父以前的周先王在文献中也偶有冠以周称者，如《左传》昭公二十九年谓"周弃亦为稷"，对此，唐孔颖达解释说：

> 弃为周之始祖……以其后世有天下，号国曰周，故以周冠弃，弃时未称周也。(《春秋左传正义》)

总之，古代的学问家多以为周称始于公亶父，因周原的地名而称之。

那么，在公亶父以前，姬周族的国号是什么呢？上古的国号、族号往往因地名而起，"黄帝以姬水成，炎帝以姜水成，成而异德，故黄帝为姬，炎帝为姜"（《国语·晋语》）就是著名的例证。准此原则，姬周族最初的国号并不难弄清。

既然姬周族最初居于晋境的汾水流域，那么，因地而命名，则其国号当为汾，或是与汾音相同的邠及豳，而不称为周。请先看今本《竹书纪年》的以下记载：

> 祖乙十五年，命邠侯高圉。
> 盘庚十九年，命邠侯亚圉。
> 祖甲十三年，命邠侯组绀。
> 武乙元年，邠迁于岐周。
> 武乙三年，命周公亶父，赐以岐邑。

高圉、亚圉是公亶父以前的姬周族的著名首领。《国语·鲁语》上："高圉、大王能帅稷者也，周人报焉。"《左传》昭公七年载卫襄公卒，周王遣使吊唁，其辞有云："余敢忘高圉、亚圉！"疑卫祖与高圉、亚圉之后裔有关。今本《纪年》提到的组绀即《周本纪》的"公叔祖类"、《世本》的"组绀诸盩"。从今本《纪年》的记载里可以看到，古公以前的组绀、亚圉、高圉等皆称"邠侯"，迁于岐周后才冠以"周"称。这是对姬周族国号起源问题的很好的说明。

今本《纪年》的这些记载可靠吗？

尽管今本《纪年》的问题很多，但是其中不少内容是从类书、古注里摘引的，据推测它的出现"最迟当在南宋时期"，其编纂者所见到的古本《纪年》佚文"可能比我们看到的为多"，所以，"仍有其一定的史料价值"[①]。杨树达先生也曾指出今本《纪年》"大都有所据依，非出臆撰"[②]。王国维著《今本竹书纪年疏证》以"捕盗者之获得真赃"

---

① 方诗铭、王修龄：《古本竹书纪年辑证》，上海古籍出版社1981年版，第3页。
② 杨树达：《积微居小学述林》卷7。

（见该书序言）的办法追寻今本《纪年》剿袭它书的证据，但对邠侯的记载却不能置一辞，可见这个记载应当是可信的。今本《纪年》关于邠侯的记载可与古本相互补充。古本《纪年》的《殷纪》里，武乙以前缺周事，《文选·典引》注引"纪年曰：武乙继位，周王季命为殷牧师"为古本提及周事之最早者，今本关于邠侯之载在一定程度上可补其缺。另外，从世系上看，殷祖乙至武乙间有六世，而《周本纪》所载高圉至公亶父间仅两世，今本《纪年》的排列似有可疑处。历代学者根据《山海经》《路史》等记载，多认为周代世系必有"失其代数"（《史记·周本纪》索隐）者，根据文献记载，高圉至古公间至少可以拟补两世，所以今本《纪年》关于邠侯世系的记载当属可信，尽管其系年未必准确，但其大旨是可靠的。

既然姬周族源于晋境，在公亶父以前长期居于汾水流域，既然高圉等被称之为邠侯，那么，姬周族所立国在公亶父以前应当是称为邠若汾的。《尔雅·释地》："东至于泰远，西至于邠国。"《说文》引《尔雅》作"汃国"。《说文》平字下谓"从八。八，分也"，半字下谓"半，物中分也。从八从牛，牛为物大，可以分也"，《说文》训分、八皆为"别也"。凡此皆可证八与分相通。因此，汃当与汾同。此"邠国"指极西地之国，应即姬周族居汾水流域时所建立的国家。它给上古时代的人留下深刻印象，陈陈相因而为《尔雅》所采。因为邠通于豳，所以《周礼·春官》注引郑司农说又称"豳国之地"。《说文》："邠：周大王国。"按，此说稍有误，应谓邠指周大王迁岐前之国。《史记·周本纪》："庆节立，国于豳。"显而易见，这些文献记载也为姬周族的国号问题提供了很好的说明。

特别应当指出的是殷墟卜辞里关于"汾方""侯汾"的记载。这些不仅能和文献记载印证，而且是姬周族国号问题的最直接的证据。甲骨文有"分"字，《甲骨文编》和《甲骨文字集释》都释为分，可信。在卜辞里，"分"用为地名，应与汾同。甲骨文有从水从刀之字，诸家漏释。以刀为偏旁的甲骨文多有分割义，如利、刻、黎、初等皆然。《说文》："分，别也，从八刀。刀，以分别物也。"这个字从以刀划水取义，当是汾字初文。和这两字相关的卜辞有：

周族的起源　151

（1）甲申卜贞，我弗其受分（汾）〔方又〕①。（合集9728）

（2）弗戈载汾。（合集6660）

（3）戈汾方。（合集6659）

（4）……巳卜贞，以侯汾。（合集9154）

（5）癸酉卜，疋于栗……汾从。（合集19956）

（6）……分（汾）养（牧）。（合集11398）

（7）癸未下，兔以汾人，允来。（屯南427）

（8）……驱分（汾）人。（合集31997）

上引（5）为𠂤组卜辞，（7）（8）为四期卜辞，余皆一期卜辞。上引前三条卜辞贞问讨伐汾方能否受到神灵保佑。（4）辞的"侯汾"即汾侯，犹"侯告"即告侯、"侯专"即专侯者然。这条卜辞贞问是否征召汾侯。今本《纪年》载盘庚时曾"命分侯亚圉"，依时代而论，（4）辞的"侯汾"有可能是邠侯亚圉。（5）辞贞问名疋者驻军于栗，入于某地时是否让汾跟从。此汾盖指随王室军队征伐的汾侯的族众。（6）辞的养字原从羊从殳，罗振玉释其为牧，李孝定根据它与《说文》所载养字的古文合而释为养字，谓它"像手执杖以驱羊，与牧同意"（《甲骨文字集释》卷五，第1770页）。这条卜辞贞问是否于分（汾）地放牧。卜辞有"于南养（牧）"（合集11395）、"养（牧）于唐"（合集1309）等，皆与（6）辞同例。（7）辞贞问名兔者征召汾人能否来到。（8）辞同版有关于父乙的贞问，四期卜辞的父乙即武乙，所以这条卜辞属文丁时期。这条卜辞贞问驱逐分（汾）人之事。

分析上引卜辞所载，有下述各事值得重视：

第一，文献所载殷周关系，其时代最早者为祖乙"命邠侯高圉"（今本《纪年》）。这时殷的别都在今冀南邢台一带，与姬周族所居的晋

---

① 《甲骨文编》说这条卜辞的分字"疑年字刻伪"，细审拓片，这个字为分字，确无可疑。就"受年"辞例看，绝大部分作"不其受年"，极少作"弗其"者。就"受某方又"的辞例看，一期卜辞习见"我弗其受土方又"（合集8484）、"我弗其受舌方又"（合集8507）等。此辞"分"字后适残，拟补"方又"二字较为恰当。

南相邻，此时殷周间有了初步关系是十分可能的。但武丁时的殷周关系，文献阙如，上引一期卜辞正补文献之阙。

第二，在武丁初期，汾曾经是殷的敌国，上引（1）至（3）辞关于讨伐汾方的记载可为其证。

第三，在武丁后期，经过讨伐，汾即宾服。此后殷周关系渐趋密切，卜辞有征召"侯汾""汾人"和"汾从"的记载，这与盘庚、祖甲时"命邠侯"（今本《纪年》）的文献记载完全一致。古本《纪年》屡载季历伐西落鬼戎、燕京之戎、余无之戎而受到武乙赏赐。卜辞极少有称某方又称某侯之例，然而却有"汾方""侯汾"之载。这些都表明了殷周关系的密切程度。

第四，（7）辞表明，汾地原曾为殷的放牧处。姬周族强大以后，武乙曾命季历为"殷牧师"（古本《纪年》）。对此，卜辞和文献所载亦相合。

第五，文丁时期姬周族虽已迁于岐，但仍讨伐晋境的余无、始乎、翳徒诸戎并皆大捷，可见姬周以岐为基地将势力又扩展至晋境。在殷商感到威胁、无可容忍的时候，终于导致"文丁杀季历"（古本《纪年》）。文丁此举，意在夺取晋境。上引（8）辞就是文丁驱逐汾人以控制晋境的记载。

姬周族迁岐以前称为邠若汾，通过对相关文献和卜辞记载的考察，这种说法应当是可信的。此外，我们还可以提出一项佐证，那就是在周人的史诗和谕诰文献里，其自称为"周"总是从公亶父开始，而追述公亶父以前的历史时却从来不用"周"称。他们认为"周虽旧邦，其命维新"（《诗经·文王》）。什么时候开始受命为周了呢？《诗经·下武》说：

下武维周，世有哲王。三后在天，王配于京。

他们认为武功强盛的周邦自来有圣哲之王——即已经升天的"三后"和正在京师执行帝命的武王。"三后"指太王、王季、文王。这几句诗确凿地说明周称自太王（公亶父）起。《史记·鲁周公世家》载东征以前周公语："我之所以弗辟而摄行政者，恐天下畔周，无以告我先王太王、王季、文王。"称周之先王亦从太王起。《尚书·无逸》载周公语"厥亦惟我周太王、王季，克自抑畏"，《金滕》谓太王、王季、文王为三王，皆其例。周人有时也称"二后"（《诗经·昊天有成命》），指文王、武王。《逸周书·世俘》载武王灭商以后至周庙告祭"王烈祖自大王、大伯、王季、虞公、文王、邑考以列升"，所列周先王亦自太王始。如果自来就有周称，那么后稷、公刘、高圉、亚圉便不至于被完全排除在周先王以外。《生民》《公刘》是追述姬周族史迹的长篇史诗，两诗中均不见"周"字，讲后稷只谓"即有邰家室"。讲公刘只谓"幽居允荒"，无一处提及后稷或公刘时已经有了周称者。从周人对自己的历史的追述看，确是从太王时始有周称的。皇甫谧所谓公亶父迁居岐"改国曰周"的说法，有此为证，可谓信然。

现在需要讨论的问题是皇甫谧所谓公亶父"邑于周地"之说是否正确，即周原之称是古已有之，抑或是公亶父带来的地名。《诗经·绵》云：

　　古公亶父，来朝走马，率西水浒，至于岐下。爰及姜女，聿来胥宇。周原膴膴，堇荼如饴。

古公到岐，见到"周原膴膴"，是周原之称必在公亶父迁来以前。《路史·国名纪》卷一云：

　　郮，《潜夫论》：詹、资、郮、翟，黄帝后。故《玉篇》云：资、郮故国，黄帝后，封在岐山之阳，所谓"周原膴膴"者，顾伯邶云：昌意后，止于夏商间。

罗泌所见《玉篇》当系别本，《玉篇》通作"郮，故国。黄帝后所封也"，与罗氏所引大旨相同。不管郮是黄帝后，或是昌意后，既然其"止于夏商间"，那么它的时代必远在古公迁岐称周以前。很可能夏商之时在周原居有黄帝部族的某一支系并以周为称，后人加邑旁称为

"郿"。《诗经·绵》谓公亶父迁岐，"行道兑矣，混夷兑矣"。此混夷即原居于岐下者。混夷，《诗经·皇矣》作串夷，《汉书·匈奴传》作畎夷，属于犬戎之一支。《山海经·大荒北经》说它是黄帝后裔，可见其为姬姓。这与作为"黄帝后"的郿是一致的，很可能岐地原有的郿国即为混夷所立。陕西扶风的柿坡，岐山和扶风交界处的樊村、召陈、任家、康家、庄白、齐镇、方塘、齐家、礼树、贺家、董家、王家咀等处都发现有早周遗址，有些遗址的时代早于周原遗址，这些情况都说明公亶父来此以前，周原一带并非荒无人烟的去处，而当有先民很可能就是后来被称为"周"的一支姬姓部族居于此处。周原之称"周"应在公亶父迁岐之前，皇甫谧关于公亶父"邑于周地"而改称为周的说法，亦可谓信然。

总之，姬周族所立国的称号前后有所变化。它居于晋境时，因汾水而得名，称为汾若邠①；公亶父迁岐后因邑于周地而改称为周。姬周族国号演变的荦荦大端是信而有征不难发现的。

（作者单位：北京师范大学历史学院教授）

---

① 汾、邠、豳三字古文献里每相通借。如《逸周书·度邑》："王乃升汾之阜以望商邑。"注："汾一作邠"。《史记·周本纪》作"登豳之阜"。是为其证。

晋南稷山地区历史传说与周人起源

曹定云

一 关于周人起源的意见分歧

周人是华夏民族中一个重要的族群，在中华民族的历史舞台上曾担任过非常重要的角色，演绎过气壮山河的历史剧。但关于周人的起源，历史上和近代以来，都有过不同的看法。主要有三种意见：

一种意见认为，周人起源于西部的陕甘地区，这也是传统的看法，根据的是古代文献。《诗经·大雅·绵》："民之初生，自土沮漆"。《汉书·地理志》"右扶风杜阳"下颜师古注："'自土沮漆'，《齐诗》'自土'作'自杜'。"顾颉刚据此指出："既知土当作杜，杜为地名，即知沮为徂误，徂为动词，和《绵篇》的'自西徂东'，《天汉》的'自郊徂宫'诸句一例，就是说周人是从杜迁到漆的。①因杜、漆二水都是渭水支流，故认定周人的迁徙都是在陕西境内。同意此说的有陈全方先生，他是从考古的角度提出的："从遗址的分布，可见当时周人迁居周原的路线是由邠县、栒邑、长武出发，越过永寿、乾县的梁山，过杜水河，沿今日的漆水南下，东拐至大北河再南下，西折沿漳河西上，定居于今扶风县北，岐山县东北三十公里的黄堆、法门、京当等公社的广大地区。以此作为据点，逐渐消灭周围土著部落，其势力向西发展到宝鸡、凤翔，东到武功（今漆河沿岸地区），南临渭河，这就是当时周人

---

① 顾颉刚：《周人之崛起及其克商》，《文史杂志》1卷3期，1941年5月。

所指的周原及其范围。"① 支持此说的还有其他一些学者，不一一列举。

第二种意见认为，周人起源于山西南部，即今日的稷山地区。这一看法，首先是由钱穆先生提出的。1931年钱穆在《周初地理考》中说："以今考之，周人盖起于冀州，在大河之东。后稷之封邰，公刘之居豳，皆今之晋地，及太王避狄居岐山，始渡河而西，然而亦在秦之东境渭洛下流。自朝邑西至于富平，及于王季、文王廓疆土而南下，则达毕程申镐乃至于各洛而止。"②陈梦家在《殷虚卜辞综述》中，对钱穆的观点稍加整理、补充："豳、邠古今字，皆得名于汾。《汾水注》：'汾水又西与古水合，水出临汾县故城黄阜下'。《太平寰宇记》：'九京一名九原……有水名古水，出而原西。'《汉书·地理志》：'汾阴、介山在南'。汾阴在今荣河万泉县境。据《汾水注》'介山即汾山也'。又说稷山'西去介山十五里，山上有稷祠，山下有稷亭'。汾山就是《说文》的豳山，乃古公去岐山以前的豳邑，古公得名于古水。周之得名，亦在此附近。《涑水注》'西过周阳县南'，注云'《竹书纪年》晋献公二十五年正月翟人伐晋，周有白兔舞于市，即是邑也'。《史记·孝文纪》正义引《括地志》云：'周阳故城在绛州闻喜县东三十九里'，在今县东六十里，董绛在其西。又据《水道提纲》说'汾口西岸即韩城之周原堡也'，……"陈氏对钱穆的观点进行综合与修正，但未作肯定，只是说："此说是否正确，还待证明。"③

真正对第二种意见进行过研究的是邹衡先生，他根据钱穆的观点，结合山西文管会于1956年在山西太原北郊光社村试掘的陶器，提出先周文化中的一部分因素来自光社文化，并认为在商周铜器铭文中之"宀"与"豕"、"奄"等之文字族徽，代表了光社文化族属的标志。④他又从陶器入手，提出了一个全新的看法："先周文化第一期究竟又是从哪里来的呢？我们只要分析一下先周文化的陶器特征，就不难作出解

---

① 陈全方：《早周都城岐邑初探》，《文物》1979年10期，第45页。
② 钱穆：《周初地理考》，《燕京学报》第10期，1931年12月。
③ 陈梦家：《殷虚卜辞综述》，科学出版社1956年版，第292页。
④ 邹衡：《夏商周考古论文集》，文物出版社1980年版，第336—343页。

答:"先周文化陶器最突出的特征,就是同时存在两种不同类型的陶鬲,经过我们的分析,这两种陶鬲是有不同的来源的。联裆鬲来自东方的山西地区,而分裆鬲反而来自西方的甘肃地区。"① 按照邹先生的研究,联裆鬲是周人先祖固有的器型。他在向西发展的过程中,又吸收并融合了外来的器型——分裆鬲。故周人起源于山西不存疑问。

第三种意见认为,周人的兴起应在伊洛水流域,这一观点是近年杨东晨先生提出的。《史记·周本纪》云:"周后稷,名弃。其母有邰氏女,曰姜嫄。姜嫄为帝喾元妃。"杨先生认为,姜嫄部族有邰氏系炎帝神农氏后裔;而帝喾是黄帝部落后裔,姬姓,并且"都亳,今河南偃师是。"帝喾为部落联盟最高首领时,建邑城于伊、洛河流域的亳(今河南省偃师市城关镇商城遗址处)。这里与渭水流域、汾水流域一样,自然条件优越,经济开发较早,文化比较进步。因此,他提出:"在父系氏族社会内,两个部族通婚,往往是女方要出嫁到男方的家族中去。因此,有邰氏的女子必然从渭水流域出嫁到伊洛水流域,即帝喾的亳都。他们联姻后所派生出的弃氏族之初居地也必然是在伊洛水流域,而不会在晋南的汾水流域或秦的关中渭水流域。"②

以上三种意见中,究竟哪一种意见符合历史的真实,不得不做出认真的分析。

二 晋南稷山地区是周人的起源地

对于周人起源的三种意见,现逐一分析如下:

先说第一种意见。从现有的文献记载看,确有不少的根据:周人的迁徙之地,都能从关中及周边地方找出来,与之相对应,这是没有疑问的。也正是这一点,不少学者便认为,周人应来自陕甘,是由西向东迁徙的氏族。但研究考古的邹衡先生则认为,"现在发现的先周文化

---

① 邹衡:《论先周文化》,载《夏商周考古论文集》,文物出版社1980年版,第335—336页。

② 杨东晨:《周公旦与西周礼治文明》,陕西人民出版社,2010年12月,第4、5页。

（按：指陕西），……最早不过廪辛、康丁时代，那末，更早的先周文化又是从何而来？在泾渭地区，先周文化以前又是为何种文化所占据？"① 这些都是非常严肃的实际问题，无法做出回答。关于周人的发祥地，此种意见认为在陕西武功县境。如《史记·周本纪》正义引《括地志》说："故斄城一名武功城，在雍州武功县西南二十二里，古邰国，后稷所封也。有后稷及姜嫄祠。"1976 年 11 月，邹衡先生曾到"古邰国遗址"作过调查，"看到该处确有姜嫄庙。并堆积比较丰富的仰韶文化和陕西龙山文化，偶而也拾到西周晚期陶片，但未发现先周文化遗物。可以肯定地说，这个传说完全出于后人的附会。②

针对这一状况，胡谦盈先生提出了一种新看法：姬周文化源自寺洼文化。他说："目前已知寺洼文化的分布范围如下：东起自泾水上游支流马莲河的一股旁溪合水川，陕甘两省接壤地带的子午岭西侧；西达甘肃省兰州市南边的洮河流域；北约位于甘、宁两省的接壤地带；向南则深入陕西省的旬邑县、长武县、千阳县和宝鸡市的渭河南岸，以及甘肃省东南部的白龙江流域及其支流被峪河和岷江等地。"胡先生经过分析后指出："（一）姬周文化存在众多的寺洼文化因素；（二）寺洼文化早于先周文注，但两者的年代基本接近并互相衔接；（三）泾水和汧两河流域是先周文化和寺洼文化的重叠地区，而泾水上游及其支流地区又是古文明记载周人早期之间的某种新文化，因此我们认为周文化是在寺洼文化基础上发展起来并可能是从寺洼文化中分化出来的一种新的类型。"③ 言外之意，先周文化源自寺洼文化，在陕甘地区，没有发现早期的先周文化，也就不足为怪了。

然而有学者指出："胡谦盈先生将寺洼文化的族属认同于戎狄族，然而，姬周族与戎狄族显然属于不同的文化，姬周族窜于戎狄之后，虽受到戎狄文化的影响，但并没有融合于其中。事实上，姬周族是经常遭

---

① 邹衡：《论先周文化》，载《夏商周考古论文集》，文物出版社 1980 年版，第 333 页。
② 邹衡：《论先周文化》，载《夏商周考古论文集》，文物出版社 1980 年版，第 342 页。
③ 胡谦盈：《姬周族及其文化探源》，载《亚州文明》，四川人民出版社 1986 年版；又见：《周文化考古研究选集》，四川大学出版社 2000 年版。

'戎狄攻之'。……这说明姬周族是不可能来源于属于戎狄文化的寺洼文化的。"① 从考古的实际情况看，姬周文化也不可能来自寺洼文化。李峰先生指出："寺洼文化占比列最大的器类是马鞍形口双耳罐，这种罐根本不见于先周文化；寺洼居址中常见一种罐腹鼎，亦不见于先周文化。相反，先周居址的主要器类盆、尊、瓮等也不见于寺洼居址。总之，两者的区别是一目了然的。"② 需要提到的是，近日我见到胡先生，和他聊起此事，他的观点已有变动。他说：先周文化中有寺洼文化因素，但寺洼文化并非先周文化源头。我说：我支持你这一改动，"与时俱进"是好事。

根据以上论述可以明白：既然在陕甘地区没有发现早期的先周文化，而先周文化与当地的寺洼文化没有族源关系，也不是从它发展而来，那先周文化的源头就应当到别的地方去寻找。

再说第三种意见，完全是杨东晨先生的一种"推断"，虽然具有某种"合理"性，但没有"文献"依据，也无考古上的"证据"。故这种意见，目前难以考虑。

现在回到第二种意见，即周人起源于晋南稷山地区。这是目前唯一可考虑的一种意见。这里存在着许多周人起源的传说和遗迹，今引述如下：

首先，这里有"姜嫄庙"，位于稷山薛村，在村北汾河南岸。据《水经注》记载，这里曾是姜嫄三次抛弃后稷的地方，现尚存遗址。这里流传着关于姜嫄生稷的传说。《稷山县志》记载："后稷名弃，帝喾妃姜嫄子。姜嫄出祀郊媒见巨人迹而履，其母遂身动如孕，如期而生子，以为不弃之多异征，遂收养之，因名曰弃。"又记载：当时认为后稷是不详的，而且有一些奇怪的征兆，就丢弃了后稷，后来被别人收养，名为弃。说明"后稷"的出生，带有神话故事的色彩。《稷山县志》中，还提到了后稷的农业事功：他从小就开始种植农作物，尤其擅

---

① 胡谦盈：《姬周族及其文化探源》，载《亚州文明》，四川人民出版社1986年版；又见：《周文化考古研究选集》，四川大学出版社2000年版。

② 李峰：《先周文化内涵及其渊源探讨》，《考古学报》1991年第3期。

长农耕与嫁接，在粪土上种植，产量高，人们都向他学习，尧推举他为农师；舜用后稷的功德来规劝民众，使百姓免受饥饿。后稷播百谷，辅佐大禹治水有功，受封。《县志》还提到对"后稷"的祭祀：从商以来就开始祭祀，到了周武王时代，在县城南面五十里的稷神山，在山顶上建有后稷陵、后稷庙。到了明初，在四月十七日派官员来祭祀后稷，命后稷为"有司"。可见，历朝历代都没有忘记这位"农神"。

"后稷庙"又称"稷王庙"。初建于元至正五年（1345年），庙址在离今县城五十里之外的稷王山上；由于民众上山朝拜，路途遥远，十分不便，后来移至稷山县修缮村西北，俗称"下庙"；后来又迁至县城的后稷街。这就是人们今天看到的"稷王庙"。1996年，山西省人民正府正式公布稷王庙为山西省重点文物保护单位；2006年，国务院公布稷王庙为第六批全国重点文物保护单位。稷王庙是一处专祀谷神后稷的庙宇。庙坐北朝南，二进院落布局，占地面积10080平方米，南北长112米，东西宽99米。平面布局自前向后有山门、献殿、后稷楼、泮池、八卦亭、姜嫄殿等。两侧配有钟楼、鼓楼。如此规模的"稷王庙"（后稷庙），在古代中国，也算是数得着了。

这里需要补充的是，晋南"稷王庙"不只一处，而是很多处。据目前所知：稷山县太阳乡西王村稷王庙位于村中；万荣县南张乡太赵村稷王庙位于村中北部；新绛县阳王镇阳王村稷益庙位于村中；新绛县阳王镇苏阳村稷王庙位于村中，等等。晋南地区，存在如此多的"稷王庙"，说明这里的百姓对"后稷"的崇拜与祭祀，广泛而又深远，决非偶然。这里应是后稷的诞生之地，亦即周人的起源之地。

后稷诞生于此，还可以从地缘上提供证据。姜嫄姓"姜"，乃炎帝部落之女；帝喾黄帝之后，"姬"姓。传说中的后稷是"姜嫄"与"帝喾"所生。说明炎帝部落与黄帝部落彼此比较靠近。根据笔者的研究，在新石器时代（仰韶文化）时期，炎帝部落的考古文化是半坡类型，[1]黄帝部落的考古文化是庙底沟类型。[2] 而现有的考古发现，恰恰提供了

---

[1] 曹定云：《炎帝部落早期图腾初探》，《宝鸡文理学院学报》2007年第1期

[2] 曹定云：《黄帝部落有熊氏与迁安"天鼋"图像》，待刊。

这两种文化相接触的证据：在仰韶前期，山西南部地区延续了枣园文化一期遗存的风格和特点，具备了庙底沟文化早期的基本要素，与陕西关中地区的半坡文化东西对峙。实际只有一河之隔，因此，帝喾氏族与姜姓有邰氏族通婚，生下"后稷"，自在情理之中，与地缘相合，与考古文化相合，应成定论。

三 稷山地区新石器时代农业文明

稷山是周人的发祥之地，后稷是专管农业的"职官"。在新石器时代（仰韶文化）早期，稷山地区已进入农耕社会，这是中国历史一次飞跃：由过去的采集、狩猎生活（向自然索取），变为种植（改造自然），然后从自然取得回报。这是人类生活方式的一次伟大革命。后稷是这一革命的倡导者和实践者，其所以被尊为"农神"，原因也在于此。

1954年3月，山西省文管会曾对稷山地区新石器时代遗址作过调查："稷山城西十里马村东南名叫'院子地'的地方，面积约占二百余亩。另一处距城东北十里的西社村西部，面积约占一百余亩。两处崖堰边上的灰坑都很明显，拾到打制石斧两个，石刀一个，加工石杵一个，篮纹、绳纹陶片和鬲足。西社村的彩陶分两种：一种是红陶上面绘黑花的；一种是盖上白色后再绘黑花的。"[①]从所采集到的文物标本看，属于新石器时代仰韶文化早期。

稷山县原稷王庙文管所所长，稷山县文物普查队工作人员刘彦俊介绍：普查队曾在稷峰镇吉家庄村北200米处，发现一处仰韶文化遗址。该遗址东西两侧各临一条季节性河沟，分布面积为45434平方米。文化层采集有仰韶文化庙底沟类型泥质红陶、灰陶、夹沙红褐陶的罐、尖底瓶、钵、盆等残片，纹饰有绳纹、蓝纹、附加堆纹、乳钉纹等。[②]

---

① 酒冠五、张来福、王寄生：《山西稷山、永济、芮城发现彩陶？遗址》，《文物参考资料》1954年第6期，第115页。

② 马涛：《山西稷山县新发现仰韶文化遗址等4处古迹》，新华网，2008年12月29日。

2009年11月，山西运城考古工作人员在稷山县太阳乡下王尹村进行发掘。该处遗址为新石器时代庙底沟类型二期文化，已发掘出白灰面房址，陶窑、灶坑、灰坑等50多处遗迹以及石器、陶器、骨器等百余件文物。① 为晋南地区新石器时代农业文明，增添了新资料

稷山地区庙底沟类型仰韶文化，是晋南地区仰韶文化的一部分。在仰韶文化中期，起源于晋南地区的庙底沟中晚期文化，占据了山西大部分地区。该文化在向周边扩展的过程中，将它的"文化基因"（一些有特征性器物），传遍了整个黄河流域。庙底沟类型仰韶文化是农业文明，从生产工具到生活用具，都与农业有密不可分得关系。周人始祖后稷，处于晋南稷山地区，是晋南庙底沟类型仰韶文化的一部分，而且处于"领先"地位，因而被封为"稷"（管五谷之官），后又称"后稷"。"稷"与"后稷"并非具体的"人名"，而是一种"职官"名。不然，我们就很难理解：关于"后稷"的记载会那么多，时间会拉得那么长。它不是"一个人"，而是"多少代人"。究竟有多少代？今天很难考究。正因为"稷"是官名，掌管着谷物的生产，是国家和民众的生存之本，故"江山社稷"之"稷"就由此而来。周人始祖"后稷"是"稷"发起者和管理者，也是华夏后人的崇拜者。他在中国历史上的地位不就十分清楚了吗？

四 周人的迁徙及其方向、路线

周人的迁徙，可以分为三个大的阶段：

第一阶段向北。周人是夏人的一部分：不仅地域相合；而且血缘同祖同根，都是黄帝部落有熊氏后裔。关于夏人"图腾"，我曾有过专门论述，指出"熊"为"能"之误，"能"就是"鳖"。这从河南登封嵩山"太室阙"（汉代）上，刻绘有完整的"鲧"之形象得到充分证明，鲧的形象就是一只"鳖"。② 而周人自述，其先祖出自"天鼋"，"天

---

① 胡增春：《稷山发现一处新石器时代遗址》，山西新闻网，2009年11月12日。
② 曹定云：《黄帝部落有熊氏与迁安"天鼋"图像》，待刊。

鼋"也是"鳖"。所以，夏人与周人同根同源——同属于黄帝部落有熊氏。山西晋南正是夏人统治的中心地区，在夏代后期，或者"夏"亡之后，夏人为商人所迫，大部分开始向外迁徙。他们最初考虑的方向就是向北：因为东边是商人的势力范围，肯定过不去；南面是大川黄河；西面也是大川黄河。只有北面有广阔的活动余地。不断地北进，这是当时晋南夏人迁徙时的唯一想法。开始，周人是随夏人北迁的，在这部分"迁徙大军"中，自然有他们的身影。这部分"夏人"（含周人）向北迁徙，今日考古学上，可以得到证实：

第一、河北迁安地区自古就流传着黄帝部落的传说，而在新石器时代出土的遗物中，有一种名叫"砍砸器"的石器，实际就是"天鼋"图象。① 这是黄帝部落有熊氏到达燕山地区有力证据。

第二、邹衡先生对先周文化作过分析，指出"先周文化陶器最突出的特征，就是同时存在的两种不同类型的陶鬲，经过我们的分析，这两种陶鬲是有不同的来源的。联裆鬲来自东方的山西地区，而分裆鬲反而来自西方的甘肃地区，""光社文化的中期陶器中，就有联裆鬲的发现。……即先周文化的联裆鬲是从光社文化来的，而绝对不可能相反。"② 光社文化的分布范围：东至太行山，西至山西中部，陕西东部与北部，北及于河套地区，南达吕梁山的河光一带。先周文化同光社文化有接触，说明周人曾经迁徙到这些地方，完全合于情理。

第二阶段向西。周人开始是随夏人迁徙的，可能在不窋的父亲逝世后，姬周族与夏人逐渐分开，走上了向西边的迁徙之路。所以说，"不窋以失其官"。"以失其官"就是不在担任"稷"官了。这是姬周与夏人分流的文字证据。

周人在不窋的带领下，进入陕西的北部、中部，甘肃的东部，所谓"自窜于戎狄之间"。在这一阶段，周人失去了农耕生活，而开始游牧。一直到古公亶父，迁居到歧山之下的周原，从而"乃贬戎狄之俗"，

---

① 曹定云：《黄帝部落有熊氏与迁安"天鼋"图像》，待刊。
② 邹衡：《论先周文化》，载《夏商周考古论文集》，文物出版社1980年版，第335—336页。

"复修后稷之业",重新振兴农事。这一阶段经历的事情比较多,今略举如下:

不窋故城在哪里?《周本纪》正义引《括地志》:"不窋故城在庆州弘化县南三里,即不窋在戎狄所居之城也。"唐代的庆州即汉时北地郡,清代的甘肃庆阳府。甘肃东部灵台、庆阳一带有一条河叫"黑水河"。《禹贡》:"黑水西河唯雍州"。《山海经·大荒经》:"黑水青山之间有广都之野,后稷葬焉。"前面已经指出,"后稷"并非具体人名,而是"职官"之名,也可以看作姬周族的首领之名。"后稷葬焉",说明姬周族的首领葬于此地。这是周人到达甘肃东部的重要证据。

公刘国于豳,是这一阶段的重要的历史事件。《史记·周本纪》:"不窋卒,子鞠立。鞠卒,子公刘立。公刘卒,子庆节立,国于豳。"可是,在《诗经·大雅·公刘》中,却两次提到是公刘国于豳:"笃公刘,既溥既长,既景迺冈……度其夕阳,豳居允荒。"又见"笃公刘,于豳斯馆。涉渭为乱,取厉取锻。"周人文献所记,应当出有所本,可信。

第三阶段,向东向南,进入周原。周人原本就有较发达的农业技术,如今"自窜于戎狄之间",并无多大发展,而且还经常为戎狄所迫,居无定处。到古公亶父时,作出了一个重大决定:迁岐。《史记·周本纪》载:"古公亶父复修后稷、公刘之业,积德行义,国人皆戴之。熏育戎狄攻之,……乃与私属遂去豳,度漆、沮,逾梁山,止于岐下。豳国人举国扶老携弱,尽归古公于岐下。"迁岐,是不得已之举。《孟子·梁惠王下》:"昔者大王居邠,狄人侵之,去之岐山之下居焉:非择而取之,不得已也。"古公迁岐的路线大致如下:

豳——土——沮——漆——梁山——岐下

"土",《齐诗》和《汉书·地理志》均作"杜"。杜,水名,流经今天泾河南部的麟游县。《汉书·地理志》载:"杜水南入渭,《诗》曰自杜。"沿杜河还有杜阳山,"漆"与"沮"也是水名,在杜水西南,离岐邑都不远。而梁山,在泾水上游与岐山之间,是一片海拔一千公尺的高地,横亘在泾水河谷与渭水河谷之间。至于岐邑位置,《汉书·地理志》"右扶风美阳"条载:"《禹贡》岐山在其西北,中水乡,周太王所邑"。《水经注·渭水》："城在岐山之阳而近西"。根据考古发现，当时的都成（岐邑）在今天陕西岐山东北六十里，东到下樊、召陈二村，西到董家、凤雏村，这是先周宫室的分布区域；而在凤雏村东南的云塘村，南到齐镇、齐家村，发现了先周时期的制骨、冶铜、制陶的作坊以及平民的住居遗址。这里应是先周的"歧邑"无疑了。

"歧邑"是周人的兴隆之地，以后日益强大起来，王季伐西落鬼戎，文王迁丰，武王迁镐，最后武王伐纣成功，一统华夏，实际都是以"歧邑"作为"大后方"与"根据地"。同时，"歧邑"又是周人的宗庙所在地。如今在那里发现了大量的西周甲骨文，不就是最好的证明吗？

五　周人重返祖籍地

古人云：多难兴邦。周人起源于晋南稷山地区，是黄帝有熊氏后裔中的一支，人数亦不多。原本是夏朝臣民。夏朝后期或夏亡之后，开始向北迁徙，并与夏民分离，转而向西，进入陕甘地区，与戎、狄相混。在此期间，他们没有与戎、狄对抗，而是尽可能的吸收他们的长处（例如分档鬲），同时，又保留自己的文化特性。正因为如此，他们常遭戎狄的逼攻，居无定所，不断地迁徙。正是在这种情况下，古公亶父做出了最重要的决定——迁歧。周人从此以"歧邑"为根据地，励精图治，经过古公亶父、季历、文王三代，终于强大起来，"天下三分有其二"，为周武王灭商奠定了坚实基础。

周武王灭商之后，周王朝在晋南分封了众多的姬性诸侯，如唐（后改称为晋）、虞（北虞）、魏、霍、郇（荀）等，这些诸侯国君，大多是周文王的子辈、周武王的兄弟：晋乃武王之弟唐叔虞；霍是武王六弟，后来参入"武庚叛乱"，削职为民；郇国乃周文王少子。他们分封到晋南，是重返祖地，不正是"光宗耀祖"，很是"风光"吗！

（作者单位：北京师范大学历史学院特聘教授、
中国社会科学院考古研究所研究员）

周族起源山西考

田建文

周族起源于山西,是从钱穆1931年发表《西周地理考》开始的[1],他认为"后稷之封邰,公刘之处豳,皆在晋地"。以后的陈梦家[2]、邹衡[3]、王玉哲[4]等先生,从甲骨卜辞、考古学文化、文献记载等方面研究出周族或周文化起源于山西。还有另一说,周族起源于陕西就更早了。晋皇甫谧《帝王世纪》:"周后稷始封邰,今扶风是也。"齐思和先生在《西周地理考》中也说:"周民族之为渭水民族,自来无异说。"[5]只是最近三十多年来陕西岐山、扶风两县接壤处的周原地区,考古工作从没停止过[6],新发现也不断涌现,导致周族或周文化起源于陕西的说法,在学术界占据了主要位置,而山西说已经引不起人们的重视了。诚然,周原是古公亶父建立的新都邑,在那里发现有宫殿、宗庙、房屋等。后来周文王、武王虽然迁都丰、镐(在今西安),周原一带仍是一处重要的政治中心。

但寻找离周原时期已经相距一千余年的周族起源地,单靠以"考古发现中可供人们观察到的属于同一时代、分布于共同地区、并且具有共

---

[1] 钱穆:《西周地理考》,《燕京学报》1931年第10期。
[2] 陈梦家:《殷虚卜辞综述》,中华书局1988年版。
[3] 邹衡:《论先周文化》,《夏商周考古学论文集》,文物出版社1980年版。
[4] 王玉哲:《先周族最早来源于山西》,《中华文史论丛》第23辑,上海古籍出版社1982年版。
[5] 齐思和:《西周地理考》,《燕京学报》1946年第30期。
[6] 陈全方、陈敏:《周原》,文物出版社2007年版。

同的特征的一群遗存"的考古学文化①，是不是可以解决问题？1992年张忠培先生指出，应当充分估量考古学的局限性。②考古学不是万金油，也不是万能钥匙，依靠考古学不是任何问题都可以解决了的。顺着这条思路我认识到，一两千年过去后，某一民族使用的考古学文化有被别的文化同化和自己在进化过程中异化的现象，依据一两千年后的遗存，找这个民族的原始状态，是一件相当困难的事。如同我们不能将四条腿的青蛙作为青蛙的唯一特征去寻找其本来形态一样，那样的话就不可能找到蝌蚪；也如同蚕的一生要经历幼虫、蛹、成虫和卵四个不同的发展阶段，我们不能拿其他三个阶段的主要特征去寻找另一种形态一样，那样的话就有可能一无所得。比起二者来说，考古学文化是难以把握的，再加上要考证古代民族就更加错综复杂了。就是说，考古学文化通过文化谱系研究可以找到渊源，但具体到一个古代民族，就难办了。若干个民族使用同一个考古学文化，和同一个民族使用不同考古学文化，都有可能。在这方面，考古学界应当承认民族学和历史学的优势。是故，我们不能将目光局限于周原，也不能将解决问题的方法锁定在考古学上。

举一个例子，我们熟知的一统天下的秦国，开始一直在甘肃活动，近年来在礼县大堡子山发现了秦公陵园③。但秦国在西周晚期还不被别的国家看在眼里，春秋兴起后秦霸西戎，迁都居雍（今陕西凤翔）、咸阳，翦灭六国，建立了我国历史上第一个封建帝国。关于其起源地，早就有今甘肃的"西来说"④，和今我国东部沿海地区的"东来说"两种说法⑤。历史学依据历史资料和历史学的分析方法，民族学依据民族志书和民族学的解析手段，考古学依据考古发现和考古学的释读优势，没有统一的意见，也就不可能形成统一的意见，只好"仁者见仁，智者见智"了。假如我们相信汉代司马迁《史记·秦本纪》"秦之先，帝颛顼

---

① 夏鼐主编：《中国大百科全书·考古卷》，中国大百科全书出版社1986年版。
② 张忠培：《浅谈考古学的局限性》，《故宫博物院院刊》1999年第2期。
③ 礼县博物馆等：《秦西垂陵区》，文物出版社2004年版。
④ 叶小燕：《秦墓初探》，《考古》1982年第1期。
⑤ 蒙文通：《周秦少数民族研究》，龙门联合出版社1958年版。

之苗裔孙曰女修。女修织，玄鸟陨卵，女修吞之，生子大业。大业取少典之子，曰女华。女华生大费，与禹平水土。"那吃燕子蛋怀孕生子，就是民族学中的以燕子或鸟为图腾了。还有赵，《史记·赵世家》"赵氏之先，与秦共祖"；还有商，《史记·殷本纪》："殷契，母曰简狄，有娀氏之女，为帝喾次妃。三人行浴，见玄鸟堕其卵，简狄取吞之，因孕生契。契长而佐禹治水有功。帝舜乃命契曰：'百姓不亲，五品不训，汝为司徒而敬敷五教，五教在宽。'封于商，赐姓子氏。契兴于唐、虞、大禹之际，功业著于百姓，百姓以平。"《诗经·商颂·玄鸟》也有："天命玄鸟，降而生商。"联系到《左传·昭公十七年》的记载，就能解决以燕子或鸟为图腾的问题。春秋时活动于今山东省郯县的郯子谈到他祖先少昊氏时说："我高祖少昊挚之立也，凤鸟适至，故纪于鸟，为鸟师而鸟名。凤鸟氏，历正也。玄鸟氏，司分者也。"以鸟类名氏的二十四个社会分工，而且有玄鸟氏，可见商、秦以及赵的起源地，应当在东方。以为图腾的，还有我国东方和东北方的淮夷、扶余、高句丽等古代部落。而吃蛋怀孕的事，素来被认为是母系氏族的残余，即使传说那也是周人最早的事情了。

有了上述认识基础，我们再来看周族的起源地。就能意识到原来认识不清，一是起源和兴起是两个既相互联系又有些不同的概念，而我们在研究过程中给混淆了；二是没有把考古学文化和民族起源地两个概念区别开。文化是一个民族使用的物质和在使用物质文化过程中形成的精神文化之总和，起源地是使用文化的民族特有的空间地域。起源以后它才发展壮大，并形成自己的特色。古代民族迁徙的现象很多，这个民族使用的考古学文化也随着迁徙地点的变化而变化。具体到周，简单说就是周族从山西稷王山兴起后，在商代迁到了陕西。因为山西早，所以考古学文化不容易辨认出来。

《史记·周本纪》："周后稷，名弃。其母有邰氏女，曰姜原。姜原为帝喾元妃。姜原出野，见巨人迹，心忻然说，欲践之，践之而身动如孕者。居期而生子，以为不祥，弃之隘巷，马牛过者皆辟不践；徙置之林中，适会山林多人，迁之；而弃渠中冰上，飞鸟以其翼覆荐之。姜原以为神，遂收养长之。初欲弃之，因名曰弃。"据记载，从后稷以后到周王朝建立，先公先王（周人领导）经过了后稷、子不窋、子鞠立、子公刘、子庆节、子皇仆、子差弗、子毁隃、子公非、子高圉、子亚圉、子公叔祖类、子古公亶父、季历、文王昌共15世，《国语》"周语"也有"后稷勤周，十五世而兴"之说。而夏代十四世、商代十七世，加上尧舜禹时期应该有一千多年了，仅仅是十五世还不及夏商时期之和的一半，说明周人对自己的祖先即先公先王并不太清楚，肯定有漏掉的。但周人在建立周王朝前，有五位先公先王身上发生的五件大事还是比较清楚的。

1. 后稷，"周后稷，名弃。其母有邰氏女，曰姜原。姜原为帝喾元妃……弃为儿时，屹如巨人之志。其游戏，好种树麻、菽，麻、菽美。及为成人，遂好耕农，相地之宜，宜谷者稼穑焉，民皆法则之。帝尧闻之，举弃为农师，天下得其利，有功。帝舜曰：'弃，黎民始饥，尔后稷播时百谷。'封弃于邰，号曰后稷，别姓姬氏。后稷之兴，在陶唐、虞、夏之际，皆有令德"。

2. 不窋，"不窋末年，夏后氏政衰，去稷不务，不窋以失其官而奔戎狄之间"。关于"夏后氏政衰"，我的理解是夏桀时期，因为"桀不务德而武伤百姓，百姓弗堪"（《史记·夏本纪》）。

3. 公刘，"公刘虽在戎狄之间，复修后稷之业，务耕种，行地宜，自漆、沮度渭，取材用，行者有资，居者有畜积，民赖其庆。百姓怀之，多徙而保归焉。周道之兴自此始，故诗人歌乐思其德"。

4. 庆节，"国于豳"。

5. 古公亶父，"古公亶父复修后稷、公刘之业，积德行义，国人皆戴之……乃与私属遂去豳，度漆、沮，逾梁山，止于岐下。豳人举国扶老携弱，尽复归古公于岐下。及他旁国闻古公仁，亦多归之。于是古公乃贬戎狄之俗，而营筑城郭室屋，而邑别居之"。

其中最重要的一个转折是由于"夏后氏政衰"，从不窋开始流窜于戎狄之间。但公刘时期周人的生产方式还是以农业为主。从漆水、沮水和渭水看，分明是在陕西，结合古公亶父迁徙周人来到的"周原"，所以公刘以后的周人肯定全部到了陕西了。但山西有个"稷王山"，绝不是空穴来风。公刘以前的周族，即从后稷到不窋，时间段上是从尧舜禹时期到夏朝末年大约五百年左右的时间，不窋决不可能是后稷的儿子。假如《史记》所记不窋真的是夏末时人的话，漏掉的先公先王就多处在这一时期。如果是这样，从不窋的儿子鞠到文王昌共 13 世，和商代 17 世就差不了多少年了。但依据我以下的分析，还有漏掉的先公先王。

知道了周族在夏代的历史并不清楚，再看《史记》的记载周先祖后稷名弃的出生、成长过程，也就是周人起源的过程，充满神话色彩，类似于商、秦和赵族的起源，依靠考古学文化实在难以考证。不过，只要我们看一看山西、陕西在古代谁有"稷"的地名，就清楚了。

最早见于文献的是《左传·宣公十五年》"晋侯治兵于稷"。西晋杜预注："稷，晋地，河东闻喜县西有稷山。"南朝范晔（398—445）《后汉书·郡国一》闻喜县下"有稷山亭"。北魏郦道元（470—527）《水经注》："汾水又经稷山北。在水南四十许里。山东西二十里，南北三十里，西去介山十五里，山上有稷祠，山下有稷亭。"林林总总，今天的稷王山（也称作"稷山"）一带曾经是周族祖先后稷出生和成长的地方，这不是明摆着吗？所以，舜帝封弃于"邰"这个地方，就要在稷王山一带去寻找。

稷王山海拔 1279 米，是界于临猗、万荣、新绛、稷山之间的峨嵋岭的最高峰。而"后稷之兴，在陶唐、虞、夏之际"的"陶唐"，随着 21 世纪以来陶寺遗址"龙山文化"时期古城和观象台的发现①，这一遗存为陶唐氏所有，成为可能。②中国社会科学院考古研究所山西工作队 1960 年前后在晋南地区做过调查工作，1989 年发表了《晋南考古调查报告》③，被称为"中原龙山文化"中的"陶寺类型遗存共发现 75 处，分布于临汾、襄汾、侯马、曲沃、翼城、绛县、新绛、稷山、河津诸县

---

① 中国社会科学院考古研究所山西工作队等：《山西襄汾县陶寺城址祭祀区大型建筑基址 2003 年发掘简报》，《考古》2004 年第 7 期；《山西襄汾陶寺城址 2002 年发掘报告》，《考古学报》2005 年第 3 期。

② 王文清：《陶寺遗存可能是陶唐氏文化遗存》，《华夏文明（Ⅰ）》，北京大学出版社 1987 年版；罗新、田建文：《陶寺文化再研究》，《中原文物》1991 年第 2 期。

③ 中国社会科学院考古研究所山西工作队：《晋南考古调查报告》，《考古学集刊》（6），中国社会科学出版社 1989 年版。

（市）"，具体到稷王山北麓的新绛、稷山未发表标本线图，在"临汾盆地遗址登记表"中有，稷山底史、三柴、吉家庄、西社和新绛西柳泉，往西河津庄头村还有发现，看来这类遗存一直到了黄河东岸。尧帝既然"举弃为农师"，起码可以确证后稷所率领的周族是个农业民族。而稷王山北麓有陶唐氏（唐尧）为主的陶寺遗存分布，将其视为传说中的后稷出生和成长的地方是顺理成章的事情。

在稷王山北麓还有稷山西社和河津庄头村东下冯夏代遗址发现，周族和夏的关系难以说清。但到了不窋末年至公刘这段时间，因为"夏后氏政衰，去稷不务，不窋以失其官而奔戎狄之间"，就是夏王朝已经衰败了，没有办法从事农业生产了，不窋因而丢掉了"农师"的官职，带领周人流窜于戎狄之间。而戎狄被认为是游牧或畜牧民族。

是故，"去稷不务"和"奔戎狄之间"这是一件大事，是两种不同的生产方式之间的碰撞，在考古学上当有所反映。检视考古发现，就跟临汾和运城两大盆地所在的晋南地区，没有商代晚期也就是商王朝迁都到河南安阳殷墟直至被周灭掉这一时期的遗址挂上了钩。多年来一直做晋南地区考古工作的中国社会科学院考古研究所山西工作队，在《晋南考古调查报告》中指出，调查范围内可确定的商代遗址二十多处，绝大多数是早商时期的。在调查范围以北的洪洞永凝堡曾经发现过相当于商代晚期的陶鬲，但在临汾以南，只有三处相当于商代晚期的遗址。因为他们早在1959年调查时，已经察觉到这个问题，因此不可能属于工作的疏漏，而是在这一地区一个"特定的历史现象"。那三处遗址是现在的运城市盐湖区长江府、临猗黄仪南村、临汾市尧都区大苏村。多年过去了，除了靠近太岳山的尧都区庞杜和浮山桥北[①]、靠近吕梁山的襄汾南小张[②]、靠近黄河的垣曲古城东关外[③]，晋南腹地依然没有发现商代晚期的遗址。

[①] 桥北考古队：《浮山桥北商周墓》，北京大学中国考古研究中心《古代文明》第5卷，文物出版社2006年版。

[②] 山西省考古研究所1994年调查资料。

[③] 中国历史博物馆等：《垣曲古城东关》，科学出版社2001年版。

关于"特定的历史现象",我的分析是①,商代晚期的晋南适合于农业生产的平川辽阔地区,可能很少有人长期居住。不然,几十年的考古工作竟然没有发现一处值得肯定的遗址,一些靠近山区的地方或低山地带也许有方国勉强在此生存,由于自然环境的限制,不可能只经营农业。

　　晋南的周边地区怎么样? 晋中、晋东南、河南西部、陕西东部都发现了不少遗址和墓葬,表明都有人群长期居住。唯有晋南西北邻的同样是商代晚期的吕梁山一线,有个奇怪的现象,就是墓葬发现很多而没有发现人们长时间居住后形成的遗址。到1988年有29个地点发现墓葬②,遗址仅发现柳林高邨一处③,有陶鬲、盆、罐、尊、三足瓮等出土。以上墓葬中铜器出土不少,也不乏精美者,像石楼桃花庄出土的觥、二郎坡的鸮卣,后蓝家沟的勺、匕,曹家垣的铎形器等,但只在石楼义牒东琵琶垣上见到一件陶盆④。墓葬中还大量出土兽首、铃首为装饰的铜刀、剑及銎首斧、弓形器等工具、武器和金耳环,石楼后蓝家沟还出有铜盔、弓形饰等,一派游牧气息。应当说明的是,吕梁山一线青铜文化当包含在内蒙古河套地区(包括陕北地区)的"鄂尔多斯青铜文化"中。这是游牧民族所创造的考古学文化,在这一点上考古和历史学界的结论相当一致。所以在晚商时期山西吕梁山一线为游牧部族所占据。当时居住在山区的民族强悍无比,个性鲜明,时常侵扰居于平川地区的农业民族和国家,甲骨卜辞中有商王派人征讨他们的记载。

　　那么,商代晚期山西的晋南和吕梁山一线就分布着农业和畜牧业(游牧业)两支不同生业的考古学文化。这就是周人先祖不窋"去稷不务"和"窜于戎狄之间"的时代背景。考古工作者在吕梁山区的考古

---

① 田建文:《天上掉下晋文化》(上、下),《文物世界》2004年第2、3期。
② 李伯谦:《从灵石旌介商墓的发现看晋陕高原青铜文化的归属》,《北京大学学报》(哲学社会科学版)1988年第2期。
③ 王京燕等:《山西柳林高红商代夯土基址》,《2004中国重要考古发现》,文物出版社2005年版;王京燕、高继平:《山西柳林高红商代夯土基址发掘取得重要收获》,《中国文物报》2007年1月11日。
④ 张万钟:《商时期石楼、保德与"沚方"的关系》,《中国历史博物馆馆刊》1989年总第11期。

成果表明，这里在夏代还是农业部族①，而商王朝迁都殷墟之前的商代早期，考古和文献资料都很缺乏，根据《夏商周断代工程年表》，商前期（商代早期）为公元前1600—前1300年②，上文所说的周人还有漏掉的几位先公先王，极有可能在不窋、鞠立、公刘这三位先公先王中间。

综上所述，山西晋南稷王山一带是周人祖先后稷出生和成长的地方；到了夏末周人先公先王不窋"窜于戎狄之间"，有可能在吕梁山一线，也有可能在河套（包括陕北）地区；至少从公刘以后，周人进入陕西渭水流域直至武王建立了周王朝。所以，我们说周族起源于山西稷王山一带。

为什么我还要提这个问题？因为开头就引钱穆先生的结论，"后稷之封邰，公刘之处豳，皆在晋地"。现在看来"后稷之封邰"，确实在晋地；而"公刘之处豳"，不在晋地，在陕西。用甚晚的文献附会早期的地名和事迹，生拉硬扯，无异于扬己之短，引喻失义，拿靠不住的证据作证只能影响正确的结论。这也是山西说一直得不到重视的原因之一。

（作者单位：山西省考古研究院研究员）

---

① 国家文物局等：《晋中考古》，文物出版社1999年版。
② 夏商周断代工程专家组：《夏商周断代工程1996—2000年阶段成果报告·简本》，世界图书出版公司北京公司2000年版。

考古学视野下后稷文化的几点思考

高江涛

稷山县有关后稷的文献记载、古史传说与文化遗产可以说是遗迹久远广阔，遗物丰富密集，体系完整有序，以往学者也多有论述。然而，从考古学的角度或者把后稷文化置入考古学研究的背景下的相关研究比较少见，"后稷文化"的内涵十分缺乏在考古学上实证。本文在概述历史文献研究的基础上，尝试利用有限的考古资料对于后稷文化相关问题进行讨论，并就如何实证后稷文化以及传承和弘扬后稷文化提出几点建议。

一 后稷文化与尧舜禹时代

《尚书·尧典》言："弃，黎民阻饥，汝后稷，播时百谷"[①]。从内容看，记述的为舜之事迹。《尚书·吕刑》言："乃命三后恤功于民：伯夷降典，折民惟刑；禹平水土，主名山川；稷降播种，农殖嘉谷"[②]，记载恤民"三后"为伯夷、禹和稷。伯夷为尧臣，大禹曾为于舜臣，稷虽未言明为何臣，也应是尧舜禹时代人物。

《诗经·大雅·生民》："厥初生民，时维姜嫄。……履地武敏，歆

---

① 王世舜：《尚书译注》，第17页，四川人民出版社1982年版。十三经注疏的《尚书正义》把此部分认为应是"舜典"，从内容看记述确为舜的事迹。见《尚书正义》第99页，上海古籍出版社2007年版。

② 王世舜：《尚书译注》，四川人民出版社1982年版，第269页。

攸介攸止，载震载夙，载生载育，时维后稷。"郑玄笺言：姜嫄祀郊媒之时，时则有大神之迹，姜嫄履之，……后则生子而养，长名之曰弃，舜臣尧而举之是为后稷。"① 后稷之母姜嫄履大神之迹，有感而孕生后稷。郑玄认为尧举舜臣，为后稷。《史记》有大体相同的记载，只是认为是姜嫄履"巨人"之迹。《史记·周本纪》："姜原出野，见巨人迹，心忻然说，欲践之，践之而身动，如孕者，居期而生子。"②《史记·三代世表》也有此事记述。

更为重要的是，《史记·周本纪》还记载有："周后稷，名弃。其母有邰氏女，曰姜原。姜原为帝喾元妃。"③ 主要指出了两点，一是姜原为有邰氏之女，二是姜原为帝喾之妃。上博简《子羔》篇云："后稷之母，有邰氏之女也，游于玄丘之内，冬见芺，搴而荐之，乃见人武，履以祈祷曰：'帝之武倘使（我有子，必报之）'是后稷也。"④《山海经·大荒西经》中记载后稷为"帝俊"之子，言："帝俊生后稷，稷降以百谷"。帝俊与帝喾是否混同一人，很难断定，这是上古神话流传的必然结果。但言及后稷与百谷之间密切的关系与大多数文献所载相近。《诗经》中更是较为详细的叙述了所谓的"百谷"，"诞降嘉种，维秬维秠，维穈维芑"，秬、秠、穈、芑为四种"嘉种"。又言："诞实匍匐，克岐克嶷，以就口食。蓺之荏菽，荏菽旆旆。禾役穟穟，麻麦幪幪，瓜瓞唪唪。诞后稷之穑，有相之道。茀厥丰草，种之黄茂。实方实苞，实种实褎。实发实秀，实坚实好。实颖实栗，即有邰家室。"不仅种植其他较多种类，而在选种、除草、整饬等种植方法技术上比较讲究和规范。

《国语·周语》："昔我先王世后稷，以服事虞、夏。"⑤《史记·周本纪》则言："后稷之兴，在陶唐、虞、夏之际，皆有令德"⑥。《尚

---

① （清）阮元校勘：《十三经注疏·毛诗正义》卷十七，中华书局1980年版，第528页。
② 司马迁：《史记·周本纪》，中华书局1959年版，第111页。
③ 司马迁：《史记·周本纪》，中华书局1959年版，第111页。
④ 廖名春：《上博简〈子羔〉篇感生神话试探》，《福建师范大学学报（哲学社会科学版）》2003年第6期。括号内为廖名春根据上下文义补。
⑤ 徐元诰撰，王树民、沈长云点校：《国语集解》（修订版），中华书局2002年版。
⑥ 司马迁：《史记·周本纪》，中华书局1959年版，第112页。

书》载大禹治水成功后向舜汇报说："予决九川，距四海，浚畎浍，距川。暨稷播，奏庶艰食鲜食，懋迁有无化居。烝民乃粒，万邦作乂。"后稷为禹臣。

　　可见，关于后稷有三个方面值得注意。第一，后稷最初是尧、舜禹时代的人物；第二，后稷早期活动的地域也应与尧舜禹活动的地域相同，大体在晋南或者洛阳盆地的中原文化区；第三，后稷因"播种"或言农业生产而为后世所尊。这一点需要强调的是，后稷在上古时期并非发明了农耕，而是让农业生产有了极大的发展。农业是古代人类生存和发展的最基本的物质基础，更是我国古代最重要的经济部门。大禹治水最直接的结果是恢复或者扩大了可处可耕之地，农业耕作生产得以继续发展①，并在后稷努力下极大的提高了农业生产技术与水平，众民安居乐业，并得到大发展。《论语·宪问》更言"禹稷躬稼而有天下"。

　　晋南地区的今稷山县一带应该是后稷最早所在。今稷山县有着较多的后稷文化遗产。后稷庙，又称稷王庙，初建于元至正五年，位于县城南五十里稷王山上，今天已由山上迁入县城后稷街。此外，稷山县太阳乡西王村也有稷王庙。不仅有后稷庙，在稷山县薛村还有"姜嫄庙"。不仅稷山县有稷王庙，稷山周边地区也有，如新绛县阳王村稷益庙、苏阳村稷王庙、万荣县太赵村稷王庙等。稷山县应是后稷诞生之地。

二　后稷文化与陶寺文化

　　后稷最初时期为尧舜禹时代，而晋南地区尧舜时代甚至尧舜禹时代一般与考古学上的陶寺文化相当。陶寺遗址位于山西省襄汾县陶寺村南，遗址面积约400万平方米。从1978年开始，中国社会科学院考古研究所联合山西省考古研究院、临汾市文物局等单位经过43年的考古发掘与研究，初步揭示出陶寺遗址是中国史前"都城要素最完备"城址。城址兴建与使用的主体年代距今4300——3900年，面积达280万余平方米。城址内东北部是面积近13万平方米的宫城和宫殿群所在的

---

① 高江涛：《考古学视角的大禹与大禹治水》，《史志学刊》2015年第4期。

核心区。宫城西南近处为下层贵族居住区，宫城南部近处是仓储区。城址南部是陶寺文化早期墓地所在，并单独围出一个小城作为特殊的宗教祭祀区，内发现有"观象台"遗迹和中期墓地。城址西南部为手工业作坊区，西北部为普通居住区。陶寺遗址发现了迄今世界最早的观象台遗址。遗址出土了龙盘、文字扁壶、鼍鼓、石磬、玉兽面以及中国最早的"铜器群"等许多文物"重器"。这些重要发现表明陶寺文化时期早期国家已经出现，礼制初步形成，是中国夏、商、周三代辉煌文明的主要源头。陶寺是中华早期文明的典型代表遗址，是实证中华5000多年文明的重要支点。而陶寺遗址一般认为属于尧舜时代的都城所在。

陶寺文化遗址主要分布于临汾盆地的汾河、浍河、滏河冲积平原的一、二级阶地上及其众多支流的河谷两岸，尤其是浍河、滏河与汾河交汇地带及其周围遗址分布最密集[1]（图一、图二）。近些年，随着研究的不断深入，陶寺文化的分布已经突破了临汾盆地，运城盆地的东北部也明显是其文化的分布范围。其中绛县是一个分布相对密集的区域，主要遗址有周家庄、西荆、西吴壁、东吴壁、西沟等。闻喜县也分布有较多属于陶寺文化的遗址，主要有湖村、上峪口、张家庄、十八堰、南白石等[2]，夏县东下冯遗址龙山文化时期遗存也有明显的陶寺文化的特征[3]。绛县周家庄从2007年开始考古发掘以来，确认了是一处特大型龙山期遗址，并发现了巨型环壕这种大型公共工程，明确属于陶寺文化属性[4]。甚至有学者认为中条山以北，霍山以南，包括运城盆地和临汾盆地在内的区域均是陶寺文化的分布范围[5]。

---

[1] 高江涛：《中原地区文明化进程的考古学研究》，社会科学文献出版社2009年版，第242~243页。

[2] 中国国家博物馆田野考古研究中心、山西省考古研究所、运城市文物保护研究所：《运城盆地东部聚落考古调查与研究》，文物出版社2011年版。

[3] 田建文：《东下冯龙山晚期遗存分析及意义》，《三晋考古》（第二辑），山西人民出版社1996年版，第259~264页。

[4] 中国国家博物馆田野考古研究中心、山西省考古研究所、运城市文物保护研究所：《山西绛县周家庄遗址居址与墓地2007~2012年的发掘》，《考古》2015年第5期。

[5] 王月前：《环盐湖地带新石器文化初论》，《鹿鸣集：李济先生发掘西阴遗址八十周年·山西省考古研究所侯马工作站成立五十周年纪念文集》，科学出版社2009年版；王力之：《晋南运城盆地龙山时期遗存探讨》，《中国国家博物馆馆刊》2012年第8期。

178　后稷文化论集

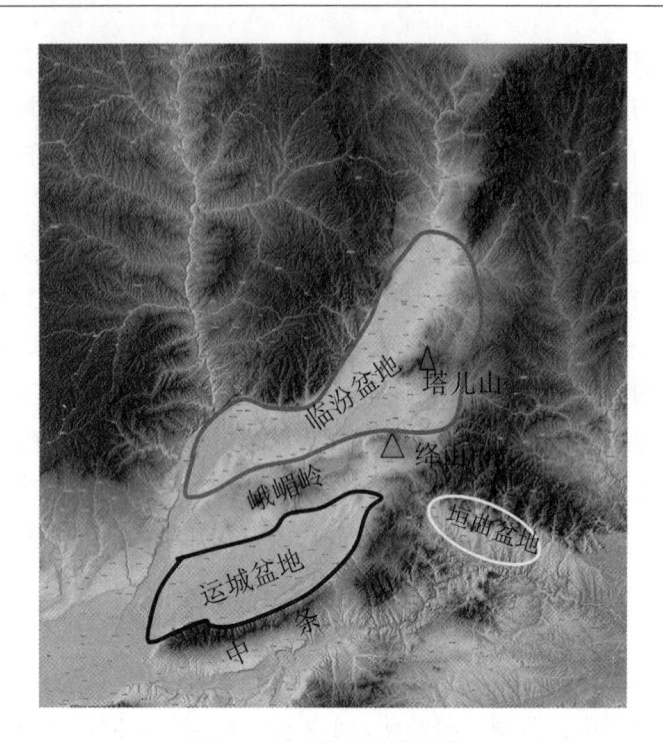

图一　晋南地区地形地貌

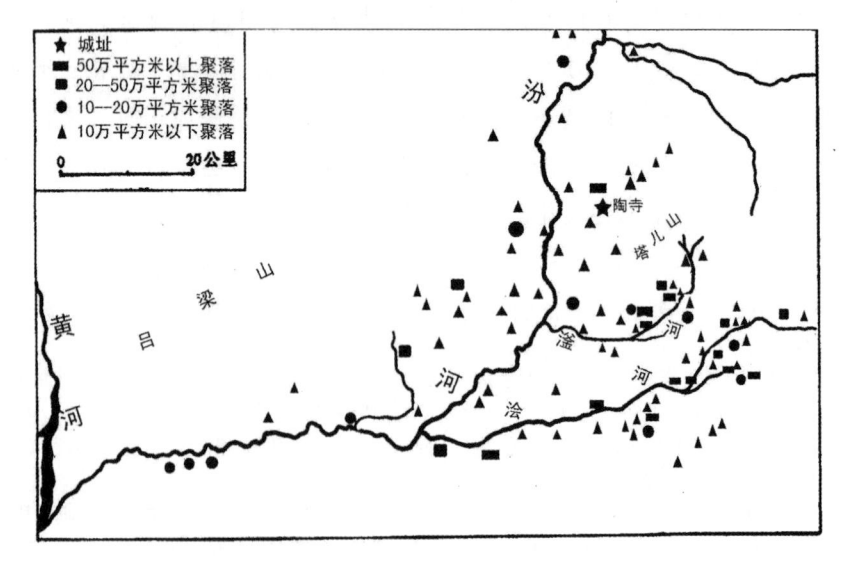

图二　陶寺文化的分布范围示意图

无论如何，稷山县属于龙山文化时期的考古学遗存属于陶寺文化的分布范围之内是可以肯定的，也就是说后稷所在属于陶寺文化时期，这位后稷文化研究提供了考古学上的背景和平台，明确了后稷文化考古学实证的宏观的时间与空间。

中原地区龙山时代的陶寺遗址与王城岗遗址均浮选出粟、黍、稻谷、大豆等农作物遗存[1]。此外，从二里头文化之后中原地区较多的出现了小麦，可谓"五谷"完备。龙山时代之前中原地区的农耕生产始终表现为以种植粟与黍两种小米为主的北方旱作农业。因此，从龙山时代开始，农作物种植种类明显增加，种植结构逐渐发生改变，农作物布局开始趋于复杂化，稻谷与大豆等成为重要的农作物品种。值得注意的是，龙山时代晚期大体距今4000多年的中原地区的陶寺遗址与王城岗遗址尽管没有发现小麦遗存，其他区域大体同时的遗址是有明确的小麦遗存发现的，如新疆古墓沟、小河，甘肃的东灰山遗址等。其中东灰山遗址年代更早，在距今4500~5000间，而且不仅有小麦，还有大麦和黑麦。此外，在属于中原地区的陕西赵家来遗址在年代为龙山时代的客省庄文化墙皮中发现了疑似麦秆的痕迹[2]。在海岱地区的日照两城镇遗址和聊城教场铺遗址发现了属于龙山时代的炭化小麦遗存[3]。因此，不排除在中原地区腹地未来发现龙山时代小麦遗存的可能性。

无论如何，龙山时代是古代农业发展在史前时期的一次飞跃的开始阶段，是农业发展水平显著提高的一个重要标志时期。前文已言，后稷属于龙山时代，且后稷最大的贡献是"农殖嘉谷"或"播时百谷"。后稷与龙山时代的农业阶段性大发展之间或许存在一定的内在关系，很有可能后稷在农作物品种引入甚至培育和推广，在农业种植水平提高方面确实做出了巨大的贡献。

---

[1] 赵志军：《公元前2500~公元前1500年中原地区农业经济研究》，《科技考古》第二辑，科学出版社2007年版。

[2] 李水城：《中国境内考古所见早期麦类作物》，《中华文明探源工程文集》（环境卷Ⅰ），科学出版社2009年版，第191~213页。

[3] 参见 赵志军：《公元前2500~公元前1500年中原地区农业经济研究》，《科技考古》第二辑，科学出版社2007年版。

三　稷山县的陶寺文化遗址

稷山县今虽隶属于运城地区，但在地理单元上属于临汾盆地，位于其西南部，汾河穿县域而过，为汾河流域下游地区。该区域从距今7000多年的枣园文化开始就有聚落分布，自仰韶文化开始就较为密集的分布有考古学文化遗址，至龙山文化时期属于陶寺文化的分布范围。

目前，稷山境内属于陶寺文化的遗址至少有9处，分别吉家庄、贾峪、小杜、宁翟南、西段、柴村、底史、佛峪口、西社等遗址（见下表）①。值得注意的是，这些遗址在史前时期，除了西社与吉家庄存在庙底沟文化、庙底沟二期文化、陶寺文化多个文化延续使用外，其他遗址均是比较单纯的陶寺文化时期。换言之，陶寺文化时期是该区域史前文化聚落最密集最繁盛时期。

稷山县龙山文化遗址统计表

遗址名称	地点	面积	时代	备注
吉家庄	稷峰镇吉家庄村西北	9万	庙底沟、庙二、陶寺文化	多期遗存
贾峪	稷峰镇贾峪村东	2.7万	陶寺文化	单纯
小杜	稷峰镇小杜村北	2万	陶寺文化	单纯
宁翟南	化峪镇宁翟村南	2万	陶寺文化	单纯
西段	化峪镇西段村东	3万	陶寺文化	单纯
柴村	蔡村乡柴村西南	4.5万	陶寺文化、东周	
底史	蔡村乡底史村西北	4万	陶寺文化、东周	
佛峪口	化峪镇佛峪口村北	0.8万	陶寺文化、汉代	
西社	西社镇西社村西	5万	庙底沟、庙二、陶寺、东下冯	

这些陶寺文化时期的聚落址沿汾河可以分为三个明显的聚落群（图三），第一个聚落群包括在县城周边，以稷峰镇为主，包括西社、吉家

---

① 国家文物局：《中国文物地图集·山西分册》，中国地图出版社2006年版。

庄、小杜、贾峪以及武城；第二个聚落群在化峪镇周边，包括宁翟、西段、佛峪口等；第三个聚落群分布在蔡村乡附近，包括柴村与底史等聚落址。三个聚落以第一个分布最为密集，不排除某几个遗址是一个大聚落的可能性，这样这个聚落的面积就会至少在20万平方米左右，属于大型聚落，也不排除某一个规模较大的遗址如吉家庄等可能就与后稷所居密切相关。

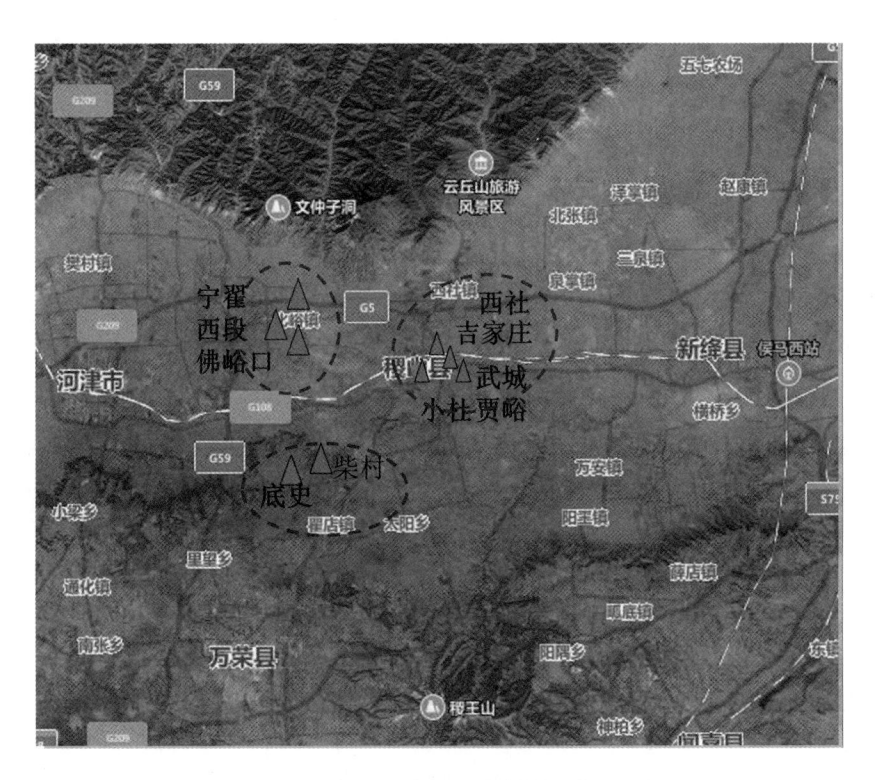

图三　稷山陶寺文化聚落群示意图

值得注意的是，上述三个聚落群两个都分布于汾河的北岸，而非南岸。也就是陶寺文化的聚落大多在汾河以北。这与古人的选址遵循"山南水北"有关，汾河以北有着相对关阔的区域。此外，稷山所在区域是在地形地貌上具有很大的优越性，北部为吕梁山，南为汾河所在，中间为广阔台塬，且东西贯通。《管子·乘马》言："凡立国都，非于大山之下，必于广川之上。高毋近旱而水用足，下毋近水而沟防省。"可见，稷山所在是具有建都地理条件的，同时又有着丰富的文化积淀和文化分布，很有可能存在一处中心性或都邑性的聚落址。

最近，在本文所言三个聚落群的第一个聚落群所在稷峰镇东渠村考古发掘中发现了"夏时期"的文化遗存①，出土的高领双鋬鬲虽然在年代上进入了"夏时期"，却并非典型的二里头文化器物。这种高领双鋬鬲在陶寺文化中期既已出现，陶寺文化晚期盛行，最大的特征就是领部由矮变得越来越高。东渠出土高领双鋬鬲显然是陶寺都邑废弃后本地文化在该区域内的自然延续。更为重要的是，该遗址还出土"玉钺"一类较高等级的遗物，不排除东渠遗址是陶寺文化之后本地区一个"文化中心"的可能性。

有鉴于此，建议：第一，开展区域系统考古调查工作，从更大的宏观背景上考虑问题。区域系统调查亦称"系统区域考古调查"，俗称"拉网式调查"。是为了满足宏观聚落形态研究的需要，对某一研究区域进行全面的、系统的、拉网式的一种考古调查方法。稷山县虽然以往也有过考古调查，但缺乏深入的区域系统考古调查，这是全面了解稷山县古代文化遗存的基础工作。第二，重点遗址科学考古试掘，实证后稷文化。在前期全面系统考古调查的基础之上，分析研判确定 2~3 处重点的遗址进行考古试掘，条件成熟的情况下，甚至可以开展长期连续的考古发掘。第三，开展考古、历史、文化遗产及多学科综合研究和联合攻关。既包括历史文献及甲金文和考古资料相结合，也包括人文、社会科学和自然科学相结合。多学科、多方法、多角度、多层次的研究方法和技术路线是问题能取得突破和重大成果的关键。

（作者单位：中国社会科学院考古研究所研究员）

---

① 解园、王学涛：《山西发现一处夏时期文化遗存》，新华社，2022 年 3 月 26 日。

后稷与稷山

黄建中

后稷就是稷山人经常说起的稷王,他姓姬名弃。《史记》载:后稷的母亲是帝喾的正妃姜嫄。姜嫄是稷山县小阳村人,姜嫄在帝喾去世后,回到娘家生下后稷。后稷从小就在小阳村舅舅家长大,所以后稷故里在稷山。

一 姜嫄娘家有邰氏的演变

相传后稷的母亲姜嫄是稷山县小阳村人,她娘家有邰氏的墓地遗址依然保存完好。有邰氏姓姜,是以羊为图腾的一个部落,相传是炎帝的后代。郭沫若主编的《中国史稿》载:"在传说的炎帝后裔中,还有一支在汾水流域,后来残存的还有沈、姒、蓐、黄四部,他们把所谓汾水之神名台骀的奉为自己的始祖。"[1] 四千多年前炎帝部落在汾河流域稷王山周围的这一支,由于奉台邰为始祖,所以称为有邰氏。可见历史上的有邰氏部落,就位于稷王山麓一带。

中国从原始社会末期,历经夏商,各政权都是由一个个部落组成的。一个部落就是一个诸侯国,全国诸侯林立,所以大禹涂山之会"执玉帛者万国"。有邰氏部落形成的有邰国,也被称为邰国。以后这些诸侯国不断演变,大的诸侯国演变为郡和县,小的诸侯国根据不同情况,分别演变为乡、亭、村。

---

[1] 郭沫若主编:《中国史稿》第一册,人民出版社1976年版,第111页。

图一　稷山县小阳村有邰氏墓地遗址

图二　明万历《稷山县志》对邰家庄的记载

有邰氏部落，从有邰国、邰国，最终演变为邰家庄。明代《稷山县志》载：大阳里辖大阳、邰家庄、董家庄、吴壁、店头五个村。①

清初改革行政区划，把明代时稷山的42个里，合并为15个里。在这次改革中，邰家庄改名为小阳村。因为邰家庄在大阳（今太阳）以南，又比大阳小，所以定名为小阳。

二 以后稷命名形成了稷、稷山、稷王山的地名

4000多年前，后稷姬弃诞生在稷王山麓的小阳村，长大后在稷王山周围树艺五谷，教民稼穑。尧帝封他为农师，舜帝封他为后稷。当地的老百姓尊称他为稷王，这座山因后稷而得名稷山，这块土地因后稷而得名为稷。

图三 稷王山

① 明万历《稷山县志》,《地理志》之《坊乡》。

表一　　　　　　各朝代对稷山县和稷王山命名的变化

朝代	对稷山县的命名	对稷王山的命名	出处
上古	稷	稷山	甲骨文
春秋	稷	稷山	《左传》
东汉	闻喜县稷山亭	稷山	《后汉书》
北魏	高凉县	稷山	《水经注》
北周	高凉县	稷山	《周书》
隋朝	稷山县	稷山	《隋书》
唐朝	稷山县	稷山	《新唐书》
北宋	稷山县	稷山	《宋史》
金朝	稷山县	稷山	《金史》
元朝	稷山县	稷山	《元史》
明朝	稷山县	官方称稷山 俗称稷神山	《明史》
清朝	稷山县	官方称稷山 俗称稷神山、稷王山	《清史稿》
中华民国	稷山县	官方称稷山 俗称稷王山	《中华民国地图册》
中华人民共和国	稷山县	20世纪50年代官方称稷山，60年代根据群众的称呼定名为稷王山	1957年《中华人民共和国地图册》称稷山，1966年《中华人民共和国地图册》已称稷王山

三　以后稷命名形成了稷国、稷山亭、稷山县的政区名称

（一）商代的稷国

商朝时，今稷山县汾南稷王山一带为稷国，这是子姓封国。子为商王之姓，子姓封国与商王同宗。

（二）春秋时的稷

《左传·宣公十五年》："秋七月，秦桓公伐晋，次于辅氏。壬午，晋侯治兵于稷，以略狄土，立黎侯而还。"① 这一年是公元前594年，

---

① 《左传》，岳麓书社1988年版，第137页。

距今已有 2600 余年。这是稷作为地名，被记录在秦晋战争中。

（三）秦汉时已设立稷山亭

秦汉时，今稷王山下已设立了稷山亭①，很明显这是以稷山命名的。

（四）北魏《水经注》对稷祠和稷亭的记载

北魏郦道元《水经注》卷六"汾水"：又迳稷山北，在水南四十里许，山东西二十里，南北三十里，高十三里，西去介山十五里。山上有稷祠、山下稷亭。《春秋》宣公十五年，秦桓公伐晋，晋侯治兵于稷，以略狄土是也。②

（五）隋朝《隋图经》对后稷和稷山的记载

稷山在绛郡，后稷播百谷于此山。亦《左氏传》谓晋侯治兵于稷，以略狄土，是此也。③

（六）隋朝时设立稷山县

隋文帝开皇十八年（598），隋王朝将河东高凉县改名为稷山县，④以永久纪念后稷教民稼穑的不朽功绩。隋朝确立了稷山县这个名字后，经过唐、五代、宋、金、元、明、清、中华民国、中华人民共和国，1400 多年来再也没有变动过。为历朝历代所肯定和继承。四千多年来稷、后稷、稷山、稷山县一脉相承，以至于今。

四　明清以来国家层面对后稷的记载及祭祀

（一）《大明一统志》对稷王山后稷陵的记载

《大明一统志》卷之二十《平阳府·人物》条载：后稷，尧臣，为

---

① 《汉书·地理志》，中华书局 2006 年版，第 2315 页。
② 《水经注》，时代文艺出版社 2002 年版，第 48 页。
③ 《太平御览》卷 45 "稷山"。
④ 《隋书·地理志》，中华书局 2006 年版，第 578 页。

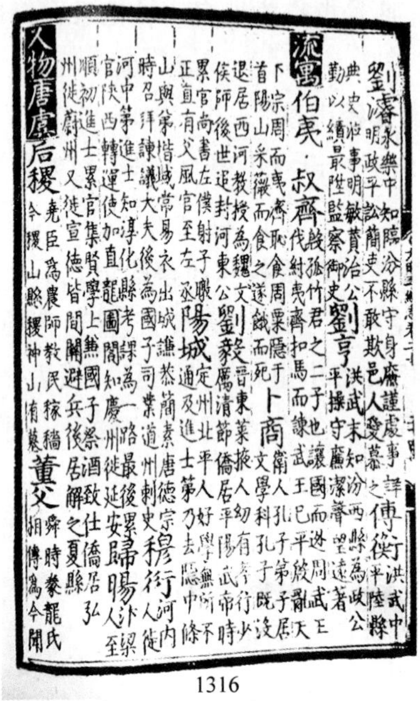

劉濬永樂中知臨汾縣守身廉謹處事詳明政平訟簡吏不敢欺邑人愛慕之 傅衡洪武中平陸縣典史涖事明敏贊治公勤以績最陞監察御史 劉亨洪武末知汾西縣爲政公平操守廉潔聲望遠著

流寓

伯夷·叔齊殷孤竹君之二子也讓國而逃周武王伐紂夷齊扣馬而諫武王已平殷亂天下宗周而夷齊恥食周粟隱于首陽山采薇而食之遂餓而死 卜商衛人孔子弟子居文學科孔子既沒退居西河教授爲魏文侯師後世追封河東公 劉毅晉東萊掖人幼有孝行少厲清節僑居平陽武帝時累官尚書左僕射子暾正直有父風官至左丞 陽城定州北平人好學無所不通及進士第乃去隱中條山與弟偕隱常易衣出城譙恭簡素唐德宗時召拜諫議大夫後爲國子司業道州刺史 穆衍河內人徙河中第進士知淳化縣考課爲一路最後累官陝西轉運使加直龍圖閣知慶州徙延安 歸暘汴梁人至順初進士累官集賢學士兼國子祭酒致仕僑居弘州徙蔚州又徙宣德皆間關避兵後居解之夏縣

人物唐虞

后稷堯臣爲農師教民稼穡今稷山縣稷神山有墓 董父舜時豢龍氏相傳爲今聞

1316

图四 《大明一统志》书影

农师，教民稼穑，今稷山县稷神山有墓。[①]

（二）《大清一统志》对稷王山后稷陵的记载

《大清一统志》卷一五五《绛州直隶州·陵墓》条载：古姜嫄墓在闻喜县西北四十五里稷王山下冰池村，俗传稷弃于此。墓旁有祠，祠下有蛇虎涧，上有后稷陵。

（三）明初太常定甲：由朝廷派员每年到稷王山的后稷陵、后稷庙进行祭祀

明初太常定甲，以夏四月十七日遣官致祭。明朝初年，太常寺规定：每年的农历四月十七日，朝廷派出官员，来到稷王山的稷王陵、稷王庙对后稷进行祭祀。

① 《大明一统志》，台联国风出版社影印本，第 1316 页。

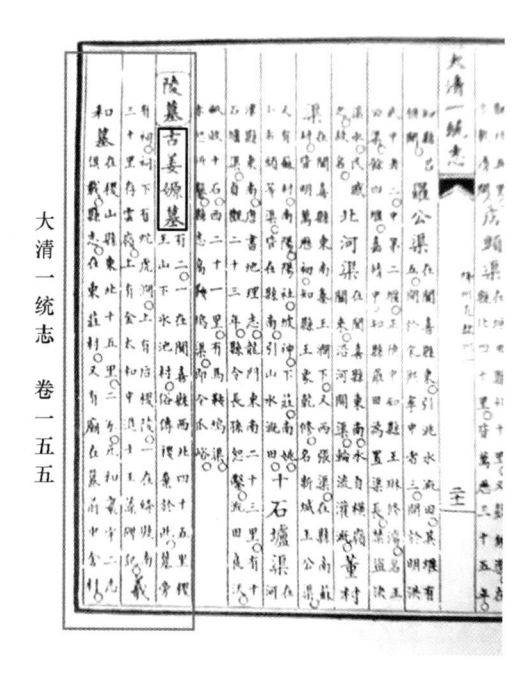

图五 《大清一统志》

图六 明万历《稷山县志》后稷陵示意图   图七 后稷陵现状

五　民间对后稷的祭祀及记载

《国语》载："昔冥勤其官而水死，稷勤百谷而山死。"① 相传大禹摄政后不久，后稷就在巡视农业生产时因劳累过度而去世。后稷去世后就安葬于他付出毕生心血教民稼穑的稷王山山顶。后稷去世于夏历四月十七日，所以这一天就成为对后稷的祭日。

每年农历四月十七日稷王山周边各县群众，锣鼓旗伞，热闹非凡，到稷王山上的稷王陵和稷王庙进行上庙祭祀活动。清代诗人文调钧在嘉庆年间曾任稷山县典史，他写的《稷峰叠翠》记载了上庙祭祀后稷的活动盛况：

> 古墓荒祠峙远空，一湾螺黛叠千重。
> 地因人重名偏著，德并山高祀应隆。
> 畎亩勤劳资粒食，黍禾蓬勃想遗踪。
> 年年社酒鸡豚会，为报当时教稼功。②

这一活动一直待续到1938年，日寇侵入汾南，将稷王山上的稷王庙焚毁，祭祀才告中断。现在运城市电视转播台的发射台就建在原稷王庙的遗址上。

六　结语

翻开中华民族五千年的文明史，国家强大和民族的繁荣一直与农业有着密切的关系，而后稷作为中国的农耕之祖，在中国农业发展史上占有重要的地位。作为后稷故乡的稷山人始终都把后稷当作家乡的光荣和骄傲。

甲骨文记载，现在稷王山下稷山县这块地方，在远古时代就称为稷。《辞海》中解释说："稷，古地名，春秋时期属于晋国，在今山西

---

① 《国语·鲁语》，岳麓书社1994年版，第40页。
② 黄建中编：《历代诗人咏稷山》，稷山县后稷文化研究会2015年，第56页。

省稷山县南稷山下。""稷山，又名稷王山，稷神山……后稷教民稼穑于此。山上古时有稷祠与稷亭，故名。"

图八　稷山县稷王庙

隋朝开皇十八年（598）为了永远纪念后稷开创农耕伟业的不朽功勋，隋文帝将高凉县正式改名为稷山县。从此之后历经唐、宋、元、明、清、中华民国、中华人民共和国1400多年一直持续到现在。稷、后稷、稷王山、稷山县一脉相承，稷山县因后稷而得名。没有后稷就没有稷王山和稷山县这个名字。

稷山从4000多年前，后稷在稷王山教民稼穑开始，就和后稷结下了密不可分的关系：这里种的粮食叫作稷米，这里的地名叫作稷，这里的山叫稷王山，这里的庙叫稷王庙。一直到现在这里的小学叫稷王小学，这里的中学叫稷王中学，这里的街道叫稷王路。

后稷的伟大精神，哺育了一代代后稷儿女。身为后稷儿女，我们一出生，就烙上了鲜明的后稷文化的印痕。后稷的伟大精神和传统文化，将永远伴随着后稷儿女一路前行。

（作者单位：山西省稷山县作家协会副主席）

论周人关于后稷的神圣叙事

陈连山

基于现代理性的需要，中国历史学界和神话学界一直耿耿于在神话与历史传说之间做区分。乍看起来，神话是虚构，历史是事实，区分起来似乎不难。超自然性质的东西当然是神话，写实的就是历史。其实不然。写实的内容不一定是事实，所有的现实主义小说都是虚构的产物，我们怎么能把古代材料中写实的部分当作历史呢？学界花了大量时间和精力鉴定原始史料中哪些是神话，哪些是历史，最后的效果并不好。我认为，用今天的概念去强行区分古代材料是神话还是史实的做法不利于我们研究远古时代的文化。因为当时人并不在神话与历史传说之间做严格区分，它们都被古人视为真实发生的事，并在其基础上建立自己的价值观。今天我们眼中必须加以区分的神话和历史传说在古人那里都是神圣叙事。所以，本文用神圣叙事概念来代替神话和历史传说。

一 从后稷诞生的各种异文论强制区分神话与历史传说的不合理性

古史辨派在历史学和神话学界影响很大，一些人认为中国古史传说都是从古代神话逐步"历史化"而蜕变为古史传说的，但也有学者认为原本是古史传说，后来经过不断神化而上升为神话。那么，以后稷诞生的故事来看，神话和历史传说究竟谁在前？

《诗经·大雅·生民》是周民族史诗，当为西周时代作品。其中说姜嫄："履帝武敏歆，攸介攸止。载震载夙，载生载育，时维后稷。诞弥厥月，先生如达。不坼不副，无灾无害，以赫厥灵。上帝不宁。不康禋祀，居然生子。诞寘之隘巷，牛羊腓字之。诞寘之平林，会伐平林。诞寘之寒冰，鸟覆翼之。鸟乃去矣，后稷呱矣。"这里姜嫄踩了上帝脚印于是孕育后稷，诞生之后还有很多超自然奇迹发生。这个故事在神话学中属于感生神话。因此，有些学者称后稷诞生到了战国时代才进入从朴素的历史故事向"神话"的转变阶段的说法是不成立的。

《山海经》过去被古史辨派视为战国中后期著作。其实，其中包含了很多商代和西周早期的内容，因为有些内容在东周之后已经无人能懂，所以我认为它的成书时间应该在西周到战国之间。《山海经》对于后稷的记录既有神话性质的，也有历史传说性质的。例如：《大荒西经》云："帝俊生后稷，稷降以百谷。"这里说后稷是天神帝俊的儿子，后稷还从天上为人间带来百谷。《海内经》又云："西南黑水之间，有都广之野，后稷葬焉。其城方三百里，盖天地之中，素女所出也。爰有膏菽、膏稻、膏黍、膏稷，百谷自生，冬夏播琴。鸾鸟自歌，凤鸟自儛……"《海内西经》又云："后稷之葬，山水环之。在氐国西。"文字虽然很多夸饰，但是后稷竟然死了，还有坟墓。因此，可以说神话之中又包含着历史传说。

战国时代屈原《天问》："稷维元子，帝何竺（毒）之？投之于冰上，鸟何燠之？何冯弓挟矢，殊能将之？既惊帝切激，何逢长之？"前四句基本沿袭《诗经·大雅·生民》的说法，后四句增加了后稷出生就带着弓箭，使其上帝之父十分吃惊。与屈原基本同时代、同属楚国的上海博物馆藏战国楚竹书第二册的《子羔》篇云："后稷之母，有邰氏之女也。游于玄丘之内，终见芙，攣而荐之，乃见人武，履以祈祷曰：'帝之武倘使我有子，必报之。'是后稷也。"（下划线部分为廖名春补）[①]。而且，这篇文字总体上是孔子论证夏商周三代始祖都是"天子"的文献。内容与《诗经·大雅·生民》也是一致的。

真正历史化的后稷诞生故事见于《大戴礼记·帝系》："帝喾卜其

---

① 廖名春：《上博简〈子羔〉篇感生神话试探》，载《福建师范大学学报（哲学社会科学版）》2003年第6期，第69页。

四妃之子,而皆有天下。上妃,有邰氏之女也,曰姜原氏(即姜嫄),产后稷;次妃,有娀氏之女也,曰简狄氏,产契;次妃曰陈隆氏,产帝尧;次妃曰陬訾氏,产帝挚。"① 西汉司马迁《史记》沿袭《大戴礼记·帝系》的说法,把姜原说成是帝喾元妃,但是仍然保存了"履巨人迹"的神话情节。

上述分析表明,从西周到战国,后稷诞生的故事基本一致。在此期间,不存在明显的从神话到历史,或历史到神话的演化过程。所以,现代学界在研究中强制区分上述各个有关后稷的故事中哪些是神话,哪些是历史传说是不合理的,这种做法有明显的用现代概念"剪裁"史料的嫌疑。

二 有关后稷的神圣叙事是周民族自我肯定的表现

后稷作为民族始祖受到周人普遍的崇拜。《诗经·鲁颂·閟宫》云:"閟宫有侐,实实枚枚。赫赫姜嫄,其德不回。"閟宫,就是周人的祖庙。毛传说这是"先妣姜嫄之庙"。祭祀姜嫄其实也是纪念后稷的诞生。郑玄注释《周礼·大司乐》"乃奏夷则,歌小吕,舞大濩"云:"先妣,姜嫄也。姜嫄履大人迹,感神灵而生后稷,是周之先母也。周立庙自后稷为始祖。姜嫄无所妃(祀),是以特立庙而祭之。谓之閟宫。"② 周人非常重视对神灵和祖先的祭祀。所以,《诗经·大雅·生民》中的后稷也被视为祭祀的发明人:"后稷肇祀,庶无罪悔。"后稷开始祭祀仪式之后,幸蒙神灵佑护,再也没有发生获罪于天的过失,直至今日。

有关他的各种神圣叙事虽然不是历史事实,但是这些都是周人信仰上的事实。这些神圣叙事的目的是论证周民族具有人种、文化和国家制度方面的优越性,是周民族自我肯定的表现。

根据神话所述,后稷是上帝的儿子。这是周民族对本民族起源的神

---

① 方向东:《大戴礼记汇校集解》,中华书局2008年版,第738页。
② 《十三经注疏》,第789页。

圣论证。这个上帝是谁？《山海经·大荒西经》云："有西周之国，姬姓，食谷。有人方耕，名曰叔均。帝俊生后稷，稷降以百谷。稷之弟曰台玺，生叔均。叔均是代其父及稷播百谷，始作耕。有赤国妻氏。有双山。"① 按照这段记录，后稷是帝俊的儿子，从天上带来了各种农作物的种子。这里有一个疑问，《山海经·海内经》有一段文字与此类似："帝俊生晏龙，晏龙是为琴瑟。帝俊有子八人，是始为歌舞。帝俊生三身，三身生义均，义均是始为巧倕，是始作下民百巧。后稷是播百谷。稷之孙曰叔均，是始作牛耕。大比赤阴，是始为国。"② 其中也讲后稷播种百谷，讲叔均发明牛耕等等。但是没有说《大荒西经》中"帝俊生后稷"这五个字。那么，这五个字究竟是《大荒西经》误加的，还是《海内经》丢失了？两种可能性都有，但我觉得《海内经》失传了这五个字的可能性更大。因为《海内经》这段话一直在讲帝俊后代的文化发明，先讲帝俊生晏龙，晏龙发明琴瑟；再将帝俊八子发明歌舞；然后是义均发明各种手工艺；接下来是后稷发明农业，叔均发明牛耕。所以，这段话跟《大荒西经》里的话是彼此对应的。《海内经》这里虽然没有直接说的后稷是帝俊后代，但这段话在结构上、语义上跟《大荒西经》类似。所以，《海内经》这里没有出现"帝俊生后稷"字样，很可能是丢失了。

还有一个有趣的问题是：帝俊原本是商民族崇拜的天帝，商民族祖先契是他的儿子。《诗经·商颂·玄鸟》篇是商民族后裔祭祀祖先时使用的颂歌。诗曰："天命玄鸟，降而生商。"上天命令玄鸟下凡，生育了商民族祖先契。这个派遣玄鸟的天帝是谁呢？诗里没说。周人要消灭商代神话，所以后来的古籍包括司马迁《史记》都不提帝俊，而说帝喾的妃子简狄在野外捡到了燕子蛋，吃了以后就怀孕，生下了契，从而繁衍了商民族。因此，注释家都解释"天命玄鸟"的天帝是帝喾。我认为应该是帝俊，即甲骨文所谓的"高祖夋"。根据以上两个神话，周民族把自己祖先后稷的父亲提高到跟商民族祖先契同等地位，都是天帝

---

① 袁珂：《山海经校注》，北京联合出版公司2014年版，第331页。
② 袁珂：《山海经校注》，北京联合出版公司2014年版，第392～393页。

帝俊的儿子，可能是周人早期接受了商代神话的结果，也为周人提供了存在的合法性。

后稷被周人尊为农神，是对本民族生产方式的肯定。周民族较早进入了农业社会，在当时还有很多渔猎或畜牧民族存在，在这种时代环境中，周民族必须论证本族的农业文明的优越性，从而肯定自己的文化生活方式。所以，后稷的主要故事都集中在发明农业的内容上。《尚书·吕刑》云："稷降播种，农殖嘉谷。"传云："后稷下教民播种，农亩生善谷。"①《山海经·大荒西经》云："帝俊生后稷，稷降以百谷。"《诗经·大雅·生民》更具体地叙述了所谓百谷："诞降嘉种，维秬维秠，维穈维芑。"秬，黑黍。秠，另一种黑黍。穈，红苗的谷物。芑，白苗的谷物。本诗又详细叙述了后稷种植农作物的技术："诞后稷之穑，有相之道。茀厥丰草，种之黄茂。实方实苞，实种实褎，实发实秀，实坚实好，实颖实栗，即有邰家室。"选择好种子，除草。丰收之后，实力大增，于是受封于有邰之地。《山海经·海内经》则叙述了后稷的亲属叔均也发明了另一项农业技术——牛耕："后稷是播百谷，稷之孙曰叔均，是始作牛耕。"《大荒西经》云："有西周之国，姬姓，食谷。有人方耕，名曰叔均。帝俊生后稷，稷降以谷。稷之弟曰台玺，生叔均。叔均是代其父及稷播百谷，始作耕。有赤国妻氏。有双山。"这两条材料之中，一个说叔均是后稷的孙子，另一个说是后稷的侄子。这是神话传说在口传时代的异文，不足为奇。牛耕是当时比较先进的农业技术，叔均发明牛耕，是周民族对自身生产技术的进一步神化。

在周民族眼中，其他民族的生活方式是怪诞的。《山海经·海外南经》："长臂国在其东，捕鱼水中，两手各操一鱼。"看来，长臂国是个渔业民族。《海外东经》中的玄股之国"其为人衣鱼食䱸"。《大荒北经》记录了犬戎："大荒之中。有山名曰融父山，顺水入焉。有人名曰犬戎。黄帝生苗龙，苗龙生融吾，融吾生弄明，弄明生白犬，白犬有牝牡，是为犬戎，肉食。"这个犬戎族应该是狩猎或游牧民族。分析这些叙述可知，周民族在有关后稷的神圣叙事中全面肯定了自己的农

---

① 《十三经注疏》，第248页。

业生活方式，而对其他民族的生活方式进行了贬斥。

周人把后稷的时代推到大禹时期。《尚书·益稷》记载大禹治水成功之后，向舜帝汇报："予决九川，距四海，浚畎浍，距川。暨稷播。奏庶艰食鲜食，懋迁有无化居，烝民乃粒，万邦作乂。"大禹疏通了天下名川通之至海，疏通田间河沟，通之至大川，消除了水患。后稷随之开始播种。传云："众难得食处，则与稷教民播种之。决川有鱼鳖，使民鲜食之。"[①] 勉励百姓迁居适合居住的地方，于是百姓有了食物，天下安宁。按照这种历史叙述，后稷协助大禹有功，奠定了周民族的基础。这是强调自身政权后来取代商朝的政治合法性。

总之，周民族关于后稷的各种神圣叙事使得周民族获得了充分的合法性、合理性，从而赋予了自身存在的意义和价值。这就是神圣叙事的基本社会功能，是古人创造神圣叙事的根本目的。这些叙事无论是作为神话，还是作为历史传说，其在当时社会发挥的文化功能都是一致的。

（作者单位：北京大学中文系教授）

[①] 《十三经注疏》，第141页。

上博简《子羔》篇后稷感生神话试探

廖名春

上海博物馆藏战国楚竹书第二册的《子羔》篇所载孔子所述周人始祖后稷的感生神话是研究后稷珍贵的新材料。本文试为讨论。

简文孔子讲述夏、商、周三代始祖禹、契、后稷的出生神话，是通过其弟子子羔之问引出来的。子羔，即高柴，亦称子皋、子高、季皋等，其事迹《论语》、《左传》、《韩非子》、《世本》、《礼记》、《大戴礼记》、《史记》、《说苑》、《论衡》、《汉书》、《孔子家语》、《孔丛子》以及佚书《子思子》等文献都有记载。[1]《史记·仲尼弟子列传》称他"少孔子三十岁"，《孔子家语·弟子解》则说他"少孔子四十岁"。无论如何，都应该是孔子的晚年弟子。

简文云：

"子羔问于孔子曰：'三王者之作也，皆人子也，而其父贱而不足称也与？抑亦诚天子也与？'"[2]

夏、商、周三代始祖禹、契、后稷的出生，人们知其母而不知其父。这本来是母系社会以母为家庭主体风俗的遗留，而处于以男性为家

---

[1] 详见李启谦、王式伦编：《孔子弟子资料汇编》，山东友谊书社1991年版，第750～764页。

[2] "抑"字从陈剑读，见《上博简〈子羔〉、〈从政〉篇的拼合与编连问题小议》。为印刷方便，凡非直接讨论的简文，一般以今文写出，下同。

庭主体的文明社会的人们，对此颇为不解。因而子羔问他们到底是"人子"，人父所生？还是"天子"，天父所生？如果他们是"人子"，为人父所生，是不是他们的父亲因为地位低贱而名字被后人忽略而遗忘了？

简文孔子的回答分为两部分，先是肯定子羔之问，再详细讲述夏、商、周三代始祖感生的神话。

"善，尔问之也。久矣其莫闻之"。①

孔子首先肯定子羔问这一问题为"善"。为什么呢？"久矣其莫闻之"，他已很久没听人问这一问题了。孔子学问的特点，所谓"述而不作"（《论语·述而》），就是善于旧瓶装新酒，推陈出新，利用历史文献发挥自己的思想。子羔问此，正好给他阐述其天命观提供了契机，故称为"善"。当然，"抑亦诚天子也与"，虽然是疑问，但一个"诚"字，表现了子羔倾向于相信禹、契、后稷为"天子"，天父所生的态度，而孔子也是持"天子"说的。同样的情景，也体现于《孔子家语·庙制》的记载：

子羔问曰："《祭典》云：'昔有虞氏祖颛顼而宗尧，夏后氏亦祖颛顼而宗禹，殷人祖契而宗汤，周人祖文王而宗武王。'此四祖四宗，或乃异代，或其考祖之有功德，其庙可也。若有虞宗尧，夏祖颛顼，皆异代之有功德者也，亦可以存其庙乎？"孔子曰："善，如汝所问也。如殷周之祖宗，其庙可以不毁，其它祖宗者，功德不殊，虽在殊代，亦可以无疑矣。《诗》云：'蔽芾甘棠，勿剪勿伐，召伯所憩。'周人之于召公也，爱其人犹敬其所舍之树，况祖宗其功德而可以不尊奉其庙焉。"

"善，如汝所问也"，与简文的"善，尔问之也。久矣其莫闻之"，

---

① 框内的文字为笔者所补，下同。详细考证见廖名春《上博简〈子羔〉篇释补》，《中州学刊》2003 年第 6 期。

孔子的循循善诱真可谓"何其相似乃尔"。

再来看简文关于后稷出生的神话：

> 后稷之母，有邰氏之女也，游于玄丘之内，冬见芺，搴而荐之，乃见人武，履以祈祷曰："帝之武倘使我有子，必报之。"是后稷也。①

后稷出生的神话，文献多有记载：

《诗经·大雅·生民》："厥初生民，时维姜嫄。生民如何？克禋克祀，以弗无子。履帝武敏，歆攸介攸止，载震载夙，载生载育，时维后稷。"毛传："去无子，求有子。古者必立郊禖焉，玄鸟至之日，以大牢祠于郊禖，天子亲往，后妃率九嫔御。乃礼天子所御，带以弓韣，授以弓矢，于郊禖之前……从于帝而见于天"。郑玄笺："姜嫄之生后稷如何乎？乃禋祀上帝于郊禖，以祓除其无子之疾，而得其福也。……祀郊禖之时，时则有大神之迹，姜嫄履之，足不能满，履其拇指之处，心体歆歆然，其左右所止住，如有人道感己者也，于是遂有身，而肃戒不复御，后则生子而养，长名之曰弃，舜臣尧而举之是为后稷。"②

《今本竹书纪年》："初，高辛氏之世妃曰姜嫄，助祭郊禖，见大人迹，履之，当时歆如有人道感己，遂有身而生男。"③《宋书·符瑞志》同④。

《史记·周本纪》："姜原出野，见巨人迹，心忻然说，欲践之，践之而身动，如孕者，居期而生子。"⑤

《史记·三代世表》："后稷母为姜嫄，出见大人迹而履践之，知于

---

① 释文详见廖名春《上博简〈子羔〉篇释补》。框内的文字，系笔者据上下文义补。"搴"字从张富海说（《上博简〈子羔〉篇"后稷之母"节考释》，简帛研究网站2003年1月17日）。
② 孔颖达：《毛诗正义》卷十七，第528页。
③ 王国维：《今本竹书纪年疏证》，载方诗铭、王修龄：《古本竹书纪年辑证》，第284页。
④ 文渊阁《四库全书》史部正史类《宋书》卷二七。
⑤ 泷川资言：《史记会注考证附校补》，第75页。

身则生后稷。"①

《论衡·吉验篇》："后稷之母，履大人迹，或言衣帝喾之服，坐息帝喾之处，妊身。"②

《尔雅·释训》"履帝武敏"，陆德明《经典释文》引舍人本"敏"作"亩"，注云："古者姜嫄履天帝之迹于畎亩之中，而生后稷。"③

《春秋元命苞》："姜嫄游閟宫，其地扶桑，履大人迹而生稷。"一本又作："周先姜原，履大人迹于扶桑，生后稷。"④

《列女传》："弃母姜嫄者，邰侯之母也。当尧之时，行见巨人迹，好而履之，归而有娠，浸以益大，心怪恶之。卜筮禋祀以求无子，终生子，以为不祥而弃之。"⑤

《吴越春秋·吴太伯传》卷一："后稷其母台氏之女姜嫄，为帝喾元妃。年少未孕，出游于野，见大人迹而观之，中心欢然，喜其形像，因履而践之，身动，意若为人所感。后妊娠，恐被淫洪之祸，遂祭祀以求，谓无子，履上帝之迹，天犹令有之。"⑥

张富海认为"简文此节谓：姜原游于一种名为'玄咎'的建筑之内"⑦。白于蓝说："其实，'内'有时候不一定就是针对某种封闭性的建筑而言的，而只是与'外'相对的一个概念。如'一国之内'，再比如《释名·释州国》：'雍州在四山之内。'我们现在还经常说'山内'、'山外'。这些'内'只能是就某一区域或范围而言的。"⑧ 陈伟则疑"内"读为"汭"，认为："'汭'作为地名通名，大致有四种涵义，皆与水有关。……在白于蓝先生引述的汉晋文献中，均称玄丘为水。……将'内'读为'汭'，训作水边之地，应该是恰当的。"⑨

---

① 泷川资言：《史记会注考证附校补》，第347页。
② 黄晖：《论衡校释》，中华书局1990年版，第85～86页。
③ 陆德明：《经典释文》，第414页。
④ 文渊阁《四库全书》经部五经总义类《古微书》卷六。
⑤ 文渊阁《四库全书》史部传记类总录之属《古列女传》卷一。
⑥ 周生春：《吴越春秋辑校汇考》，上海古籍出版社1997年版，第13页。
⑦ 张富海：《上博简〈子羔〉篇"后稷之母"节考释》。
⑧ 白于蓝：《释"玄咎"》。
⑨ 陈伟：《〈上海博物馆藏战国楚竹书（二）〉零释》，简帛研究网站2003年3月17日。

按，"玄丘之内"即"玄丘之中"，白于蓝的理解是正确。简文的"游于玄丘之内"，与《诗经·大雅·生民》的"克禋克祀"，《今本竹书纪年》的"助祭郊禖"，郑玄笺的"禋祀上帝于郊禖，以祓除其无子之疾，而得其福也"，《春秋元命苞》的"游閟宫，其地扶桑"，《吴越春秋》的"年少未孕，出游于野"大意应该相同，都是说姜原无子，到郊野去祭祀上帝以求子。《春秋元命苞》的"游閟宫，其地扶桑"，是说姜原所"游"之"閟宫"，在"扶桑"。"閟宫"，毛传引"孟仲子曰'是禖宫也'"①，孔颖达疏："盖以姜嫄祈郊禖而生后稷，故名姜嫄之庙为禖宫。"② 此是以今说古，实质"閟宫"即祈子之处，后因姜嫄感生，故以为姜嫄之神庙。"扶桑"为传说中的日出之处。《山海经·海外东经》："汤谷上有扶桑，十日所浴，在黑齿北。"③ 陶潜《闲情赋》："悲扶桑之舒光，奄灭景而藏明。"④ 逯钦立校注："扶桑，传说日出的地方。"这里代指祭天之地。《礼记·郊特牲》："郊之祭也，迎长日之至也，大报天而主日也。兆于南郊，就阳位也。"⑤ 姜嫄"禋祀上帝于郊禖"，其地当在"南郊"，此"南郊"也就是"扶桑"，祈子的"閟宫"也就在这里。

简文之"玄丘"应当读为"圜丘"。"玄"、"圜"声同而韵部真元可旁转。"玄"与从"县"之字可通用。《穆天子传》卷二："先王所谓县圃。"郭璞注引《淮南子》"县圃"作"玄圃"。《山海经·西山经》："实惟帝之玄圃。"《穆天子传》"玄圃"作"县圃"。《淮南子·地形》："是谓县圃。"《水经注·河水》引作："是谓玄圃。"而"县"与从"睘"之字也可通用。《谷梁传·隐公元年》："寰内诸侯。"陆德明《经典释文》："寰，古县字。"⑥《周礼·春官·大司乐》："冬日至，于地上之圜丘奏之。"郑玄注："《大传》曰：'王者必禘其祖之所自

---

① 孔颖达：《毛诗正义》，第347页。
② 孔颖达：《毛诗正义》，第347页。
③ 袁珂：《山海经校注》，上海古籍出版社1980年版，第260页。
④ 文渊阁《四库全书》集部别集汉至五代《陶渊明集》卷六。
⑤ 王文锦：《礼记译解》，中华书局1980年版，第344页。
⑥ 高亨、董治安：《古今通假会典》，第75、169页。

出。'《祭法》曰：'周人禘喾而郊稷。'谓此祭天圜丘以喾配之。"贾公彦疏："《尔雅》：'土之高者曰丘。'取自然之丘。圜者象天圜。"王肃《圣证论》："郊则圜丘，圜丘则郊。所在言之则谓之郊，所祭言之则谓之圜丘。……知圜丘与郊是一也。"《礼记·祭法》孔颖达疏："张融以圜丘即郊，引董仲舒、刘向、马融之论，皆以为《周礼》'圜丘'，则《孝经》云'南郊'，与王肃同。"① 所以，简文的"游于玄丘之内"，就是"游于圜丘之中"，也就是"禋祀上帝于郊禖"，出土材料与传世文献是吻合的。

简文的"芺"，马承源②和张富海③、李学勤先生④都读如本字，引《说文·艸部》"芺，艸也。味苦，江南食以下气"和《尔雅·释草》郭璞注"大如拇指，中空，茎头有台，似蓟，初生可食"为训。但这种植物和姜原感生有什么联系？没有传世文献的证明，难以取信。笔者认为此"芺"字当读为"蒿"。从"夭"之字与从"交"之字文献多通用，而从"高"之字也可与从"交"之字通用。《诗·周颂·般》："隋山乔岳。"《玉篇·山部》引"乔"作"高"。《吕氏春秋·期贤》："吾安敢高之。"《新序·杂事五》"高"作"骄"。⑤ 因此，"芺"是可以读为"蒿"的。而"蒿"即香蒿，也就是"萧"。从"肃"之字与从"肖"之字文献多通用，而从"夭"之字也可与从"肖"之字通用。⑥ 这是音近义通。《尔雅·释草》："萧，萩。"郭璞注："即蒿。"《诗经·王风·采葛》："彼采萧兮，一日不见，如三秋兮。"毛传："萧，所以共祭祀。"孔颖达疏引陆玑曰："今人所谓荻蒿者是也。或云牛尾蒿，似白蒿。白叶，茎粗，科生，多者数十茎。可作烛，有香气，故祭祀以脂爇之为香。"⑦《诗经·大雅·生民》："诞我祀如何？……载

---

① 孙诒让：《周礼正义》，第1757~1763页。
② 马承源主编：《上海博物馆藏战国楚竹书（二）》，第198页。
③ 张富海：《上博简〈子羔〉篇"后稷之母"节考释》。
④ 李学勤：《楚简〈子羔〉研究》，未刊稿。
⑤ 例详见高亨、董治安：《古今通假会典》，第786~788页。
⑥ 例详见高亨、董治安：《古今通假会典》，第762、786页。
⑦ 孔颖达：《毛诗正义》，第333页。

谋载惟，取萧祭脂，取羝以軷，载燔载烈。"郑玄笺："至其时，取萧草与祭牲之脂爇之于行神之位；馨香既闻，取羝羊之体以祭神；又燔烈其肉為尸羞焉。"① 为什么呢？《礼记·郊特牲》云："周人尚臭。……萧合黍稷，臭阳达于墙屋，故既奠，然后焫萧合馨芗。"② 周人崇尚香气，所以祭祀要焚烧香蒿，让四处香气弥漫。姜原冬至到南郊圜丘祭天求子，看到了香蒿，就"搴而薦之"，拔取以焚烧，让香气直达上帝。结果，上帝为其精诚所动，"乃见人武"，现出了巨人的脚印。姜原履之，并祈祷上帝化身的脚印赏赐给她子嗣。

简文姜原"见人武"并"履"之的记载为文献所习称，但"见蒿，搴而荐之"说无载；"祈祷"之语文献也失载。这些都是弥足珍贵的史料。

（作者单位：清华大学历史系教授）

---

① 孔颖达：《毛诗正义》，第531页。
② 王文锦：《礼记译解》，第357页。

山陕后稷神话的民间叙事形态

段友文 刘 彦

山西晋南、陕西关中是农耕文明的重要发源地,具有突出农耕文化特质的后稷神话也生长在这片土壤之中。后稷神话在整个传承历史中,其发展演变路径呈现出多样化的特点,特别是在民间体现出与社会主流不同的叙事形态,文化内涵更加丰富。以往学术界对后稷神话在民间的存在形态及其在区域文化构建过程中的作用关注较少,本文立足于民俗学的学科特点,借鉴叙事学、艺术人类学等研究方法,多角度立体地剖析后稷神话在民间的生存形态。一方面有助于拓展神话传说研究的理论视角,即深入探寻经典叙事主题在民间的传承模式是神话传说研究中不可忽视的一个部分;另一方面将学术研究与区域文化发展紧密联系,重新认识和定位其在社会生活中的现实意义,为如何在现代化进程中保护和发展传统文化提供理论参考。

后稷作为周族始祖神和农神在整个社会文化体系建构中占有重要地位,成为封建社会的正祀之神,其发展演变具有"历史化"和"政治化"趋向;然而,后稷神话在民间的传承,体现出与主流社会不同的传承方式和叙事形态,文化内涵更加丰富。就其神职功能来说更为多元化,除了"教民稼穑"的重要事功之外,又有司雨、治病、驱邪等现实职能。其神格品质保持了正祀之神基本特点的同时,也显现着地方化、民间化的特点。在人与自然、民众与社会、主流与民间的交流互动中转化为具有现实意义的地方性知识。晋南与陕西关中之间的广阔地带是周人活动的主要区域,周族的兴起、发展及其翦商立国的重大历史事件皆发生在这一范围之内。因此,通过对不同时空环境下的后稷神话所呈现出的不同形态进行解读，有助于我们把握后稷神话在"文化传统"构建过程中所起到的影响与作用，由此，不仅可以深刻揭示后稷神话传说的基本特征和演变规律，而且对于其在文化建设中的现代重构也会提供有益的理论支持。

一　山陕后稷神话的民间叙事主体

"叙事是全民的行为，叙事本无所谓民间非民间，然而，随着社会的演变，人的身份问题产生了，最粗略地划分，是统治者和老百姓，社会的上层和下层。社会地位决定着社会意识，决定着人的需求，特别是精神的需求，也就决定着各自的叙事必有一部分会从内容到形式都有所差异。"[1] 生活于社会基层的普通民众对于社会历史的记忆常常通过各式各样的方式进行记录，并与民众日常生活紧密结合，隐含着民众心理、民众思想和审美趣味，真实反映与自由想象相混杂，具有浓郁的生活气息，与主流文化既矛盾又统一、既对立又互补。晋陕后稷神话于民间的传承主体，既有着"民"的一般性特点，又具有特定地域民众的文化特质。主要表现在两个方面：

（一）农耕文化语境下的家族思维

周人是从采集走向农耕、从流动走向定居的部族群体。发达的农业文明给民众创造了富足的经济生活，生活方式发生了前所未有的改变，周文化本质上就是农耕文化。最终形成的宗法礼制，其基础则是农耕文明所建立起的人口、土地、组织等经济条件。周族的祖先传说，从一开始就和农业生产联系在一起，农业的独特生产模式之下更增强了对于群体力量的现实要求，家族思想托始于"敬祖"这一观念。中国上古时期，神权政治至商朝达到极点，这时的宗教崇拜对象上有天神，中有地祇，下有人鬼，生民一举一动须受神意的支配，丝毫不敢违背，在这种环境之下人类是没有自由思想余地的。这种神权思想到了周代发生动

---

[1] 董乃斌、程薔：《民间叙事学论纲》，《湛江海洋大学学报》2003 年第 2 期。

摇,从周代以后进入人权时代,周朝人权政治的中心就在于宗法制度成为统治天下的根本,王国维在《殷周制度论》中认为:"欲观周之所以定天下,必自其制度始矣,周人制度之大异于商者,一曰立子立嫡之制,由是而生宗法及丧服之制,并由是而有封建子弟之制,君天子臣诸侯之制。"① 在这样的人权时代里,上帝与天命,实际上受制于道德化了的祖先,后稷正是处于周人宗族系统中的至高神,后稷神话的始祖神格也正符合农耕经济条件下的敬祖观念,并由此生发形成了一系列表现敬祖行为的祭礼,人们对于"宗族"这个血缘共同体的内涵已有深刻的认识,不仅能够在上百种亲属关系中区分宗亲与姻亲,准确地把握宗族范围,而且对宗亲中的直、旁、长、幼、世代关系,都有精确的区分。

山陕民间叙事中的始祖后稷鲜明地体现出了这样的宗法礼制特征。陕西岐山县城西7.5公里处,凤凰山南麓有周公庙,据《岐山县志》和有关碑文记载,唐武德元年(618),高祖刘渊缅怀周公姬旦的德贤勤政,下诏于岐之古卷阿腹地为周公建立专祠,以纪念这位大德大贤的元圣。周公庙主体建筑前有三公殿,即周公献殿、召公献殿和太公献殿。中有姜嫄殿,后有后稷殿,建筑格局具有严格的宗法秩序。姜嫄虽尊为圣母,但在森严的礼制规范里仍位于后稷殿前,而将后稷置于主位。这样的建筑特点有着深刻的社会意义,即周代的建立正经历着从母系氏族社会向父系氏族社会的转变并走向成熟的阶段,以父系为中心的男权社会逐渐形成,权力结构的巨大变革体现于社会生活的方方面面,王权的地位相对于夏商获得了极大的提高,"天子之尊"的出现便是宗法精神贯彻的结果,对后世影响深远。周公庙的创建虽在后世的唐代,但其宗法秩序仍承续着周代以来的礼制轨范,形成了男权为中心的建制格局。民众对于周公庙建筑的等级格局有着另一种解读,称之为"背子抱孙"。这样的认识是以姜嫄为宗族中心,更加强调家族伦理关系的有序性。从另一层面来看,"背子抱孙"呈现出的子孙满堂的情景是日常生活中民众最为向往的家庭理想,这也是建立在农耕文化的社会基础之上。农耕文化的规模化生产进一步增加了对于男性劳动力的需求,因而

---

① 王国维:《观堂集林》下册,中华书局1959年版,第453页。

小到家族，大到国家，劳动力人口的众寡成为影响经济发展的重要条件，也是衡量经济富足与否的主要标志之一。

（二）趋利避害的合宜性选择

农耕文明是中华传统文化的主脉，千百年来中国民众的生活"日出而作，日落而息"，在与自然的艰苦抗争中坚守着一片黄土，族群的繁衍和农业生产关系密切。对文明起源的研究，专家们普遍认为，古代文明形成的共同基础即农耕畜牧业。以农耕畜牧业为基础的定居聚落是人类通向文明社会的共同起点，因此，对于农业生产的重视就不言而喻了。在山陕民间，以后稷为中心而形成的祭祀文化圈，俗民们既遵从古代国家所谓"祀典""祭法"，又从生产生活的实际出发，在祭祀神灵的过程中依循着"合意愿"的原则，进行着选择改造。与正统稷祀文化形态不同，民间的后稷信仰则包含着民众直接的生活愿望和真实的社会认识，体现着现实功利性的特征。摒弃了许多属于社会意识形态的宗教信仰范畴，民间的稷祀更多地保留了稷神的"自然属性"，稷神和社神共同构成了俗民信仰记忆中的影响农业生产的某种力量。祈求风调雨顺和庄稼丰收是民众最大的愿望，岐山县蒲村、枣林就有祈稼会的民俗活动：

> 所谓祈稼，就是祷求禾稼盈收，五谷丰登。诸如蒲村麦王庙会、枣林街麦王府会均为祈稼会。麦王府所祀之神为周族的始祖——后稷（弃），传说有邰氏之女姜嫄踩巨人足迹，怀孕而生，始以为怪物而一度被弃，故名为弃。弃善于种植各种粮食作物，曾在尧舜时做农官，教民耕种稼穑，周人认为他是开始种稷和麦的人，因以麦王神祀之。①

"祷求禾稼盈收，五谷丰登"成为当地民众崇祀后稷的主要目的，对后稷的信仰构成了当地民众的文化记忆。祈求农业的丰收之外，俗民

---

① 中国人民政治协商会议陕西省岐山县委员会文史资料委员会编：《岐山县文史资料》第七辑，岐山彩印厂1992年版，第68页。

也赋予了稷神更多的神职功能,并不局限于稼穑,与农耕生产相联系的其他职能也附会在他的身上,超出了农神的神职范围。如在武功老城西的小华山上,每年的正月十五,各街巷村舍都要鸣锣击鼓来到后稷祠争先进香献爵。高跷、社火、秧歌、竹马、彩车、戏曲等昼夜助兴,人山人海,高歌欢舞庆祝姜嫄后稷带给人类的幸福。在一年初始之时来到山上祠里烧香,可以在一年内获得健康和实现生活的种种愿望。万荣的稷王庙同样也是邑内百姓为祈五谷丰登,物阜民丰,而来祭神求雨的一处重要场所。

稷神是人们在原始宗教心理的支配下而创造出来的,是人类对于谷物极度渴望的产物,万物有灵的观念使先民相信谷神的存在,因此便以他们认识最早的谷物"稷"作为农神的符号加以崇拜,这里的"稷"是最初的文化指向。后稷成为农神则和他在部落里所建立的农业事功密不可分,二者虽属不同的文化范畴,但在民众的认识里是稷神的两个不同侧面,相互之间的联系依然紧密,稷神信仰已成为较为稳定的民俗生活模式。

"叙事"是人类本能的表达方式,从亚里士多德开始,人们就从未停止过讨论:从史诗到小说谈论叙事的体裁类型,从结构主义的角度谈论叙事的文本框架,从真理的角度谈论历史理论的宏大叙事与它的结束等,这些都是建立在将话语作为叙事手段的基础之上。但叙事不只局限于话语,从更广泛的意义上看,"叙事是对经验性而不是对行动和事件本身的符号再现:经验性本身是世界中的个体人类意识对世界进行的一种中介行动"(弗鲁德妮克,Fludermik Monika)。这一点使叙事性可以在非语言形式的其他艺术体裁中存在,如建筑、戏剧、绘画等,表现为一种没有讲出来的故事。本文所讲的民间叙事与文人叙事、官方叙事等非民间叙事不同,有其民间性的特点。《民间叙事学论纲》一文认为:"民间叙事是老百姓的艺术创作,以口头创作、口头流传的方式存在,口头性是它的基本特征,与此相关则有易变(不稳定)、易散失、往往无主名、允许集体增删并因增删者地域民族不同而形成多个版本(地域性异文)、广为流传而在流传中发生种种变异(历时性异文)等特点。此外,作为一种下层文化,它还有形式生动活泼,内容反映民众心理、民众思想趣味，真实反映与自由想象相混杂，以及与主流文化既矛盾又统一、既对立又互补等等特点。"文章进一步指出"民间叙事首先大量地存在于民间文学作品之中……除了已凝固为某种文学体裁样式的口头创作以外，还有许多民间叙事存在于人们的行为，如祭祀、礼仪、游戏中。它们往往不能像口头创作那样转换成对应的文本方式，而主要存在于活的民俗或有关文字记述之中，但同样是民间叙事整体的重要组成部分。"① 作者对于民间叙事的性质、特征与存在方式进行了基本的概括，提出民间叙事的传承主体是广大民众，其存在方式是以口头方式为主体，同时也指出民间叙事与非民间叙事的重要区别是活形态的存在方式，如祭祀、礼仪、游戏等。这一观点的提出也正指出了现阶段民间文学研究工作中的缺失之处，即研究的关注点更多放在口头文本上，忽略了民俗文化存在形态的多样化以及不同传承形态之间的相互关系。《民间叙事学论纲》一文存在的缺陷是，在关注活态民间叙事的不同传承方式时，对于物质性的、行为方式范畴的活形态存在只进行了理论上的概括，未能进一步深入。本文试图承接这一思路，以晋陕后稷神话为研究对象，对其在民间的叙事模式进行探讨。从后稷神话民间叙事的传播媒介来看，其叙事形态主要可以分为口头叙事、空间叙事、行为叙事三个形态，不同的叙事方式相互影响、相互渗透、相互作用，共同书写着神圣而久远的后稷神话。

二 晋陕后稷神话的口头叙事

后稷神话在晋陕的民间传承，语言文字仍是主要的，也是最好、最实用的叙事媒介，在民众的口头叙事里，形成具有鲜明地域性和历史性的异文，渗入了民众心理和朴素情感，内容上的真实反映与自由想象相混杂，与主流文化既相矛盾又相互统一。主要有两大类：一是散存于古代典籍文献以及相关研究著作中的后稷神话传说，如《诗经》中的《生民》，《史记》里的《周本纪》等；二是至今仍流传的和保存于地方文

---

① 董乃斌、程蔷：《民间叙事学论纲》，《湛江海洋大学学报》2003年第2期。

献资料中的后稷神话传说。反映着民众的生活史和思想史,对民众情感认识的表达有着鲜明的直接性和真实性。志书、文史资料等地方性文献多由地方文化精英编纂,其中保存的大量神话传说故事,体现了与主流文化相一致的价值取向,同时也贴近民众,在一定程度上体现了民众的价值观和思想认识。后稷神话在晋陕民间的口头传承不同于正史记载,体现出鲜明的地域性,直接反映了民众的现实生活愿望和情感诉求,对于后稷的诞生、教民稼穑等事迹有着民众自己的解读视角和叙事方式。

后稷感生神话在晋陕民间传说中所占比例最大,与地方文化联系紧密,叙事重点更侧重圣母姜嫄。共有三则异文:《姜嫄生子》《姜嫄氏金针缝骡牝》《姜嫄圣母奇生后稷》,最具代表性的为前两则。

《姜嫄生子》[①]是流传于陕西揉谷的后稷诞生传说,故事情节主要有:

  a. 姜嫄是黄帝曾孙帝喾的妃子,常和丈夫一块儿上山打猎,采野果,但因不能生育而常受丈夫虐待。
  b. 她去村子附近的庙里求神,因路上踩着雪地里的巨大脚印而怀孕生子。
  c. 孩子无父,姜嫄将孩子扔在偏僻的路上,牛羊没有踩死;扔在森林里,有母狼喂奶仍未死;扔到海滩上,鸟儿为孩子遮阳光、喂水,孩子没有死。
  d. 姜嫄将孩子抱回家,取名弃,弃后成为古邰国领袖,即为后稷。

《姜嫄氏金针缝骡牝》[②]是流传于晋南浮山县的关于后稷诞生的传说,故事情节如下:

---

① 扶风县民间文学三套集成编委会:《扶风县民间故事集成》,扶风县印刷厂1989年版,第9页。
② 浮山县民间文学三套集成编委会:《浮山县民间故事集成》,扶风县印刷厂1987年版,第42页。

a. 帝喾有四个妃子，姜嫄为元妃。

b. 姜嫄还是姑娘的时候，一年冬天，母亲叫她去拖干柴，她踏着雪地里一个巨大脚印行走而怀孕。

c. 快临产时，母亲知道原委，认为未嫁女儿在家生孩子是丑事，叫姜嫄牵了一头骡子到野外生产。

d. 骡子恰好也要生产，姜嫄怕把孩子生在半道，用金针将骡子牝门扎住。

e. 在一个水池边姜嫄生下了一个肉球，她把肉球扔到大水池里骑骡返回家。

f. 传说怪胎被抛三次都获得救助，成为周族始祖。骡子却因被姜嫄扎住牝门，从此不能受孕产驹。

通过对流传于陕西扶风、晋南浮山的两则后稷感生神话传说的情节进行概括，我们可以发现后稷神话的民间口头叙事与经典古籍记述既相联系又有不同。从叙事内容来看，共同之处主要有三点：一是民间传说中保存了后稷的正统帝系身份。文本都对姜嫄为帝喾元妃一事详细记述，《姜嫄生子》中的姜嫄是作为黄帝曾孙帝喾的妃子出现在叙事中，将姜嫄的帝系身份上溯到了华夏之祖黄帝，因此也更加突显出其子后稷的尊贵地位。《姜嫄氏金针缝骡牝》里的姜嫄更多强调其作为帝喾的元妃地位，皆承续了《周本纪》等典籍中的帝系传统。二是姜嫄皆因踏雪地中的巨大脚印而受孕，但留下脚印的人并没有明确。三是后稷出生后都被三弃，因受到神奇护佑最终成为周族始祖。从叙事方式及情节素来看，不同之处有以下几点：一是姜嫄形象成为叙事的重点。姜嫄的形象更为具体化、生动化，《姜嫄生子》中的姜嫄是一个善良勤劳的妇女，受到民众的拥戴，形象塑造符合民众的理想诉求。并且姜嫄的生活遭遇也成为叙事的重点，因她一直不能生孩子而受到了丈夫的虐待。重视子嗣的生育观念显然是在后世的农耕社会生活中逐渐形成的，在叙事中与后稷的诞生深刻整合在一起。二是地方风物的渗入，情节素构成更为丰富，后稷神话向具有地方化的传说转变，成为一种解释性的地方知识。《姜嫄生子》中总体是对"揉谷"之名的解释，另外文本中又有姜嫄求子场所"庙"的出现。《姜嫄圣母奇生后稷》则是对绛县烟庄村的凤凰岭一带的姜嫄生子传说的地方性解读。《姜嫄氏金针缝骡牝》叙事结构以姜嫄生子为主线,但在民间的叙事传承中还渗入了骡子为何不能产驹的民众解释性传说。骡子是农业生产中重要的畜力,因其本身为马驴的杂交品种而没有繁殖能力,但对于民众来说,更愿意将这一生理特点与神异事件相粘连,于是在传说中将骡子不能产驹与地域性的神话姜嫄生子一事联系起来,认为是由于姜嫄之母将其生子看作是丑事而让她到野外生产,姜嫄因怕生于半道,所以将也快产驹的骡子牝门用金针缝住,而救姜嫄于危难的骡子从此不能受孕产驹了。上述民间叙事作品中,情节演绎了古老神话世界的叙事线索,后稷诞生神话成为后世传说滋生的土壤,它们相互之间体现为源与流的关系。相同的人物、相同的情节使上古神话与民间化的地方叙事建立起了逻辑上的承续关系,从民间文学的文体角度来看具有质变的性质,然而从艺术创作方式来看,却又有着明显的传承轨迹,二者有着诸多共同性。

三 晋陕后稷神话的空间叙事

语言是一种时间性的叙事媒介,存在着去空间化的历史决定论,但人类在根本上是空间性的存在者,民间文化的传承不仅是历史的投射,还牵涉到一种地理空间的指涉,以重新实现对那些具有普遍性的地理不平衡发展的语境和意识的重构来完成一种新的叙事。[1] 用于社会科学对一个特定区域的研究,"空间"一词是一个宽泛的概念,它有两个层面的意思:其一是有形的"空间",包括形态、职能、构成要素和结构等,在这个层面上,它是一个外在的封闭系统,将之称为"区位空间"[2];其二是指无形"空间",包括人的行为、思想、信仰、习俗等,是一个开放的系统,但其作用却更加深远,依靠习俗、道德、礼仪、伦理等精神的作用控制一定区域的民众,将之称为"精神空间"。两者的

---

[1] 参见潘泽泉《空间化:一种新的叙事和理论转向》,《国外社会科学》2007年第4期。
[2] 张小林:《乡村空间系统及其演变研究》,南京师范大学出版社1999年版。

共同作用,维持着特定地域的经济活动、日常生活、社会生活。在山陕独特的地域环境中,对于后稷神话的记忆不仅以语言的形式进行时间性的传承,在空间的维度里,以各种物质载体为传播媒介记述后稷神话的活形态叙事同样是传承过程中至关重要的形式,这样的叙事形态突破了口头叙事在表现空间方面的缺陷,使后稷神话在山陕的空间范围内坐实为一种民众日常生活的有形标识,与其他叙事形态共同构建起后稷神话的象征和知识系统,因此,可以从自然物质空间和精神空间两个层面来深入解读后稷神话的民间叙事过程。

(一) 自然空间中的后稷神话

从现存的文物考察,在晋陕黄河流域的广阔地域空间里,后稷神话在该地区流传广泛而深远,至今仍保存着后稷庙、戏台、教稼台等建筑和遗迹,历千年风雨而不衰,在民众日常生活中展现着后稷教民稼穑的久远神话。这些遗迹不同于自然景观,它们或是民众在自然空间中的心意崇拜,或是人们对自然景观的合意愿的文化创造,俗民们既遵从古代国家所谓"祀典""祭法",又从生活的实际出发,在祭祀神灵的过程中进行着选择、改造,由此形成了众多的传说、习俗,构成了一种物与义的交织。后稷神话已物化为一个分布范围极广的后稷遗迹文化丛,主要分布在山西稷山、万荣、闻喜等地以及陕西武功、岐山、扶风等地。兹列表统计如表一:

表一　　　　　　　　山陕后稷庙宇风物分布

地名	遗迹	祠庙	古迹	陵墓	山川
山西省	万荣县	后稷庙两座:一在三雌雄塔文乡东文村;一在南张乡太赵村	雌雄塔	无	稷王山,又称稷神山
	新绛县	稷益庙	古堆泉、古水	无	
	闻喜县	阳隅乡吴吕村后稷庙	冰池村	姜嫄墓	
	稷山县	后稷庙两座:一在汾南五十里稷神山顶;一在县治西南	稷亭、稷王庙、稷王塔	稷王陵	

续表

地名 \ 遗迹		祠庙	古迹	陵墓	山川
陕西省	彬县	无	履迹坪、水北村、公刘墓	姜嫄墓	无
	岐山县	周公庙、后稷祠、姜嫄祠	无	无	华山
	扶风县	姜嫄祠	姜嫄村、姜嫄渡	无	凤凰山
	武功县	姜嫄庙、后稷祠	教稼台	姜嫄墓	无

以上调查显示，在晋陕两地分布着大量后稷祠庙、古迹，至今仍保存完好。所涉及的县有八个。山西是以稷王山为中心呈空间辐射分布，稷王山在今天的地理行政区划空间里是处于闻喜、万荣、稷山、夏县四县交会之地，平均海拔在850米以上，为该区域的最高点，矗立其巅，四县全境尽收眼底。因此，神话中的后稷立于山顶教民稼穑，也有其自然地势高耸的原因。各县志中对此也均有记载，据民国《万泉县志》中《城池·山川》记："稷王山在县东四十里稷山县界山巅有后稷庙。"《祭祀·坛庙》中记："后稷庙二：一在稷王山巅；一在西薛里，有宋崇宁、明正德间碑记。"[①]《稷山县志》载："稷神山在县南五十里，东连闻喜，西连万泉，南连夏县，峰峦层出，邑景稷峰叠翠即此，以后稷教稼于此，故名。山上有稷祠，山下有稷亭。"[②] 稷死于稷王山，后人为纪念他的功绩，在此建有稷王陵、稷王庙、稷王塔，塔上刻有"后稷明堂"四字。从现在可考文物和文献记载的后稷祠庙、遗迹分布来看，其主要分布区域是以稷王山为中心向四周扩布，遍及河东的广大地域。

隔河相望的陕西关中是后稷神话分布较为密集的另一地域空间，主要流布于渭水流域的周原地区。我们在实地调查中发现，后稷神话主要集中于武功、扶风、岐山、彬县四县，以武功为中心沿渭水流域扩布。

---

① 何樂修、冯文瑞：《中国地方志丛书·万泉县志（民国六年石印本）》，成文出版社有限公司1976年版，第61、152页。

② 沈凤翔：《中国地方志丛书·稷山县志（清同治四年石印本）》，成文出版社有限公司1976年版，第103页。

《水经注》卷十八载："邰（武功）城东北有姜嫄祠，城西南百步有后稷祠，眉之邰亭地。"① 此即武功有姜嫄、后稷祠的最早记载。康对山《武功县志》记载原后稷庙、姜嫄祠"今俱亡矣"，今"稷祠在城内西上，故宝意寺址也。弘治丙辰（1496）知县学通改建，祠后又作姜嫄祠"②。另有遗迹为武功镇东门外漆水之滨的教稼台，相传为后稷向人们宣讲稼穑百谷之道的场所。原一矩形土心砖砌平台，下大上小，呈覆斗状，中有洞门，为来往车马行人必经之路。洞门东口上有宽约1米、长约2米的石刻，其文曰"教稼名区"。上款为"道光十五年（1835）三月重修"，下款"知武功县事邓兆桐立"，西口上为"教稼台"。此台代有修葺，清雍正元年（1723）知县杭云龙、清道光十五年（1835）知县邓兆桐、民国25年（1936）县长钱范宇曾三次重修。1970年，由于"文化大革命"中被破坏，教稼台已荡然无存。1987年，耆宿发起倡议，士、农、工、商，尤其中央、省属杨陵农业科研单位踊跃筹资4万余元，于1988年秋施工，次年春主体落成。教稼台重立于旧址，形体依旧，仍呈覆斗形，高12米，周长24米，台周围确定了保护范围，占有面积2500余平方米。遂立标识，设门楣，建起砖围墙，1988年被列为县级文物保护单位。与山西稷王山后稷教民稼穑神话叙事比较，稷山稷王山为自然空间形成的高地，而武功教稼台则是人工筑造的空间景观，但从其所取"高"地之意二者却有着异曲同工之妙，均符合后稷教民稼穑时，蠹于高地，播恩泽于四方的空间要求。武功周边的扶风、岐山、彬县均分布有后稷祠庙、姜嫄墓等遗迹。在自然空间的维度里，民众建立起各种空间实物对于后稷的千古事功予以记述，形成了一个遍及黄河流域涵盖晋南、陕西关中地区的蔚为大观的"后稷遗迹文化丛"。在民众的深层记忆里构筑起一个不同于行政空间观念的后稷文化网络。形成了一个跨县份、跨省区的"后稷祭祀文化圈"，也进一步推动了民众精神空间中后稷神话叙事体系的建立。

---

① 王国维校：《水经注》卷18，上海人民出版社1984年版，第588页。
② （清）康海：《中华地方志丛书·武功县志》，成文出版社有限公司1976年版，据清乾隆二十六年重刊本影印，第40—41页。

（二）民众精神空间构建中的后稷神话

物质文化需要一相配部分，这部分是比较复杂、比较难于类别化或分析，但是很明显的是不能缺少的。这部分是包括着种种知识，包括着道德上、精神上及经济上的价值体系，包括着社会组织的方式……这些我们可以总称作精神方面的文化。① 精神生活是产生于物质生活基础之上的，是影响物质生活最主要的因素，因此精神空间的建构与物质生活有密切的关系。它包括民间信仰的存在，口承文艺的传布，以及民俗教育的潜在进行。对精神空间进行研究，实际上，有助于我们"全息"地、动态地探讨多重因素迭合的社会存在状况，了解民众心灵史的历史建构过程。人类在认识自然的同时，明白了自然、人、社会三者之间紧密的相互关系，认识到自己不能掌握自己的命运，而希望借助于超自然的力量作为命运的归属和精神的依托。

与后稷遗迹关系密切、相互影响的是伴随民众精神生活的后稷信仰，在中国古代民俗信仰体系位于正祀之列的诸神里，后稷是具有典型意义的一个"帝王"。他的事迹不仅在于创立周族，还在于农耕文化的发明。民众信仰的目的有着很强的功利性，皆从本地民众的生活需要出发，与家族的兴旺繁盛，健康富裕，农业顺利耕作有着密切的关系。后稷祠庙在地域社会和民众心目中的"力量"，在各种仪式行为中得到表达和强化。通过对山陕各地有关后稷信仰碑文的解读，透视出后稷神话在民间是一个成千上万次被"重复"的过程，在这个过程中，乡村的历史和神灵的威严得以建构和巩固。在实际功能上，这些民间叙事在更大的历史地理空间中建立起"亲密"关系，而后稷神话在漫长的历史发展过程中，也经历着不断被"选择"的过程。后稷崇拜的民间叙事里，其神职功能产生了更多符合民众理想诉求的转变。《稷山县志》中的《后稷祠祷雨文》记载了后稷作为雨神的内容，全文如下：

---

① ［英］马凌诺斯基：《文化论》，费孝通译，华夏出版社2002年版，第5页。

后稷祠祷雨文

德佐唐虞，躬耕稼穑。肇八百载王业之本，开亿兆民粒食之源。炳炳典谟，悠扬风雅。治臣有五功，孰有加兹者？山右河东境内，乃昔年农事兴起之乡，正斯民年成丰乐之所。夫何连年旱灾，五谷不登，饿殍盈途，骨肉相食。去冬虽雪，今岁多风。三月已初，点雨不降。瘟疫萌发，死亡相仍。往古来今亦所罕见。某钦承上命，赈济一方。适经勋州，见尚不忍。以神血食兹土，灵贶昭彰，岂肯坐视而不阴佑？其哀想必有待而欲潜消其患。今亦云亟捍之宜遄，奋扬威灵，斡旋造化。俾田畯有喜于南亩，密云不自于西郊。深渊讶卧龙之腾，满背出石牛之汗，甘澍大作，泽润生民。无悯雨之忧而有喜雨之乐，殄乖气之异而名和气之祥。百谷用成，万民无恙。若是神庇，垂于无疆。①

这是时任山西官员的何乔新奉命赈灾，路过勋州撰写的一篇祷雨文。文中述及后稷"德佐唐虞，躬耕稼穑"之伟业，描述了河东连年大旱不雨，"饿殍盈途""骨肉相食"的惨烈景象。故而祷告于田畯，稷神"岂肯坐视而不阴佑"，最终显灵而甘霖普降，"生民无悯雨之忧而有喜雨之乐"。后稷神祇在文中不仅是教民稼穑的农业神，并且已然成为护佑农业丰产的保护神，旱时具有司雨的神职功能，涝时则具有驱涝保收的神力，流传于稷山一带的民间传说《雌雄塔》便表现了后稷这一神性：

a. 在稷王山顶，矗立着两塔遥相呼应，人们称其为"雌雄塔"。

b. 传说很久以前，这里人们过着安居乐业生活。这里出了个能人，名叫后稷，他力大无比，武艺高强，且智多识广，于是大家都推崇他为首领。

---

① 沈凤翔：《中国地方志丛书·稷山县志》，成文出版社有限公司1976年版，清同治四年石印本，第976页。《后稷祠祷雨文》的作者何乔新，江西广昌人，时任山西巡抚。

c. 有一年，新麦要收获之际，一条恶龙来此兴风作浪。后稷就挥舞宝剑，与恶龙搏斗。打败恶龙，风止水退。

d. 后稷将这条恶龙牵到禹门口，拴到缚龙柱上。如今，禹门口的"龙门""缚龙柱""拴龙环"痕迹犹在。

e. 每当小麦黄时，后稷就手执宝剑，站在稷王山上目不转睛地监视着禹门口恶龙的动向，叫百姓加紧收打，所以老百姓把夏收叫作"龙口夺食"。

f. 有一年麦子刚收完，后稷竟化身为石人，后稷妻子送饭发现后也化身为石人。由于这两尊石象屹立着，于是年年风调雨顺，五谷丰登。

g. 人们为了纪念他们，就在该地建立了两座砖塔和一座稷王庙，把后稷降恶龙的宝剑安插在塔顶，而后稷妻子撒米饭的地方，至今还有数不尽的碎石，人们叫它"五谷石"。[1]

文中将诸多民间传说母题糅合其中，后稷形象转变为一个降龙伏魔的神话英雄，除魔的争斗也为地方风物做出了生动的注解。禹门口的"龙门""缚龙柱""拴龙环"成为后世民众对后稷神深层记忆中的精神象征。从社会发展来看，后稷神职的民间转变是因为社会生产从游猎方式进入到定居的农业社会后，经济也有新的发展，相应地对粮食需要成了民众生存中的大事，而水成为农业生产的重要条件，旱涝灾害均为制约粮食丰产的最大障碍，民众在无奈的情况下，求神祈愿，而神格的选择体现出了普遍的合宜性，后稷发明农业的伟大事功使民众对其崇拜无比，而当民众面临自然灾害之时，所能凭借的神力诉求自然指向了"德才兼备"的后稷。从民众主体认识来看，祭祀神灵的具体选择，既要遵从古代国家的礼制祀典，又要从世俗民众的生活实际需要出发，具有很强的功利性或"心意由己性"，后稷之祭伊始就体现出了纪念性与宗教性，周族始祖的神格受到雅俗两种文化的共同尊崇，而作为农业保护神则在民间成为民众倍加崇祀的另一神性。在民众精神空间中构建起的后

---

[1] 山西省万荣县志编纂委员会:《万荣县志》，海潮出版社1995年版，第776页。

稷信仰体系是个既保存有经典叙事中作为周族始祖和发明农业的正祀神格，而在民众解释传统中又衍化出了司雨、驱涝等神职功能的民间神格形象。这也成为后稷神话得以久远传承的重要因素之一。

四 晋陕后稷神话的行为叙事

行为研究是艺术人类学框架中的重要形式，其所关注的主要有两个向度："透过艺术看文化，考究特定群体的'艺术活动'与当地社会文化内涵之间的索引性关联，亦即艺术的文化表达问题；另一方面从文化语境切入阐释艺术，探讨特定'框束'条件下的人对艺术活动的赋义、具体艺术形式的产生、艺术的即兴创作等论题，即文化的艺术呈现问题。"[①] 从艺术人类学的行为研究所关注的问题来看，其所主张的行为研究不是依据行为的主体线索来将其从现实生活中抽象出来考察，而是把行为放在了具体现实的关系之网络中来加以观照，是基于一种场景性的生活世界下的研究活动，是回归日常生活而对艺术与行为之间的关系所做的反思与定位。而这样的出发点正与民俗学的学科取向相契合，因此，行为研究在民俗学的研究活动中也成为一个重要的方法。董乃斌、程蔷在《民间叙事学论纲》中便提出了"行为叙事"的概念，"凡不是以语言文字为载体，或仅仅以语言文字为辅助工具而以身体动作为主要媒介来进行的叙事，我们称之为行为叙事"[②]。民间叙事的传播媒介从语言文字扩大到人的身体动作和某些行为方式，进一步扩展了民间叙事研究的视野。研究民间行为叙事离不开实地调查，我们在山陕乡村进行后稷神话的民俗调查中，也自觉地从民众行为切入，观察民众围绕后稷神话而展演的一系列行为过程。

陕西武功县武功镇东河滩上，有一个土台，上刻"教稼台"三个大字，相传这就是我国第一个农官后稷当年教民稼穑的地方。后稷教稼是在冬闲时月，所以每年农历的十一月十一日开始，教稼台下的东河滩都要举

[①] 洪颖：《艺术人类学行为研究的主要范畴刍论》，《思想战线》2007 年第 2 期。
[②] 董乃斌、程蔷：《民间叙事学论纲》，《湛江海洋大学学报》2003 年第 2 期。

行盛大的古会，上会的人们都要带上新麦子做成的大白蒸馍，用自己纺织的花手帕包起来，在会上比赛，以显示庄稼收成的好坏。今天的武功镇东河滩会盛况依然，每逢会期，各地商客慕名而至，男女老少结伴而来，古镇沸腾，形成了民间狂欢场面。在对原村支部书记李文贵采访时，谈到村民现在对后稷的祭祀还有什么样的活动时，他有这样一段表述：

> 后稷教人们种庄稼，就在我们村东那儿的教稼圣台上，人们可信哩。我们这儿现在后稷祠就是在村西小华山上，现在人们还常上去。主要在正月十五，"游百病"，男女老少都去，能保一年的平安，不生病，没有灾。主要是求签、许愿，另外还有上去求子的，主要是跟姜嫄烧香求呢。平常管理庙的有四五个人，主要选热心的一些老人来管理，都比较负责的。①

从他的言语中可以体现出民众对于后稷的尊崇已转化为日常生活的一种行为方式，护佑民众生活平安和满足人们子孙繁衍的实际愿望。同时更蕴涵着强烈的求丰祈稼的共同希冀，祈求风调雨顺和庄稼丰收是民众最大的心愿。在陕西岐山蒲村、枣林一带民众将后稷称谓"麦王"，清楚地表现出实际日常生活中的后稷神话，叙事模式和叙事语言都有着民众特有的表述特征，以身边之事、眼前之物予以命名，能保护麦禾的丰收即为民众崇信，这也已成为中国民俗信仰的普遍性特征。与陕西隔河相望的晋南河东地区，自古亦为农业发达之地，后稷神话在民间的传承同样有着相似的叙事传统。《山西通志》记载稷王山下"附近六村群众，每年四月初一祭祀姜嫄"。《万荣文史资料》第三辑中《稷王山览胜》中记录了稷王山周围的人们甘冒跋山之苦，不畏路途遥远，每年都要往稷王庙祭祀，这种活动统称为"上庙"。稷王山顶的稷王庙在元末明初才初具规模，每年三月十日传为稷王生日，五县群众，锣鼓旗伞，红火热闹，进行上庙祭祀活动，后因上庙中各县之间发生矛盾，酿成械

---

① 被调查人：李文贵，69岁，原村支部书记，初中文化程度；调查人：段友文、刘彦、田洁；调查时间：2006年9月28日；调查地点：武功镇。

斗，经过协商，每年一县主办，五年一轮，直到1938年，日寇侵入汾南，抗日军民以稷王山为根据地，日寇多次袭扰，将庙焚毁，祭祀才告中断。今天，对稷王的祭祀在小地域范围内仍然传承不衰，新绛县阳王镇稷益庙内保存的碑刻《二月二庙会记》里记录了民众崇祀后稷及伯益的真实场景，全文如下：

二月二庙会记

二月二庙会由来已久，每年是日，周围二十余村群众均以各种娱乐形式聚在一起，竞相争奇，共享欢乐。除□□鼓、锣鼓、秧歌外，更有鼓车、抬阁、高跷、闻名遐迩，独步河东。鼓车有三五十辆之多，良骥拉乘，神鞭驾驭，少则四匹，多则二十一，车前车尾各载一只整张牛皮制成的大鼓，一人、二人按其套路擂动，间有铜钹相击，声震霄汉，奔驰如飞。抬阁有四五十架，构思奇巧、神工莫测，其人物造型或隐或显、或虚或实，如凌空欲飞的仙子。踩高跷不下数百人，或高或低、或文或武，更有甚者，其跷粗如椽许，高文许近处观看需□仰□观日之状，另有四人踩五条，五人踩六条或六人踩七条跷者，一字排列，珊珊而过。改革开放以来，国运日昌，民渐富庶，盛世之中，礼乐更兴，鼓车的装饰更为艳丽多彩，抬阁亦静中有动。加之夜晚又有戏剧焰火，壮色星落如雨，火树银花，凤箫声动，歌喉声啭。置身其中，不辨天上人间也。演出逾千人，观看群众亦在六七万人之多，从辰时起，到戌时止，阳王大地成了一个沸腾了的人的海洋。□演出场面既粗犷豪放，又质朴细腻，以其独特的方式，表达了这方人民的喜、怒、哀、乐，是传统文化的积淀，也是阳王区域文化的象征。

千百年来，生于斯长于斯的炎黄子孙，每每以此为自豪而产生了巨大的凝聚力。为光大先暨遗绪，弘扬我镇魂□，改作文记之并镌之于石，以昭世人，以告来者。①

---

① 《二月二庙会记》碑存新绛县阳王镇稷益庙正殿前东侧，高171cm，宽74cm，厚18cm。

通过以上资料的分析，我们可以看出，祭祀、祷祝、祈求等民俗活动中以后稷为中心展开的叙事，至今在民间仍极为丰富多彩。后稷神话在晋陕民间的传承一直遵循着民众主体的现实生活诉求，以民间化、生活化、仪式化的行为过程记忆着后稷神话在地方传承进程中的再生形态，与民众日常生活紧密联系。从而使后稷神话在民间化的行为表述过程中转变为有着实用意义的"地方性知识"，隐性地存在于民众生活史之中。

小　结

通过对后稷神话在晋陕民间的传承状况及叙事模式调查研究，可以得出以下认识：

1. 后稷神话的文化特质与民众认识心理的契合。后稷神话所体现出的宗法礼制、家族观念以及护佑农业生产的神职功能都符合民众直接的生活愿望和社会认识，并与民众生活相结合，稷神信仰已成为民众较为稳定的民俗生活模式。

2. 后稷神话在民间的叙事模式是立体呈现的。民间叙事与文人叙事、官方叙事等不同，从存在方式来看，运用了民众所能认识掌握的多元化媒介，从语言、物质，再到人的身体行为等，因而主要形成了口头叙事、空间叙事、行为叙事的活形态叙事模式，在时间和空间的维度里立体、动态地展现了后稷神话在民间的传承状态。每一种日常表述模式在共同的表述主题统摄下，与其他叙事形态相联系，相互作用，互为补充，构成一种不同"文本"的互文关系，呈现出开放性的特点。

3. 黄河流域孕育了古老的华夏文明，晋陕地处中原腹地，成为上古神话发生、发展的重要地域。后稷与尧、舜、禹等始祖神历来被官方纳入到正统祀典系统之中，但他们在民间的传承中却折射出不同的文化选择。官方将其推举为"圣贤"，着力彰显其周族始祖、农业神的品质之时，更注重对江山社稷的护佑作用，突出了作为政治范式的意义，与世俗社会、民众日常生活距离相对比较遥远；而后稷神话在晋陕的传承历史中，不仅为古之"圣贤"，还成为护佑民众生产生活的民间俗神，其神格特征已由"帝神"进一步衍化为地方性的保护神,如在晋南的民间传说中有司雨的神职,护佑着农业的丰产和生活的和谐。周族社会处于由采集游牧到定居式农耕社会形成的发展时期,后稷的"司雨"等民间神职正与世俗生活紧密结合,符合民众的现实利益,成为融古帝王与农业保护神二者为一体的神祇,所以更受崇信。

我们在实地考察中看到,后稷庙等遗迹在晋南、陕西关中流布地域是最为广泛的文化标识,同时也是地域乡村政治、文化活动的中心,历史久远而保存完好。后稷神话在民间叙事模式中实现了官方意识形态与民众现实生活诉求的对接,在民间化的进程中更为贴近民众日常生活,因此后稷神话获得了更为广阔的生存空间。民间文化的发展是一个动态的过程,具有心灵和物质的双重要求,在乡村社会现代化进程中,民间文化的真正发展更重要的是要营建一个充满和谐、平等和宽容的社会民俗环境,就此而言,对神话在民间的传承规律进行研究无疑具有重要的现实意义。

(作者单位:山西大学文学院教授、山西省文化和旅游厅)

[基金项目] 本文系国家社会科学基金重点项目"山陕豫黄河金三角区域神话传说文化意蕴与当代表述研究"(项目批准号 15ASH010)的阶段性成果。

尔玛族群认同中的姜原神话

李祥林

"羌"是见载于甲骨文的族群他称（汉语词汇），如今聚居在四川西北部岷江及涪江上游、人口 30 多万的羌族是古羌人的后裔，他们以"尔玛"（羌语记音）自称，生活在中国西部青藏高原东南缘的高山深谷中，执着地守护着自有特色的文化。周之先祖后稷的出生有神异的传说，后稷之母生子的神话在川西北羌族口头文学中亦有可对读的案例。下面，立足羌族口头文学与族群意识，结合文献史料及田野事象，梳理和辨析相关的若干问题，供读者参考。

对读：羌族神话与汉文史籍

族源古老的羌族有语言无文字，拥有发达且丰富的口头文学。2008年"5.12"汶川地震后整理出版的《羌族口头遗产集成·神话传说卷》收入了一则《尕尕神》[1]，故事如下：

> 古时候有个神女，名叫姜原。她是阿巴白叶的女儿，心地善良，热爱劳动，常为人做好事。有一年，正是草叶发青、山花开放的时候，她到山上去采花、摘果。他一边走，一边寻思：人都要四十了，还没有个娃儿，天若能给我一个娃儿多好哇！突然一个好大

---

[1] 冯骥才主编：《羌族口头遗产集成·神话传说卷》，中国文联出版社 2009 年版，第 75~76 页。

的人脚印横拦在路上，这脚印大得出奇，一只大拇指的印迹就有一个人的脚那么长。嗨！这样大的脚，这个人不晓得有多大啊？吓得她赶忙小心翼翼地从那大脚印上踩过去。当她的脚刚一踩到脚印上的时候，就像踩到蒸笼上一样，一股热气从脚底直往上冒，差点把她绊倒。她回家把这件怪事说了。人们说："也许你在什么地方得罪了天神吧！要不，怎么会遇到这种奇怪的事呢？"

姜原听了这些话，心里更不是滋味儿。她便去请有经验的老时比给她打个卦，看吉不吉利。时比听了闭眼掐算，沉思片刻便温和地说："你踩到的那个大脚印，是天神安排的神迹呀。你要生个胖娃娃了呢，是吉祥兆头啊！"

故事中的"时比"，现在通常写作"释比"，在川西北羌族聚居区由于方言差异，也有称"许"、"诗谷"、"诗卓"的。犹如萨满之于满族、毕摩之于彝族的重要性，研究羌族文化，不可不重视释比。"巫是中国最早的知识分子"[1]，顾颉刚在谈到《山海经》的著者可能是巫师时有此言。羌族释比是不脱产的民间宗教人士，他们作为本民族文化的重要掌握者和传承者，亦可谓是尔玛社会中的"高级知识分子"并享有很高威望[2]，村寨祭山还愿、人家婚丧嫁娶等大事都会请释比主持仪式，击鼓唱经，祈吉驱邪。上述神话里，女子姜原在春天里因踩了巨人脚印而不解又不安，于是请释比打卦查问缘由，得到的却是喜讯。且听故事继续：

第二年，姜原果真生了个胖娃娃。这小孩一生下来就有十几斤重，全身长毛，头上还有一对肉角角，牛头虎身老熊脚，真有点吓人哩。

---

[1] 顾颉刚：《我在民间文艺的园地里》，见《顾颉刚民俗论文集》第二卷，中华书局2011年版，第601页。

[2] 关于释比的名号、身份、职能、作用以及之于羌民社会和羌族文化的重要意义，请参阅拙文《人类学比较视野中的羌族释比》，载《宗教学研究》2019年第2期。

人们又纷纷议论起来，有的劝姜原还是甩掉的好。

第二天，天刚蒙蒙亮，姜原就支撑着身子，把这怪娃儿抱去放在河边上。她车转身刚要走，天空突然飞来一群鸟儿，叽叽喳喳地叫。它们围着小孩旋一圈后，纷纷落下来，围在小孩身边。冻僵的小孩得到温暖后，便"呱呱呱"地哭起来了。姜原不忍心甩掉自己的骨肉，又跑转去把娃儿抱回了家。

三天过后，姜原请了时比给娃儿取名叫姜流。姜流不到十年便长得腰大腿粗胡子巴苍的，身高竟达十几丈哩。

…………

姜流在世时为人做了许多好事，死后称为保护羌族人民的神灵，所以被羌民供奉在火塘上方，尊称他为"尕尕神"。

了解中国上古神话及历史的读者，读着这个羌族神话不免觉得眼熟，因为其中"处女生殖"、"履大人足迹"、"弃儿故事"、"神异的出生"等情节和母题，很容易让人联想到司马迁笔下有关三代时期周之先祖的奇妙传说。且看《史记·周本纪》：

周后稷，名弃，其母有邰氏女，曰姜原。姜原为帝喾元妃。姜原出野，见巨人迹，心忻然说，欲践之，践之而身动如孕者。居期而生子，以为不祥，弃之隘巷，马牛过者皆辟不践；徙置之林中，适会山林多人，迁之；而弃渠中冰上，飞鸟以其翼覆荐之。姜原以为神，遂收养长之。初欲弃之，因名曰弃。

弃为儿时，屹如巨人之志。其游戏，好种树麻、菽，麻、菽美。及为成人，遂好耕农，相地之宜，宜谷者稼穑焉，民皆法则之。帝尧闻之，举弃为农师，天下得其利，有功。帝舜曰："弃，黎民始饥，尔后稷播时百谷。"封弃于邰，号曰后稷，别姓姬氏。后稷之兴，在陶、唐、虞夏之际，皆有令德。

对读二者，对其中高度重合的人名（后稷之母和姜流之母）及故事无法视而不见。尽管川西北羌族神话有若干细节变异，但基本上可以认定该口头作品与史书记载有明显的对应关系。《尕尕神》这神话是20世纪做民间文学三套集成时搜集的，故事流传在汶川县草坡乡，采录于1987年8月，讲述者名叫高云安，32岁，羌族。1989年阿坝藏族羌族自治州文化局编《羌族故事集》将此神话收入书中，文字较《羌族口头遗产集成》略有差异。汶川、理县、茂县和北川是川西北羌族聚居区的核心县份。川、陕接壤，按史家的说法，夏商周三代，周是陕西一带的"大国"而商是河南一带的"大国"①，周朝先祖在陕西和山西地带上都留下种种传说，他的神奇故事又是怎样传播到四川少数民族地区的，其中详情我们无从得知。"羌"原本是驰骋在中国西北地区以"牧羊"为特征的族群统称，川西北羌族是古羌人中一支的后裔。根据殷商甲骨文及先秦古史文献，古羌人分布的中心在今甘肃东部至陕西西部，其境西掩甘肃西部和青海东部，向东在势力最强时（商代）抵今山西至河南西北部②。川西北羌族有祖先来自甘青河湟地区的族群记忆，尊奉后稷及其母亲姜原的周本来也是西北民族，地缘的接近也许为神话的传播提供了方便，但这仅仅是推测。为了更好地识读"姜原感孕生子"神话，不妨再觅渠道，从女子姜原的姓氏和古羌族群的历史入手进行探视。

认同：羌与姜与周的关联

先来看看神话中人物的姓。关于《史记》对后稷姓氏的记载，有论者指出："这段文字的最后是'别姓姬氏'，而我们知道所有人是到战国时代才拥有自己的氏，春秋时代首领拥有自己的姓。随着城市之间人口流动加剧，到春秋中期以后逐渐产生了氏。在周的时代，氏还没有出现。因此这部分描述肯定不是自古传承下来的说法。"辨析了姓与氏，

---

① ［日］平势隆郎《从城市国家到中华：殷周 春秋战国》，周洁译，广西师范大学出版社2014年版，第63页。具体言之，"商的势力波及河南为中心的地区；而周则在陕西一带，以镐京为首都，在河南一带，以雒邑为陪都，威震周边诸地"（第17页）。
② 参阅顾颉刚：《从古籍中探索我国的西部民族——羌族》，载《社会科学战线》1980年第1期。

"当我们将这些后世加入的部分剔除干净以后，剩下的就只有周的祖先具有与生俱来的神性并掌管我们农业这点了。这些内容很有可能是自古传承下来的"①。说后稷姓姬，是因为娶了后稷之母的帝喾乃姬姓，其是"黄帝之曾孙"（《史记·五帝本纪》）。按照"神圣感孕"式"处女生殖"神话，脚踩巨人足印后生下后稷的母亲名原（或"嫄"）姓姜，这故事才属于"自古传承下来的"，应是周人老早的族群记忆。从人物的神话身份看，姜嫄是地母而后稷是谷神，姜嫄生后稷的故事实乃"农业生产时代所应有的原始生殖神话"②。在《诗·大雅·生民》中，对此古老神话有从头至尾的唱述："厥初生民，时维姜嫄。生民如何，克禋克祀，以弗无子。履帝武敏歆，攸介攸止，载震载夙。载生载育，时维后稷……"后稷之母姓姜，她是来自姜姓族群的女子。从文字学看姜与羌，吕思勉说："颇疑姜、羌实一字也。"③ 丁山说："自来学者都认姜与羌古本一字，也是'西戎牧羊人也'。"④ 羌字从羊、人，姜字从羊、女，二字有同源关系。《后汉书·西羌传》云："西羌之本，出自三苗，姜姓之别也。"1930年，傅斯年在《国立中央研究院历史语言研究所集刊》第二卷第一期发表《姜原》一文，对羌、姜同源有所考证并指出尽管周代习俗是"男子称氏，女子称姓"，但"女子称姓之习惯，在商代未必这样谨严。鬼方之鬼在殷墟文字中或从人，或从女。照这个例，殷墟文字中出现羌字从人，与未出现从女之姜字，在当时未必就有很大的区别"，因此直到后世，"汉晋儒者是知道羌即是姜的"。曾撰写《"姬姜"与"氏羌"》之文的童书业亦认为，"周代所谓'诸夏'之族，本以'姬'、'姜'、'子'三姓为中心，子为东族之姓，姬姜为西族之姓……姜之即羌，章太炎等论之已详，章先生说：'羌者、姜也'（《序种姓》）。还有人说羌、姜本一字，地望从人为羌，女子从女为姜"，童氏认为"其实后世所谓'羌'，亦停滞于戎的原始状态而后

---

① ［日］平势隆郎：《从城市国家到中华：殷周 春秋战国》，周洁译，广西师范大学出版社2014年版，第75页。
② 丁山：《中国古代宗教与神话考》，上海书店出版社2011年版，第10页。
③ 吕思勉：《中华民族源流史》，九州出版社2009年版，第273页。
④ 丁山：《中国古代宗教与神话考》，上海书店出版社2011年版，第9页。

入中原者耳。羌之与姜，主要是经济与文化上的差别而已"①。顾颉刚谈到西部之羌时的观点是："羌和姜本是一字，羌从人，作种族之名；姜从女，作为羌族女子的姓。"② 如此说来，羌是族群通称，姜是羌女的姓。

姜原姓姜，羌人对姜姓的认同有多种体现。丁山写到："姜嫄，据毛《传》云：'姜，姓也，后稷之母，配高辛帝焉。'郑《笺》亦谓：'姜者，炎帝之后，有女名嫄。当尧之时，为高辛氏之世妃。'姜嫄为高辛之妃说，似出于《大戴礼记·帝系》"③。按此说法，后稷之母姜原作为姜姓族群的女子，乃是炎帝的后裔。从地望讲，炎帝姜姓见载于《国语·晋语》："昔少典娶于有蟜氏之女，生黄帝、炎帝。黄帝以姬水成，炎帝以姜水成。成而异德，故黄帝为姬，炎帝为姜。"川西北羌区重镇茂县在"5.12"地震后是由山西省援建的，在茂县有个羌圣祠，其中被川西北尔玛人奉为先祖的塑像群中就有炎帝。羌人奉姜姓的炎帝为本民族先祖，羌语称为"阿巴炎"④。茂县灾后重建项目有岷江西岸的"中国羌城"，其中碉楼式建筑有建于山包上的祭祖大殿群，为首之殿便供奉炎帝，门前高大的石碑写着："炎帝，号神农氏，中国羌炎（姜炎）农业文化创始人，开创农耕，造福人类，被民间敬奉为神农大帝，系第一代羌族先贤先圣、中华民族开山始祖，公元前3976年，出生于今陕西省渭水流域。史载：炎帝姜姓氏族由善于治水的共工四岳羌人起源，逐步沿渭水黄河流域向东发展至今河南、河北、湖北、山东一带中原地区，由于畜牧业逐步向农耕转移，'神农之世，男耕而食，女

---

① 童书业语，见李绍明编著：《羌族历史问题》，阿坝文史丛书之一，阿坝州地方志编纂委员会编，1998年8月，第162~163页。

② 顾颉刚《从古籍中探索我国的西部民族——羌族》，载《社会科学战线》1980年第1期。尽管羌、姜二字的关系还有进而讨论的空间，但在当代有关羌族的诸多书籍中是肯定二者有关联的，如《羌族词典》"神农氏炎帝"条云："古时'羌'、'姜'相通，'羌'以'羊'从'儿'，'姜'以'羊'从'女'，可见两者联系紧密。"又云："古'羌'是祖国西北部'所居无常'的游牧民族，'姜'则是'羌'中较早从事农业生产的一支"（巴蜀书社2004年版，第513页）。

③ 丁山：《古代神话与民族》，商务印书馆2005年版，第285~286页。

④ "阿巴"或"阿爸"乃羌语记音，是对父亲以上长辈的尊称，如羌族亦奉大禹为先祖，称为"阿巴禹基"。

织而衣'。"此外，炎帝神农还对"原始的羌医羌药"产生有直接贡献，"后人为纪念炎帝神农对羌医药发展的贡献，将中国历史上第一部中医药专著命名为《神农本草经》"[1]。川西北羌族既尊姜姓的炎帝为先祖，也敬奉辅周有功的姜子牙。《羌族词典》所录神祇中有"姜子牙"，云："羌族民间信仰的神灵之一。本为《封神演义》中的人物。名尚。曾在昆仑山学道，后奉其师之命下山辅佐周室……羌人受汉族影响，对其崇拜，羌语称'南安且'，在理县等地，羌人家家户户在屋内中门左侧（山门左边，进门右边）供奉其神位。每年秋收后还天愿时，要请巫师诵唱上坛经《南安且》，意为向姜太公还鸡愿"[2]，献祭一只红公鸡。2012年4月，我去茂县坪头村，在山坡上挂着金字匾的"羌祖庙"，看见有三尊金身人物立像，正中是手握稻穗的炎帝，右边是手中执锸的大禹，左边是手握书册的姜尚，羌祖庙匾额上还有小字"祖德流芳"[3]。

再来看看羌与周。追溯历史，一方面，姜原是周之先祖后稷的母亲，"周以羌人为其始祖母"[4]，羌与周有族际联姻关系；一方面，羌又与周携手灭纣，羌与周有政治同盟关系。关于前者，1959年3月胡鉴民在致四川民族调查组的信中即说："周人一向与羌人互婚，尚'姜女'"[5]。《羌族简史》云："羌人中的姜，原本居于姜水流域，对于周人影响很大，可以说是周成长壮大的重要条件。传说周人始祖名'弃'，乃是姜人部落之女姜嫄的儿子。周人对姜嫄十分崇敬，甚至把她作为始祖母。周、姜关系密切，相互结为婚姻联盟，周王多娶姜女为后，武王妃名邑姜，成王妃名王姜。直到周王朝没落，这种关系也在周代政治生活中起着支配作用。"又，"周王朝建立后，为巩固统治，分封了不少姜姓诸侯国，如齐、吕、申、许、纪、向、州、彰、历等，作

---

[1] 2014年11月羌年期间，李祥林抄录于茂县中国羌城祭祖殿（当地人又称为"神庙"）。
[2] 《羌族词典》，巴蜀书社2004年版，第210页。
[3] 李祥林：《城镇村寨和民俗符号——羌文化走访笔记》，巴蜀书社2014年版，第128页。
[4] 徐杰舜：《汉民族发展史》，四川民族出版社1992年版，第107页。
[5] 胡鉴民语，见《羌族历史问题》，李绍明编著，阿坝文史丛书之一，阿坝州地方志编纂委员会编，1998年8月，第114页。

为周朝的屏藩"①。关于后者,《尚书·牧誓》有载,任乃强肯定此系"羌人与周人联合伐纣的原始资料",见于古文尚书和今文尚书,又见于《史记》等书记载,"可以判为信史",并且指出此乃"当时史官在牧野会战前,记录武王誓师时先把联军各部分负责人的名衔呼喊出来要他们注意的呼语"②。对此史实,《竹书纪年》亦曰:殷纣五十二年庚寅,"周始伐殷……冬十二月,周师有事于上帝,庸、蜀、羌、髳、微、卢、彭、濮从周师伐殷"。今之《羌族通史》也说:"到商纣王时期,商朝西部的方国周方,联合羌人等'西土'八国灭商兴周,商朝宣告寿终正寝。"③ 历史上,羌之所以助周伐商,亦跟商与羌的关系多见紧张有关,也就是跟羌长期作为被商征服者的压抑处境和反抗心理有关,这从甲骨卜辞中屡屡出现的"执羌"、"追羌"、"伐羌"、"获羌"、"刖羌"之类记载不难看出④。古老的故事,历史的身影,穿越数千年,至今投射在川西北岷江上游尔玛人的族群记忆中。从当代表述看,羌地知识分子笔下也写道:"周朝时,羌人与周人(周始祖母姜嫄羌人)组成同盟军,武王伐纣,进行东征,姜子牙(羌人)为首……"⑤ 行走在位于岷江西岸的坪头羌寨(茂县),从灾后重建的景观墙上,我看见有以"古羌溯源"为题系列展示的石刻,其中有的便写着"牧野之战,羌族军傤灭纣,改朝换代",金戈铁马的画面正复现的是羌人助周伐商之战争场面。

从历史记载和古代传说入手梳理羌与姜、羌与周的关系,有助于我们理解川西北羌族民间流传的姜原神话。况且,在当代羌族作者笔下,对此神话屡有直接述说,透露出文化认同意识,如《羌人列国要记》:"在东周时期,羌人建有齐国(姜、羌姓)和吕、申、许、纪、向、

---

① 《羌族简史》,国家民委民族问题五种丛书之一,四川民族出版社1986年版,第5页。
② 任乃强语,见《羌族历史问题》,李绍明编著,阿坝文史丛书之一,阿坝州地方志编纂委员会编,1998年8月,第117页。
③ 耿少将:《羌族通史》,上海人民出版社2010年版,第33页。
④ 由于种种原因,商朝对羌人有长期大规模征伐,也常以俘虏作祭品。据胡厚宣统计,商朝凡有人祭资料的甲骨1350片,卜辞1992条,被杀的14197人中,用羌的有7426人(《中国奴隶社会的人殉和人祭》,载《文物》1974年第8期)。对此史实,学界多有考证和论述。
⑤ 杨光成:《羌人列国要记》,政协茂县委员会编印,1989年10月,第3—4页。

州、鄂、厉等羌人诸侯国。后羌周联合灭商。（周人亦系羌，祖母姜嫄是羌人）羌人从东夷人手中夺回王权，建立周朝。"又云："公元前11世纪，羌、周（周人乃羌种）组成同盟军，以姜子牙为首东进征伐商朝。"[①] 再如《羌族通史》："传说周之始祖名弃，为姜原所生。……流传于周初及战国中叶的周民歌《生民》，用诗歌形式也记录了这则古老的传说。只是《生民》开宗明义地说：'厥初生民，时为姜原。'直接把姜原当做周人的始祖。这应该是周人最早的族群记忆，它起源于遥远的母系氏族时期。这则周人起源的传说，直到现代仍流传于羌族地区，整个故事结构和情节与《生民》所述几乎完全一致。至于《史记》所讲的姜原为帝喾元妃之说，恐怕是司马迁觉得赫赫有名的后稷竟'只知其母而不知其父'有伤大雅，故附会上去的。"总而言之，"周与羌不仅有共同的祖源，在生活习惯、生产方式上也非常接近"[②]。

表述：口头叙事的文化特点

回到上述羌族神话。对读者来说，《尕尕神》之名总不免觉得费解，比如：何为"尕尕"？"火塘上方"是什么位置？"尕尕神"为何要供在这个地方？由于缺少注释，一般读者是弄不明白的。就我所见，该神话在羌地书籍中另有版本叫《角角神的故事》，收入1988年中国民间文艺出版社出版的《羌族民间故事集》（郑文泽编）。《羌族文学史》将后者列入"图腾、祖先神话"，并介绍："《角角神的故事》所叙述的羌流诞生前后的经过情形和他母亲（羌源）的名字，以及踩巨人脚印后受孕、生怪胎，弃之于野后又抱回抚养等情节，与《诗·生民》和《史记》中所记述的后稷诞生前后的情况大体一样。"又说："《诗经·生民》便是周人祭祀祖先后稷的祭歌，是周族对本部族起源的神话传说；《角角神的故事》是羌人对先民神圣事迹的追忆，是一则羌族先民赞美神性英雄的神话。……上述两则神话某些情节之所以十分相似，很

[①] 杨光成：《羌人列国要记》，政协茂县委员会编印，1989年10月，第2~3、73页。
[②] 耿少将：《羌族通史》，上海人民出版社2010年版，第34~35页。

可能是古羌人的姜姓和周人中的姬姓两个对婚部落在文化上相互影响的结果。"① 对比《尕尕神》和《角角神的故事》，大的故事情节吻合，但也有几点出入：一是女主角的名字，或作"姜原"，或作"羌源"，虽有记音之别但实际差异不大；二是女主角的身份，前者说是"神女"也就是"阿巴白耶的女儿"，后者称其为汶川羌寨的女子而"她是炎帝的后代"；三是后者整理的文字篇幅远比前者多且描述更丰满，儿子的故事也要多些。当然，最明显的差异是被羌人尊奉为神的儿子，一叫"尕尕神"，一叫"角角神"。其实，二者间并不存在隔阂，因为"尕"读音 ga，"角"在四川方言中读音 ge（不是 jiao），彼此实际上读音相近，是搜集者用了不同的字眼标音而已。此外，常去羌族村寨者知道，"角角"有具体所指，"角角神"乃是川西北羌族民间独特的信仰对象，对之的供奉有种种讲究。《羌族词典》有"角角神"条，云："羌族的家神。因其神位设在住房的屋角神龛上，故名。角角神是家神的原称，主要包括人类的祖先、家族的祖先以及牲畜神等。"② 角角神是羌民家中祛祟镇邪的保护神，尔玛人尊奉此神有种种禁忌，如神前不能睡觉、挂衣服，屋内不能杀生、劈柴，甚至不能讲有关死人、杀人等不吉利的话。在与草坡乡相邻的汶川绵虒，"角角神"在当地羌语中读音"基不色"③，与"仓神"（昼确色）、"火神"（瓮不色）、"房神"（色多色）、"五谷神"（瓦粑格作色）等并受崇祀。每年农历十月初一至初十有"角角神会"，羌民要在神位前燃纸烧香，敬献咂酒，祈求家庭幸福平安。羌族有自己的年节，农历十月初一是秋收时节，也是今天川西北羌族欢欢喜喜过羌年的日子。钱安靖在为《中国原始宗教资料丛编·羌族卷》（上海人民出版社 1993 年版）所撰前言中指出："羌族原始宗教的祖先崇拜亦相当盛行。……各地羌民还把家庭保护神、男性女性保护神、媳妇神、管孩子之神、管活人死人灵魂之神，列为家神，而纳入祖

---

① 李明主编：《羌族文学史》，四川民族出版社 2009 年版，第 40 页。
② 《羌族词典》，巴蜀书社 2004 年版，第 208 页。有别于汉族人家的神龛是在房屋门所对的正中，羌族人家的神龛很特别，通常置于室内屋角，其前方是火塘（譬如我屡去的汶川绵虒羌锋村老释比王治升家），这火塘与神龛共同组成尔玛人家室内的神圣空间。
③ 《汶川县志》，民族出版社 1992 年版，第 778 页。

先崇拜。"在羌族神话中，姜原或羌源的儿子是替民救难的英雄，羌族民间把他敬奉为"角角神"也就是家神是饶有意味的，体现出中华大家庭里尔玛人的文化认同。

将羌族神话与史书记载对读，从故事讲述特点看，前者有两方面值得注意。首先，是在地化叙事。就姜原儿子长大后的故事看，史书记载突出的是周之先祖后稷从小到大"好耕农"而"民皆法则之"，得帝尧重用后尤使"天下得其利"，并因"有功"而得"封于邰"，这种替圣贤写传的主流叙事有明显的神话历史化倾向；羌族神话则渲染的是一个纯粹的地方性故事，描写的是一个村寨里的"腰大腿粗"、能手擒老虎的平民英雄，山里来了妖怪，为害一方百姓，县衙门一筹莫展，身高十多尺的英雄把九个五十斤重的猪油饼子往背上一背，将九方五十斤重的猪膘往胸前一挂，在把九口大铁锅往头上一顶，独自奔阴山的妖洞灭妖去了。这猪膘和猪油饼子是川西北羌族的特有食物，尔玛人家的屋梁上挂的此物是多是少（意味着养猪、宰猪的多少，而猪代表百姓人家的财富），往往是衡量这户人家的日子是否过得殷实的标志。灭妖过程也采用非此地莫属的方式，当英雄将老妖铲除后，各寨的山民及官府给灭妖英雄送来了四百个荞面馍馍和四百斤青稞，"饿惨了的羌流，这时也顾不得体面不体面了，一口气就吃完了三百九十九块，又把四百斤青稞留给母亲做了口粮"（《角角神的故事》）。荞麦、青稞是身居青藏高原东南缘的川西北少数民族种植的农作物，在对诸如此类对物品的叙述中，故事的地方性透露出来①。其次，是民间性视角。史书记载中的周之先祖名"弃"，着力渲染的是圣者历经磨难的不凡身世，笔法是史家或文人式的；羌族神话中的平民英雄叫"流"，突出的是母亲怜爱儿子的世俗情怀，叙事是百姓或民间性的。羌族有语言无文字，四川话在川西北羌族地区亦通用，搜集者记录的姜原神话是尔玛人用汉语讲述的口头故

---

① 羌族神话中还讲述县衙门派了两差官去捉拿妖怪，"羌源把炒熟的菜根子和酒拿出来叫两个差官吃"，招待二人。所谓"菜根子"，是羌民对上山打猎所得野物肉的统称，常常指烟熏的獐子腿肉。羌族口头史诗《木姐珠与斗安珠》开篇唱道："大坛子咂酒摆上，菜根子肉端上，喝了咂酒才好唱歌，歌声也像咂酒一样醇香。"

事。在我看来，这口头讲述记音的"流"，其实未必不可以写作"留"，二字同音。羌族神话中，尽管神奇生子的母亲迫于世俗压力将儿子抱去放在河边打算扔掉，但刚刚离开，没走几步，受冻的婴儿"呱呱呱"的哭声让母亲心疼不已，"哭声撕碎了母亲的心"，最终"姜原不忍心甩掉自己的骨肉，又跑转去把娃儿抱回了家"（《尕尕神》），把孩子留下来了。羌族口头神话中，特别强调了"孩子是娘身上的一块肉，是娘的心肝"，由于母亲情感上割舍不下，弃儿是她自动抱回来的。然而，这种人情味的讲述在史书记载的故事中是看不见或至少是不明显的，因为神话叙事的重心不在渲染母亲的怜爱而在彰显儿子那"马牛不践"、"飞鸟翼覆"的神异事象（母亲之所以抱回弃子，也是因为其"神"）。由此看来，一"弃"一"留"，叙事立场差异俨然，古史叙事的"弃"与口述记音的"留"形成对照，后者无疑更符合民间理解及表达。姜原的儿子作为灭妖英雄被羌民奉为神灵，《尕尕神》结尾对此所述简略，但《角角神的故事》则说得仔细："传说羌流在世时虽为穷人做了许许多多的好事，但从不接受人家的报答。他家里很穷，有时候连衣服都穿不起，因此羌流常常躲在角角里不好意思出来见人。后来人们为了纪念这位已登了天梯的英雄，就干脆尊他为'角角神'，并且每家都在火塘边的左上方的角角里立上个神位。"这种对平民（穷人）英雄的叙述没有任何矫揉做作，完完全全就是老百姓讲家长里短故事的口吻。川话所谓"角角"，也就是通常说的"角落"之意。从地方风俗传说看，有关姜原之子的这个口头作品，又回答了尔玛人祭祀"角角神"之独特信仰的起源。

　　羌族口头文学中的姜原神话，又因讲述者不同而呈现差异。收入《羌族口头遗产集成》的《尕尕神》，讲述人是高云安，采录人是王世云，篇幅 1100 字左右；收入《羌族民间故事集》的《角角神的故事》，讲述人是董青山，记录者是高云安，篇幅 2500 字左右。对比二者的姜原生子神话，前者可谓是后者的转述本和简化本，但就神话后半截姜原儿子灭妖的故事看，仍有明显不同。《角角神的故事》的情节已如上述，《尕尕神》中儿子灭妖，讲述的是山里除了妖精，"姜流的阿妈也被妖精吃掉了。姜流愤恨极了，决心上山去消灭妖怪"，他先遇见的是

"花椒眼睛心肺脸"的小妖猫儿者，接着又遇见黄头的猫儿满和鸡公嘴的猫儿蒲，最后"姜流用神剑一刀砍倒柳树，流出了一滩黑水；砍倒桃树，流出一滩红水；砍倒麦秆，把妖怪消灭了。所以，现时时比送花盘，就要在三岔路口，把桃枝、柳条、麦草毛人一齐烧掉"，这涉及释比"送花盘"仪式来历的灭妖故事在《角角神的故事》中未见。同样，《角角神的故事》中巨人般的姜原儿子头顶九口大铁锅、身挂九块五十斤重猪膘等去灭妖的情节，则不见于《尕尕神》。姜原在《尕尕神》中的身份是"神女"，未言及婚配问题，尽管她也感叹"人都四十了，还没有个娃儿"；其在《角角神的故事》中更像是村寨民女，而且"她与本寨子一位贫穷的小伙子结了婚"，但是"四十好几了没有儿女"。羌族神话中姜原故事的两个版本，无论彼此在"生子"问题上突出的均是神迹发生，也就是说，姜原之子的出生与世俗生活中她有无丈夫其实没什么关系，所以儿子生下来后仅仅讲的是"从母而姓"。再来看汉文史籍，尽管羌族神话和汉文史籍都突出了姜原生子是脚踩巨人足迹后发生的奇迹，但儿子生下后，一个说是从母姓"姜"，一个说是从父姓"姬"，分明体现出两种性别指向下的叙事差异[1]。诚然，按照汉文史籍的说法，后稷的祖父世系属于姬姓的黄帝部落，外祖世系属于姜姓的炎帝部落，但归根结底，前一姓是名义上的，后一姓是实质性的[2]。也正是由此，我们发现，有关姜原故事的羌族口头文学更多保留着上古神话的原始痕迹。

(作者单位：四川大学中国俗文化研究所教授)

---

[1] 中国人的姓，今人熟悉"从父而姓"，更早的是"从母而姓"，《说文》释"姓"字为"从女、生"正道出古老的秘密。关于这个问题，拙文《"姓"的流变》、《字词文化和性别歧视》(分别载《咬文嚼字》1999年第2、8期)，可供读者参考。

[2] 关于这个问题，丁山也指出："周人始祖姜嫄，在诗经大雅生民里，并没有说出她的丈夫姓甚名谁"，只是"由于'周人禘喾而郊稷'的祀典，将帝喾与后稷的'处位主次'直接演变为父子关系，不能不将帝喾与姜嫄也强迫的配成夫妇了"；尽管《史记·周本纪》说"姜原为帝喾元妃"，但是，如果深究古史，"一拿大雅生民之诗来比勘，那就立见其与春秋以前诗人所说的本事绝对不符了"(《中国古代宗教与神话考》，上海书店出版社2011年版，第8~9页)。

万里山河唐土地，千年魂魄晋英雄
——试论后稷神话实反映先民对农业的认识

王 瑾

后稷神话是流传较广的神话之一，《山海经》中就已有后稷名字的出现，《大荒西经》记载："帝俊，生后稷。"说后稷是帝俊之子，至少是直系的后代，也记录了其葬地："有都广之野，后稷葬焉。爰有膏菽、膏稻、膏黍、膏稷，百谷自生，冬夏播琴，鸾鸟自歌，凤鸟自舞。"可见其神话产生之早。除《山海经》外，后稷及其生平的记载广泛见于《尚书》《诗经》《史记》《春秋繁露》等传世文献中，出土文献《子羔》篇等也有所发现，可见流传之广。在其广泛流传中，后稷神话形成了相对固定而明确的情节，《诗经·大雅·生民》和《史记·周本纪》即有较为明晰的记录，现摘录如下：

厥初生民，时维姜嫄。生民如何？克禋克祀，以弗无子。履帝武敏歆，攸介攸止，载震载夙，载生载育。时维后稷，诞弥厥月，先生如达。不坼不副，无灾无害。以赫厥灵，上帝不宁。不康禋祀，居然生子。诞寘之隘巷，牛羊腓字之。诞寘之平林，会伐平林。诞寘之寒冰，鸟覆翼之。鸟乃去矣，后稷呱矣。实覃实訏，厥声载路。(《诗经·大雅·生民》)

周后稷，名弃。其母有邰氏女，曰姜原。姜原为帝喾元妃。姜原出野，见巨人迹，心怡然说，欲践之，践之而身动如孕者。居期而生子，以为不祥，弃之隘巷，马牛过者皆避不践；徙置之林中，适会山林多人，迁之；而弃渠中冰上，飞鸟以其翼覆荐之。姜原以

为神，遂收养之。初欲弃之，因名曰弃。(《史记·周本纪》)

一 后稷神话的研究与论述

《诗经》和《史记》的这两则记载基本相类，后稷之母名姜原（嫄）者，因踩到巨人（帝）的脚印而受孕，生子名曰后稷，以为不祥，故三弃之。先是陋巷，再是林中，最后是寒冰之上，但陋巷之中，牛羊躲避而不践踏；林中人多而救之；寒冰之上，有鸟用翅膀给他取暖。历经考验而不死，其母才将其抱回继续抚养，后成为周之始祖，为农业的发展做出了巨大的贡献，被尊为农神，世代享祭。

在《诗经·大雅·生民》之后，关于后稷的研究一直在继续，在学科划分越来越细的今天，已有历史学、民俗学、人类学、文学等多学科的研究成果。研究角度主要集中在后稷之感生和被弃。一般认为后稷神话产生于母系社会向父系社会过渡的时期，在母系社会，男子在生育当中所承担的角色尚未被认识，故而对所生育的子女只知其母不知其父，但是，感生神话的出现显然是先民在已经了解父亲在生育中的作用之后的产物，否则只需形成对母亲神的崇拜即可，无须类似于父亲力量的神之感生。也有学者如于省吾先生提出图腾受孕说，认为姜嫄所履迹不是一般意义上的脚印，而是周人远祖的图腾，受孕生子是原始图腾观念的反映。[①] 或说后稷之生是因为姜嫄与人野合而有身，从道德上来讲，野合似乎不合伦理规范，所以才说是履大人迹。

关于后稷的三次遭弃，研究成果更多，说法也更为丰富，包括无父被弃说，图腾考验说，"宜弟"习俗说，等等，但需要引起思考的是，在神话史上，感生神话不止后稷神话一个，比如商的始祖契是其母简狄吞玄鸟卵而生，也是感天而孕，或曰炎帝是其母感神农而生，黄帝是感北斗而孕，尧是感赤龙，舜是感虹，禹是感流星。但被弃者却只有后稷一个，难道其他所有感天神话都可以被认为是神谕的象征，偏偏后稷是个例外吗？所以，也就又有形体异常说，或说后稷是连胞生下，或说其

[①] 于省吾：《泽螺居诗经新证》，中华书局1982年版。

全身长毛，有返祖现象，所以被认为是不祥。

二 历史事实之外，神话可能有更深刻的文明信息

关于后稷的以上研究都做得较为深入，但建立在一个共同的前提之上——后稷的出生和被弃是真实发生过的历史事实，这一历史事实经周的先民口耳相传并最终流传下来，构成了周民族的史诗。其实不仅是后稷神话，历史的考证或者说信史的考证一直都是神话研究的重要角度，并同时与考古发现相互印证，以探索中华文明的起源。然而，神话历经千年传递的真的是或者只是类似信史记述的某些历史史实、生产工具和生产方式的某种进步或某种社会习俗的具体展现吗？

经过学者的大量研究，已可以证明神话可能不仅是对某一段历史的直接记录，更可能反映了先民深层次的信仰问题，反映了传统宗教、哲学和信仰的起源。如同样流传甚广的《后羿射日》神话，按照传统的思维方式，十日并出是天下大旱的反映，故而尧使后羿射其中九日，以解生民之苦。然而，所有关于后羿射日的神话都指向的是十日并出，若要反映天下大旱的历史真实，并不一定非是这个数字，十日既关于数学上进位制的起源与发展，也关乎历法的起源与变革。根据考古发现和人类学、民俗学专家在今天少数民族地区的田野考察，已发现十月历确实在相当的历史时期存在和使用过，在今天，我们的天干之数仍是十个，该是这一制度和十日并出神话的遗存。

一些神话可以被当作历史事实来进行解读，另一些神话则很难与某些历史事实相连，如《夸父逐日》。与《后羿射日》的天下大旱相比，《夸父逐日》显得更为荒诞不经，太阳在天空运行不息，夸父居然妄想去进行追逐，确实有些"痴人说梦"的意思。况且，从生活经验来看，太阳东升西落，速度真的很快吗？如果仅仅从肉眼观测的角度来说，太阳一天的行移也都在视线范围之内，速度并不快，完全用不着夸父那样的追逐。当然，若是像夸父那样，从一地跑到另一地，太阳一直都在那里，一直都保持着视线可及的距离，也是追不上的。然而，《山海经》

已经说明，夸父是"追日景"，《夸父逐日》事实上反映了先民立表测影的天文学观察，通过立表测影，先民实现了观象授时、辨方正位等现代意义上的天文学、地理学的飞跃。这当然也可以说是一段历史真实，但这样的历史真实背后并不只是事实本身，伴随立表测影考察的，是哲学的思辨，是后世统治和哲学很多最核心的概念，比如居中而治的政治统治观，"信"和"中庸"的观念，"文"与"德"以及中和的阴阳哲学观。

冯时先生说："中国传统文明观"最重要的不在于物质文明的极大辉煌，"准确地说，古人定义文明并不特别注重他们创造的物质文明成果，至少不以其作为阐释文明的第一要素"。我们通过神话读出来的物质文明的进步或者朝代的更迭以及统治的变迁，确实是文明的一个部分，但却不是全部，甚至不是主要的部分。神话系统中的某些内容事实上"体现了古人对于天、地、人相互关系的深刻思考"，这"直接促进了传统政治观、宗教观、祭祀观、礼仪制度、哲学观与科学观的形成"这才是"人类摆脱野蛮状态最重要的标志"，才是"界定文明诞生的真正标准"。[①]

通过以上对《后羿射日》和《夸父逐日》两则神话的介绍，我们发现，在先民的思维体系中，其实存在着一种非常特殊的思维方式，就是"象"的思维，对于很多的认识和观念，先民并不像我们今天一样，做出很多概念化的表达，立表测影本是科学意义上的天文学观察，但先民并没有像我们写科研报告那样，对观测过程和观测结果做详细的描述，而是编纂了一则浪漫而神秘的故事。对于十月历这样一种历法，和十月历向十二月历转变的历法改革，也并没有具体描述一年分几个月，一月多少天，而是演化成了一则英雄神话，塑造了一位大力解民生疾苦的英雄。这样的例子在先民生活的时代比比皆是，牵牛和织女本是天上的星宿，却被想象和演绎出非常浪漫凄美的爱情故事；在思考宇宙起源之时，先民想象天地未开的混沌面貌，所以《山海经》中就有了叫作浑敦的神话人物。所以，我们不妨从这个角度，再来看一下后稷的神话故事。

---

① 参见冯时《中国古代物质文化史·天文历法》，开明出版社2013年版。

三 后稷神话事实上反映了先民"田地生庄稼"的基本认识

在后稷神话的流传和演变过程中，确实存在历史和神话纠葛不清，很难剥离的状况，中国神话传播的典型特征也是很早就完成了神话历史化的过程。所以，在分析后稷神话之时，需要放弃一些历史的观念，大胆去进行解构，先不将姜嫄、后稷等看作周民族的始祖这样一些具体的人物形象，而是看作单独的汉字来进行分析。

先来看姜嫄，姜是姓氏，相传源自炎帝神农氏，是构成人名的组成部分，可以不做考察，当然，这其中包含姜氏与姬氏通婚的历史史实，但历史的信息不是我们现在探讨的重点。嫄是原加上一个女字旁表示性别，《史记》就直接叫作原，《尔雅》说："广平曰原。"可见，原是平原，可以泛指土地。原也是源的古字，指水流源起的地方，《说文》说："原，水泉本也。"这样看来，姜嫄这个名字是有土又有水。

再来看后稷。后是非常重要的前缀，在中华民族的信仰系统中，有后羿、后土、后稷，后即是君王的意思，是对稷的尊称，后稷名字的主要成分还是在稷字上。《本草纲目》说："黏者为黍，不黏者为稷。"很容易看出，稷事实上是一种农作物，即我们今天所称的小米。但稷同时也是各种谷物的代称，《说文》曰："稷，五谷之长也。"后来，稷也就演变成为谷神，我们今天讲江山社稷，社是土地神，稷是谷神，土地和谷物可以作为国家的代称，可见农业生产对于中华民族的重要程度。

关于以上的分析，杨公骥先生就曾有过一段论述："稷的母亲是姜原，稷是五谷"，"这显然是'田地生庄稼'这一认识在人们幻想中的虚妄反映"。[①] 这段论述不可谓不确切，然而，我们并不将其称之为虚妄的反映，之所以认为虚妄，是因为我们对古人的思维方式不够理解。正如前文所述，"象"的思维在先民的世界中广泛存在，象者，像也，

---

① 杨公骥：《中国文学》第一分册，吉林人民出版社 1980 年版，第 58 页。

先民在认识和表达世界的过程中,可以在相关的或者类似的事物之间自由地转换,织女星作为天空中的星星,之所以被想象为善织的仙女,是因为其具有观象授时的意义。当其出现在正东之时,就到了凉风乍起的七月,女人们该要准备过冬的衣裳了,准备衣裳就要先织布,所以这颗星才被称为织女星。那么,"天地生庄稼"这一认识与交感生子之间又有什么关联呢?

事实上,在先民的世界中,有对"生"的强烈追求,我们姑且可以先将之称为生殖崇拜,大量研究表明,在陶器、青铜器上广泛存在的鱼纹、鸟纹、青蛙纹饰等都是生殖崇拜在先民世界中广泛存在的证据。在先民的世界中,这个生包含两方面的含义,一是人类自身的生息繁衍,在生活环境极为恶劣的原始社会,人口的繁衍显得异常艰难;二是土地的繁衍,即农作物的生长和家畜的繁衍,祈求丰收一直是贯穿在先民信仰系统中的重要内容。在"象"的思维支配下,先民认为,这两种"生"之间是可以相互交感和相互起作用的,大量的文献记载可以印证这一点。

《周礼·地官·媒氏》记载:"仲春之月,令会男女。于是时也,奔者不禁。若无故不用令者罚之。"在春天,男女之间的爱情活动是被支持的,甚至不进行恋爱婚姻的行为反而会受到处罚,这是因为春天是万物生长的季节,在先民的阴阳哲学里,独阴和独阳都是不能"生"的,这正是先民在自身的繁衍中所获得的启示。人之生需要男女交感,万物之生需要天地交感,男女的交感可起天地之交感。《春秋繁露·求雨》最后也说:"四时皆以庚子之日,令吏民夫妇皆偶处。"雨水是万物生长的前提,也是天地交感的结果,而在仪式之前,或者说在仪式的进行过程中,是要先实现男女的交感,实现夫妻生人,进而再实现万物葱茏的愿望的。

既然夫妻生人和天地生万物之间的确存在这样的交感关系,那"田地生庄稼"的认识成为感天而孕的神话也是水到渠成的事情。《诗经》说姜嫄"克禋克祀,以弗无子"。姜嫄因为无子,所以去向上天求子,上博简《子羔》篇详细记述了这个过程:"司(后)稷之母","游于串咎之内，冬（终）见芺攼而荐之，乃见人武，履以祈祷曰：'帝之武。'"①芺是一种野生的草本植物，姜嫄得而献之于神。芺同时被作为男性生殖的象征，姜嫄献此物与祈求生子之间形成一种象征的关系，后稷感生神话又是在生万物和农业丰收之间形成的一种"象"的关系。

四　将后稷神话解释为先民对土地的认识并未消解这则神话的意义

将后稷神话解释为"田地生庄稼"的基本认识并没有因此泯灭后稷作为周民族始祖所做出的卓越功勋，文献记载，是后稷始教人播百谷，中华民族的农耕历史从此开始。其实，中华民族由采集和渔猎走上农耕社会绝不是一朝一夕的事情，先民从茹毛饮血到刀耕火种经历了极其漫长和艰难的历史过程。这具有开创式的意义。

在中华民族的历史上，感生神话有很多，但有些难免是后人附会的结果，两则最重要的感生神话在《诗经》中都有记载，一是简狄吞鸟卵而生商的始祖契，二就是后稷即弃的诞生，二者的读音完全一样。但不同的是，契确确实实是感天而生，鸟是太阳的象征，在先民的想象里，太阳东升西落，是因为有鸟承载而行。但弃却是感地而生，先民认识到土地的价值，并进行农耕，这对于文明社会来讲，是开天辟地式的进步，很难想象，如果没有这一认识，人类可能仍然处于蛮荒时代，所以这比任何立表测影的天文学观察、历法的进步更值得被记忆，于是有了后稷的感生神话。

至于后稷的三次遭弃，其实正可以看出农业生产的不易，禾苗在田地里生长需要寻找最适宜的土地，在最合适的天气，所以陋巷不行，林中不行，严冬不行，所以先民才需要辛苦地观天授时，对时间进行精确把握，同时农田也需要农人辛勤的劳动和精心的呵护。孙作云先生认为："后稷本不是一个人名，而是一个时代的代表。"②其代表着先民从

---

① 《上海博物馆藏战国楚竹书（二）》，上海古籍出版社2002年版，第197页。
② 孙作云：《诗经与周代社会》，中华书局1966年版。

蒙昧走向农耕进而走向文明的那段历史，其更是一个民族的代表，代表着中华民族不断发现、探索的征程，代表着勤劳、勇敢的中国人。甚至可以是整个人类的代表，代表着人类走出蛮荒，迎来文明的曙光。

在后稷神话产生之后，经历了历史化的过程，神话和历史开始变得难以分辨，这是进行神话研究必须区分清楚的内容。后稷成为周民族的祖先，在祭祀中获得了极高的地位，《礼记·祭法》曰："周人禘喾而郊稷，祖文王而宗武王。"后稷的地位仅次于最高神帝喾（夋），这与其说是对祖先的祭祀，不如说是对农业丰收的最高期盼，期盼风调雨顺、五谷丰登，这是民生富庶、国家太平的象征，也是勤劳、朴实的中国人最朴素的愿望。

所以说，后稷不仅仅是周人认同的始祖，后稷神话不仅反映周人始祖卓越的历史功勋，而是见证着人类进步的重要标志，即农业文明。正是发达的农耕经济，滋养了中华民族五千年甚至更久的灿烂文明。对后稷的崇拜和祭祀，是对农业经济的认同，是对农耕精神的传承，也是对先民的认同和对祖先的追认。

（作者单位：中国社会科学院研究生院）

稷神崇拜与稷祀文化系统

曹书杰

稷神与社神一样，俱为中国最有影响的农业神，在封建国家的祭祀中一直与祖庙居于同等地位，因此"社稷"也成为国家的代词。稷神崇拜本属于原始先民自然崇拜中的植物崇拜，当周人始祖后稷被赋予稷神的神性，稷神就具有了自然神与人神的二重属性，稷神的神格和在农业神系中的核心地位被正式确认。稷祀也成为最为隆重、最具影响力的祭祀活动，并逐渐渗入诸多的社会领域。从而自西周以来渐次生成一个以"稷"符号为核心的稷祀文化系统，其属性涉及农业、祭祀、人物、职官、星官、地理等六个不同质的文化范畴，其内容包含十三个文化义项。在这种异质同构的文化系统中，自然神—稷是其共同的文化表征，祖先神—后稷则是其文化核心，成为中国古代文化中最富特色的文化现象。

当周王朝衰败后，后稷就失去了作为祖先神崇高地位的社会基础，也逐渐退出了国家祭坛，而被神农氏等所取代，直到王莽执政的西汉时期"官稷"才得以恢复。自此以后的王权时代，社神、稷神（社稷）大都是合坛共祀，导致现代研究往往社、稷不分，甚至以社代稷。实际上二者不仅有着独立的祭祀对象，也有着各自独立的起源和衍生过程，并生成了相对独立的文化现象和祭祀系统。周代以来，稷祀是以稷神—后稷为核心的祭祀，几千年来绵延不绝，并深深地介入了古代国家的政治生活和乡里民间的文化生活，从而衍生出诸多的以"稷"为共同符号的祭祀对象和相对独立的祭祀系统，成为一种特定的文化现象——稷祀文化。

一 稷祀文化的系统结构

稷祀是由"稷"符号构成的与农事密切相关的祭祀系统。"稷"作为具有多种义项的语言符号和文化符号，在表意过程中尽管不断地追加着新的文化内涵，但是它最初的义项——文化原型仍然是我们认识"稷祀"文化的元点。将其文化辐射的范围，即把"稷"折射出的不同的文化内涵逐一排列开来，置于同一文化系统下，从而观察其文化流变的不同指向。

（一）稷祀系统的符号形式

我们先来探讨"稷"符号的义项。在古籍文献中，"稷"字有多种义项，其中与本文讨论有关的义项有 13 个，分属于农业、祭祀、人物、职官、星官、地理等 6 种不同质的文化范畴。

1. 农业文化的范畴

这一范畴的义项有二：某种特定的谷物名、五谷总名。

（1）稷——某种特指的谷物。关于"稷"是何种谷物，古今研究说法不一，其中主要有：粟—谷子、黍—糜子、秫—高粱、稷—穄子等说法。稷就是粟—谷子则为当代学术界接受较多。① 稷（粟）是中国北方最早被驯化的农作物之一，考古资料证明，其至少已有 7000 年的栽

---

① 如游修龄等《中国农业百科全书·农业历史卷》、扬之水《诗经名物新证》、吴荣曾《稷粟辩疑》（《北大史学》1994 年第 2 期）等。吴荣曾先生《稷粟辩疑》一文，以出土的《秦律》和《日书》为佐证，论证最为有力。也有人认为，稷就是穄，又称穄子、穄子，耐干旱贫瘠，但是产量很低，目前在我国的黄河流域及东北地区仍然有少量的种植，并载入国家颁布的《中华人民共和国国家标准·粮食、油料及其加工产品的名词术语 A》："1.1.8.1 穄 broomcornmillet (non-glutinous) 亦称'穄子''穄'……果实呈黄色粳性透明有光泽"，"3.4.1 穄米 millednon-glutinousbroomcornmillet 亦称'穄子米''糜子米'。由穄加工而成的穄米"。高玉宝在《高玉宝》第十三章《母亲的死》中记述说："大连的日本鬼子，先前还给中国人配点小米和苞米面，现在，一人一天就配一点穄子米；有时，连穄子米也领不到，尽配给橡子面。"据民族调查资料显示：穄子米是达斡尔族的主食之一，加工方法有二：一是把穄子蒸煮后烤干磨成米，多用做干饭；二是把穄子直接磨成穄子米，多用做牛奶粥。但不知道现代的"穄"是否即古代的"稷"，所以本文仍以"稷"为"粟"。

培历史，新石器时代中期已经广为播种，一直是北方地区最主要的粮食作物①，殷商甲骨卜辞记载的农作物主要有黍、稷、豆、麦、秜等5种②，直到汉代对稷作为"五谷之长"③的记忆仍然深刻，甚至是当时人们最为普遍种植、食用的谷物。

（2）稷——五谷的总称。《广韵·职韵》："稷，五谷之总名。"由于稷是驯化时间最早、早期种植比重最大的谷物，随着人们对谷物认识的逐渐深入，物种不断分化立名，稷作为代表性的谷物也就成了所有谷物的总称或代称。

2. 祭祀文化的范畴

这一范畴的义项有三：

（1）稷神——谷神—稷神，或被视为农业种植神。《周礼·大宗伯》"以血祭祭社稷"，郑玄注曰："社、稷，土、谷之神。"④ 此"稷"为谷神说也。《汉书·郊祀志下》"《诗》曰'以御田祖，以祈甘雨'"，颜师古注曰："田祖，稷神也。"⑤ 此"田祖，稷神"可证有"稷神"之名也。《白虎通义·社稷》："人非土不立，非谷不食……五谷众多，不可一一祭也……稷，五谷之长，故封稷而祭之也。"五谷众多不能遍祭，故选择五谷之长——稷而祭之，故曰五谷之神、谷神，并与"社"一同被视为国家的保护神。由此派生出稷祀场所、稷祀活动两个义项。

（2）官稷——稷祀场所：稷坛。《汉书·郊祀志下》："（王莽言）'已有官社，未立官稷。'遂于官社后立官稷，以夏禹配食官社，后稷

---

① 游修龄等：《中国农业百科全书·农业历史卷》，中国农业出版社1995年版，第305页。

② 于省吾：《商代的谷类作物》，《东北人民大学人文社会科学学报》1957年第1期。彭邦炯先生在《甲骨文农业资料考辨与研究》一中中对甲骨文所见的谷物"稷"有更为全面的揭示。秜是一种自然生长的稻。

③ 班固《白虎通义·社稷》曰"稷，五谷之长"，许慎《五经异义》曰"今《孝经说》：稷者五谷之长"（《礼记正义》卷25《郊特牲》正义引，上海古籍出版社1997年影印《十三经注疏》本，下册第1450页上栏）。

④ 《周礼注疏》卷18，上海古籍出版社1997年影印《十三经注疏》本，上册第758页上栏。

⑤ 《汉书》卷25下，中华书局1987年校点本，第1269页注〔三〕。

配食官稷。稷种榖树。① 徐州牧岁贡五色土各一斗。"② 这里的"官稷""稷种榖树"的"稷"所指都是举行稷祀活动的场所——稷坛。此外还有"稷王庙""稷祠"等。

（3）祭稷——稷祀活动。《荀子·礼论》："君之丧……以三年事之，犹未足也……故社祭社也，稷祭稷也，郊者并百王于上天而祭祀之也。"意思是说：君子三年之丧而意犹未绝，故而在举行社祀活动的时候便祭之于社坛，在举行稷祀活动的时候便祭之于稷坛，在举行郊天大祭的时候便同百代先王一并祭之于昊天上帝。这里"稷祭稷也"的前一个"稷"是指稷祀活动，后一个"稷"字是稷祀活动的稷坛。《庄子·庚桑楚》："民相与言曰：'庚桑子……庶几其圣人乎！子胡不相与尸而祝之，社而稷之乎？'"意思是说：为什么不在举行社祀及稷祀的时候来祭祀他呢？

3. 传说人物的范畴

这一范畴的义项有二："稷"作为特定的历史传说人物代称，见于文献记载大致有两位：

（1）周人始祖弃—后稷。《诗经·鲁颂·閟宫》"赫赫姜嫄……是生后稷"；《尚书·舜典》"禹拜稽首，让于稷、契暨皋陶"；《大雅·生民》"厥初生民，时维姜嫄……载生载育，时维后稷"；《孟子·滕文公上》"舜使益掌火……禹疏九河……后稷教民稼穑"；《礼记·郊特牲》"蜡也者……合聚万物而索飨之也。蜡之祭也，主先啬而祭司啬也。祭百种以报啬也"，郑玄注"先啬，若神农者。司啬，后稷是也"③；《新唐书·礼乐志第四》"国朝先农皆祭神农于帝社，配以后稷"④，凡此"稷""后稷"皆为周人始祖神——弃—后稷。

---

① "稷种榖树"，即在稷坛那里种植"榖树"。颜师古释曰："榖树，楮树也，其子类谷，故于稷种。"（《汉书》卷25下，中华书局1987年校点本，第1269页注［六］）。楮树，落叶乔木。
② 《汉书》卷25下，中华书局1987年校点本，第1269页注［五］。
③ 《礼记正义》卷26，上海古籍出版社1997年影印《十三经注疏》本，下册第1453页上栏。
④ 《新唐书》卷14，中华书局1987年校点本，第358页。

（2）烈山氏之子柱。《国语·鲁语上》"昔烈山氏之有天下也，其子曰柱①，能殖百谷百蔬；夏之兴也，周弃继之，故祀以为稷"，《左传》昭公二十九年"有烈山氏之子曰柱，为稷，自夏以上祀之。周弃，亦为稷，自商以来祀之"，此"稷"虽为稷官或稷神，但用以指代烈山柱和周弃，二人都是历史传说中对早期农耕生产做出巨大贡献的代表人物，因有功于农事而相继被奉为"稷神"，故被称作"稷"。"稷"是华夏先民所崇奉的谷物神，逐渐发展为在祭祀稷神的时候，把那些对农业生产有特殊贡献的英雄人物作为祭主，加以隆重祭祀，以表达人们的崇拜、感念之情，世代相传而神化为农业之神"稷神"，即所谓的"有德者配食焉"②。此所谓稷神—柱、弃，因长于农事而相继为"稷官"，又相继被作为稷祀的祭主。应该指出的是，古籍文献中作为人名的"稷""后稷"，更多的是指"弃—后稷"。

4. 古代职官的范畴

稷、后稷——在历史上曾被用作负责农业生产的职官名。《国语·周语上》虢文公谏周宣王有云："夫民之大事在农……是故稷为大官。古者，太史顺时视土……太史告稷曰……稷以告王曰……及藉，后稷监之，膳夫、农正陈藉礼，太史赞王，王敬从之。王耕一拨，班三之，庶民终于千亩，其后稷省功，太史监之，司徒省民，太师监之，毕……稷则遍诫百姓……乃命其旅曰：'徇，农师一之，农正再之，后稷三之，司空四之。'"其中的"稷""后稷"皆是当时负责农业生产的职官，似乎"稷""后稷"又是级别不同的农官。相传，烈山—柱、周—弃都曾做过稷官，因"稷"为百谷之长而得名，其出现当在社会进入司职设官的时代。或作"稷正"：汉应劭《风俗通·祀典·稷神》："有烈山氏之子曰柱，能殖百谷疏果，故立以为稷正也。"

5. 古代星官的范畴

稷——作为星官之名有稷星，又称天稷。《晋书·天文志上》："稷

---

① "烈山氏之有天下也，其子曰柱"，《礼记·祭法》作"厉山氏之有天下也，其子曰农"。

② 《周礼·大宗伯》郑玄注，《周礼注疏》卷18，上海古籍出版社1997年影印《十三经注疏》本，上册第758页上栏。

五星，在七星南。稷，农正也，取乎百谷之长以为号也"，"天汉起东方……入东井水位而东南行，络南河，阙丘、天狗、天纪、天稷，在七星南而没"。①《新唐书·历志三上》："鹑火直轩辕之虚，以爰稼穑，稷星系焉。"② 稷星属二十八宿之星宿六星官③之一，稷星由五星构成，清人梅文鼎《中西经星同异考》卷下记载说：星宿"七星如钩柳下生，星上十七轩辕形，轩辕东头四内平，平下三个名天相，相下稷星横五灵"。稷星是农事之星，又称天稷，其与农业的关系，古人解释为："明则岁丰，暗或不具为饥。移徙，天下荒歉。客星入之，有祠事于内；出，有祠事于国外。"④《唐开元占经》卷52《太白占八》曰："太白犯天稷，有旱灾，五谷不登，岁大饥，五谷散出。"根据《晋书》的解释，稷星也因"稷"为"百谷之长以为号"。根据文献记载，西周及汉代的农事之星尚有农星、天田、灵星、天社等，西汉曾遍设灵星祠以祈农事。

6. 历史地理的范畴

这一范畴的义项有四：稷、稷山、稷门、稷泽。

稷——作为古地名在春秋时代见于文献记载者凡四处，研究者认为它们分属于宋国⑤、楚国⑥、晋国、齐国⑦。其中晋国、齐国的"稷"地就是稷山，文献或简称作"稷"（详见下"稷山"）。

稷山——据学者研究，古代"稷山"见于文献记载的有三处：（1）属晋，在今山西省稷山县南，其县因山而得名。《左传》宣公十五年："七月，秦桓公伐晋，次于辅氏。壬午，晋侯治兵于稷，以略狄土，

---

① 《晋书》卷11，中华书局1987年校点本，第307页。
② 《新唐书》卷27上，中华书局1987年校点本，第605页。
③ 六星官为：星7星、轩辕17星、御女1星、内平4星、天相3星、天稷5星。
④ 《宋史》卷51《天文志四》，上海古籍出版社、上海书店1986年影印《二十五史》本，上册第135页下栏。
⑤ 《春秋》桓公二年："三月，公会齐侯、陈侯、郑伯于稷，以成宋乱。"杜预注："稷，宋地。"疏曰："此欲平宋，故以稷为宋地。"故地在今河南商丘。
⑥ 《左传》定公五年："（秦子蒲）使楚人先与吴人战，而自稷会之，大败夫概王于沂。"故地在今河南桐柏。
⑦ 《左传》桓公十年："五月庚辰，战于稷，栾高败。"此"稷"即齐之稷山，故地在今山东淄博。

立黎侯而还。"此"稷"即稷山。《隋图经》："稷山在绛郡，后稷播百谷于此山。亦《左氏传》谓晋侯治兵于稷，以略狄土，是此也。"① 晋南之稷山得名于后稷在此山种植百谷的传说，因后稷而得名，今称稷王山，其地有稷王庙以祭后稷，故钱穆先生等以此作为后稷、先周族起源于晋南的重要佐证之一。（2）属齐，在今山东省淄博市临淄区西南，文献或称作"稷"。《左传》桓公十年："五月庚辰，战于稷，栾高败。"此"稷"即齐都临淄西南的稷山，《史记》有记载。山上旧有后稷祠，海拔仅171米，但影响巨大。齐国古代或称稷下，古城有"稷门"，门外有"稷下学宫"，皆由此山而起。自汉代以后，多遵循此说，即临淄的"稷门"因稷山而得名，"稷下学宫"又因"稷门"而得名。（3）属越，在今浙江绍兴，《括地志》曰："楫山在越州会稽县西北三里，一名稷山。"

稷门——城门名，其地有二：鲁都曲阜城有稷门，齐都临淄城也有稷门。（1）鲁都稷门，《左传》定公五年"己丑，盟桓子于稷门之内"，杜预注"鲁南城门"。（2）齐都稷门，《左传》昭公二十二年"莒子如齐莅盟，盟于稷门之外"，杜预注"稷门，齐地门也"。刘向《别录》记载："齐有稷门，城门也。谈说之士，期会于稷下也。"② 稷门附近设有"稷下学宫"，这个"稷下"或以为是在稷山之下而得名，或以为在稷门附近而得名。郦道元《水经注·淄水》记载："系水傍城北流，迳阳门西，水次有故封处，所谓齐之稷下也。"

稷泽——河泽名。《山海经·西山经》："丹水出焉，西流注于稷泽"，"桃水出焉，西流注于稷泽"。郭璞注："后稷神所凭，因名云。"传说古代后稷曾用此水使民耕种，故称。

---

① 《隋图经》，《太平御览》卷45"稷山"条引，中华书局1985年影印本，第216页上、下栏。

② 《齐地记》载，齐城共有雍门、申门、扬门、稷门、鹿门、广门、章华门、东闾门等13座门。齐都稷门有南门、西门之说。1946年大城西墙外邵家圈村建学校时，挖得石碑一方，该碑双线阴刻，上书"稷下"。文物专家也在该村西南考察出规模相当可观的战国建筑遗址。由此可以证实，稷门就是齐国故城西南外城门，这些战国建筑遗址就是历史上著名的"稷下学宫"所在地。

从文化变异的角度看，以上这13个义项分属于6种不同质的文化，虽然其文化内涵都与原型具有某种内在联系，但由于所指的变化而包含着同质或异质的文化范畴，如原始宗教祭祀的稷——稷神，与农业耕种的稷——谷物之间虽然有联系，但前者属于祭祀文化范畴，后者属于物种文化范畴；同时，二者虽属异质的文化范畴，但由于具有相同的能指语言符号"稷"，就形成了异质同构的聚合关系，从而形成了一个相当独立的稷祀文化系统。

我们在注意其不同的文化特质的前提下，特别要从异质同构方面强调它们的内在联系，追溯它们的同一源头。

（二）稷祀文化的结构层位

通过上面的考察知道，"稷"首先是农业范畴中一种谷物的语言符号，而其他分属于祭祀、人物、职官、星官、地理等不同文化范畴的对象也以"稷"作为他们的文化标志符号。人们对不同质的崇拜对象却选择了同一符号，其内在的文化关联若借助文化符号学的某些理论和方法或许能表述得更加清晰。下面我们来研究由这6种不同文化范畴的13个文化符号而构成的稷祀文化系统，以揭示其内在的联系及祭祀文化的系统结构。

按照文化符号学的观点，符号是构成文化意义的要素和密码，符号系统是联结主体意识与对象世界的桥梁。也就是说，文化符号是一种象征，由于符号的介入可在主体、客体间产生统一的文化意义。和语言符号一样，文化符号亦有组合和聚合两种关系，在时间上的持续延伸（组合）与丰富联想（聚合）的坐标上，组合呈线性序列在时间上发展，是横坐标；聚合呈空间状态，是纵坐标。二者的交叉使我们在探讨由稷谷、稷神、稷祀、后稷以及稷官、稷坛、稷星、稷山、稷泽等构成的这一特定的稷祀文化系统时，既要注意其历时性———定时间内的存在形式，以发现其不同时段上的差异和层级关系，又要注意其共时性——"稷"祀并非静止不变，在不断地生成新的文化现象，不断地从一个层级向另一个层级转移，也就组成了一个特定的文化结构层次关系。

为便于研究上的把握和认识上的直观，我们简单地勾勒了稷祀文化系统的文化符号的结构、层位关系如图一①：

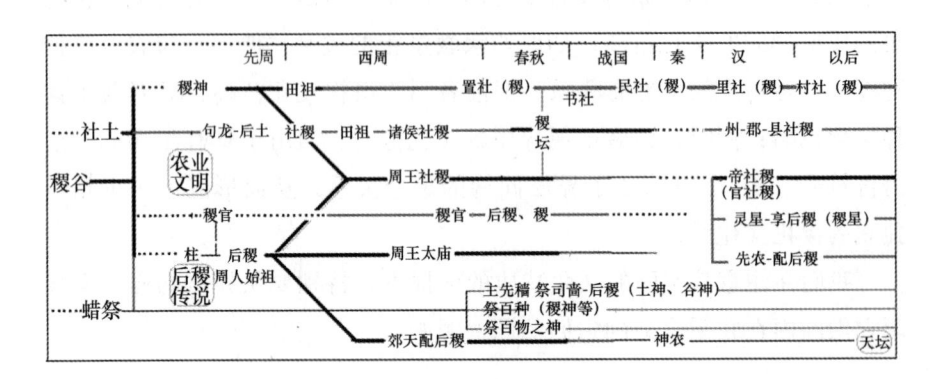

图一 稷祀文化系统文化符号的结构、层位关系

在这一由诸多含有"稷"因素的文化符号构成的稷祀文化系统中，"稷谷"是其他符号生长的根源，是稷祀文化系统的元点，它的这种地位说明农耕生活、农业文明是稷祀文化的社会基础。"谷神—稷神"和"后稷—弃"是稷祀文化系统的核心，尽管古今学界对"稷神""后稷"各自产生、相互叠合的时代等均有分歧，目前尚不能确切说明社神、稷神合祭于何时，但正是"稷神""后稷"的存在、叠合、演变，衍生出整个稷祀系统的其他不同时代的具有某种关联的文化符号形式——稷官、稷星、稷山、稷泽和田祖、先啬、司啬、田畯、神农等，以及这些文化符合和有关形式在稷祀系统中的结构层位关系。

在这一稷祀文化系统中包含着自然崇拜、祖先崇拜、天神崇拜等不同的崇拜形式：（1）稷神—谷神、稷山、稷泽属于自然崇拜范畴，其中稷神—谷神属于植物崇拜，是稷祀的原始形态；稷山、稷泽属于灵山圣水崇拜，是稷神的地缘形态。（2）稷神—柱、稷神—后稷、稷官—后稷及田祖、田畯、先啬、司啬等属于祖先崇拜的范畴，是稷谷种植的有功者和管理者，是自然神和祖先神的叠合形态。（3）稷星—天稷及灵

---

① 图中前端的"虚线"表示其起源无法确定，后端的表示演变过程省略；"粗线条"表示其在稷祀系统中占据主导地位，粗线条渐变成"中线条""细线条"表示其在稷祀系统中的地位逐渐减弱；线条断绝表示其在稷祀系统中消失。

星属于天神崇拜范畴，是稷神的延伸形态。它们虽然分属于不同的崇拜形式，但它们均是"稷神—谷神"的派生形态，正体现了稷祀文化系统的异质同构的复杂性和丰富性。其他如社神—句龙、后土和神农等的介入，更拓展了稷祀文化的内容。

二 稷祀系统的基本存在形式

在整个的稷祀文化系统中包含着诸多的稷祀形式，其中作为田野生长的稷谷是稷祀文化的本源。而稷神在这个系统中则呈两种存在形式：一是以稷谷为物媒（存在形式）的稷神，这是稷神早期的自然存在形式，本文称为"自然稷神"或"抽象稷神"，可视其为共时性的基本形式。二是以人物为物媒的稷神，这是稷神后来的组织存在形式，本文称为"人物稷神"或"组织稷神"，可视其为历时性的基本形式。

（一）稷谷：稷祀文化之本源选择

通过上面的研究分析可以知道，稷祀文化是农业文明的产物，作为特定谷物名称和"五谷之长"的"稷"是整个稷祀文化系统存在的本源，体现着稷祀与农业文明不可分割的天然的内在联系。这里必须解决的问题是"稷"只是众多谷物之一，原始先民何以选择"稷"为众多谷物的标志——五谷之长、五谷之主？这大致由如下三种因素所决定：

首先，"稷"当是当时北方地区自然环境下生长最多的谷物。在采集经济及原始农业时代，谷物的自然出产结构完全取决于自然地理环境，因此稻谷最先出产于水网密集的南方，稷谷最先出产于黄河流域的北方。无论是采集经济时代还是耕作经济时代的前期，先民对谷物的选择完全取决于自然生存环境内谷物的自然出产结构，而在黄河流域的广大北方地区自然生长最多、最好的物种——"稷"必然首先进入人们的视线，成为谷物自然出产结构中最具有代表性的物种。甚至有可能在对自然生长的谷物无力分辨的笼统认知时代，当时黄河流域的先民将所有采集到的谷物统称"稷"，而且一直沿袭到谷物分类细化的百谷时代。

其次,"稷"当是原始先民生产生活中最早认识的谷物。谷物的这种自然出产结构决定了先民对谷物的"认知结构"。原始先民对谷物的认知是一个从模糊到具体、由笼统到精细的逐渐分辨的过程,伴随认知的深化,对谷物品种的驯化、种植也由单一到逐渐多种多样,谷物名称也逐渐丰富,并相继产生了同植异名:稷—粟—谷。"稷"最初应该是先民对所有谷物未加分辨的统称,随着认知的深化,那种在众多谷物中生长最多最好的谷物——五谷之长首先被分化出来,但仍被称作"稷",到了谷物细化的百谷时代,"稷"仍被用作五谷代称——五谷之总名。所以,我们认为"稷"名应先于"粟""谷"之名而存在,它是先民认识驯化最早、驯化种植最多的谷物,是北方地区最具有代表性的粮食作物。

最后,"稷"当是原始先民食物结构中最为主要的谷物。谷物的自然出产结构也决定了人们的食物结构。"稷"作为当时黄河流域"自然出产结构"中的代表性物种,必然是当时社会食物结构中的最为主要的粮食,它生长的好坏、多少在很大程度上决定着人们的生活状态。"稷"在原始先民生活中的这种存在价值必然导致——他们为了满足基本的生存欲望而对它产生强烈的生理依赖,为了克服食物短缺带来的生存恐惧而对它产生强烈的心理崇拜。在万物有灵的原始宗教意识的支配下,以"稷"作为谷物神的物媒——标示符号就是先民的必然选择,是一种在生理依赖和心理崇拜的双重作用下的必然选择。

(二) 自然稷神:稷祀系统的共时性存在形式

自然稷神或抽象稷神,属自然崇拜范畴中的植物崇拜——稷谷崇拜,是原始先民万物有灵的原始宗教观念和现实生存的功利目的相结合的产物,它起源于原始农耕时代,又贯穿于农业经济占据主导地位的整个帝制时代。它基于原始农耕经济。原始先民选择"稷"作为谷物神的物媒——稷谷崇拜,恰好说明稷谷崇拜产生于历史上"稷"在农业种植结构、日常食物结构中占据最为主要地位——"百谷之主""五谷之长"的非常遥远的原始农耕时代,"稷"不仅是当时代表性的谷物和食物,也是采集时代的原始先民最早认识的可食谷物,在有语无文的先民心目中其最初的含义可能就是"积""多"的意思——野生的谷物在某一地点生长繁多；当谷物未加细化分类的时代，当时大概所有可食可种的谷物都被笼统地称之为"稷"，当进入谷物细化分类的百谷时代，人们仍然清晰地保存着已经非常悠远的"稷"作为"百谷之主""五谷之长"的深刻记忆，这种记忆可能一直延续到了汉代。

稷神崇拜当起源于原始农耕时代。当时的原始农业先民们认为，自然存在的植物——"稷"是具有灵性和"超自然力"的灵体，谷物的丰歉就源自这种灵体内在的超自然的神秘力量，因此把这种被视为灵体的自然生长的稷谷加以人格化或神圣化而顶礼膜拜，幻想通过这种方式影响谷物生长或保佑谷物的丰硕。原始农业先民因其生活环境不同而具有不同的谷物崇拜对象及活动形式，而稷谷则正是对北方黄河流域自然出产最为普遍、对先民生活影响最大的粮食作物，稷神崇拜恰好满足了人们丰产足食的生存欲求。

自然稷神不仅是一个具象的神，也是一个抽象的神，它是稷神共时性的基本存在形式。先民们经过长期生产实践的经验积累，逐渐认识或联想到实际存在的影响谷物生长的其他因素，如气候、环境、天象、农业生产精英（包括农业发明创造者和组织管理者）等，并将其同样神灵化加以崇拜，由此发展出一系列具象的农业神和一个比较抽象的谷物神——稷神，形成多种的农神信念和相应的祭拜活动。所以，"稷神"不仅是一个具象的神，也是一个抽象的神，而且这种抽象的"稷神"更深刻地存在于人们的思想意识中，虽"以'稷'名神"[1]，而实际指代的是农业神、丰收神。这种作为观念中存在的抽象稷神，自远古社会一直延续下来，贯穿于农业经济占据主导地位的整个帝制时代，并形成了一个以抽象稷神为基本形式的稷祀文化系统。从原始社会到汉唐王朝，其间虽然经历了多次重大的历史变迁，也促使稷祀系统不断发展衍化，但无论是作为物媒的稷谷，还是作为抽象的稷神，始终是稷祀系统中最为稳定的基本存在形式。

---

[1] 《通典》卷45，中华书局1984年影印本，第261页下栏。

(三) 人物稷神：稷祀系统的历时性存在形式

人物稷神或组织稷神，属祖先崇拜范畴，其中的烈山—柱（农）属事功神崇拜，后稷—弃属事功神、始祖神双重崇拜，后因朝代更迭曾被神农（炎帝）、禹所取代，是稷神历时性的基本存在形式。

人物稷神是农耕文明发展到一定历史阶段的产物。原始农业经济不断发展壮大，逐渐占据了社会经济的主导地位，土地上生长的谷物成为先民生活、生存最基本的食物来源，农业种植成为社会崇高价值的体现，而那些在农业种植上做出贡献者则受到全社会组织（部落、氏族）成员的无比敬重，被视为社会组织（部落、氏族）中的英雄而世代传颂，并赋予了稷神神格而被推上了稷坛，被奉为农业事功神。正因为如此，人物稷神也可称为"组织稷神"。我们知道，在某些原始宗教系统里大都是"祖先神尊于自然神"。因此研究发现，人物（组织）稷神一经产生就基本与自然（抽象）稷神二元合一，稷坛上奉祀的主要是人物稷神，自然稷神则以更加抽象化的形式存在于人们的稷祀活动中。从此，先民祈祷谷物丰硕从乞灵于自然稷神，开始过渡到主要乞灵于人物稷神——烈山—柱（农）、后稷—弃[1]、神农—炎帝、大禹等。自然稷神、人物稷神叠合之后，就成为整个稷祀文化系统的基本形式——中心形式。

所谓的"中心形式"，在原始宗教学中被称为"中心原始宗教形式"[2]，是在稷祀系统中居于中心和支配地位稷祀形式，其表现为（1）稷祀主体对这一信奉对象的宗教情感最浓厚、最强烈；（2）这一信奉对象在稷祀系统中的地位最尊、最高、威力最大；（3）这一信奉对象与稷祀主体的人生祸福、年成丰歉的关系最密切，社会影响最深

---

[1] 《国语·鲁语上》鲁文公二年（前623）展禽曰："昔烈山氏之有天下也，其子曰柱，能殖百谷百蔬；夏之兴也，周弃继之，故祀以为稷。"《左传》昭公二十九年（前513）蔡墨曰："稷，田正也。有烈山氏之子曰柱，为稷，自夏以上祀之。周弃，亦为稷，自商以来祀之。"

[2] 或称之为"中心原始宗教形式"，见于锦绣《简论原始宗教的形式、内容和分类》，《世界宗教研究》1998年第4期。

远；（4）人们举行的与这一信奉对象有关的仪式活动最频繁、最隆重。我们对稷祀作历时性的考察后发现，稷祀到了西周时代才呈现出比较清晰的文化面貌，其原因之一就在于"后稷—弃"合自然（抽象）稷神、农业事功神、周人始祖神于一身，成为西周稷祀系统的中心形式或崇拜核心，对提高稷祀文化的历史影响、强化稷祀系统的正式形成发挥了极其重要的历史作用。

"后稷"本是周人一个美好的古老记忆——情感记忆中的始祖，他或许是一位具有一定农业事功的部落英雄，相传早在夏商时期，后稷就已被赋予稷神的神格而取代"烈山—柱（农）"登上稷坛。伴随着周王朝的建立，后稷作为周人的始祖神，其神格被极大提高，由先周时期的一个"小邦周"的祖先神被提升为国家范围内的崇拜对象——国家保护神；作为人物稷神的神性被极度放大，由原本保佑谷物丰歉的比较普通的单一谷物神被提升为与社神平行甚至地位更高的农业神；正是由于后稷神格的极大提高和神性的极度放大，使稷祀由原本比较一般的祭祀成为祭祀活动最为频繁、祭祀仪式最为隆重、崇奉信念最具影响的崇拜形式，在西周后稷虽然未能获得"帝"的神格，但在周人的祭祀系统——天神—郊天、地祈—社稷、人鬼—国庙的三大祭祀系统中都占据极为显赫的地位，不仅在周人祖庙中居于始祖的地位，而且也享食于"郊天""社稷"的祭祀中，并居于仅次于昊天上帝的地位，从而奠定了后稷、稷祀在中国祭祀文化中的地位。所以我们认为，稷祀文化在西周得以极大强化，稷祀系统在西周得以正式形成。也就是说，稷祀文化系统正式形成和最后确立于西周时期。

同样，伴随着周王室的衰落和灭亡，"后稷"的人性、神性开始相对分离。春秋战国时期，诸侯国的势力不断扩大强化，周王权力不断衰落并最终彻底消亡，而作为周人的始祖神的后稷其影响力也在不断弱化，最终不仅周王国庙被废弃，甚至退出了国家的祭祀仪式，代之而起的是神农（炎帝）等；作为自然（抽象）稷神的后稷其神格也不断淡化，甚至在秦、西汉时期稷坛也被废弃，只有官社而无官稷。西汉晚期，由于国家社稷制度的确立具有悠久的历史，开始重设官稷，或以后稷配食于稷坛，或以神农、大禹配食于稷坛，东汉以后以后稷配食于国家稷坛的形式才逐渐稳定下来直至清代，在国家社稷①、蜡祭中或仍以"后稷"配食，或即视"后稷"为稷神，在广大的区域享受着香火。

三　稷神崇拜的价值指向

从原始农业文明时代，到封建国家时代，稷神崇拜有着独特的演变历史过程，在不同的历史时期有着不同的价值指向。这是我们研究稷神崇拜必须要探讨的重要内容。

（一）稷神崇拜的演变过程

稷神是社会存在的反映，是社会发展到一定阶段的产物，属于社会意识形态的宗教信仰范畴。稷是五谷之神②，所以稷祀必然是谷物种植发展到一定历史阶段，在"万物有灵"的原始宗教观念支配下产生的一种自然崇拜现象，并逐渐发展演变为一种具有强烈时代色彩的政治宗教，其演变的基本脉络大致如下：

从单一的自然谷物之神逐渐演变为——稷、人合一的二元神；

从万物有灵的原始宗教逐渐演变为——统治阶级的政治宗教；

从某一氏族的祖先之神逐渐演变为——封建国家的保护之神。

这一演变过程可以相对分为四个历史阶段：

（1）母系氏族社会的自然崇拜的单一谷神时代；

（2）父系氏族社会的祖先崇拜的神人合一时代；

（3）西周社会的上帝崇拜郊祀后稷以配天时代③；

---

①　在战国后期的某些国家及秦、西汉中前期的社稷祭祀中曾被神农等取代，详可参见曹书杰《后稷传说与稷祀文化》第八章《稷祀形态的流变·国家稷祀的流变》，社会科学文献出版社2006年版。

②　《周礼·大宗伯》"以血祭祭社稷"，注曰："社、稷，土、谷之神，有德者配食焉。"《白虎通义·社稷》："人非土不立，非谷不食……五谷众多，不可一一祭也……稷，五谷之长，故封稷而祭之也。"稷是五谷之长，五谷众多不能遍祭，故选择五谷之长的稷而祭之，故曰五谷之神、谷神。

③　以始祖配天。《左传》襄公七年："夫郊祀后稷，以祈农事也。"《孝经·圣治》："子曰：'昔者周公郊祀后稷以配天。'"

（4）历代封建王朝祈盼丰年的国家社稷时代。

在封建国家时代，民间的稷祀则更多的保留了稷神的"自然属性"。在社会心理上，稷神和社神共同构成了人们幻想中的影响农业生产、国家安危的某种力量；在社会行为上，逐渐演化为一种特定的礼仪制度和民间习俗。"它们与原始思维形态中那类自发宗教信仰形式，有着明显的传承和变异关系，它们有别于经济的俗尚，也不能纯粹纳范于社会的成俗"[1]，但却对人们的物质生活和精神生活产生了重大的深远的影响。

西周国家的建立是稷祀发展演变的最重要的历史阶段，从而也奠定了3000年绵延不绝的多种形态的稷祀活动，并深深地介入了之后封建国家的政治生活和乡里民间的文化生活，从而构成了一种可以相对独立的文化现象——稷祀文化。

（二）稷神崇拜的原始意蕴

稷神崇拜是原始农业先民在原始宗教意识支配下的伟大创造，是原始农业先民的精神寄托。宇宙的不可知性与大地不失时机地生长出人们最基本的生活资料——谷物，农业先民对谷物必然产生强烈依赖和极度渴望，使他们敬土亲地的宗教意识格外强烈，认为每一次收获都是谷神和土地神的恩赐。我们从庄严而肃穆的稷祀中可以看到，稷祀启迪了先民的心智，把农耕信仰的文化精神和社会价值充分肯定下来。就是说，衣食问题已严肃地提到了先民的议事日程，农耕信仰造就的农业文明恰好满足了先民们进化的要求，对稳定社会（氏族、部落）起着至关重要的作用，从而也带来了价值观的变化。

稷神崇拜是原始农业先民在原始宗教意识支配下的精神寄托。"谷神—稷神"是谷物自然生长神力的象征，不仅满足了农民对五谷丰登的心理寄托，祀稷祈年的祭祀活动也是他们精神生活最重要的内容，在稷祀活动中获得了最大限度的生活愉悦和精神满足。

"崇拜"的汉文本意是"尊敬钦佩"，未能涵盖其在原始宗教中的

---

[1] 宋镇豪：《夏商社会生活史》，中国社会科学出版社1994年版，第452页。

完整意义。事实表明，原始宗教的信仰主体，一切从现实功利出发，对任何"超自然力"无不既献祭崇拜以祈求，又施术控制以使令，可谓"软硬兼施"，对祖先也不例外，只不过是轻重主次有别，态度情感不一而已。这是人们为了现实的生存和发展，既要屈服依赖"超自然力"又要强制支配"超自然力"的双重心理表现，也是生产力水平低下但又不断提高的客观反映。

（三）稷神崇拜的政治取向

在封建国家时代，稷祀主要存在于国家社稷、蜡祭和民间社日等祭祀活动中，成为国家重农政治、民间农耕生活的一部分，是"国以农为本，民以食为天"的启示录，它不仅是礼制、宗教、民俗等重要内容，而且在不同的历史时期也有着不同的政治取向。

稷神崇拜强化盛行于西周时代。周人立国"郊祀后稷以配天"，从而最大限度地提高了稷神—后稷的神格和政治地位。"后稷—弃"是中华文明史上一位极具特殊意义的人、神叠合的传说人物，作为人——后稷是姬姓周人认同的始祖，被司马迁等历史学家载录于史卷；作为神——后稷是华夏先民崇拜的稷神，被君王庶民世代顶礼膜拜于神坛。正是由于西周时代"后稷—弃"的介入，才构成了中国历史上最有影响的祭祀形态——社稷，成为中华民族农耕文明、农业精神、农业丰收、农业经济、民生富庶、国家太平的象征。正是由于西周时代"后稷—弃"介入，才导致稷祀活动的历史地位和影响力的极大提高和稷祀文化系统的真正确立，对中华民族的农业文明、封建国家的政治生活、底层社会的民俗生活、文学艺术的审美心理，乃至中华民族性格的形成，都具有重大的影响。

这一现象的产生，应与周王朝的建立紧密相关。由于地理环境和社会条件的影响，各个血缘和地缘小群体在同一历史阶段，或某一小群体在不同的历史阶段，其稷祀系统一般都会有一中心形式。这应是事物辩证运动规律的具体表现，即由于事物内部各种矛盾及其双方在发展变化中彼此力量的不平衡性，从而形成处于支配和主导地位的主要矛盾和决定事物性质的主要矛盾的主要矛盾方面。中心原始宗教形式就是原始宗教系统中的这种"主要矛盾的主要方面",故最能反映该原始宗教系统的本质特点和时代、社会面貌,从而成为进行原始宗教系统的本质性分类(划分)的最佳准则。

春秋战国之际,稷祀虽然在一定程度上被弱化,但社稷、蜡祭中或仍以"后稷"配食,或即视"后稷"为稷神,在广大的区域享受着民间的社火。首先,稷神—后稷的祭祀曾有的强大影响力,在一定的区域内一直得以保持,成为人们惯性的农事祭祀活动中不能立刻被取代的祭祀对象。其次,"后稷—弃"是一定历史阶段涌现出来的最伟大的先进农耕者的代表,在后世的稷祀中后稷则是农耕生产者(先啬、田祖)或管理者(司啬、田畯)的象征。

至秦朝和西汉时期,作为农业神—周人祖神的后稷其地位彻底衰落,稷祀基本退出了社会的祭祀系统,主要存在于学术研究领域,人们主要面对的是"后稷传说故事"和后稷文献,主要是历史学、经学、古代文学、文献学、神话学、文化人类学等研究的内容;甚至在秦、西汉时期稷坛也被废弃,但社稷制度久已确立,故西汉晚期以后开始重设稷坛,而后稷也得配祭于稷坛,直至清代其主要存在于国家社稷、蜡祭和民间社日等祭祀中,成为国家重农政治、民间农耕生活的一部分,是"国以农为本,民以食为天"的启示录,成为祭祀礼制、原始宗教、民俗学等研究的对象。

"稷神—后稷"作为稷祀系统的文化符号,在历史嬗变过程,它不仅蕴含着远古农耕时代的人民生活、古老宗教祭祀中的生命仪式,也因不同时代新的文化因子的渗入而引起种种变异,这虽然丰富了稷祀的历史文化内涵,但是也不断淡化着其古老的文化意蕴。如后稷人性和神性的叠合,使后世模糊了后稷人性和神性的区别;后稷历史和神话的融合,使研究往往很难划清后稷的历史与神话之间的界限。也正因为如此,才使稷祀系统的诸文化符号之间建立起了以"稷"为原型的内在联系。

稷神—后稷是一位有着广泛而深远影响的农业神,要考察其文化内涵,必须放在中国农业文明发展的大背景下加以研究,在这方面农业考古为我们提供了许多可信的材料。更重要的是某些因子渗入的时间本身就存在很大的争议，例如帝尧、帝舜的渗入，人们很容易就会联想到两个最基本的问题——《尧典》是何时产生的文献，先周人知道尧舜吗？① 那么，尧舜与后稷的关系是神话传说还是历史化的结果？按照古史辨派的"默证法"的观点，凡是古书、传说不能证明其真的就是伪，反之，也有人提出若是不能证明其伪的就可视为真。②

（四）稷神崇拜的民间取向

稷神、稷祀有着丰富多彩的历史文化内涵，它不仅是中国古史研究的对象，也为当代诸多社会学科——考古学、人类学、民俗学、文化社会学、神话学、原始宗教学、民族历史学、古代文学、美学等所关注，已经构成了一种特定的文化现象——后稷文化。后稷文化如同炎黄文化、关公文化等一样，它是一种特定的历史文化现象，从文化侧面进入了历史研究的范畴。而农业文明则是后稷文化的灵魂，稷祀文化、后稷神话、后稷历史则是后稷文化的三大主体。

稷祀作为西周社会祭祀的主体，作为封建国家祭祀的重要组成部分，它不仅是王权的象征，也是追求农业发展的宣言，而民间的稷祀更是先民企盼农业丰收的精神寄托。与其说是人们对后稷的崇拜，不如说是人们对所依赖的农业生产活动、农业经济价值的认同。这才是后稷传说、稷祀文化、后稷文化生成、发展、延续的深厚土壤，才是后稷研究的根本价值所在。

对后稷、后稷文化的研究探索已有2000多年的历史，并取得了许多重要成果，特别是20世纪以来，由于马克思主义以及现代历史学、人类学、神话学、民俗学、考古学等的相继介入，更呈现出与古代的后稷研究大不相同的学术面貌。但是，其所涉及的许多重大问题，学术界仍然存在极大分歧，对古来流传的后稷传说的文本资料尚有待全面的、完整的考察和辨识，对古今研究中的学术分歧及其演变过程尚有待系统

---

① 顾颉刚即认为"周人心目中最古的人是禹，到了孔子时有尧、舜"。
② 参考谢维扬《古书成书情况与古史史料学问题》，《金景芳教授百年诞辰纪念文集》，吉林大学出版社2002年版，第137—146页。

的、综合的归纳和概括,对稷祀文化尚有待独立的、深入的研究和总结。

四 稷神崇拜的基本内涵

本小节主要由"后稷""后稷传说""后稷祭祀(稷祀)"和"文献考述"这四个基本范畴构成。

后稷——神、人的二重属性。"后稷"确实是一个非常古老的话题。尽管人们对后稷、后稷文化诠释、研究了近 3000 年,可至今似乎仍是一堆无法整理到一起的文化碎片。但是,有两个概念是明确的——后稷是神话传说的稷神,是周人记忆中的始祖。和所有传说中的上古人物一样,后稷的二重属性曾给后世的研究带来诸多的困扰。

作为神话传说中的稷神,他登上了先民顶礼膜拜的神圣祭坛,自周代以迄明清,上至帝王下至乡民,后稷坦然享受着绵延 3000 多年的人间香火,成为我们这个农业民族最有代表性的精神寄托,成为中国传统封建政权重农恤农的启示,形成了独具特色的稷祀文化,成为中国神话、原始宗教、祭祀礼制、民俗学、人类社会学等诸多领域的重要研究对象。

作为周人记忆中的始祖,他飨食于周王七庙至尊的北宫太庙,因而引来历史学家、社会学家、经学家对他的时代、地望、身世(父母)、功业、子嗣等不停的追问,无数的学人企图做出完满的回答,然而一步步走进了历史在无意间布下的"陷阱",挣扎的结果是又生成了新的学术"陷阱",引起学术界无数的"纷争",从而衍生出一个特定的后稷研究的历史现象。

后稷传说——历史传说、神话传说?上古历史与原始神话之间有着千丝万缕的联系,真正是"剪不断,理还乱"。后稷是介于神话—历史、历史—神话之间的传说人物。关于他的种种传说,究竟哪些是历史传说、哪些是神话传说,哪些是原始传说、哪些是再生传说(甚至是后人的假说),对这些"传说",说是历史又包含了太多神话的内容,说是神话又隐含某些历史的因子。正因为如此,所以不冠"历史""神话"这样的定语，只称"后稷传说"。文献记述的后稷故事和传说可相对分为三类：一是来自先周——西周建国以前比较原始的传说，这样的传说也是很少。二是西周至战国时代逐渐流传的传说，其中有些也许是自先周流传下来的，但是绝大部分应该是当时衍生出来的，这样的传说具有相当的数量。三是后世在诠释文献或解释某些社会现象时而产生的种种假说，我们把它也称之为"传说"只是受语言表述的限制不得已而为之。

后稷祭祀——三大祭祀系统和两种祭祀形态。"稷祀"是对稷神—自然神、后稷—祖先神祭祀的统称。稷祀是一种客观上长期存在的历史文化现象，根据西周以来的诸多文献的记载，在周人的三大祭祀系统——天神、地祇、人鬼的祭祀中，后稷都占据极为显赫的地位，周人不仅在祖庙祭祀后稷，"郊天""社稷"等也以后稷配食，周代之后人们在祭祀社稷、蜡祭的时候或仍以"后稷"配食，或即以后稷为稷神。

自西周以来，稷祀一直存在着两种形态——国家形态、民间形态，两种稷祀形态大有差异。应该明确的是：（1）稷祀是一种发展变化的祭祀活动，时代不同，稷祀所呈现出的物质形态也有所不同；（2）稷祀是一种极其广泛的祭祀活动，地域不同，稷祀所呈现出的物质形态也有所不同；（3）稷祀是一种类型多样的祭祀活动，类型不同，稷祀所呈现出的物质形态也有所不同；（4）稷祀也是一种内涵丰富的历史文化现象，学者审视角度的不同，阐释稷祀时所描述的物质形态也有所不同。

文献考述——文献记述资料的梳理。如果按当代学科分类体系，"后稷传说"已介入诸多学科的研究领域，同样"后稷研究"也要借助这些学科如民俗学、人类社会学、文化社会学、考古学、神话学、神话考古学[①]、原始宗教学、古文字学、民族历史学、古代文学、美学等诸多学科的研究成果、理论、方法。限于个人的学养，无力从这样广阔的领域对后稷展开研究，加之我们掌握的能够直接用于后稷、稷祀研究的考古材料、甲骨金文资料极为有限，即便是对后稷、稷祀研究能够给予

---

① 这一命题的提出以陆思贤先生《神话考古》（1995）为代表。

一定支持的，也不外乎商人"求年于邦土"、"㞢"（㞢）和根据考古发现做出的对谷神崇拜现象的种种推测而已（另：据说正在发掘的二里头遗址的祭祀遗址呈现的正是"左祖右社"①），这都决定我们的研究只能从古籍文献的梳理出发，故而以"文献考察"命题。当然，"文献考察"也不可能完全回避某些研究工作，只是以文献考察为主而已。

稷神崇拜属于原始先民自然崇拜中的灵物——植物崇拜，形式上似以灵物"稷谷"或"后稷"为崇拜对象，但实际上，人们真正崇拜的是"'灵物'所代表的、象征的、本身内含的'超自然力'，即'灵物'的'灵性'，而不是'灵物'的'实物'。因此，'灵物崇拜'不过是体现宗教对象和宗教信念、达到宗教活动目的一种十分必要的'实物手段'"②。

当周王朝衰败后，后稷就失去了作为祖先神崇高地位的社会基础，故汉儒解释说："稷者五谷之长，谷众多不可遍敬，故立稷而祭之。"③所以"以'稷'名神者，五谷之长故也"④。

（作者单位：东北师范大学文学院教授）

---

① 2002年12月6—8日在西安陕西师范大学召开的"周秦社会与文化研究暨纪念中国先秦史学会成立二十周年学术讨论会"期间，中国社会科学院历史研究所宋镇豪先生在第一小组的讨论发言中介绍说：正在进行的对二里头遗址的再次发掘已经在"三期"找到了祭祀遗址，可证文献记载的"左祖右社"是可信的。最后的结论尚有待最后正式发表的考古报告。

② 于锦绣：《简论原始宗教的形式、内容和分类》，《世界宗教研究》1998年第4期。

③ 《礼记注疏》卷25《郊特牲》（第1450页上栏）所引许慎《五经异义》记载。

④ 《通典·礼五·社稷》，第261页下栏。

社祀与稷祀关系研究*

魏建震

社祀与稷祀，在先秦时期是两种关系非常密切的祭祀形式，社祀与稷祀合并称为社稷之祀。有些学者在研究社祀时，将社祀与社稷之祀不加区别地等同起来，由此可见二者关系之密切。稷祀是如何产生的？它与社祀之间到底是怎样一种密切关系？我们在本文中将对这些问题作一些探讨。

一　稷字形音义

对稷祀的研究，我们依旧沿着研究社祀的思路，先对稷字的形音义作一些探讨。

稷字的形音义问题，目前学术界仍存在着不小的争论。《说文》："稷，䔉也，五谷之长，从禾㚇声。𪏽，古文稷省。""䔉，稷也，从禾，肖声。粢或从次作。"《说文》中稷、䔉互训，并言䔉之异体为粢。究竟何种谷物为五谷之长，《说文》并未明言。古今学者间争论颇多，或以为稷为谷子，或以为稷为高粱，或以为稷就是穄。[①] 《尔雅》："粢，稷。"《左传·桓公二年》正义引舍人曰："粢，一名稷，稷，粟也。"据《尔雅》与《左传》正义，笔者认为齐思和、于省吾等先生的稷为

---

* 本文为氏著《先秦社祀研究》第四章第三节，人民出版社2008年版。
① 关于各家的争论，参见齐思和《毛诗谷名考》，《中国史探研》，中华书局1981年版，第7—8页。

谷子说较为可靠。

图一 《合集》3210

《说文》所载稷之古文𥝩，从禾从鬼。此稷字古文，目前尚不见于出土先秦文献。出土战国古文献可以确切隶定为稷字者，主要有以下几个字形：𥛱（中山王譽鼎）、𥝩（新蔡葛陵简乙四90）、𥝩（新蔡葛陵简甲三271）、𥝩（新蔡葛陵简零338），皆从示从鬼而非从禾从鬼。在甲骨文中，从示从鬼之字见于《合集》3210："囗未卜，侑母囗，叀王禩萑……衛龙。"此禩字的含义，或当与鬼同（详下文）。从禾从鬼之字甲骨文中未见。鬼，《说文》："人所归也。从儿，甶象鬼头，从厶，鬼阴气贼害，故从厶，凡鬼之属皆从鬼，𥛱，古文从示。"《说文》所载鬼字古文，与中山王譽鼎、葛陵简中的稷字形体相近。从示从鬼的鬼字，见于陈肪簋，其字形为𥛱①，《子禾子釜》有从示从鬼之字，字形作𥛱，用为月名，陈邦怀先生认为此字从女禩声，当是"魏"字之繁体，魏与未古韵通，应为未月。② 周名辉先生认为此字为魏字之古文。③ 此字字形与中山王譽鼎之稷字字形相同，右半部所从之女与从人无别，应当释为稷。

---

① 容庚：《金文编》，中华书局1985年版，第653页。
② 于省吾、陈邦怀、黄盛璋、石志廉：《关于陈㐭壶的讨论》，《文物》1961年第10期。
③ 周名辉：《新定说文古籀考》卷中，武汉古籍书店1985年版，第9页。

见于春秋战国古文中从示从鬼的稷字，其含义似乎与五谷没有太大的关系。《合集》3210 所见之禩，也与五谷之稷毫不相干。

见于甲骨文的农作物何者为五谷之长的稷，主要有两种意见：于省吾、彭邦炯、温少峰、袁庭栋、王贵民等先生认为，甲骨文中作等形之字为稷，陈梦家、裘锡圭先生认为，甲骨文中的字为稷。① 先秦文献中稷为一种非常重要的农作物，而甲骨文中字出现频率极低，似不当为稷。而齌（穧）字在甲骨文中出现频率很高，据彭邦炯先生统计，卜辞中"受稷年"之辞有二十多条，"登稷"也有十五六见，如果再加上其他有关稷的占卜记录，共有六十多见。但言"登稷"的记录远比"登黍"为多。② 两说相较，于省吾等先生的说法较有道理。

彭邦炯先生分析甲骨文中稷字的构形特征：上面分枝不作三叉形而从禾，且在分枝间有点或小圈。③ 关于稷字的正字与异构问题，于省吾先生认为：文献中以稷为正字，甲骨文中齌是原始字，而穧、稅、秶等字则是后起的异体字。④

秶为齌之异体，《说文》已明言。齌与稷互训义通，若将稷作为齌之异体，声韵关系上存在着一定的障碍。齌从禾齊声，反切注音为即夷切；稷从禾畟声，反切注音为子力切，即、子均属精纽，齌、稷声同。夷属上古脂部字，力属上古职部字，职部为阴声韵之部的入声，之部与脂部，只有顾亭林在上古音研究的初创阶段将其划为一部，属第二部。从清朝音韵学巨擘江永起，后世学者均将之、脂分为二部，之脂在上古音中，区分应是比较明显的。

齌与稷在《说文》中互训而其韵不同，笔者认为是许慎解稷字之音

---

① 参见宋镇豪《夏商社会生活史》，中国社会科学出版社1994年版，第257—258页。
② 彭邦炯：《商史探微》，重庆出版社1988年版，第203页。
③ 同上书，第202页。
④ 于省吾：《甲骨文字释林》，中华书局1979年版，第264页。《甲骨文字集释》卷七收有字（前二．三二．三），陈邦怀曰："字从禾从兂，当是《说文解字》稷之古文。"席涵静先生认为："此甲文字形，初看似乎是像人对禾跪拜之形，正足以说明祭拜农作物的情形。"细审原片，此字左偏旁作形，不从禾，此字与稷字无关。

时出现了错误。稷字不读畟声，而应读鬼声。《说文》稷字古文从鬼，畟实为鬼字形讹变而来。① 前举葛陵简中的稷字均从鬼，中山王鼎稷字作禨，子禾子釜稷字作禨，二字鬼字下部均从女，甲骨金文中，从女与从人多相通。鬼字下部所从之女后讹变为父，从鬼之禨变成了从畟之稷，许慎失察稷字字形之来源，随误释稷字之音为畟声。

稷读鬼，鬼属见母微部，见母属牙音，牙音与齿音常相通转。微部与脂部韵近，许多古韵学者将其归为一部，② 齋与鬼上古声韵俱近，鬼之古文与稷之战国古文形体也相同，因此笔者认为，禨、鬼、魏等字为齋字的异体字，稷字乃从鬼之禨字讹变而来，其应读鬼声，而非畟声。

齋为稷之正体，在甲骨文中为一种谷物，常常被用于祭献鬼神，而其本身却从不被当作神灵祭祀。稷祀起源于农业产生的新石器时代（详下文），在远古的祭祀文化中占据着相当重要的位置，在崇奉鬼神的商代，不大可能没有稷祀的记载。作为农作物的稷与作为鬼神祭祀的稷，在甲骨文中有可能是字形与字义均不相同的两个字。齋用为五谷之一的稷，其形表现的是稷谷之形；而用作五谷之神主的稷，其形体表达的是稷神的形象。五谷之稷与稷神之稷是从不同的途径创造出来的两个字，等五谷与五谷祭祀在商代以后合而为一，两者成为异体字。沿着此思路，下面再对甲骨文中稷神之稷作一些探索。

在甲骨文常见的诸神中，兇字的含义一直是一个未解之谜。今人蔡哲茂、刘桓二先生提出的兇即稷说，是很有价值的一种新见解。③ 蔡氏认为："兇，卜辞常见与社对贞，又常见与河、岳并列而祭，稷、社、

---

① 刘桓先生解稷字之形曰："从兇的构形来看，也许它是鬼字的异构，因此才可以读为稷（禨）。汉代张迁碑'非社稷之重'，稷字作稷。史晨前碑（史晨奏铭）'社稷'的稷亦作稷形，这一字与《说文》所记不同，字之右端与甲骨文则有相合之处。其字形虽已讹变，然知其右端本不作畟（兇）。"（《卜辞社稷说》，《甲骨征史》，黑龙江教育出版社2002年版，第158页。）刘先生将兇释为稷字的论证过程还有进一步研究的必要，其所说稷字右半部本不从畟，甚确。只是刘先生所举字证均为汉碑，而未引战国古文，从战国古文看稷字右半部不从畟更为确实。

② 参见陈复华、何九盈《古韵通晓》，中国社会科学出版社1987年版，第46页。

③ 蔡哲茂：《甲骨缀合集》，（台湾）"中研院"历史语言研究所外版书1999年版，第357页。蔡先生还撰有《释稷》一文，可惜笔者无缘得见。

河、岳为自然神，兕自然也是自然神，以后的稷字作'禥'（子禾子釜）、'䄏'（中山王鼎）、'稷'（《孙膑兵法》）、'稷'（史晨碑）等形，叒为兕加夊，古文字加𠙻与否往往无别，后代畟字将凶的部分封口讹成田，可知兕就是稷。"刘氏主要根据兕与土（社）的并祭或并称关系，以及兕祀的用牲情况，提出兕即稷。在论述稷祀与兕祀的并称与并祭关系时，刘文引有七版卜辞，其著录号分别为《合集》34189、22419、1140正，《粹》20，《屯南》963、665、1105，其中《粹》20所引三条卜辞，除了亳土与兕并称外，二者还与小丁并称，《屯南》963版与此同（此版残，"于亳土卯"为补足辞），用此两版卜辞说明亳土与兕的并称或并祭关系，说服力不强。《屯南》665、1105，属于卜祭之辞，其卜辞的含义为：辛巳占卜，雨不停，是否燎祭亳土？不用燎祭，天将晴；辛巳日占卜，雨不停，是否燎祭兕？不燎祭，天将晴。用此两版卜辞说明亳土与兕之关系，也显勉强。由此看来，刘文所论证的土（亳土）与兕所存在的并祭或并称关系，是否真实存在还值得进一步研究。

尽管笔者不能完全同意蔡、刘二人的论证过程，但还是比较相信其兕即稷的结论。之所以如此，主要是从以下几个方面考虑的：其一，兕在甲骨文所列祀谱中占有非常重要的位置，其与稷在文献记载的祭祀谱系中所处位置相似。兕之神性与土（社）、河、岳等自然神神性相似，文献中记载的诸多自然神，在甲骨文中大多已经找到，只有稷在甲骨文中还没有找到；其二，刘桓先生兕的构形也许是鬼字异构的推测，笔者认为还是比较有道理的。前文已述，鬼为䰠之异体字，从字形考虑，兕很可能就是稷。

二　稷崇拜的起源及其本质

稷是中国北方地区广泛种植的谷类作物，是古代先民赖以生存的主要粮食品种，在诸种谷物中品位属上乘。《诗经·大雅·生民》孔疏："黍、稷是民食之主。"《生民》"种之黄茂"，毛传："黄，嘉谷也。"郑笺以为黍、稷，孔疏："谷之黄色者，惟黍、稷耳。黍、稷，谷之善者，故云嘉谷也。"

稷（粟）作为北方居民赖以生存的主要粮食作物，在新石器时代的考古遗迹中多有发现。在河北武安磁山文化遗址中，出土有炭化粟的灰坑有189个，根据炭化粟的堆积厚度，估计腐化前的粟的埋藏量达数吨之多。① 除磁山文化遗址外，在新石器时代的西安半坡②、临潼姜寨③、宝鸡北首岭④、华县泉护村⑤、甘肃永靖大何庄⑥等地，都发现有已经炭化了的粟（稷）粒、粟（稷）壳等。⑦ 在与夏文化时代相当的夏县东下冯遗址三、四期的灰坑中，发现很多炭化粟粒，有一坑内炭化粟粒堆积厚度达40—73厘米。⑧

粟之所以成为我国北方地区培育较早并广泛种植的粮食作物，是由粟本身的特点决定的。粟对耕作要求不高，对土壤要求不严，不论平原、丘陵、山地都能种植，在碱性或酸性、沙地或黏土中，均能正常生长，在温度适宜的条件下，种子吸水达到它重量的20%时，即可发芽。苗期耐旱，有利于促根蹲苗，可防止倒伏，增加产量。粟的生长期短，大约在四五月间播种，九十月间收获。其生长期正值雨季，收获期为少雨的秋季。粟的繁殖能力和生命力极强，一般穗可结300—6000粒，最大的粟穗可收获1.6万粒，是繁殖系数最大的粮食作物。粟米营养丰富，以其为主食，足以满足人类生存的养分需求。此外，"粟草中可消化的总养分占47%—51.1%，是发展畜牧业所必需的饲料，糠、秕也是家禽的优良饲料。因此，我们的祖先将粟列为五谷之首"⑨。

---

① 邯郸市文物保管所、邯郸地区磁山考古队短训班：《河北磁山新石器遗址试掘》，《考古》1977年第6期；河北省文物管理处、邯郸市文物保管所：《河北武安磁山遗址》，《考古学报》1981年第3期；《中国考古学年鉴》（1986—1989），文物出版社。
② 《西安半坡》，文物出版社1963年版。
③ 《临潼姜寨新石器时代的新发现》，《文物》1975年第8期。
④ 中国社会科学院考古研究所：《宝鸡北首岭》，文物出版社1983年版。
⑤ 黄河水库考古队华县队：《陕西华县柳子镇考古发掘简报》，《考古》1959年第2期。
⑥ 《甘肃永靖大何庄遗址发掘报告》，《考古学报》1974年第2期。
⑦ 王玉哲：《中华远古史》，上海人民出版社2000年版，第64页；彭邦炯：《商史探微》，重庆出版社1988年版，第203页。
⑧ 《夏县东下冯》，文物出版社1988年版，第147、209、215页。
⑨ 高国仁：《粟在中国古代农业中的地位和作用》，《农业考古》1991年第1期。

稷既为五谷之长，在先秦时期有着普遍影响的稷崇拜是如何起源的呢？有关这一问题，秦汉以前的文献记载大体上有以下三种不同说法：

第一种说法以《孝经纬》为代表："社，五土总神；稷，原隰之神，五土之一耳。原隰宜五谷，五谷不可遍敬，稷为五谷之长，故立稷以表名。"

第二种说法以《孝经说》等文献为代表。《风俗通》引《孝经说》云："稷者五谷之长，五谷众多不可遍祭，故立稷而祭之，报功也。"《稗编》卷二十四："《异义》：稷，今《孝经说》稷者，五谷之长，谷众多不可遍敬，故立稷而祭之。"《白虎通》："王者所以有社稷何？为天下求福报功。人非土不立，非谷不食。土地广博，不可遍敬也；五谷众多，不可一一而祭也，故封土立社，示有土，尊稷五谷之长，故封稷而祭之也。"

第三种说法以《国语》《左传》为代表。《国语·鲁语上》："昔烈山氏之有天下也，其子曰柱，能殖百谷百蔬，夏之兴也，周弃继之，故祀以为稷……以社稷山川之神，皆有功烈于民者也。"《左传》昭公二十九年记载："献子曰：社稷五祀，谁氏之五官也？对曰……稷，田正也。有烈山氏之子曰柱，为稷。自夏以上祀之。周弃亦为稷，自商以来祀之。"

在以上三种记载中，《孝经纬》与《白虎通》主张稷祀起源于自然物崇拜，《鲁语》与《左传》认为稷祀起源于对烈山之子柱与周祖弃的崇拜。

按照《孝经纬》的说法，稷原本为土地神之一原隰，因其能生长五谷，而五谷之中稷为长，因此立稷祀以表对原隰神的祭祀。《白虎通》则以人非谷不食，稷为五谷长，故立稷祀以表人们对五谷神的崇拜。

稷祀起源于祭祀烈山氏之子柱和周始祖弃的说法，① 是祖先崇拜

---

① 周祖弃，又称后稷，因擅长种植五谷而被尊为稷神。《诗经·生民》记载有后稷的传说，徐中舒先生认为："《生民》是姜姓民族的传说，周人迁岐后与姜姓民族结合，便把母系的始祖传说承袭过来了。"（《先秦史论稿》，巴蜀书社1992年版，第120页）按照徐先生的说法，柱与弃同属于姜姓部族，既如此，则《左传》记载的夏以前祀柱，商以来祀弃，恐怕并不如后人所言乃周人伪造，弃代替柱为稷也不是周人代商后才创造出来的。

（含英雄崇拜）和自然神崇拜相互融合的结果。上古时期有着某种特殊技能的英雄或祖先，往往被人们当作神灵崇拜，他们的特殊技能或智慧，常常被视为与某种自然神灵有关，他们也因此被视为某种自然神灵的化身。能殖百谷百蔬的柱和擅长农作物种植的弃被祀为稷神，既反映着远古时期祖先神崇拜自然化的宗教倾向，也包含着自然神崇拜人格化的历史背影。

在稷祀起源的三种不同文献记载中，无论主张稷祀起源于自然神崇拜，还是主张稷祀起源于祖先神灵崇拜，有一点是各种说法所共有的，这就是稷祀的起源与农作物种植密切相关。抛开稷祀自然神或人神的纠葛，稷祀文化的核心内涵应该是谷物崇拜。杨宽先生曾正确指出："从来从事农业生产的部族或国家，都要以社神和稷神作为重要的崇拜对象，因为社神是土地之神，稷神是百谷之神……这种礼俗起源很早，流传时间很长。"[①]

稷祀的核心文化内涵为谷物崇拜，那么稷祀最早的发生时代，应该与农业起源时代大体相似。五代人丘光庭《兼明书》曰："或问稷之始，答曰：始有粒食之时也。故《祭法》曰：厉山氏之有天下也，其子曰农，能殖百谷，夏之衰也，周弃继之，故祀以为稷。厉山氏神农之号，则神农之时有稷矣。"传说中的神农时代，正是我国农业的发生期。曹书杰博士认为："稷神及稷祀产生于母系氏族社会的自然崇拜时代……当社会发展到父系氏族社会以后，稷神和稷祀也相应地与父系社会观念——祖先崇拜相结合而发展起来。"[②]我国农业产生于母系氏族时代，曹氏关于稷祀产生于母系时代的说法，与稷祀起源于农业产生时代的说法正相吻合。

三 社祀与稷祀关系研究

社祭祀的是与农业生产有着密切关系的土地，稷祭祀五谷之长稷，

---

① 杨宽：《西周史》，上海人民出版社1999年版，第20页。
② 曹书杰：《后稷传说与稷祀文化研究》，博士学位论文，东北师范大学，2003年。

两种祭祀产生的文化背景，均为中国古代的农业社会；它们产生的时代，均为中国古代农业的发明期。在中国古代祭祀系统中，社祀与稷祀关系密切。研究社祀与稷祀之关系，是确定社祀文化内涵非常重要的内容之一。由于社祀与稷祀各自的内涵随着社会发展而变化，社、稷二祀间的关系在不同的时代也呈现出多样性特征。

（一）在社祀与稷祀的原始祭祀形态中，二者分行

尽管社祀与稷祀均与农业祭祀息息相关，由于二者祭祀的对象不同，在原始祭祀形态中，社祀与稷祀是分行的。在前文引用的《国语·鲁语》与《左传·昭公二十九年》的记载中，社稷连称，在叙述具体祀谱时，社与稷均分别叙述。社与稷有着不同的起源，在原始祀谱中，二者是分别接受祭祀的。

《合集》34185："己亥卜，田率，土（社）豕、㝅豕、河豕、岳豕。"《礼记·王制》云："天子社稷各一牛。"社、稷分别享有豕、牛等祭品。《荀子·礼论》曰："社，祭社也；稷，祭稷也。"孔氏《郊特牲》疏云："社为五土总神，稷是原隰之神，有社必有稷，稷坛在社坛西，或云在其北，夫社稷之坛在西在北固未有确据，而社自有坛、稷自有坛也明矣。既各有坛，则当各于其坛祭之矣。"在新蔡葛陵楚简中，社祀与稷祀也有分别进行祭祀者。

社祀与稷祀之分行，还表现在社祀与稷祀的并祭关系上。宋陈祥道曰："王社、侯社国中之土示而已，无预农事，故不置稷；大社、国社则农之祈报在焉，故皆有稷。"[1]

西周时期，由于周人将母系姜姓关于后稷的传说继承下来，周人关于后稷祖先的祭祀开始与五谷神稷之祭祀合为一体。在周人的祀谱中，后稷祭祀多与上帝祭祀联系在一起。《诗经·思文》："思文后稷，克配彼天，立我烝民，莫匪尔极，贻我来牟，帝命率育，无此疆尔界，陈常于时夏。"毛传："立、粒通。"朱熹注："言稷之德真可配天，盖使我

---

[1] 陈祥道：《礼书》卷92。

烝民得以粒食者，莫非其德之至也，且其贻我民以来牟之种，乃上帝之命。"①《云汉》："后稷不克，上帝不临。耗斁下土，宁丁我躬。"《诗经·閟宫》："皇皇后帝，皇祖后稷，享以骍牺。"《世俘》："告于天、于稷，用小牲羊、犬、豕于百神水土于誓社，曰：'惟予冲子，绥文考，至于冲子。'用牛于天、于稷五百有四。"目前，我们尚未发现西周时期社稷连称或合祭的材料。

在西周早期文献中，稷与上天共享祭祀，周公相成王，后稷变成天神的配祀之神。《史记·封禅书》："周公既相成王，郊祀后稷以配天宗，祀文王于明堂以配上帝。自禹兴而修社祀，后稷稼穑，故有稷祠，郊社所从来尚矣。"《集解》王肃曰："配天于南郊祀之。"《左传·襄公七年》孟献子曰："夫郊祀后稷，以祈农事也。是故启蛰而郊，郊而后耕。"郊祀后稷，其目的也是祈求农事丰收。

稷祀与郊祀的密切关系，使我们联想到《中庸》所言"郊社之礼，所以事上帝也"和《礼记·仲尼燕居》"郊社之义，所以仁鬼神也"的记载，《中庸》与《礼记》的成书年代均晚于《左传》《逸周书》《诗经》，稷祀与郊祀密切关系的发生，应早于郊祀与社祀密切关系的发生。②由此我们似乎也可以判断，在西周初期，稷祀与社祀还是分别进行的。

周人接受母系的农业文明后，农业祭祀礼俗在周代得到迅速发展，稷祀在周代祀谱中占据了更加重要的位置。《国语·周语》："宣王不藉千亩，虢文公谏曰：'不可。夫民之大事在农，上帝之粢盛于是乎出，民之蕃庶于是乎生，事之共给于是乎在，和协辑睦于是乎兴，财用蕃殖于是乎始，敦庞纯固于是乎成。是故稷为天官。'"③稷为天官，与稷神和上天同受祭祀可相呼应。

先秦时期对稷进行祭祀时是否设有稷坛，文献没有记载，后代学者根据自己的理解进行了各种各样的猜测。由于缺乏可靠的资料，目前这

---

① 朱熹：《诗经集传》卷8。
② 此外，稷祀与郊祀密切关系的发生或者说郊祀后稷以配天宗的发生，还应与周人的始祖为后稷的传说有关系。
③ 各本作"大官"，据清徐元诰《国语集解》（中华书局2002年版）改。

一问题的研究尚未取得突破性的进展。

　　由于春秋战国时期的文献出现社稷一词，于是学者在探讨社祀与稷祀的关系时出现了社稷祭祀中举社以赅稷的说法。这种说法认为，由于社稷二神合祀，应该将此二神合称"社稷"，文献有时只称"社"，省略稷字，此时的社就包含了稷在内，"社"成为社稷的简称。首倡此说者为汉人郑玄，《周礼·地官·封人》："掌诏王之社壝，为畿封而树之。"郑玄注："不言稷者，稷，社之细也。"郑氏之说得到后代学者的阐发，宋朝人马晞孟曰："古人之言社必有稷，《祭法》言天子诸侯立社而不言稷，言社可以兼稷也。"① 清人金鹗曰："经典凡止言社而不及稷者，以社尊稷卑故，省文而以社赅稷也。"② 当代学者探讨社祀与稷祀的关系，仍有学者持此说法，今人席涵静曰："所以在先秦的经籍中，单称社者甚多，其实此社自己是兼有稷的意义在内。"③

　　由于社祀与稷祀起源不同，社祀与稷祀直到春秋战国时期仍有分祀者，郑玄等人倡导的以社赅稷的说法，显然是错误的。郑玄首倡此说，源于其所坚持的稷为原隰之神说，原隰为五土之一，社为五土总神，社神赅稷神之说自然便在情理之中。郑氏稷为原隰之神说常常遭到后代学者的批评，五代人丘光庭曰："稷神，先儒皆以稷祭百谷之神，郑康成以稷祭原隰之神，明曰：郑义非也。且原隰亦土也，社既祭土，何故更分原隰而别祭之乎？又稷之名义不与原隰相侔，纵令郑义有征，亦是不分真伪。诸儒所识，可谓不一。"④ 尽管如此，郑氏社神赅稷神说却被学者们继承下来，这可能是由于学者们失察郑氏社神赅稷神说缘起之故。将社与社稷等同起来，是社研究中诸多混乱产生的原因之一。

（二）社与稷的并祭关系与社稷二祀的融合

　　尽管许多先秦文献都记载社祀与稷祀分行，但这种分行大多体现在

---

① 转引自秦蕙田《五礼通考》卷41。
② 《求古录礼说》，《清经解续编》第三册，上海书店1988年版，第306页。
③ 《先秦社祀之研究》，(台湾)众望文化事业有限公司1992年版，第239页。
④ 丘光庭：《兼明书》卷1。

观念上，在实际祭祀活动中，二者关系密切，常常一并进行。

社与稷并祀，主要是由于二者的祭祀内涵均与农业生产密切相关。在祈祷农作物丰产或庆祝农业丰收时，二者往往同时受到人们的祭祀。《诗经·甫田》："乃立冢土，以御田祖，以祈甘雨。"传："田祖，先啬也。"朱熹传："谓始耕田者，即农神也。《周礼·籥章》凡国祈年于田祖，吹豳雅，击土鼓以乐田畯是也。"《诗序》卷下："《载芟》，春藉田而祈社稷也；《良耜》，秋报社稷也。"《庄子·庚桑楚》："有庚桑楚者，以北居畏垒之山……畏垒之民相与言……子胡不相与……社而稷之乎？"《独断》云："社、稷二神同功，故同堂，别坛俱在未位，以未属土也。"

对于社与稷的密切关系，宋人陈祥道曾有比较详细的论述阐发，陈氏曰："社所以祭五土之示，稷所以祭五谷之神，五谷之神而命之稷，以其首种先成而长五谷故也。稷非土无以生，土非稷无以见生生之效，故祭社必及稷，以其同功均利而养人故也。"①

由于社稷二祀关系密切，在新石器时代有关农事祭祀活动的考古遗迹中，我们很难将二者区分开来。② 西安半坡发现的储藏有小米的罐，很难说它是献祭社神还是稷神的。甘肃东乡林家遗址马家窑文化H19袋状坑，坑底北侧有一成年死者，屈肢，头顶有两块大砾石，腿骨下垫有石块，坑底同时还发现大量的稷，稷穗堆积总量约为2立方米。从保存较好的部分可知，稷穗是被捆成小把整齐地堆放于坑底的。稷层及其朽灰中，还混有较多的大块木炭和红烧土，灰坑上部的填土亦经过夯筑。从文化遗迹可以推断，H19很有可能是人们为祈求丰年的奉献。这种奉献属于献祭社神还是稷神，就很难区分了。

---

① 陈祥道：《礼书》卷92。
② 献祭稷神的供品，笔者认为应与社、山川等相似，刘桓先生曾对此问题有专门的论述，参见其《卜辞社稷说》一文。献祭稷神的祭品还涉及一个问题，就是是否用五谷献祭。许慎等人以《左传》中司马子鱼所言"古者六畜不相为用，祭以为人也，民人，神之主也，用人，其谁享之"为据，提出祭稷神用米献祭是稷神自食，反对祭稷用米说（《风俗通义·稷神》亦主此说）。其实司马子鱼所言用人献祭"其谁享之"，并不符合古代祭祀的实际，先秦时代尤其是西周以前的祭祀活动，用人牲者到处可见，用人献神并不存在自食现象，那么祭祀稷神用谷物作献品，就很有可能了。古代农业祭祀，往往将粮食作为献祭品，这一点似乎是不用怀疑的。

在商代甲骨文中，也可见到社祀与稷祀并祀的辞例：

（1）己亥卜，田率燎土（社）豕、𝄪（稷）豕、河豕、岳[豕]。（《合集》34185）

（2）戊申卜，㱿贞，方帝，燎于土、𝄪，□卯上甲。（《合集》1140正）

这种辞例虽然所见不多，仍可从中看到商代社与稷并祀关系的存在。春秋战国以后，社、稷二祀开始出现融合趋势，其祭祀之礼也开始趋同。《周礼·舞师》："社稷之祭用帗舞，羽舞用于四方之祭。"《大宗伯》："以血祭祭社稷。"《鼓人》："以灵鼓鼓社稷。"《郊特牲》："社稷太牢。"社、稷合祭并祀，社祀与稷祀融合成一种新型的社稷祀礼。

针对社神与稷神密不可分的关系，詹鄞鑫先生解释说："土地神与五谷神的密不可分，意味着土地神不是作为领土的象征，而是作为养育万物的母亲大地来崇拜的。由此产生的社稷祭祀，实际是农业自然力的象征。"[①] 土生万物，稷养万民，社稷合在一起，成为国家存在的基础，社稷合祀后，社祀生育万物的功能开始减弱，稷祀五谷的内涵也开始发生演变。春秋战国时期的社稷之祀，更多的用为国家的象征。

（作者单位：河北社会科学院哲学研究所研究员）

[①] 詹鄞鑫：《神灵与祭祀——中国传统宗教综论》，江苏古籍出版社1992年版，第182页。

祈雨：后稷与中华农耕文明的侧影

王 政

一

后稷是人们信赖的雨神，这在《诗经》中就有反映。《云汉》篇云："倬彼云汉，昭回于天。王曰：於乎！何辜今之人？天降丧乱，饥馑荐臻。靡神不举，靡爱斯牲。圭璧既卒，宁莫我听？旱既大甚，蕴隆虫虫。不殄禋祀，自郊徂宫。上下奠瘗，靡神不宗。后稷不克，上帝不临。耗斁下土，宁丁我躬。"郑笺云："克当作刻，刻，识也。斁，败也。奠瘗群神而不得雨，是我先祖后稷不识知我之所困与？天不视我之精诚与？犹以旱耗败天下为害曾使当我之身有此乎？先后稷，后上帝，亦从宫之郊。"这是周宣王向上天求雨的祷词。语意很清楚，祷求者不解，何以已向先祖后稷祷求了而他竟不听我之所诉、不识我之所困呢？意即，后稷应是能够识其所困、济以膏雨的。

《诗经》中又有《臣工》《噫嘻》两篇，亦与求雨相关。清杨名时《诗经札记》云："此篇（《臣工》）与《噫嘻》篇皆为雩祭之诗。按《左传》桓五年'龙见而雩'注：远为百谷祈膏雨也……意者《臣工》《噫嘻》二篇祈谷时歌之，至龙见后祀赤帝祈雨，亦祀从祀后稷之农官而歌此诗与？"杨名时的意思是，《臣工》《噫嘻》两篇都是求雨所歌之诗，求雨主祀的对象是赤帝，从祀[①]的对象则有后稷。

[①] 此正如孔颖达所说："祭田祖之时，后稷亦食焉。"

二

后稷作为可求雨的神，从周代开始在礼制中就被等级化了。周代的雩祀是祈雨的专门化祭典。《周礼·春官·司巫》郑玄注："雩，旱祭也，天子雩上帝，诸侯以下雩上公之神。"贾氏引《春秋纬》云：雩者，"求雨之祭……天子雩五帝……命百县雩祀百辟、卿士。百县谓畿内乡，遂明畿外诸侯亦雩祀百辟、卿士，即古上公、勾龙、柱弃等"。又《礼记·月令》云："命有司……大雩帝"，"命百县雩祀百辟、卿士有益于民者"。郑玄注："雩帝谓为坛南郊之傍雩五精之帝，配以先帝也。""百辟卿士，古者上古若句龙、后稷之类也……天子雩上帝，诸侯以下雩上公。"① 可见，在百县雩祀的对象中，后稷是被求请的可助降雨的神。后稷作为雨神，已处于雩祭的等级化、礼制化结构之中。也就是说，当时的祈雨祭祀对象有了等级之分。后稷是等级序列中的雨神。

三

作为雨神的后稷的神格及求祀后稷的时间。汉代董仲舒的求雨法，后稷被祀求雨，在季夏出现。《春秋繁露·求雨》云：

> 季夏祷山陵以助之。令县邑十日壹徙市，于邑南门之外。五日禁男子无得行入市，家人祠中霤，无兴土功。聚巫市傍，为之结盖。为四通之坛于中央，植黄缯五，其神后稷②，祭之以母䝊五，玄酒，具清酒膊脯，令名为祝斋三日，衣黄衣，皆如春祠。

我们把《春秋繁露·求雨》所载汉代一年春、夏、季夏、秋、冬五个时段进行祈雨的相关事象列出表来（表一），即一目了然：

---

① 《礼记正义》，上海古籍出版社 2008 年版，第 666 页。
② 郎瑛《七修类稿》卷 6 引此注："社神。"

表一　　　　　　《春秋繁露》所见一年中祈雨活动

季节	官方所祀主神	私祀神	祭品	做龙与方色	祀坛方位
春	共工	户神	生鱼、玄酒、清酒、脯脯等	八丈苍龙一，四丈小龙七	东门外
夏	蚩尤	灶神	雄鸡、玄酒、清酒、脯脯	七丈赤龙一，三丈五尺小龙六	南门外
季夏	后稷	中霤神①	母豵、玄酒、具清酒、脯脯	五丈黄龙一，二丈五尺小龙四	南门外②
秋	少昊	门神	桐鱼、玄酒、脯脯	九丈白龙一，四丈五尺小龙八	西门外
冬	玄冥	井神	黑狗、玄酒、清酒、脯脯	六丈黑龙一，三丈小龙五	北门外

可见，董仲舒的求雨配以"方色"及不同的神，这是汉代典型的阴阳五行组合模式，后稷被祀，结构其中。这之中又分官方（县邑）之祈和民间（家人）之祈，所祈祀的神灵也都是不同的。后稷被祀求雨代表的是官方的社神，与民间家中求得"中霤土神"是同性质的。

四

求雨于后稷与田祖的关系。《小雅·甫田》："以我齐明，与我牺羊，以社以方。我田既臧，农夫之庆。琴瑟击鼓，以御田祖，以祈甘雨③，以介我稷黍，以谷我士女。"孔颖达疏曰："孟春月，以琴瑟及击其土鼓，以迎田祖先啬之神而祭之，所以求甘澍之雨，以大得我稷之与

---

① 郎瑛《七修类稿》卷6引此注："中霤，犹中屋也，出《尚书正义》。《月令》：中央属土，故祀中霤。中霤，土神也；出陈澔《集说》。"
② 《渊鉴类函》卷172"南郊求雨"条引崔豹《古今注》云："建武三年七月，洛阳大旱，帝至南郊求雨，即日雨。""雩场"条引《钟离意传》云：'永平二年夏旱，帝祷明堂，南设雩场……遂应时雨。"《后汉书》原文"北祈明堂，南设雩场"注云："明堂在洛阳城南，言北祈者，盖时修雩场在明堂之南。"此皆与《春秋繁露》设坛于南门外相合。
③ 孔颖达疏对"甘雨"之"甘"有细释："云'甘雨'者，以长物则为甘，害物则为苦。昭四年《左传》曰'秋无苦雨'，服虔曰'害物之雨民所苦'是也。雨以甘故，故得祐助我禾稼，当以养士女也。"

黍。"宋苏辙《诗集传》卷十二:"田祖,先啬也。孟春既郊而始耕,则祭之,所以祈甘雨也。"宋范处义《诗补传》卷二十:"迎田祖之神,以祈甘雨之至……此皆先王盛时民俗如此。"① 可知,此为春祈求雨之诗,祈事在孟春之月,② 田祖亦信仰中的助农以雨者。③

田祖何指?三种意见。第一,指神农。孔颖达《疏》曰:"以神

---

① 清人方玉润则认为:"祭方社,祀田祖,皆所以祈甘雨,非报成也。"(方玉润《诗经原始》,李先耕点校,中华书局1986年版,第940页。)

② 亦有以为乃夏雩求雨之诗。明何楷《诗经世本古义》卷1:"《甫田》,豳雅也。豳侯夏省耘,因而雩祭社方及田祖之神,以祈雨也。""及读《甫田》而后知君民之交爱,至是也。愚按此诗记邠侯夏省耕,因而雩祭。《月令》孟夏之月命野虞出行田原,为天子劳农劝民,毋或失时;命司徒循行县鄙,命农勉作,毋休于都;皆省耘类也。夏,耘候也,故其诗曰'或耘或耔'也……此诗言'以祈甘雨,以介我稷黍',正孟夏雩祭事也。""此祭社方及下文御田祖,皆孟夏雩祭祈雨之礼。"姚炳《诗识名解》卷9:"黍稷巍巍,在夏时也。愚按耘耔本夏时事,以次章祈雨证之,《月令》仲夏命有司祈祀山川百源大雩帝,正其候尔。"还有解为冬时求来年雨水润谷的。明蒋悌生《五经蠡测》卷3"楚茨信南山甫田大田"条:"孟冬祭先啬以祈求来年之谷,故曰'祈甘雨介稷黍谷士女'……农事终而复始,未然之利也。"

③ 唐人李商隐写了多篇赛城隍神的祈雨文。如《赛荔浦县城隍神文》云:"年月日,赛于荔浦县城隍神。铄石流金,几伤于岁事。远资灵顾,式布层阴……窃陈薄奠,用答丰年。神其据有高深,主张生植,用功田祖,比义雨师。无暇怒于潜龙,勿纵威于虐魅。"又《赛永福县城隍神文》云:"年月日,赛于永福县城隍神。惟神能克扬嘉霆,广育黎民。聊为茨粱,少申肴酝。神宜节宣四气,扶佑三时。勿使毕星,但称于好雨;无令田祖,独擅于有神。"荔浦、永福在广西东北部,这都是向那里的城隍神祷雨的。从祷词的语义看,城隍神虽有降雨神功,但他也注意"田祖"、雨师与之联动。"田祖"行雨,唐人信仰中仍如此。又元人沈梦麟《代归安县官谢陆大本同知祈雨有感》:"阳鸟飞空烈秋暑,高田下田欲焦土。老农呼天有司俱,官曹斋沐请甘澍,维皇赫赫乃弗许。吴兴通守前杜父,去年掉头脱圭组。黄冠束发眉目竖,掀髯长啸隘环宇,朝骑白鹤秋一羽。自言辟谷神仙侣,能为皇家作霖雨。右相忧民心独苦,愿祷圆灵雨多稌。我侯承命若轻举,夜朝魁罡叩天鼓。喷噀清泠勅雷部,六丁呵护真宰欣。醉鞭乖龙听吾语,叱咤六合生烟雾。电光夜掣黄金缕,雷公怒挥霹雳斧。洞庭雨脚翻银浦,天花一夜生禾黍。野人不识陆明府,相持牛酒谢田祖。甘棠桥东水争起,侯之遗爱载行路。"明钱仲益《三华集》卷18《祷雨有感赠郭炼师》讲:"今年六月旱不雨,万室嗷嗷困炎暑。稻秧渴水作枯苗,陇亩生尘坼焦土……华阳真人历四朝,曾是清都学仙侣。城隅大隐四十年,名在丹台纪玄圃。我侯投词拜坛下,乞致甘霖救禾黍。真人恻怆悯黎元,首肯口辞心默许。檄龙勅水建清筵,驾鹤乘风下仙屿。手操火印击天蓬,足踏天罡步神禹。绿章封事奏神霄,铁简简符开水府。驱役云师起风伯,麾叱雷公呵电母。青龙腾骧白虎啸,紫鹅飞鸣赤鸡舞。黑云一片起西北,顷刻遮天满区宇。倒倾天瓢注琼液,有似翻盆沃焦金。盈时观者近万人,啧啧称呼咸仰睹。滂沱一雨接三日,田野公私悉沾溥。尽令黄枯变苍翠,一夕芄芄被原甫。畦长秋蔬得甘虀,井溢寒泉洗酸苦。岂知滴滴是精诚,始信涓涓胜膏乳……壶浆箪食岂足谢,何异豚蹄祀田祖。"这两首诗的末尾,述及人们祈雨有得后的谢雨,谢的对象提到了"田祖"。

农始造田，谓之田祖；而后稷亦有田功，又有事于尊可以及卑，则祭田祖之时，后稷亦食焉。"按孔颖达的意见，祭田祖求雨时，后稷亦随之受祭。第二，指神农与后稷。宋王质《诗总闻》卷十四："田祖，郑氏：先啬神农、司啬后稷。凡国祈年于田祖，吹豳雅击土鼓。"而按王质的理解，田祖是统称，亦概指后稷①。第三，《山海经》载"蚩尤请风伯雨师，纵大风雨，黄帝乃下天女，曰魃，雨止，遂杀蚩尤。魃不得复上，所居不雨。叔均言之帝后，置之赤水之北，远徙之也。叔均乃为田祖"。清吴任臣注："郭曰：主田之官。《诗》云：田祖有神。任臣案：《魏书》：昌意之裔始均入仕尧世，逐女魃于弱水之北，民赖其勤，帝舜嘉之，命为田祖。"这是说后稷的玄孙叔均神职为田祖。②

五

后稷作为雨神，在宋以后仍延续。苏辙《筠州圣祖殿记》中讲："维周制天下，邑立后稷祠，而唐礼州祀老子。盖二祖之德，光配天地，充塞海寓。凡有社有民不可以弗飨。既以为民祈福，俾雨露之施，无有远迩。"这是说筠州后稷与老子同祠，其具"施雨露"之功效。

清李遵唐《（乾隆）闻喜县志》卷十一收张克嶷《重修后稷庙记》

---

① 洪家禄《（民国）大名县志》卷24"田祖庙"条载："在城西四十里西四区德政村东首。标准云：神农始教民为耒耜以兴农业，后稷教民稼穑树艺五谷，又八蜡：一先啬，如神农之类；二司啬，即后稷；三农，古之田畯有功于民者。按：神农、后稷、先啬、司啬、农，均称田祖。"清莫玺章《（乾隆）新蔡县志》卷9靳荣藩《田祖庙记》："乾隆丁丑夏，梁宋大水，而予以其秋役于蔡。积潦甫退，邑闾萧索。官若吏计口授粟，日不暇给。间以朔望谒诸坛庙，而先啬、司啬露楼于颓垣蔀屋之中，又何以要神灵而祈报赛耶……明年秋，蔡大熟，蝗不为灾。予乃进邑之荐绅先生与其父老子弟而告之曰……今日者江北之蝗来凡十次，有修五十余里者，有集于树而压折者，有厚盈尺者，而秋稼如云一无损害，雨旸时若，我庾维亿，皆田祖赐也。"按靳之文，第一，旧之田祖庙本供奉先啬、司啬二神像；第二，田祖管雨旸时若，即有司雨水功能。

② "后稷是播百谷。稷之孙曰叔均，是始作牛耕。"（《海内经》）"有西周之国……有人方耕，名曰叔均。帝俊生后稷，稷降以百谷。稷之弟曰台玺，生叔均。叔均是代其父及稷播百谷，始作耕。"（《大荒西经》）

云:"吾邑北郭右阜旧有后稷庙,以岁时迎赛。其中而尸其祀者为社凡七。盖犹古者里社之遗也。其左祀姜嫄,推稷所自生也,《诗》曰'厥初生民,时维姜嫄'是也。其右祀三王,因稷而类及之也,可种司百谷,龙神掌雨泽,药王疗民疾,民乃得免夭札。是皆有功德在人,故以类从也。庙创于宋太平兴国,历元暨明屡有修葺。"这是说闻喜这地方后稷庙祭享七位神,包括姜嫄、三王、后稷、龙神、药王,其重点在予民"雨泽",宋至明都奉此信仰。又周景柱《(乾隆)蒲州府志》卷四载:"后稷庙,在万泉县西薛里,其建始亦不详何时。旧志云:金崇庆初知县柳伋,明正德中知县张席珍祈雨于祠,皆应祷也。"这是说金与明蒲州人祈雨后稷有应事。

此类文献尚多,如清同治四年石印本沈凤翔《(同治)稷山县志》卷九收山西巡抚何乔□(广昌人)《后稷祠祷雨文》:"德佐唐虞,躬耕稼穑,肇八百载王业之本,开亿兆民粒食之源。炳烺典谟,修扬风雅。治臣有五,功孰有加。兹者山右河东境内乃昔年农事兴起之□正□民年成丰乐之所,夫何连年旱暵,五谷不登,饿莩盈途,骨肉相食。去冬虽雪,今岁多风,三月已初点雨不降,瘟疫萌发死亡相仍。往古来今,亦所罕见。某钦承上命,赈济一方,适经勋州,见尚不忍,以神血食兹土,灵贶昭彰,岂肯坐视而不阴佑其哀,想必有待而欲潜消其患。今亦云亟捍之,宜遹奋扬威灵,干旋造化,俾田畯有喜于南亩,密云不自于西郊,深渊讶卧龙之腾,满背出石牛之汁,甘澍大作,泽润生民,无悯雨之忧,而有喜雨之乐,珍乖气之异,而召和气之祥。□□用成,万民无恙,若是神庇,垂于无疆。"清锡德《(同治)饶州府志》卷二记:"后稷山,在宝象山右,亦有石池,可祷雨。"

六

向后稷祈雨之事象,进入了文学书写。苏轼有《祷雨后稷祝文》曰:"维神之生,稼穑是力。癯身为民,尚莫顾惜。矧今在天,与天同功。召呼风云,孰敢不从?岂惟农田,井竭无水。我求于神,亦云亟矣。尚飨。"① 四言为韵，典型的祝文语式。宋真德秀《西山文集》卷四十八《后稷氏》篇亦类似，云："惟神之生，百谷是殖，更千百年，祀以为稷。今谷方茂，而雨不时。哀而救之，匪神孰尸？"② 宋人韩维《和玉汝弟甘雨应祈》中云："后稷明农佐有妫，耻令世有一夫饥。勤民事业能如古，闵雨精诚必应时。"诗意在透示：祈雨的应验，那是后稷相佐，后稷之心是不让天下农夫禾旱而饥。明袁华《题画禾》："梅雨暗泽国，布谷鸣桑阴。吴侬躬耒耜，播种乃力任。来牟既登场，出水秧森森。立苗本欲疏，庶防稂莠侵。嘉实秋垂田，沾溉雨露深。猗嗟周后稷，万世民所钦。"此由画禾联想到了后稷给万世黎民带来了稼穑垂田并佑护于雨露与沾溉。明人黄佐《画龙为刘吉卿题》中写道："吾闻后稷之孙驱魃赤水北，密云蔽天天为黑，黪日扬尘野萧瑟。帝呼董父鞭两龙，翻海作雨岁乃丰，遂令四海歌重瞳。"

七

国外有瘗埋人之碎尸祈雨求丰的巫术祭仪。萧兵先生在《楚辞的文化破译》一书中用专门章节论述了这个问题。他认为这项巫术特别流行于太平洋和东南亚文化圈，目的在祈雨求丰。并引用了许多民族学、人类学的材料：

"北美印第安人帕尼部落（亦称"帕乌尼部落"），即以少女献祭祀。据民间故事相传，少女之遗体加以脔割，瘗埋于田中，血浆则撒布

---

① 曾枣庄、舒大刚：《三苏全书》第15册，语文出版社2001年版，第524页。苏轼又有《祷雨稷神祝文》："农民所病，春夏之际。旧谷告穷，新谷未穑。其问有麦，如喝得凉。如行千里，弛担得浆。今神何心，愁此雨雪。敢求其他，尚悯此麦。尚飨。"有学者称稷神即后稷。宋杨简《先圣大训》卷6《五帝》："孔子曰：古之平治水土及播殖百谷者众矣。唯勾龙兼食于社，而弃为稷神，易代奉之。"也有将稷神与后稷分为二者，宋真德秀《西山文集》卷50《社稷神神后土勾龙氏后稷氏风雨师雷神祝文》："社稷谷神之雨，阅日几何。高田已干，良苗将瘁，是用震惧，奔告于神。濒海之邦，土脉刚燥，一雨十日，滂然溢流，渗之漉之，庶克有济。造化之妙，咄嗟可能。神其哀悯，是拯是救。谨告。"

② 宋刘爚《云庄集》卷2《后稷氏》："维神之生，百谷是植。更千百年，祀以为稷。今谷方茂，而雨不时。哀而救之，匪神孰尸。"（清文渊阁《四库全书》本）与上同。

于禾苗之上。印第安人笃信：献祭之人血，可保谷物丰稔……阿兹特克人（Aztecs）往往要把一位身份特殊的妇女喂养肥胖并打扮得花枝招展，然后把她杀死祭祀土地和庄稼之神，有时还要把她的血撒在田野里，或把肉埋在地下，以保证风雨调适。""苏联学者李福清介绍越南的风俗说：'从前广宁县在阴历二月的时候，选一对未婚男女，让他们到田边性交，然后把他们杀死，砍成小块，撒在田里，以保证来年好收成。'""弗雷泽的《金枝》里面描述了世界各地肢解'人牲'或'牛牲'的习俗以后，并论述其意义道：'人牲的其它部分烧成灰后撒在地里……他们认为默利亚的血和泪……他的血能使郁金香花色红艳，他的眼泪能降为甘霖。同样，埋下默利亚的肉，在上面浇水，无疑也是一种求雨的巫法。"①

萧兵提出：中国上古也存在着瘗埋碎尸祈雨的祭仪。他说："夏启之所以名'暏'而号'堇'者，又反映了起源于西北黄土高原的夏族习惯于低雨量生活，而早夏时期夏启东据黄河下游、南下豫鲁之际又遭遇了一场苦旱。到最后关头，他甚至用屠杀他的母亲（女酋长、女族长）并且将她的尸体砍碎分埋四境各地的手段来抑旱求雨。"②

杜而未先生也从碎尸或分解肢体的巫术原理解说商汤祷雨。他说："商汤在桑林祷雨，不但表示殷商有以人为牺牲祈求甘雨和丰收的制度，而且这种形式化了的'自我牺牲'仪式包含着与碎尸分埋有联系的肉体伤残……汤帝自为牺牲，断发、断爪、断指都和人祭的意义相关［汤的丽（劙）③ 手无论为使手出血，或将一只手丽下来，在意义上和其它民族上的人祭相同，因（这样）……可以致雨］。"④

---

① 《碎尸分埋：祈雨求丰的巫术》，萧兵《楚辞的文化破译》，湖北人民出版社1991年版，第203—215页。

② 萧兵：《楚辞的文化破译》，第203页。

③ 笔者按，此字应当为厤，《吕氏春秋·顺民》篇："汤乃以身祷桑林，翦其发，酈其手。"高诱注曰："李善注引此亦作酈，音郦……窃意酈若作厤音则似当从厤得声。善又注刘孝标《辩命论》引此竟作磨字，恐是厤字之误。故余以厤字为是。"《吕氏春秋》，上海书店1986年影印世界书局刊《诸子集成》本，第86页。

④ 杜而未：《中国古代宗教研究——天道上帝之部》，华明书局1959年版，第140页。转引自萧兵《楚辞的文化破译》，第207页。

向后稷求雨，当亦具有后稷之尸瘗埋的功效。王孝廉先生说："古代民族，有杀谷灵（象征植物神的人或动物），将其肉埋于地下或将其血撒在种子以上以祈丰穰的农耕礼仪。中国古代神话中，也隐含着这种农耕礼仪的痕迹，如《山海经》所见的后稷'有都之广野，后稷葬焉，爰有膏稻、膏黍、膏稷，百谷自生'（《海内经》），可见是农神后稷死后所葬之地的都广之野，而有'百谷自生'的农作物产生。"[1] 王孝廉先生看到，后稷所葬与谷物生长连同帮助谷物生长的雨水有着隐约的关系。这在我国各民族文献或习俗里还遗留着，[2] 后来为官方祈雨祷旱所利用[3]。

（作者单位：淮北师范大学文学研究所研究员）

---

[1] 王孝廉：《神话与小说·死与再生——原型回归的神话主题与古代时间信仰》，时报文化公司1986年版，第122页。转引自萧兵《楚辞的文化破译》，第206页。

[2] 刘敦励先生说："活埋人虽未见于中国古籍，但《春秋繁露》有埋老人骨一事实。"（刘敦励《古代中国与马耶人的祈雨与雨神崇拜》，台湾《"中研院"民族学研究所集刊》1959年第4期，第107页。）"过去云南佤族人收获前'猎头'祈丰，巫师以头骨架'血土'分给各户撒在旱谷地里……一经洒上血土，谷苗即欣欣向荣。"（凌纯声《中国的边疆民族与环太平洋文化·云南卡瓦族与台湾高山族的猎首祭》，台北联经书局1979年版，下册，第561页。）"从前，贵州某些苗族械斗阵亡者（有如'战殇'）每要火葬，'迨成灰烬，每家分给骸灰一杯，撒于田间，以预祝丰稔之兆。'"（《册亨县乡土志略》贵州省图书馆藏本）萧兵说："《神农求雨书》（《路史·余论》引）求雨的一法是'取人骨埋之'；董仲舒《春秋繁露·求雨止雨书》说祈雨时要'焚薪霾骨'；马雅人求雨或剖腹取心，或活埋牺牲。"（萧兵《楚辞的文化破译》，第225页。）

[3] "中国人相信当人们的尸体没有被埋葬时，他们的灵魂将要受到雨淋的难受，正如同那些活着的人们没有栖身之所在露天之下不蔽风雨所感受到的一样。因此，这些可怜的灵魂将尽其力所能及来防止下雨，并且常常是努力过火而发生了旱灾。这在中国是一切灾祸之中最可怕的，因为歉收和饥饿致使死亡随之而来。因而当旱灾来临时，中国当权者的经常做法，是把那些未掩埋的，被风吹干了的尸骨加以埋葬，以终止这场旱灾，祈天降雨。"［英］弗雷泽《金枝》，中国民间文艺出版社1987年版，第108—109页。）瘗暴骸是当政者修政禳灾的主要手段之一。

反映周族起源的始祖后稷传说[*]

杨　宽

一　周族早期的世系传说

周族比起夏族、商族来，是一个后起的姬姓部族。相传从始祖后稷起，到周文王，只有十五代。《国语·周语下》记载太子晋说："自后稷之始基靖民，十五王而文（王）始平之，十八王而康王克安之。"又载卫彪傒说："后稷勤周，十有五世而兴。"根据《史记·周本纪》和《世本》（《尚书·酒诰》正义、《史记·周本纪》的索隐和集解所引），十五王的世系有如下表：

（1）后稷（名弃）——（2）不窋——（3）鞠（《世本》作鞠陶）——（4）公刘——（5）庆节——（6）皇仆——（7）差弗——（8）毁隃（《世本》作伪榆）——（9）公非（《世本》作公非辟方）——（10）高圉（《世本》作高圉侯侔）——（11）亚圉（《世本》作亚圉云都）——（12）公叔祖类（《世本》作祖绀诸盩）——（13）公亶父（《世本》作太王亶父）——太伯

├─虞仲

└─（14）季历（王季、公季）——（15）文王

《史记》所载十五王的名字，《世本》的记载有些不同。公非，《世本》作公非辟方；高圉，《世本》作高圉侯侔；亚圉，《世本》作亚圉

---

[*] 节选自氏著《西周史》第二章，上海人民出版社2003年版。

云都。皇甫谧《帝王世纪》（徐宗元辑本）以为辟方、侯侔、云都是公非、高圉、亚圉的字。但是《汉书·古今人表》第六等却说："辟方，公非子"；"夷竢，高圉子"①；"云都，亚圉弟"。如果班固著《汉书》另有依据，就比《史记》多三个王，成为十八王。

《史记·周本纪》说："后稷之兴，在陶唐、虞、夏之际。"这是根据《尚书·尧典》和《尚书·皋陶谟》的。《尧典》和《皋陶谟》都是春秋战国时代的作品，都以"曰若稽古"开头，是依据古史传说的拟作，并非实录。《国语·鲁语上》记载展禽（即柳下惠）的话："昔烈山氏之有天下也，其子曰柱，能殖百谷百蔬；夏之兴也，周弃继之，故祀以为稷。"《礼记·祭法》载有相同的语句，只是"夏之兴也"作"夏之衰也"。"兴"字当是"衰"字之误②。《左传·昭公二十九年》记载周太史蔡墨的话也相同，只是说："周弃亦为稷，自商以来祀之。"太史是掌管历史记载和图籍的，蔡墨的话，该有依据。后稷该是商代周族人的祖先，把他说到夏代衰世，甚至说到虞、夏之际，都不免是增饰之辞。

如果后稷在虞、夏之际，经历十五个或十八个王怎能到殷、周之际呢？根据《古本竹书纪年》，夏代从禹到桀，经历十四世，十七个王，共四百七十年；商代从汤到纣，经历十七世，三十一个王，共四百九十六年。这个商代的年数，恐怕还不足。孟子说："由汤至于文王五百有余岁。"（《孟子·尽心下》）《左传·宣公三年》记周大夫王孙满对楚庄王说："桀有昏德，鼎迁于商，载祀六百。"夏商二代共有三十一世，四十八个王，至少在一千年以上。如果后稷在虞、夏之际，到文王，要经历夏商二代，只经历十五个或十八个王，就差得太多了。过去早有人对此表示怀疑，或者另外提出解释。一种解释，认为后稷之后世系有脱落，从后稷到公刘不是四代而是十多代。例如汉初娄敬对汉高祖说："周之先，自后稷尧封之邰，积德累善十有余世，公刘避桀居豳。"

---

① 颜师古注："竢与俟同。"梁玉绳《古今人表考》认为即是侯侔。
② 《尚书·汤誓》正义引《国语》这段话，认为"兴当衰字之误"，是正确的。"夏之衰也"和《左传》所说"自商以来祀之"相合。

(《史记·刘敬列传》《汉书·娄敬传》）另一种解释，认为后稷原是官名，是指在虞夏世代担任后稷官职的周人的祖先，不是指一个人。《国语·周语上》记载祭公谋父说："昔我先王世后稷以服事虞、夏，及夏之衰也，弃稷不务，我先王不窋用失其官，而自窜于戎狄之间。"三国时谯周因此说："按《国语》云，世后稷以服事虞、夏，言世稷官，是失其代数也。若以不窋亲弃之子，至文王千余岁，唯十四代，实亦不合事情。"（《史记·周本纪》索隐引）其实这两种解释都没有可靠依据。周太子晋明确说从后稷到文王"十五王"，到康王才"十八王"，不可能从后稷到公刘就有十多世。所谓"世后稷以服事虞、夏"，也不可信。后稷原是稷神的称谓，不是官名。西周时代确曾以后稷为农官之长，该是由于推崇后稷的缘故。稷神称为"后稷"，犹如土地之神称为"后土"，"后"原是对地下神祇的尊称，如同"帝"原是天上最高之神的尊称一样。古书上常常以"后帝"连称，或者把上帝称为"上天后"①。后稷作为虞、夏之际的官名，是后起的古史传说；把后稷以后说成世代做后稷之官，更是后起之说。

二　《山海经》的后稷神话

《山海经》中保存有不少关于后稷的神话：

有西周之国，姬姓，食谷。有人方耕，名曰叔均。帝俊生后稷，稷降以百谷。稷之弟曰台玺，生叔均。叔均是代其父及稷播百谷，始作耕。有赤国妻氏，有双山。（《大荒西经》）

后稷是播百谷。稷之孙曰叔均，始作耕（"耕"字上原衍"牛"字）②。大比赤阴（当有误字），是始为国。禹鲧是始布土，

---

① 《墨子·兼爱下》引《汤诰》："惟予小子履敢用玄牡告于上天后。"《论语·尧曰》"上天后"作"皇皇后帝"。《楚辞·天问》讲到羿时说："何献蒸肉之膏而后帝不若。"后帝亦指上帝。"后帝不若"，与甲骨卜辞"帝弗若"意义相同。

② 《海内经》"始作牛耕"的"牛"字当为衍文。《大荒西经》作"始作耕"，无"牛"字，《太平御览》卷822引《山海经》亦无"牛"字，此时尚不可能使用牛耕。

均定九州。(《海内经》)

有系昆之山者……有人衣青衣，名曰黄帝女魃。蚩尤作兵伐黄帝，黄帝乃令应龙攻之冀州之野。应龙畜（蓄）水，蚩尤请风伯雨师，纵大风雨。黄帝乃下天女魃，雨止，遂杀蚩尤。魃不得复上，所居不雨。叔均言之帝，后置之赤水之北。叔均乃为田祖。魃时亡之（郝懿行云：亡谓善逃逸也）。所欲逐之者，令曰：神北行！先除水道，决通沟渎。(《大荒北经》)

《山海经》所保存的这些后稷神话，比较复杂，有不同的来源，但也反映了周人把后稷作为农神的实际情况。所说"帝俊生后稷"，前人对《山海经》的帝俊，或者解释为帝喾，或者解释为帝舜，其实就是殷墟卜辞的高祖夋，原来出于上帝的神话（参看拙作《舜与帝俊帝喾大皥》，收入拙作《中国上古史导论》，刊于《古史辨》第七册上编）。所说"稷降以百谷"，把百谷的种子说成是由稷从天下降下来的，当然是神话，也正是因为他是稷神。

《大荒西经》说稷传位给其弟台玺，台玺传位给其子叔均，叔均继承了稷和台玺的播种百谷的职司，并且"始作耕"。台玺的台，郭璞注："音胎。""台"即"邰"字，即后稷及其母姜嫄所在的有邰氏。《路史·发挥四·周世考》："后稷封台，故其后有台玺，有叔均。既有台玺、叔均；则知稷之后世多矣，不窋不得为稷子明矣。""邰"一作"斄"或"釐"，在今陕西武功西南。《路史·后纪·高辛纪》说：有邰氏姜嫄生弃，"虞帝乃国之釐，号后稷，勤百谷而山死。取（娶）姞人，是生釐玺，世济其德。釐生叔均，是代其父及稷播谷，是为田祖"。《路史》"台玺"作"釐玺"，以釐作为邑名，是有根据的。《汉书·地理志》右扶风有斄县，自注："周后稷所封。"颜注："读与邰同，音胎。"可知后稷传位给其弟台玺，台玺仍以邰为氏。后稷传位给其弟的继承法，和商的兄终弟及之制相同，反映了周族父系氏族制阶段初期的一些情况。

值得注意的是，《大荒北经》所说叔均"乃为田祖"的神话。这是说黄帝用能够"蓄水"的应龙进攻蚩尤，蚩尤用能够"纵大风雨"的风伯、雨师来反击，于是黄帝又从天上请下天女魃来制止，才把蚩尤杀死。可是魃下来之后不能再回到天上，她所住的地方就不下雨，闹旱灾。叔均因此报告上帝，把魃迁到赤水以北地方，从此叔均就成为"田祖"，他驱逐闹旱灾的魃，开通了水道。所谓"田祖"，就是周人所崇拜的稷神。《诗经·小雅·甫田》和《大田》都讲到了周人对田祖的崇拜：

> 琴瑟击鼓，以御（祭祀）田祖，以祈甘雨，以介（祈求）我稷黍，以谷（养活）我士女。（《甫田》）
> 去其螟（吃禾心的青虫）螣（吃禾叶的青虫），及其蟊（吃禾根的虫）贼（吃禾节的虫），无害我田稚（嫩禾）。田祖有神，秉畀炎火（谓把害虫捉来交付火烧死）。（《大田》）

《甫田》讲的是祭祀田祖，祈求甘雨，从而求得丰收。《大田》讲的是除去虫害，要依靠田祖之神，把害虫烧死。正因为田祖是稷神，要通过祭祀田祖来祈求丰年和除去虫害。《周礼·春官·籥章》："凡国祈年于田祖，龡豳雅，击土鼓，以乐田畯。"豳是周的祖先公刘迁居之地，在今陕西旬邑西南。这里所说的豳，即是《籥章》文中所说的"豳籥"和"豳诗"，豳籥是指豳地用苇制作的吹奏乐器，豳诗是豳地的诗歌。"雅"即"夏"，周人自称其所居地区为夏，是指周原有的乐章和诗歌。这样吹奏周人故土的音乐、打击瓦制的鼓，来向田祖祈求丰年，该就是周人传统的礼俗。周人所崇拜的田祖，当然就是后稷以及叔均。这从《山海经》所讲后稷及叔均的神话，可以证明。

《山海经》讲的是神话，是由于周人把后稷、台玺、叔均作为稷神而产生的神话。但是不能否认，这些神话反映了周族在原始社会阶段的一些史实。后稷等三人，该是周族从母系氏族制转变为父系氏族制的初期，积极领导族众从事发展农业生产的领袖人物，曾经对周族的发展作出很大的贡献。

三　后稷是周族尊为稷神的祖先

从来从事农业生产的部族或国家，都要以社神和稷神作为重要的崇拜对象。因为社神是土地之神，稷神是百谷之神。"人非土不立，非谷不食"，"故封土立社，示有土也；稷，五谷之长，故立稷而祭之也"（《白虎通·社稷》）。这种礼俗起源很早，流传时间很长。这种被尊为社神稷神的崇拜对象，往往都是那些部族中有功于平治水土或农业生产的祖先。上面我们引述蔡墨等人的话，说烈山氏之子名柱，因"能殖百谷百蔬"而被尊为稷神，接着后稷也因同样原因而被祀以为稷神，应该是可信的。

西周时代著作的《尚书·吕刑》，保存有比较原始的神话传说。它讲到了刑罚的起源：古时蚩尤作乱，延及平民，苗民由此作"五虐之刑"，杀戮无辜人民。被冤杀者控诉到上帝那里，上帝嗅到刑杀的腥臭，哀怜人民，于是灭绝苗民的种族，"乃命三后，恤功于民：伯夷降典，折民惟刑；禹平水土，主名山川；稷降播种，农殖嘉谷。三后成功，惟殷于民"。这里以伯夷、禹、稷作为"三后"而"恤功于民"，禹是姒姓夏族的始祖，稷是姬姓周族的始祖，伯夷是姜姓之族的始祖。《国语·郑语》说："姜，伯夷之后也。"《吕刑》之所以把伯夷和禹、稷并列为三后，因为这是姜姓吕国君主奉命制作的有关刑法的文告。《国语·郑语》记载周的史伯说："夫成天地之大功者，其子孙未尝不章（彰）"，曾列举虞舜、夏禹、商契、周弃为例，并说："周弃能播殖百谷蔬，以衣食民人者也。"《史记·殷本纪》引《汤诰》又称禹、皋陶、后稷为"三公"，认为三公"久劳于外，其有功于民，民乃有安"，"三公咸有功于民，故后有立"。后稷的功劳就是"降播种，农殖百谷"。这种看法，在古代贵族中十分普遍。大家认为各族始祖之所以能够建国立业，就是由于他们"有功于民"。因此当时贵族对始祖举行的祭祀典礼，具有报答性质。

周代有禘、郊、祖、宗、报五种重要祭礼，"禘"祭的是帝喾，"郊"祭的是后稷，"祖"祭的是文王，"宗"祭的是武王，"报"祭的是高圉、大王（公亶父）。展禽说："凡禘、郊、祖、宗、报，此五者国之典祀也，加之以社稷山川之神，皆有功烈于民者也。"他还指出，后稷之所以会被周族作为"郊"祭之神，因为"稷勤百谷而山死"，如同冥之所以会被商族作为"郊"祭之神，因为"冥勤其官而水死"一样（《国语·鲁语上》）。正因为后稷"勤百谷而山死"，"有功烈于民"，才会被作为稷神而用"郊"祭。"郊"和"禘"是差不多的大祭，所以展禽说："周人禘喾而郊稷，祖文王而宗武王。""禘"祭要"用牲"于宗庙，刺鼎载："王啻（禘），用牡（用牡即用牲）于大室，啻（禘）邵（昭）王。""郊"祭要"用牲"于南郊。《尚书·召诰》记载营建洛邑时"用牲于郊，牛二"。《逸周书·作雒解》作："乃设丘兆于南郊，以祀上帝，配以后稷。"这样以后稷配合上帝祭祀，就是《礼记·大传》所说："王者禘其祖之所自出，以其祖配之。"郑注："谓郊祀天也。"

四　周族相传的后稷神话

周族既然把后稷这个祖先作为稷神来祭祀，当然会有一套稷神的神话。《诗经·大雅·生民》描写的，就是他们自古相传的后稷神话。诗共八章，前五章讲的是天生后稷的神话：

厥初生民，时维姜嫄。生民如何？克禋克祀，以弗（通作"祓"）无子。履帝武敏（通作"拇"）歆，攸介攸止，载震（通作"娠"）载夙，载生载育，时维后稷。

诞弥厥月，先生如达，不坼不副，无菑（灾）无害。以赫厥灵，上帝不（通作"丕"）宁，不（丕）康禋祀，居然生子。

诞寘之隘巷，牛羊腓（通作"庇"）字之；诞寘之平林，会伐平林；诞寘之寒冰，鸟覆翼之。鸟乃去矣，后稷呱矣。实覃实訏，厥声载路。

诞实匍匐，克岐克嶷，以就口食。蓺之荏菽，荏菽旆旆，禾役（通作"颖"）穟穟，麻麦幪幪，瓜瓞唪唪。诞后稷之穑，有相之道。茀厥丰草，种之黄茂。实方实苞，实种实褎，实发实秀，实坚实好，实颖实栗，即有邰家室。

这首诗之所以叫"生民"，就是说周族人民乃上帝和姜嫄所生。因为周族的始祖后稷，就是上帝和姜嫄所生的。据说姜嫄原来没有儿子，祭祀上帝，祈求除去"无子"的灾难（以弗无子）。她到野外踏到了上帝足迹的大拇指而感到喜悦（履帝武敏歆），马上就怀孕而很早长育（载震载夙），这样就生了后稷。怀胎满月，分娩很顺利，没有什么破裂（不坼不副），也没有什么灾害（无菑无害）。这是上帝神灵显现的结果（以赫厥灵），上帝因而大为安乐（上帝丕宁）。这是上帝安乐地接受姜嫄祭祀的结果（丕康禋祀），这样就安然生下儿子后稷（居然生子）①，接着婴孩被放置到狭隘的小巷，路过的牛羊就保护养育他；再被放置到树林里，恰巧遇到很多来伐木的人照料他；又被放置到河中寒冷的冰面上，又有飞鸟用翅膀来覆盖他。鸟一飞去，他就呱呱地泣叫，哭声长而宏亮（实覃实讦），一直传播到大路上（厥声载路）。他长到能够爬行，已有智慧（克岐克嶷），能够自己找寻东西吃。长大之后，就会播种荏菽（大豆）、禾（小米）、麻、麦、瓜瓞（小瓜），都很茂盛，得到丰收。他种庄稼，很有一套帮助庄稼成长的方法（有相之道），除去田中杂草（茀厥丰草），使谷苗长得美茂（种之黄茂），吐芽又含苞（实方实苞），长得苗壮而渐高（实种实褎），茎长而谷花开（实发实秀），秆

---

① 《生民》："以赫厥灵，上帝不宁，不康禋祀，居然生子。"《毛传》："赫，显也。不宁，宁也。不康，康也。"郑笺："康宁，皆安也。姜嫄以赫然显著之征，其有神灵审矣。此乃天帝之气也，心犹不安之。又不安徒以禋祀而无人道，居默然自生子，惧时人不信也。"正义引马融云："上帝大安其祭祀而与之子。"毛氏读"不"为"丕"，解释"不宁"为"宁"，"不康"为"康"。马融也读"不"为"丕"，把"不康禋祀"，解释为"大安其祭祀"。只有郑玄仍然释为"不安"，为的要说明姜嫄把后稷抛弃的缘故，但是与诗义不合。胡承珙《毛诗后笺》说："以赫厥灵云云，乃诗人美大后稷之生而非述姜嫄欲弃之意，故传以不宁、不康与他诗不显、不时、不警、不盈者同义。疏引马融云：上帝大安其祭祀而与之子，此则不康之不为巫，其意与毛同，与笺直训为不安者异矣。"又说："笺以上帝为天帝之气，以不宁为姜嫄不安，一句之中，语气隔断，无此文理。又居有安义，故居然犹言安然，王肃亦云无疾而生子是也。笺以居为居处，然为默然，亦割裂不成文义。"陈奂《诗毛氏传疏》也说："此承上章言姜嫄克禋祀上帝，而上帝亦将安乐其禋祀，居然生子，谓生后稷也。"

子坚而穗子结得好（实坚实好），穗子垂长而谷粒饱满坚实（实颖实栗）。于是他就在有邰建立家室（即有邰家室）。

《生民》前五章所讲后稷神话，描写姜嫄如何得到上帝神灵保佑而生下后稷，后稷生下以后又如何得到上帝神灵保佑而成长，又如何播种百谷得到丰收，因而在有邰成家立业。《史记·周本纪》有关后稷出生的情节，就是依据这诗篇而叙述的，所说姜嫄到野外见到巨人足迹，忻然践了就怀孕，"巨人"就是上帝。至于《周本纪》所说：姜嫄"生子以为不祥弃之"，后来她又"以为神，遂收养长之，初欲弃之，因名为弃"。这就不见于《生民》。从《生民》来看，姜嫄生下后稷的过程，得到上帝神灵的充分保佑，生来顺利安全，因而上帝也很安乐，没有什么"不祥"，而且所生胎儿也没有什么特异。至于放置到隘巷、平林、寒冰，正是用来显示他的灵异，并不是"以为不祥弃之"。"弃之"之说出于后人误解。《生民》之诗也没有说后稷名"弃"，"弃"之名该是由于误解而来。这种误解，春秋战国之际当已产生，所以周弃之名已见于《左传》和《国语》①。

后稷是"勤百谷而山死"而被尊为稷神的，原来他只有"后稷"这个稷神的称谓。"弃"这个名字，显然是后人增添的。周族之所以尊后稷为始祖，不仅是由于他"勤百谷"而成为农耕技术的开创者，而且还把他看作举行上帝祭礼的创始者。农业固然是周族向来重视的大事，祭祀同样是周的贵族生活中的大事。《生民》的后三章，就是讲由于上天降下多种粮食嘉种（诞降嘉种）使得丰收，于是后稷创始祭祀（以归肇祀）；他又把米粮蒸得热气上腾（烝之浮浮），把香蒿涂上脂肪

---

① 胡承珙《毛诗后笺》说："《传》曰：天生后稷异之于人，欲以显其灵，帝承天意而异之于天下。盖以后稷之生不异，不应见弃，弃必有异。今欲求其何以异，则典籍无征。毛公师传甚远，所言即为典要。而襄公二十六年《左传》追述宋平公夫人初生以导见弃，云宋芮司徒生女子，赤而毛，弃之堤下，共姬之妾取以人，名之曰弃。其事得为《毛传》作一旁证。"胡氏已经看到"后稷之生不异，不应见弃"，但是为了维护《毛传》，还是曲解为"典要"。顾颉刚《尚书研究讲义》戊种之四，也引《左传·襄公二十六年》这些记载，认为："后稷之名得无取于此乎？"并且说："后稷者，姜嫄克禋克祀以弗无子，上帝无灾无害以赫其灵而生者也如之何弃之？隘巷、寒冰云云，乃显其灵迹耳，不可谓之弃也。故后稷得名为弃，必战国时人不明此段神话意义之后，拘牵《生民篇》文字而创立者耳。"

作祭品，又把牡羊用烈火焚烧（载燔载烈），使气味上腾，以求来年丰收（以兴嗣岁）。最后说：终于使香气上升，为上帝所领受（其香始升，上帝居歆，胡臭亶时），因此后稷创始的祭祀上帝之礼，直到当时庶民还享受其福（后稷肇祀，庶无罪悔，以迄于今）。据说孔子曾经称赞："后稷之祀，易富（通作"福"）也，其辞恭，其欲俭，其禄及子孙。《诗》曰：后稷兆祀，庶无罪悔，以迄于今。"（《礼记·表记》）"庶无罪悔"就是说使得庶民没有罪过而享受福禄。

西周时代著作的《生民》诗篇，所讲的后稷神话，清楚地说明了周族所以要把后稷作为稷神、同时作为始祖来崇拜的原因。因为鲁国贵族是周公后裔，故有着同样的神话和礼俗。鲁僖公时写作的《诗经·鲁颂·閟宫》，概括地讲到后稷神话，也说后稷是姜嫄"上帝是依，无灾无害"而生，歌颂后稷播种百谷的功劳，还说他"奄有下国，俾民稼穑""奄有下土，缵禹之绪"。这个说法也还比较原始，只说他据有天下，继承了禹的事业，并没有说他担任虞、夏的后稷之官。

因为周人推崇后稷，重视农业，后稷就成为西周时代主管农业的官名。古史传说里把后稷作为虞、夏或商的农官，应该在西周把后稷用作官名之后。《尚书·舜典》把弃和禹、契、皋陶、垂、益、伯夷、夔、龙，并列为臣弃的官职是后稷。《尚书·益稷》又把稷和禹、益、皋陶、夔并列为臣，稷的功劳是"播（播种食物），奏庶艰食、鲜食（'艰'通作'馑'，是说给庶民熟食生食）"。《孟子·滕文公上》也把后稷和益、禹、契、皋陶并列为舜臣，说："后稷教民稼穑，树艺五谷，五谷熟而民人育。"这样把姬姓周族始祖后稷，和姒姓夏族始祖禹，子姓商族始祖契，姜姓之族始祖伯夷，嬴姓之族始祖益，偃姓之族始祖皋陶，同样作为舜的大臣，各居要职，济济一堂，是符合当时周人的政治要求的，也是符合周王朝以姬姓贵族为主、联合诸多异姓贵族进行统治的需要的。

五 后稷神话反映的周族原始社会情况

相传姜嫄是帝喾元妃，是有邰氏之女，见《世本》《史记·周本纪》等。从后稷神话来看，后稷是姜嫄踏了上帝足迹而感生。姜嫄作为帝喾之妃，是后起的传说。鲁国有单独祭祀姜嫄的宗庙，叫做"閟宫"。《诗经·鲁颂·閟宫》："閟宫有侐（清静），实实枚枚。赫赫姜嫄，其德不回（邪辟）。"《毛传》："閟，闭也。先妣姜嫄之庙，在周常闭而无事。"为什么周、鲁要特设宗庙来祭祀姜嫄呢？因为姜嫄是周族的先妣。《周礼·春官·大司乐》列举祭祀用的乐舞，先是祭天神地示、四望、山川，其次是享先妣，再次是享先祖。先妣在祭礼中的地位，在天神、地示、四望、山川等自然界的神祇之下，而在先祖之上，地位尊于先祖。郑玄注："先妣，姜嫄也。姜嫄履大人迹，感神灵而生后稷，是周之先母也。周立庙自后稷为始祖，姜嫄无所妃（配），是以特立庙而祭之，谓之閟宫。閟，神之。"周族所以这样为姜嫄单独设庙祭祀，把先妣看得尊于先祖，因为依据后稷神话，先祖是由先妣所生。周族这个先妣生先祖的神话传说，祭祀上先妣尊于先祖的礼制，反映了周族在以先祖为主的社会以前，曾经历尊重先妣为主的社会，即母系氏族制阶段。

姜嫄是有邰氏之女，《说文》说邰是"周弃外家国"。但是《生民》又说后稷"即有邰家室"。因此《史记·周本纪》说舜"封弃于邰"。相传邰即汉代右扶风斄县（《汉书·地理志》），在今陕西武功、扶风间，后稷这样在娘家的氏族建立"家室"，而且相传后稷所娶元妃是姞氏而不是姜氏。《左传·宣公三年》记石癸说："吾闻姬、姞耦，其子孙必蕃。姞，吉人也，后稷之元妃也。"当时西北地区有姞姓的部族和国家分布，例如后来被周文王灭亡的密须（一作密），就是姞姓，在今甘肃灵台西①。这种情况，反映了后稷所处的时代，正从母系氏族制阶段过渡到父系氏族制阶段。

从后稷传说，还可以使我们看到，周族很早就是个重视农业生产的部族。虽然它比夏族、商族后起，它之所以能够后来居上，就是重视发

---

① 《潜夫论·志氏姓》："姞氏女为后稷妃，繁育周先。姞氏封于燕……姞氏之别，有阚、尹、蔡、光、鲁、雍、断、密须氏。"秦嘉谟《世本辑补》引"光"作"先"，谓与侁、姺同；又以为"蔡"乃"燕"字之误，"鲁"乃"偪"字之误。密须一作密，见《诗经·大雅·皇矣》。

展农业的结果。正由于它重视农业生产，是沿袭后稷以来的传统，所以西周的农官之长就叫后稷，在职官中居有重要地位，并且有着一系列比较完整的组织。周宣王即位"不籍千亩"，虢文公因此进谏，大谈籍礼的重要性。他认为，民之大事在农，上帝的祭品，人民的蕃殖，大事的供应，国家的财用，都要依靠农业，"是故稷为天官"（《国语·周语上》，"天"原误作"大"，从汪远孙改正）。籍礼举行前，立春前九天，要由太史把天时和土壤变化情况通知给稷，再由稷报告国王（即天子）。等到籍礼开始举行，要由"后稷监之，膳夫、农正陈籍礼"。等到仪式完毕，由庶民在"籍田"上集体劳动，要由"后稷省功，太史监之"。"省功"就是视察耕作成绩。最后由稷"遍诫百姓，纪农协功"；还要由各级官吏分批出动巡查，"农师一之，农正再之，后稷三之，司空四之，司徒五之，太保六之，太师七之，太史八之，宗伯九之，王则大徇"（《国语·周语上》）。韦注："农师，上士也。农正，后稷之佐，田畯也，故次农师。后稷，农官之君也，故次农正。"可知当时农官有三等，后稷是农官之长，其次农正（即田大夫），再次农师。最基层的农官叫农师，该是比较懂得农业技术的。西周所以会有这样有组织的农官系统，该是继承了后稷以来重视农业的优良传统。

后稷重视发展农业的措施，对后世的影响是深远的，直到战国时代，人们还把后稷作为最高明的农业生产者的代表。例如《韩非子·喻老》说："故冬耕之稼，后稷不能羡也；丰年大禾，臧获不能恶也。以一人之力，则后稷不足；随自然，则臧获有余。"《吕氏春秋》保存有四篇农家著作，即《上农》《任地》《辩土》《审时》。《任地》开头就以后稷名义提出了十大问题，所讲的农耕技术就是答复这十个问题的，当是来源于一部假托后稷著作的农书。

（作者单位：复旦大学历史系教授）

周为黄帝之后说靠得住吗?

张广志

按流传至今、深入人心的传统说法,周之始祖曰后稷,姬姓,名弃,乃黄帝玄孙,帝喾之嫡长子,母曰姜原,在尧舜时曾任农官。由于这种说法出自著名史学家太史公马迁笔下,故信之者众,疑之者寡,代代相因,几成定说。

且看司马迁的相关记载:

> 周后稷,名弃。其母有邰氏女,曰姜原。姜原为帝喾元妃。姜原出野,见巨人迹,心忻然说,欲践之,践之而身动如孕者。居期而生子,以为不祥,弃之隘巷,马牛过者皆辟不践;徙置之林中,适会山林多人,迁之;而弃渠中冰上,飞鸟以其翼覆荐之。姜原以为神,遂收养长之。初欲弃之,因名曰弃。
>
> 弃为儿时,屹如巨人之志。其游戏,好种树麻、菽,麻、菽美。及为成人,遂好耕农,相地之宜,宜谷者稼穑焉,民皆法则之。帝尧闻之,举弃为农师,天下得其利,有功。帝舜曰:"弃,黎民始饥,尔后稷播时百谷。"封弃于邰,号曰后稷,别姓姬氏。后稷之兴,在陶唐、虞、夏之际,皆有令德。(《史记·周本纪》)
>
> 帝喾高辛者,黄帝之曾孙也……帝喾娶陈锋氏女,生放勋……放勋立,是为帝尧。(《史记·五帝本纪》)
>
> 殷契,母曰简狄,有娀氏之女,为帝喾次妃。三人行浴,见玄

鸟堕其卵，简狄取吞之，因孕生契。契长而佐禹治水有功。帝舜乃命契曰："百姓不亲，五品不训，汝为司徒而敬敷五教，五教在宽。"封于商，赐姓子氏。(《史记·殷本纪》)

　　夏禹，名曰文命。禹之父曰鲧，鲧之父曰帝颛顼，颛顼之父曰昌意，昌意之父曰黄帝。禹者，黄帝之玄孙而帝颛顼之孙也。(《史记·夏本纪》)

即在太史公笔下，帝尧、商之始祖契、周之始祖弃，为同父异母兄弟，皆帝喾之子，黄帝的玄孙；夏禹则是黄帝另一支裔帝颛顼的孙子，黄帝的玄孙，与尧、契、弃同辈份。

　　这种言之凿凿，排列详明、具体的血缘传承关系，乍看起来，真不由你不信，但细察之，其中的疑点和问题又着实不少。因为，稍具头脑的人不免会问：作为西汉人的司马迁何以对周弃与黄帝间的血缘关系知道得比他之前的人多得多，也具体得多？这可能吗？当然，我们这样提出问题，丝毫没有贬损司马迁，认为他是在那里胡编乱造、信口开河的意思，但也毋庸讳言，司马迁在写《史记》时，除了凭借可靠传世文献材料外，也采信了不少晚出可靠性较差的文献和民间口头传说材料，而这类材料中不少都是靠不住的。

　　下面，且让我们对不同时期人们对周人与黄帝的记述略作条理，以从中看出其演变——人为敷演、增饰的蛛丝马迹来。

　　较早记述周人始祖事迹的可靠文献当首推《诗经》。《诗·大雅·生民》谓：

　　厥初生民，时维姜嫄……履帝武敏歆……载生载育，时维后稷……诞寘之隘巷，牛羊腓字之。诞寘之平林，会伐平林。诞寘之寒冰，鸟覆翼之……蓺之荏菽，荏菽旆旆……诞后稷之穑，有相之道。

这是一首西周时周人歌颂先祖后稷的诗歌。诗中述及后稷之母名曰姜嫄，后稷初生下来时曾被多处遗弃而终于存活下来，以及后稷在发展农业方面的巨大贡献，至于他的父亲是谁，以及他是否在尧、舜时为官等则只字未提，更不用说同黄帝的血缘关系了。

《诗·鲁颂·閟宫》有"赫赫姜嫄……是生后稷""奄有下土，缵禹之绪"的诗句，诗中除提及姜嫄、后稷母子的名字外，还说到后稷继续了禹的事业。

《诗·大雅·云汉》有"后稷不克"句，《诗·周颂·思文》有"思文后稷"句，但这两篇诗除提及后稷的名字外，并无具体事迹可言，这里就不去说它了。

《诗经》外，另一较早古文献《尚书》中亦保存有有关后稷的零星记载，如：

> 帝（舜）曰："弃，黎民阻饥，汝后稷，播时百谷。"（《尚书·尧典》）
>
> 稷降播种，农殖嘉谷。（《尚书·吕刑》）

《吕刑》仅含混言后稷教民播种，《尧典》则明言舜任弃为农官事。鉴于《尧典》的成书年代在学者间有成书于西周说、成书于战国说、成书于秦汉说的不同观点，故对这条材料的可靠性，亦即对弃时之周人是否已同尧舜族团有所接触、弃本人是否已被尧、舜任为农官一事虽不敢遽断、肯定，但亦不宜轻予否定。笔者浅见，这条材料大体应是可靠的，即此时之周人已参加进以尧舜族团为主体的联盟中来，周人的首领弃亦很有可能靠着长于农耕在联盟中谋得一定职位。

但不管是《诗经》还是《尚书》，都压根不见黄帝的名字，当然也就谈不上后稷与黄帝的关系了。

黄帝虽历史上实有其人，且功业卓著，但在漫漫的历史长河中还是被渐渐淡忘了，他之重显于历史舞台是从战国年间开始的，他和周人始祖弃的血缘关系，也是从这时起被人们编排出来的。这个编排，大体经历如下几个步骤、阶段：

第一步或曰第一阶段，可以《国语》和《礼记》中的相关记载为代表，如：

> 有虞氏禘黄帝而祖颛顼，郊尧而宗舜；夏后氏禘黄帝而祖颛顼，郊鲧而宗禹；商人禘舜而祖契，郊冥而宗汤；周人禘喾而郊稷，祖文王而宗武王。(《国语·鲁语上》)

《礼记·祭法》所记略同而文字稍有别，作：

> 有虞氏禘黄帝而郊喾，祖颛顼而宗尧；夏后氏亦禘黄帝而郊鲧，祖颛顼而宗禹；殷人禘喾而郊冥，祖契而宗汤；周人禘喾而郊稷，祖文王而宗武王。

这样，就把黄帝同后来的颛顼、帝喾、尧、舜、禹、契、弃用血缘的纽带全串连起来了。不过，这仅是粗略的串连，具体世次尚不明，缺环尚多。

第二步或曰第二阶段，可以《世本》和《大戴礼记·帝系》的记载为代表。《世本》的体系是：

> 少典生轩辕，是为黄帝。
> 黄帝生玄嚣，玄嚣生侨极，侨极生高辛，是为帝喾。帝喾生尧。
> 黄帝生昌意，昌意生高阳，是为帝颛顼。
> 颛顼生穷蝉，五世而生瞽叟。瞽叟生重华，是为帝舜。
> 颛顼五世而生鲧。鲧生高密，是为禹。
> …………
> 帝喾卜其四妃之子，而皆有天下。元妃有邰氏之女曰姜嫄，是生后稷；次妃有娀氏之女曰简狄，是生契；次妃陈酆氏之女曰庆都，是生帝尧；次妃娵訾氏之女曰常仪，是生帝挚。(《世本》雷学淇校辑本)

《大戴礼记·帝系》的体系略同《世本》而稍有出入，作：

> 少典产轩辕，是为黄帝。
> 黄帝产玄嚣，玄嚣产蟜极，蟜极产高辛，是为帝喾。帝喾产放勋，是为帝尧。
> 黄帝产昌意，昌意产高阳，是为帝颛顼。
> 颛顼产穷蝉，穷蝉产敬康，敬康产句芒，句芒产蟜牛，蟜牛产瞽叟。
> 瞽叟产重华，是为帝舜，及产象、敖。
> 颛顼产鲧，鲧产文命，是为禹。
> …………
> 帝喾卜其四妃之子，而皆有天下。上妃有邰氏之女也，曰姜原氏，产后稷；次妃有娀氏之女也，曰简狄氏，产契；次妃曰陈隆氏，产帝尧；次妃曰陬訾氏，产帝挚。

这样，黄帝外其他四帝颛顼、帝喾、尧、舜，及三代之先的夏禹、商契、周后稷的名字全都有了，而且全被编排为黄帝的子孙。至此，五帝三王同出黄帝一系的古帝王谱系已基本编排就绪、成型。

第三步或曰第三阶段，以太史公司马迁《史记》中的《五帝本纪》《夏本纪》《殷本纪》《周本纪》诸篇为代表。上述诸篇中的相关记述，本文开头部分已作移录，这里不再重复征引。应该说，太史公书基本上沿袭了《世本》特别是《大戴礼记·帝系》的说法，而略有调整，太史公并未给《世本》《大戴礼记·帝系》已基本完成的古帝王谱系添加进多少新东西，太史公的主要贡献是对这个干巴巴的谱系从内容、情节上予以极大丰富，使之更具可读性、可信性，从而能为更多的人所接受，流传久远。从这个意义上讲，说太史公司马迁是这个谱系的最终完成者似不为过。

在《诗经》这一先秦较早也比较可靠的文献里，仅言及后稷和他的母亲姜嫄两个人的名字，及后稷初生时曾被遗弃和日后他在农业上的巨大贡献等。在稍晚些的《尚书·尧典》中，固然也简略透露出后稷时周人已同尧舜族团发生联系、后稷本人还曾在尧舜时被任为农官的事。但两书中就压根不见黄帝的名字，当然也就谈不上后稷同黄帝的血缘关系了。进入春秋，特别是战国以降，社会巨变，诸子百家竞起，各思以其道易天下，即皆欲按照自己的主张、观点改造社会，左右历史进程。当时，许多家派都高张托古改制的大旗，于是，一场发掘历史、编造历史的活动便轰轰烈烈展开了。五帝三王同出黄帝一系的古帝王谱系正是适应战国秦汉间大一统国家的政治需要而被编排出来的。正是按照这个谱系，本来不知父亲是谁的后稷被编排为帝喾的儿子、黄帝的玄孙，还有了尧这个同父异母兄弟。须知，黄帝、帝喾、尧都是五帝级的显赫人物，能同这些人攀上血缘关系，对周人的后世子孙们自然是再荣耀不过的了，而对沉寂多时的黄帝、帝喾、尧等人来说，也刚好借此重现历史舞台，进一步拔高、放大自己，如此互惠双赢，何乐而不为！

关于这种编排之不能成立及其中的破绽，笔者已另为文论之[①]，兹不作赘。以下，想再谈谈这种人为编排的古帝王谱系背后所隐藏的玄机——即它背后所隐藏的深刻社会历史根源、背景。对此，当代著名历史学家顾颉刚先生曾作过深刻揭示。早在1923年，顾先生就提出，要推翻伪古史，就必须"打破民族出于一元的观念"。他说："在现在公认的古史上，一统的世系已经笼罩了百代帝王，四方种族，民族一元论可谓建设得十分巩固了。但我们一读古书，商出于玄鸟，周出于姜嫄，任、宿、须句出于太皞，郯出于少皞，陈出于颛顼，六、蓼出于皋陶庭坚，楚、夔出于祝融、鬻熊（恐是一人），他们原是各有各的始祖，何尝要求统一！自春秋以来，大国攻灭小国多了，疆界日益大，民族日益并合，种族观念渐淡而一统观念渐强，于是许多民族的始祖的传说亦渐渐归到一条线上，有了先后君臣的关系，《尧典》《五帝德》《世本》诸书就因此出来。"[②] 1933年，顾氏在为《古史辨》第四册所写《序》文中复申其义云："从古书里看，在周代时原是各个民族各有其始祖，而

[①] 拙作《中华人文初祖黄帝和后儒所言黄帝谱系论析》《战国秦汉间黄帝材料发觉、敷衍、整合之再认识》，《张广志论学杂著选辑》，经济科学出版社2016年版。

[②] 《答刘胡两先生》，《古史辨》第一册，上海古籍出版社1982年重印本，第99页。

与他族不相统属……到了战国时,许多小国并吞的结果,成了几个极大的国;后来秦始皇又成了统一的事业……疆域的统一虽可使用武力,而消弭民族间的恶感,使其能安居于一国之中,则武力便无所施其技。于是有几个聪明人起来,把祖先和神灵的'横的系统'改成了'纵的系统',把甲国的祖算做了乙国的祖的父亲,又把丙国的神算做了甲国的祖的父亲。他们起来喊道:'咱们都是黄帝的子孙,分散得远了,所以情谊疏了,风俗也不同了。如今又合为一国,咱们应当化除畛域的成见!'"①顾老的话,尖锐、深刻、生动地兜了战国秦汉间政治家及为其服务的学者们为大一统政治需要改铸、编造历史的底。

客观发生的历史,是人们自然创造的,是客观的;而记述的历史,不管是口头的,还是文字的,都是由受着认识的和历史的局限,持有特定立场、观点、感情的人制作的,疏失、错漏、演义、偏见、编造、篡改,在所难免。历史学者的责任,就在于科学、审慎地对待前人留下的材料,正本清源,去伪存真,尽可能多些地还历史以本来面目。

(作者单位:青海师范大学教授)

---

① 《古史辨》第四册,上海古籍出版社 1982 年重印本,《顾序》第 5、6 页。

后稷父族名号考辨

——兼谈帝喾与卜辞高祖夒以及帝俊、伏羲氏的关系

蔡运章

中华古代文明本为农耕文明。后稷既是周部族的始祖，也是我国古代尊奉的"农神"。古史有"后稷是播百谷"（《山海经·海内经》）、"稷勤百谷而山死"（《国语·鲁语上》）的记载，民间有后稷"教民稼穑于稷山"的传说。在今山西稷山县的稷王庙，就是世代祭祀后稷的地方。然而，关于后稷父族的名号，古史却有不同的说法。本文谨就后稷父族名号及其相关问题，略作考述。

一 后稷诞生神话及其先祖名号

在古史传说里，后稷的诞生有个动人的神话故事。但是，后稷的生父却有不同的记录。

（一）后稷诞生的神话传说

后稷诞生及其事迹的神话传说，最早见于《诗·大雅·生民》篇。《楚辞·天问》载："稷维元子，帝何竺之？投之冰上，鸟何燠之？"《尚书·尧典》说：帝尧命"弃，黎民阻饥，汝后稷，播时百谷"。《史记·周本纪》将这些神话传说櫽括为：

> 周后稷名弃，其母有邰氏女曰姜原，姜原为帝喾元妃。姜原出野，见巨人迹，心忻然说，欲践之。践之而身动，如孕者。居期而

生子，以为不祥，弃之隘巷，马牛过者，皆辟不践……而弃渠中冰上，飞鸟以其翼覆荐之。姜原以为神，遂收养之，初欲弃之，故名曰弃。

弃为儿时，仡如巨人之志。其游戏，好种树麻菽，麻菽美。及为成人，遂好耕农。相地之宜，宜谷者稼穑焉，民皆法则之。帝尧闻之，举弃为农师，天下得其利，有功……封弃于邰，号曰后稷，别为姬氏。

《正义》："《说文》云：邰，炎帝之后，姜姓，封邰，周弃外家。""姜原"（或作姜嫄）本是姜姓有邰氏（在今陕西武功县西南）女，乃帝喾的元妃。因在野外践"巨人迹"而生弃，以为不详，弃之"隘巷""山林"和"冰上"，他都能奇迹般生还。这是"弃"得名的缘由。因弃自幼"好种树麻菽"，成人后被帝尧举为主管农业的"农师"（相当于当今的农业部长）。"后稷"就是弃的官职名。所谓姜原践"巨人迹"而生弃的传说，乃是远古群婚制的遗风。

（二）后稷的生父为帝喾

据《世本·帝系篇》，帝喾"元妃有邰氏之女，曰姜嫄，是生后稷"（《世本八种》陈其荣增订本）。《史记·周本纪》也有类似的记载。这说明帝喾是后稷的生父。

（三）"帝俊生后稷"考辨

《山海经·大荒西经》载："帝俊生后稷，稷降以百谷。"这似乎说明"帝俊"也是后稷的生父。其实，"生"，读如姓。《左传·哀公四年》："蔡杀其大夫公孙姓。"《经典释文》曰："姓，本又作生。"《管子·牧民》："毋曰不同生远者不听。"《集校》引俞樾云："生与姓古字通。"是其佐证。王引之《经义述闻》卷五说："《汉书·儒林传》曰：'丁姓，字子孙。'《广雅》曰：'姓，子也。'是姓谓子孙之通称也。"这说明所谓"帝俊生后稷"，是说"帝俊"的子孙有后稷之义。

值得注意的是，据《史记·五帝本纪》载："帝喾高辛者，黄帝之裔孙也。高辛父蟜极，蟜极父玄嚣，玄嚣父黄帝。"这说明帝喾为姬姓，本是黄帝的裔孙。

二 帝喾、帝俊与卜辞高祖夒的混淆

帝喾和《山海经》里的"帝俊"，地位都颇为显赫。澄清他们与殷墟卜辞"高祖夒"的关系及其相互混淆的原因，颇有意义。

（一）帝喾的显赫地位

《世本·帝系篇》载："帝喾卜其四妃，皆有天下。元妃有邰氏之女，曰姜嫄，是生后稷。次妃有娀氏之女，曰简狄，生契。次妃陈锋氏之女，曰庆都，生帝尧。次妃娵訾氏之女，曰常仪，生帝挚。"①

据《大戴礼记·帝系篇》："帝喾产放勋，是为帝尧。"《礼记·祭法》载："殷人禘喾而郊冥，祖契而宗汤。"韦昭《国语·鲁语上》注："喾，契父，商之先，故禘之。"《国语·鲁语上》："周人禘喾而郊稷。"韦昭注："喾，稷之父。稷，周始祖也。"由此可见，帝喾是帝尧、商族和周族的共同祖先，地位颇为显赫。

（二）帝俊的显赫地位

据《山海经》记载，"帝俊"在我国古代神话传说中的地位，极为显赫，无与伦比。兹择其要者如下：

> 东海之外，甘水之间，有羲和之国。有女子名曰羲和，方浴日于甘渊。羲和者，帝俊之妻，是生十日。（《大荒南经》）
> 帝俊妻常羲，生月十有二，此始浴之。（《大荒西经》）
> 帝俊妻娥皇，生此三身之国，姚姓。（《大荒南经》）
> 帝俊生季釐，故曰季釐之国。（《大荒南经》）
> 帝俊生中容，中容人食兽、木实，使四鸟：豹、虎、熊、罴。

---

① 《世本八种》（陈其荣增订本），中华书局2008年版。

帝俊生帝鸿，帝鸿生白民。

帝俊生黑齿，姜姓，食黍，使四鸟。（《大荒东经》）

帝俊生后稷，稷降以百谷。（《大荒西经》）

帝俊生禺号，禺号生淫梁，淫梁生番禺，是始为舟。番禺生溪仲，溪仲生吉光，是始以木为车。

帝俊生晏龙，晏龙是务为琴瑟。

帝俊有子八人，是始为歌舞。

帝俊生三身，三身生义均，义均是始为巧倕，是始作下民百巧。（《海内经》）

"帝鸿"即黄帝。"后稷"是周族的先祖。这说明帝俊不但是日、月之父，而且还是黄帝和后稷的共同祖先。同时，帝俊及其后裔还是"车""琴瑟""歌舞""百谷"和"百巧"的发明者。由此可见，"帝俊"在华夏民族史上，显然是一位融造物主和始祖神为一体的至上神灵。

（三）卜辞"高祖夒"与帝喾、帝俊

殷墟卜辞里的"高祖夒"的真实身份，早就引起学者们的关注。

【壬】戌贞，其告秋口于高祖夒。（《合集》33277）

癸巳贞，于高祖夒……（《合集》30399）

这里的"高祖"名"夒"，学者或释为"夋"。《山海经·大荒西经》："帝俊生后稷。"郭璞注："俊，宜为喾。喾第二妃生后稷也。"王国维的《殷卜辞中所见先公先王考》和《殷卜辞中所见先公先王续考》著名论文，都注意到卜辞中"高祖夒"的称呼。他指出"卜辞中惟王亥称高祖王亥，或高祖亥，大乙称高祖乙，则夒必为殷先祖之最显赫者。以声类求之，盖即帝喾也"，而帝喾"诸书作喾或俈者，与夒字声相近，其或作夋者，则又夒字之讹也"[1]。郭沫若在《卜辞通纂》第362

---

[1] 王国维：《观堂集林》卷9，中华书局1959年版。

片释文中说："神话中之最高人物迄于夒，夒即帝喾，亦即帝舜，亦即帝俊。帝俊在《山海经》中即天帝，卜辞之夒亦当如是。"① 郭氏从王国维说，把卜辞"夒"认定为"帝喾"（即帝俊）事出有因。但他把"帝喾"和"舜"视为一人，则不可取。王宇信、杨升南《甲骨学一百年》也说：卜辞"夒为帝喾，也具有相当的说服力"②。这说明卜辞中的"高祖夒"，就是《山海经》中的"帝俊"。由此可见，当今学者多把卜辞"高祖夒"与"帝俊"、帝喾混为一人。

"高祖"有始祖之义。《左传·昭公十七年》载："昭子问焉，曰：'少皞氏鸟名官，何故也？'郯子曰：'吾祖也，我知之。'"杨伯峻注："'高祖'，卜辞有'高祖夒''高祖亥''高祖乙'。《尚书·盘庚下》'肆上帝将复我高祖之德'。陈侯因次簋铭文云：'其惟因次扬皇考，邵緟高祖黄帝'，诸高祖皆为远祖或始祖。"阎若璩《潜丘劄记》卷四下说："《左传》昭公十七年，郯子曰：'我高祖少皞挚之立也'，则以始祖为高祖。昭公十五年王谓籍谈曰'昔而高祖孙伯黡'，则谓其九世祖为高祖。案《周书·康王之诰》'无坏我高祖寡命'，高祖，文、武也。在康王之世，称文、武为高祖，是又以曾祖父、曾祖为高祖矣。"这说明"高祖"即始祖的意思。

郝懿行《大荒东经》疏："《初学记》卷九引《帝王世纪》云：'帝喾生而神异，自言其名曰夋。'疑夋即俊也，古字通用……然《西荒经》又云：'帝俊生后稷。'《大戴礼·帝系篇》以后稷为帝喾所产，是帝俊即帝喾矣。"袁轲案："郝说帝俊即帝喾，是也。"罗琨先生指出："实际上甲骨文夒字就是一个半人半猴的象形。"高祖夒"以他半人半猴的形象和半人半神的双重性格表明，他不是真实存在的人物……因此，不论是高祖夒还是帝喾高辛氏，实际上都是'母权制'时代遥远先祖的假定代表"③。这就是当今学者将卜辞"高祖夒"与帝俊、帝

---

① 郭沫若：《卜辞通纂》第362页，《郭沫若全集·考古编》第二卷，科学出版社1982年版。
② 王宇信、杨升南：《甲骨学一百年》，社会科学文献出版社1999年版，第438页。
③ 罗琨：《殷墟卜辞中的高祖与商人的传说时代》，胡厚宣主编《全国商史讨论会论文集》，《殷都学刊》增刊，1984年。

喾混为一人的缘由。

（四）帝俊为"帝舜"或"颛顼"说辨正

以往也有学者将"帝俊"视为"帝舜"或"颛顼"。《山海经·大荒东经》："帝俊生中容。"郭璞注："俊亦舜字假借音也。"郝懿行疏："郭云'俊'亦'舜'字，未审何据。《南荒经》云：'帝俊妻娥皇'，郭盖本此为说……此云'帝俊生中容'，据《左传》文十八年云：'高阳氏才子八人'内有'中容'。然则此经帝俊又当颛顼矣。经文踳驳，当在（有）阙疑。"《山海经·大荒北经》："帝俊竹林在焉。"郝懿行案："此经帝俊盖颛顼也。"这说明郝懿行氏对"帝俊为帝舜"说法表示质疑的同时，又提出帝俊"盖颛顼"的见解。

王国维说："郭璞以帝俊为帝舜，不如皇甫以夋为帝喾名之当矣。"[①] 据《史记·五帝本纪》，"帝颛顼高阳者，黄帝之孙而昌意之子也"。因"仲容"（中容）本高阳氏之子，所以可以解为"中容"乃是帝俊的后裔之义。

由此可见，帝俊为"帝舜"或为"帝颛顼"的说法，均不足为据。

三 帝喾与帝俊、太暭伏羲氏的关系辨正

帝喾与帝俊的年代相距遥远，若要澄清他们相混的原因，关键的因素是要说明帝俊与太暭伏羲氏的真实关系。帝俊与太暭伏羲氏本为一人，在古史记载里可以得到大量佐证。

首先，帝俊是黄帝的先祖。《山海经·海内经》载："帝俊生禺号。"《大荒东经》说："黄帝生禺䝞，禺䝞生禺京。禺京处北海，禺䝞处东海，是为海神。"郭璞注："䝞，一本作号。"由此推测，帝俊与黄帝似为一人。然而，《山海经·大荒东经》载："帝俊生帝鸿。"郝懿行案："帝鸿，黄帝也，见贾逵《左传》注。"因"生"读如姓，有"子孙"之义，故黄帝当是帝俊的后裔。《左传·文公十八年》载："帝鸿

---

① 王国维：《观堂集林》卷9，中华书局1959年版。

氏有不才子，天下谓之浑沌。"《史记·五帝本纪》集解引贾逵云："帝鸿，黄帝也。"《庄子·应帝王》载："中央之帝为浑沌。"《吕氏春秋·十二纪》说："中央土，其帝黄帝。"可见帝鸿即黄帝。也就是说，黄帝本是帝俊的后裔。

其次，帝俊与"凤鸟"的密切关系。太皡为风姓，在甲骨文中风、凤同字。据《山海经·大荒东经》，"有五采之鸟，相乡弃沙，惟帝俊下友。帝下两坛，采鸟是司"。这是说五采鸟是帝俊在下界的朋友，主管着帝俊的两个神坛。《大荒西经》载："有五采鸟三名：一曰皇鸟，一曰鸾鸟，一曰凤鸟。"可知"皇鸟""鸾鸟"和"凤鸟"，都是"五采之鸟"的不同名称。《山海经·大荒东经》说："有人名曰折丹，东方曰折，来风曰俊，处东极以出入风。"东方的"来风曰俊"，是说东方的风神名叫俊。俊，通作踆。《淮南子·览冥训》载："日中有踆乌。"考古发现的"金乌负日图案"，就是中华先民为表示太阳每日东升西落运动状态的惟妙惟肖的生动图画。[1]

帝俊本是太皡伏羲的化身。东汉王延寿《鲁灵光殿赋》说："伏羲鳞身，女娲蛇躯。"考古发现西汉壁画墓和东汉画像石中的伏羲、女娲都是人面龙（蛇）身的交尾图，足证王延寿的记载是可信的。《山海经·西次三经》载：钟山"其子曰鼓，其状如人面而龙身……亦化为鵕鸟，其状如鸱，赤足而直喙，黄文而白首，其音如鹄，见则其邑大旱"。郝懿行案："《海外北经》云：'钟山之神名曰烛阴。'《淮南子》云：'烛龙在雁门山北。'是知钟山即雁门以北大山也。""烛阴"即烛龙。"人面龙身"与太皡族的龙图腾相符合。皡、鹄音义相通。鵕鸟的叫声"如鹄"，与皡的音读相合。鵕鸟"见则其邑大旱"与太阳神帝俊的性格相合。

帝俊和伏羲的称谓，本是凤鸟"鵕鸃"分读的谐音所致。《说文·鸟部》说："鵕，鵕鸃，鷩也。"又说："鷩，赤雉也"。《史记·司马相如列传》说："射鵕鸃。"《索隐》引司马彪曰"鵕鸃，山鸡也。"郭璞曰："似凤，有光彩。"俊，通作鵕，鵕鸟就是鵕鸟。羲，通作鸃。《说

---

[1] 蔡运章：《三星堆文化的太阳神崇拜》，《中华文化论坛》2007年第2期。

文·鸟部》："鵔，鵔鵔也。从鸟，义声。"由此可见，鵔鸟是由"人面龙身"的太皞神变化来的，也就是说太阳神帝俊应是太皞伏羲氏的化身①。

最后，《山海经·大荒南经》："有人三身，帝俊妻娥皇，生此三身之国，姚姓，黍食，使四鸟。""娥"，通作娲，"娥皇"即娲皇。据湖南长沙市东郊子弹库出土的楚帛书《创世篇》，黄能雹戏娶"女皇"。"女皇"即女娲，《帝王世纪》说：女娲氏"是为女皇"②。也说明帝俊即是伏羲氏。

四　后稷先祖名号辨析

西方人信奉上帝，中国人崇拜祖先。帝俊即太皞伏羲氏，帝喾是黄帝的后裔。与其相关的伏羲女娲和炎黄二帝，在华夏民族起源和形成的过程里，具有不同的历史地位。

（一）伏羲女娲是华夏民族的人文始祖

帝俊即太皞伏羲氏。伏羲女娲为华夏民族的人文始祖，乃是龙凤图腾崇拜的结果。中国古代的龙凤图腾崇拜，早在五千多年前就已形成，我们在《龙凤图腾崇拜与伏羲女娲传说》一文中已经说明③。伏羲女娲是华夏民族的人文始祖，也就是中华民族始祖神的假定代表人物。

（二）炎、黄二帝是华夏民族的血缘始祖

帝喾是黄帝的后裔。《国语·晋语四》记录晋国大夫白季的话说：

> 昔少典娶于有蟜氏，生黄帝、炎帝。黄帝以姬水成，炎帝以姜

---

① 蔡运章：《龙凤图腾崇拜与伏羲女娲传说》，中国·延川第二届伏羲文化学术研讨会论文，2015年。
② 蔡运章：《伏羲、女娲氏与少典、有蟜部族》，《黄河科技大学学报》2007年第6期。
③ 蔡运章：《龙凤图腾崇拜与伏羲女娲传说》，中国·延川第二届伏羲文化学术研讨会论文，2015年。

水成，成而异德，故黄帝为姬，炎帝为姜。

韦昭注："贾侍中云：'少典，黄帝、炎帝之先。有蟜，诸侯也。炎帝，神农也……姬、姜，水名。成，谓所生长以成功也。'"贾谊《新书·制不定》说："炎帝者，黄帝同父母弟也，各有天下之半。"这说明"少典"与"有蟜氏"是互为婚姻的两个古老部族，"少典"是黄、炎二族的父族，"有蟜氏"则是他们的母族。也可以说，"炎帝、黄帝两氏族，是少典、有蟜两氏族之后裔"①。

炎帝为姜姓，黄帝为姬姓。炎、黄二族互为婚姻。帝喾"元妃有邰氏之女，曰姜嫄，是生后稷"，就是炎、黄二族互为婚姻的例证。自炎帝、黄帝之后，姬、姜两姓便形成世为婚姻的部族集团，在中国远古历史上有着深远的影响。

（三）帝喾沿袭其先祖的名号

帝喾与太皞的名义相通。童书业指出："喾古或作俈（《管子·侈靡》《史记·三代世表》），太皞或作太皓（《楚辞·远游》）、太浩（《淮南子·览冥》），盖太皞即帝喾。"② 这就是帝喾与太皞伏羲氏名号相混的缘由。

《帝王世纪》所说："帝喾生而神异，自言其名曰夋（俊）。"乃是沿袭其先祖名号的结果。例如，禹妻涂山氏本是女娲部族的后裔。《史记·夏本纪》正义引《帝系》云："禹娶涂山氏之子，谓之女娲，是生启。"同书《索隐》说："《系本》曰：'涂山氏女名女娲'，是禹娶涂山氏，号女娲也。"这是因为《国语·晋语四》的"有蟜氏"实即"有娲氏"。足见"涂山氏"乃是有娲氏之后，故禹妻得以"号女娲也"③。这说明帝喾沿袭其先祖名号，是很可能的事。这也是以往学者将帝喾与

---

① 蔡运章：《论少典、有蟜氏与炎、黄二族的发祥地》，《河洛文化研究》，解放军外语音像出版社2006年版。
② 童书业：《春秋左传研究》（校订本），中华书局2006年版，第4页。
③ 蔡运章：《三涂山、涂山氏及其历史文化考察》，《洛阳考古》2016年第2期。

帝俊、太皞伏羲氏相互混淆的根本原因。

五　结语

我们通过对后稷父祖名号及其相关问题的梳理考辨，可以得出三点基本认识：

一是后稷当是帝喾之子。《山海经》所谓"帝俊生后稷"，是说"帝俊"的子孙有后稷之义。

二是帝俊与太皞伏羲氏本为一人，伏羲女娲是华夏民族的人文始祖。炎帝、黄帝是华夏民族的血缘始祖，帝喾乃"黄帝之裔孙"。

三是后稷"教民稼穑于稷山""稷勤百谷而山死"的献身精神，是中华优秀传统文化的重要内涵，应继承和发扬之。

由上所述，后稷父祖名号及其相关问题的澄清，对于研究周族的先祖以及华夏民族的远古历史，具有重要价值。

（作者单位：洛阳市文物考古研究院研究员）

后稷传说与后稷文化精神

杜 勇

后稷是中华文明史上杰出的代表人物之一，数千年来一直受到人们的称颂，甚至被奉为农神予以祭拜。传承后稷文化的精神遗产，不仅有利于发扬中华民族尊祖敬宗、报本返始的优良传统，而且对于新农村经济文化建设具有重要意义。由于后稷是传说时代的人物，而且是一个历史与神话交织一身的人物，因而研究中还有很多扑朔迷离的问题，有必要加以探讨。

一 关于后稷族居地的问题

周作为国族名不是一开始就有的，而是先周族团迁居周原以后才被广泛使用。之前先周人的族源地，传统说法在邰。《诗·大雅·生民》说后稷"即有邰家室"。毛传："邰，姜嫄之国也。尧见天因邰而生后稷，故国后稷于邰。"《史记·周本纪》说："周后稷，名弃，其母有邰氏女，曰姜原……（帝舜）封弃于邰，号为后稷，别姓姬氏。"《正义》引《说文》云："邰，炎帝之后，姜姓，封邰，周弃外家。"按照这种说法，后稷先是依附于母舅之国，继而被尧或舜分封于邰，才得以立国。那么，这个邰在什么地方呢？《汉书·地理志上》载，右扶风"斄，周后稷所封"。"斄"即是邰，属于古今字。《括地志》云："故斄城一名武功，在雍州武功县西南二十二里，古邰国，后稷所封也。有后稷及姜嫄祠。"（《史记·周本纪》正义引）根据这些文献形成的邰地武功说，后来成为各种著述的主流说法。

20世纪二三十年代，由于疑古思潮的激荡，遂有弃居晋南说的兴起。李子祥、崔盈科曾先后著文，依据后世一些传说资料，主张后稷出生地在山西闻喜、稷山一带。但因证据不够充分，顾颉刚对此发表示了否定性意见①。1931年，钱穆发表《周初地理考》，以其深厚的史学功力进行系统深入的专业研究，申论"今之闻喜，即姜嫄之有邰，而后稷之所生也"，提出"周人盖起于冀州，在大河之东"的说法②。钱文除利用明清以来的传说资料外，还征引了大量的古典文献，其中有《隋图经》曰："稷山在绛郡，后稷播百谷于此山。"（《太平御览》卷45"稷山"）虽然邰地河东说以推论居多，但还是得到吕思勉、陈梦家、邹衡、王玉哲等不少学者的赞同和支持，特别是邹衡把山西光社文化认定为先周文化后，其影响进一步扩大。

近年山东学者根据《路史》等有关资料，又提出新的山东台州说。《路史·后纪九》罗泌自注云："今齐之章丘县龙蟠山上有神迹祠，《皇览》云：'即姜嫄所履者。'亦见《十道志》及《述征记》。"有学者据此认为，陕西武功县的邰邑实为炎帝姜姓族与周民族后迁之地名，原始邰地在今章丘县西，其姜嫄履迹传说，证明章丘确为先周族发源地。③此说与五帝时代总体地理背景不合，除个别山东学者有所呼应外，很难得到学界的认同。

综观各种说法，虽以关中武功说较为有据，但依然难于坐实。先周族成为一个政治共同体当始自后稷，后稷弃即其第一任部落首领。根据有关人类学理论，后稷这个名称有可能被后继者继续使用。故在不窋之前，先周族历经虞夏而世系不明。夏后氏政衰，已非第一任后稷之子的不窋不再担任夏朝国家联合体的农官，而是自窜于戎狄之间，足见其势力尚弱而居止不定。因此在数百年的时间里，还不大可能形成自己的物

---

① 李子祥：《游稷山感后稷教稼之功德记事》；崔盈科：《姜嫄之传说和事略及其墓地的假定》；顾颉刚：《读李崔二先生文书后》，顾颉刚编《古史辨》第二册，上海古籍出版社1980年版。

② 钱穆：《周初地理考》，《燕京学报》1931年第10期。又见氏著《古史地理论丛》，生活·读书·新知三联书店2004年版。

③ 景以恩：《华夏血缘族团源于东方新探》，《复旦学报》1999年第1期。

质文化特色。欲从考古学上寻觅这段时间的先周文化，无疑是有困难的。以光社文化作为先周文化，之所以在考古与历史学界均无法达成共识，原因就在这里。在这种情况下，比较谨慎的做法还是以尊重主流文献为宜。

二 关于后稷出生的神话传说问题

伟人总有异于常人的不凡身世，这种现象在很多文献里都能看到。后稷为其母姜嫄踩巨人迹而感生，出生后又三弃不死，即属于此类神话传说。神话的产生具有历史的根据，不完全是凭空构想出来的。人对自己历史的神化是人类意识发展过程中的必经阶段，因而人类早期历史总有神话与之相伴而行。这个过程就是历史的神话化。但随着人的理性思维的发展，则试图通过神话传说找到历史的本相，还原真实的历史事实，这个过程就是神话的历史化。孔子不语怪力乱神，司马迁撰写《史记》把有些神话材料加以改造或直接删除，所进行的就是对神话进行历史化的改造工作。今天我们研究后稷出生的神话传说，实际上也是要还原历史的真实。在近世西方文化人类学引入中国后，人们的研究视野更加宏阔，以至异说蜂起，莫衷一是。

关于后稷身世的有关文献资料，最早的当数《诗经》中的《大雅·生民》和《鲁颂·閟宫》。《閟宫》近似《生民》的缩写，故在此仅引《生民》（前三章）如下：

> 厥初生民，时维姜嫄。生民如何？克禋克祀，以弗无子。履帝武敏歆，攸介攸止。载震载夙，载生载育，时维后稷。/诞弥厥月，先生如达。不坼不副，无灾无害，以赫厥灵。上帝不宁，不康禋祀，居然生子。/诞寘之隘巷，牛羊腓字之。诞寘之平林，会伐平林。诞寘之寒冰，鸟覆翼之。鸟乃去矣，后稷呱矣。实覃实訏，厥声载路。

《生民》是周人追述始祖后稷事迹的史诗，徐中舒认为此诗"作于文王全盛时代"①。如是则上距后稷的出生年代已有千年之久。其后又约千年，司马迁撰作《史记》，所述内容则略有变异。《周本纪》有云：

> 姜原为帝喾元妃。姜原出野，见巨人迹，心忻然说，欲践之，践之而身动如孕者。居期而生子，以为不祥，弃之隘巷，马牛过者皆辟不践；徙置之林中，适会山林多人，迁之；而弃渠中冰上，飞鸟以其翼覆荐之。姜原以为神，遂收养长之。初欲弃之，因名曰弃。

两相对比，可知《生民》与《史记》在对待后稷出生的神话上，已表现出诸多不同，荦荦大者约有三端：一是前者没有提到后稷的生父，后者却指帝喾为父；二是前者怀孕的原因是"履帝武敏"，即姜嫄踩了上帝的大拇趾印而感生后稷，后者则说姜嫄到野外踩了"巨人迹"；三是前者未说姜嫄何以弃子，后者则言以不祥之故。其他如"牛羊"变成"马牛"，"平林"变成"山林"，"寒冰"成为"渠中冰"，不一而足。这个现象说明，史迁对后稷神话传说是要有意进行历史化处理的，但这个处理又不能像今天学者写论文那样，可以长篇大论，反复申述理由，而是只能在历史叙事的字里行间，通过斟酌字句来加以表达。这等于是把问题留了下来，以供后世继续思考。

其一，关于后稷的生父问题。《生民》没有说到后稷的生父是谁，给人的印象似乎是姜嫄因踩上帝的足迹而受孕，属于无父而生。古人无法理解这个现象，若以野合视之，则有损后稷的形象，所以从《世本》《大戴礼记·帝系》到《史记》，便说后稷之父是帝喾。这是当时民族一元论思想的产物，当然只是附会。对此，今日学者利用人类学、社会学的研究成果，指出这是母系氏族时代人类只知其母不知其父现象的反映。这种说法看似圆通，实则对当时社会发展阶段的估计未必确当。在尧舜时代，说已进入国家雏形阶段或许有人不太赞同，但已非母系时代殆无疑问。后稷部族已加盟到尧舜国家联合体内，其社会发展程度应该

---

① 徐中舒：《西周史论述（上）》，《川大史学·徐中舒卷》，四川大学出版社 2006 年版。

不比其他部族落后太多,至少不是刚刚进入父系时代。这就意味着后稷之父还是可知其人的。三国时史家谯周说"其父亦不著",是说其父不太有名而鲜为人知。近出上博简《子羔》记子羔问于孔子曰:"三王之作也,皆人子也,而其父贱而不足称也欤?抑亦成天子也欤?"①这说明在春秋时期的传说中,三王之一的后稷是有父亲的,只是其身份有不同说法,或卑微不足道,或为先周部落的首领。但可以肯定的是,后稷并非是无父而生,即不知其父只知其母。这样,学者在此基础上对《生民》所作的各种解读,或当重新考虑。

其二,关于姜嫄履迹的问题。姜嫄受孕当然不是因为践履某种脚印的结果,但这种说法可以神化后稷不凡的身世。在《生民》诗中,姜嫄受孕缘于所踩"帝武"(上帝拇趾印),显然是周人创造出来的神话。但在《史记》中,司马迁把"帝武"变成了"巨人迹"。虽然这个"巨人"仍很神秘,但比起虚无缥缈的上帝来说还是理性化了许多。过去不少学者借鉴人类学、民俗学的理论与方法,对"帝武"问题给予重新阐释,把"巨人迹"看成了龟足、熊足、恐龙足等多种动物之迹,以为这是图腾崇拜的标志。其实司马迁所说"巨人迹"强调的是人,目的是要把后稷弃从神话人物还原成历史人物,这是一种历史理性的觉醒。在近出上博简《子羔》中,孔子回答子羔的提问说:"后稷之母,有邰氏之女也,游于串咎之内,终见芺苡而荐之,乃见人武。"②简文所说的"人武",不过是一种人的足迹,最多其脚印相对大一些,并无什么神异之处。姜嫄踩到这种脚印之后,产生一种怀孕的感觉,当是其求子心切的心理反映。可能这件事适与她怀孕的过程相吻合,于是便成了其后神话产生的事实基础。

其三,关于后稷三弃三收的传说问题。姜嫄生下后稷之后,一弃于隘巷,再弃于平林,三弃于寒冰,不是有牛羊哺乳以存活之,就是有鸟翼上下覆籍以保护之。鸟兽非人,却对后稷以人性相待,其为神话是不

---

① 马承源主编:《上海博物馆藏战国楚竹书》(二),上海古籍出版社2002年版,第192—193页。

② 同上书,第197页。

言而喻的。其中关于水滨弃子的母题，在中外神话中并不少见。如作为犹太人先知的摩西就是从水中捞出的孩子，殷初名臣伊尹也是其母溺死后的水滨弃子，与后稷被弃于寒冰（冰亦水）相类。这些神话英雄历经磨难与艰辛，最后存活下来并有大功于世，正昭示其身世的不凡。据《生民》，姜嫄渴求生子的愿望是非常强烈的，"克禋克祀，以弗无子"，即虔诚祭祀上帝，祈求祓除无子之灾，结果如愿以偿，如《閟宫》所说"上帝是依，无灾无害"。按说姜嫄得子不易，应该善加养育才是，奇怪的是后稷刚刚生下来却被姜嫄无情地抛弃。其原因何在？司马迁给出的答案是"以为不祥"，至于何以不祥，没有下文。今日学者不满意此类含糊其辞的揣测，于是便有了诸如杀长立弟、贱男贵女、图腾考验、弃婴为俗等多种新的假说。这些说法大都建立在后稷所处母系时代这样一个基点上，且与姜嫄渴求生子的事实不符，其可信度是令人怀疑的。或许后稷三弃三收并非婴儿之事，而是其幼年玩于隘巷，以吸牛羊奶汁遇险；或玩于山林迷路，被人寻归；或玩于寒冰之上，落水得救，都是有可能的。这本为人之儿时寻常之事，后来在周人祖先崇拜观念的支配下，故事被改造并加以神化，于是产生了后稷三弃不死的神话传说。

三　关于后稷农业事功的问题

在进入新石器时代以后，我国原始农业即已产生，到尧舜时代已有极大的发展。但是，为什么《孟子·滕文公上》说"后稷教民稼穑，树艺五谷，五谷熟而民人育"？而《国语·郑语》又把"周弃能播殖百谷蔬，以衣食民人"作为成天地之大功的伟人呢？不能设想农业是后稷发明的，也不能设想尧舜时代中国原始农业才刚刚起步，最大的可能是后稷在改进和推广先进的农业生产技术方面有过杰出贡献。分析相关文献，可大体总结如下：

一是注重时令。据《尚书·尧典》，帝尧时已能观象制历，陶寺遗址发现的观象台可能就与当时观象制历有关。历法对于指导农民依照季节及时安排农事活动，提高粮食产量具有重要作用。《国语·周语下》说："岁之所在，则我有周之分野也。月之所在，辰马农祥也。我太祖后稷之所经纬也。"韦昭注："辰马，谓房、心星也。心星，所在大辰之次为天驷。驷，马也，故曰辰马。言月在房，合于农祥。祥，犹象也。房星辰正，而农事起焉，故谓之农祥。"《帝王世纪》亦云："（后稷）童龀好于稼穑，及长，仰伺房星，以为农候。"① 可能后稷在利用历法季节合理安排农事方面，能够掌握规律，形成系统经验，大力推广应用，从而促进了当时农业生产的发展与进步。这在当时可以说是一个了不起的创举。

二是选播良种。农作物的产量与种子质量密切相关，良种是提高粮食产量的有效途径。《生民》云："诞降嘉种，维秬维秠，维穈维芑。恒之秬秠。是获是亩。恒之穈芑，是任是负，以归肇祀。"诗中嘉种即是良种，言为天降，实为人育。其中秬为黑黍，秠亦黑黍，然一个黍壳中含有两粒黍米，则为高产品种无疑。穈为粟之一种，属于耐旱作物。芑为白高粱，也是抗旱、耐涝、耐瘠薄、产量较高的农作物。《閟宫》说到后稷播种百谷之事："降之百福，黍稷重穋，植稚菽麦。奄有下国，俾民稼穑。有稷有黍，有稻有秬。奄有下土，缵禹之绪。"凡此说明，后稷在选育推广良种方面，也是有功可录的。

三是相地之宜。《史记·周本纪》说："（后稷）及为成人，遂好耕农，相地之宜，宜谷者稼穑焉，民皆法则之。"《淮南子·诠言训》也说："后稷播种树谷，因地也。"这是说农作物的种植不必一个模式，而要依据土质的不同，因地制宜地种植不同种类的农作物。这是保障粮食增产的重要条件。后稷在这方面的做法，被民众所效法，自有增产作用。《生民》云："诞后稷之穑，有相之道。茀厥丰草，种之黄茂。实方实苞，实种实褎，实发实秀，实坚实好，实颖实栗。"所谓"茀厥丰草"，茀即治义，也就是除草，使禾苗能够吸收更多的养分和阳光。这种重视田间管理的生产技术，当然比粗放种植更能增加粮食产量。所以诗中接下来说各种谷物都生长繁茂，抽穗结实，颗粒饱满。

四是技术推广。《尧典》记虞舜对后稷说："汝后稷，播时百谷。"《尚书·吕刑》说："稷降播种，农殖嘉谷。"后稷作为当时尧舜部落联

---

① 徐宗元：《帝王世纪辑存·周第四》，中华书局1964年版。

合体中执掌农政的稷官，不只要把本部族的农业事务管理好，还要对各加盟部落国的农事活动精心加以安排和指导。尤其是要把他所掌握的先进农耕技术向天下推广，以造福于民。《诗经·思文》说："思文后稷，克配彼天。立我烝民，莫匪尔极。贻我来牟。帝命率育。无此疆尔界，陈常于时夏。"后稷不分此疆彼界，全力推广先进的农耕技术，使天下民众大受其利。《国语·周语下》说："自后稷以来宁乱。"韦昭注："宁，安也。尧时洪水，黎民阻饥，稷播百谷，民用乂安也。"《国语·鲁语上》还说"稷勤百谷而山死"，是说后稷为了推广农业生产技术，过于辛劳而死于山中。

由此可见，后稷在中国早期农耕文明的发展进程中，以其万千辛劳和卓越智慧，为华夏民族做出了杰出贡献。千百年来，他受到人民称颂，乃至被神化祭拜，都是有一定的历史事实根据的。今天，我们研究后稷传说，就是要继承他锐意创新的进取精神，施惠于民的济世精神，鞠躬尽瘁的献身精神，把复兴中华民族的伟大事业不断推向前进。

（作者单位：天津师范大学历史文化学院教授）

后稷教民稼穑的历史与其现代意义

徐义华

后稷是周人的始祖，也是农业丰收神，在中国传统文化中占有重要地位。传说后稷曾在稷山教民稼穑，这一传说与小麦在中国的传播相吻合，有许多值得关注的地方。

一 世界四大农业起源区与作物交流

世界有四个农业起源中心区：非洲北部农业起源区、西亚农业起源区、中国农业起源区、中南美洲农业起源区。

非洲起源区的农作物有高粱、非洲小米，牲畜有毛驴；西亚起源区的农作物有大麦、小麦、黑麦、豆类，牲畜有山羊、绵羊、牛；中国起源区的农作物有水稻、谷子、糜子、大豆、荞麦；牲畜有猪、鸡、狗；中南美洲起源区的农作物有玉米、马铃薯、红薯、南瓜、花生、西葫芦、辣椒，牲畜有驼羊、荷兰猪。

中国很早就与其他农业起源之间进行交流，中国作物传入其他地区，例如公元前7000至8000年左右，起源于中国的糜子即传入西亚、欧洲。同时，其他农业起源区的作物也不断传入中国，这是一个持续的过程，在这一过程中曾经出现过三个高峰时段，分别是4500至4000年左右的尧舜禹时代，张骞通西域后的汉代，大航海时代开启之后的明清。

在尧舜禹时代传入中国的作物主要是小麦、大麦、绵羊、山羊。

汉代传入中国的主要作物有葡萄、核桃、石榴、黄瓜、蒜、蚕豆、旱芹、香菜、豌豆、芋头、胡椒、大葱等。

经过以上两个阶段的交流，非洲、西亚原产的主要作物基本传入中国。所以虽然宋元时期海陆贸易频繁，但在农作物传入上不是高峰。

明清时代传入中国的作物，有欧洲、东南亚作物，但主要是中南美洲原生区的作物，有玉米、南瓜、土豆、甘薯、菠萝、番木瓜、苹果、辣椒、苦瓜、向日葵、花生、草莓、菜花、卷心菜、洋葱、番茄、西葫芦等。

可以看到，每个作物传入的高峰时段，都是中国社会发展步伐加快的时段。尧舜禹时代是中国跨越血缘性的小地域社会组织向跨血缘的大地域国家转型的阶段，汉代是统一王朝制度定型开疆拓土的时代，明清则是人口激增成为世界最大国家的时代。

社会发展和进步这其中的原因很多，但作物传入促成的粮食、蔬菜、水果供应量提高，是人口增多和社会发展的重要方面。

二 后稷时代小麦的传入与技术革新

中国本土农业起源很早，在江西湖南道县玉蟾岩遗址、江西万年县吊桶环都发现了10000多年前的人工栽培水稻。有学者认为玉蟾岩的栽培水稻上限可到12000年前的，甚至确定其在14000年以前[1]。最早人工栽培粟出土于河北武安磁山文化遗址，距今约是8000多年。[2] 也有学者认为距今10000多年的河北省徐水南庄头遗址已经有栽培粟的出现。[3]也就是说，早在12000年到8000年产有，中国已经形成了南方以稻作为主北方以粟作为主的农业。而且也产生了农业始祖神即神农，文献中多有记载：

包牺氏没，神农氏作，斫木为耜，揉木为耒，耒耨之利，以教

---

[1] 参梁绍辉：《以神农为标志的农耕文化与礼的起源》，《炎黄文化研究》第7辑，大象出版社2008年版。
[2] 参黄其煦：《黄河流域新石器时代农耕文化中的作物》，《农业考古》1982年第2期。
[3] 卫斯：《试论中国粟的起源、驯化与传播》，《古今农业》1994年第2期。

天下。《易·系辞》

于是神农因天之时，分地之利，制耒耜，教民农耕。《白虎通》

有烈山氏之子曰柱为稷，自夏以上祀之。《左传·昭公二十九年》

由此可见，中国是农业历史悠久，早在尧舜禹时代之前，已经有成熟的农业，也有相应的农业生产技术，以及农业领域的神灵信仰。

但当原产西亚的小麦传入中国后，由于小麦的特殊生长状态，使得中国在生产技术和农神信仰方面都发生了新的变化。

大约4500~4000间，也就是中国传统史学中所称的尧舜禹时代，小麦由西亚传到中国。小麦传入后，很快推广到中国北方地区，青海互助县丰台遗址、甘肃民乐县东灰山遗址、天水市西山坪遗址、陕西扶风县周原遗址、河南偃师市二里头遗址、新密市新砦遗址、登封市王城岗遗址、安徽蚌埠市禹会村遗址、山东济南市大辛庄遗址、章丘市马丘遗址等多处遗址都出土了距今4000年前的小麦。[①]

从考古资料看，中国与西亚之间的交流很早就已经出现，例如前所述8000到7000年前原产中国的糜子即传到西亚、欧洲，6000到5000年前发明于西亚的冶金术即传入中国，但小麦的传入却是直到4500至4000年之间。小麦这么重要的粮食作物，为什么这么晚才传中国？

小麦传入较晚的原因有个：一是气候和环境原因和生产技术原因；二是饮食习惯和粮食加工技术原因。

西亚地区是地中海气候，特点是夏季干燥，冬季多雨。小麦在冬季播种，第二年夏季收获。中国在季风区，夏季多雨，冬季干燥。主要作物和由此发展出的技术是春播秋收。所以，要解决小麦在中国的种植，必须认识到气候差异，要从西亚的冬季播种改变为中国地区的秋季播种；并要解决在干旱少雨的秋季播种时的水量供应，即水利灌溉问题。

中国传统作物得到的粮食是小米和稻米，不需要磨制成粉即可食用。但小麦不磨制成粉则很难加工成可口的食物。所以，要大规模种植小麦要解决小麦磨制和加工问题。

[①] 赵志军：《小麦传入中国的研究——植物考古资料》，《南方文物》2015年第3期。

解决小麦的耕种、收获以及加工等问题，正是后稷及其时代的相关人员完成的。

后稷作为尧舜禹时代的主农业之官，据《尚书·舜典》载："弃，黎民阻饥。汝后稷，播时百谷。"即舜任命周人的始祖弃为主管农业生产的后稷，后稷是主管农业的官职名，因为弃长期担任此职，并且做出了巨大贡献，所以就以用后稷之名称呼弃。作为小麦传入和传播的时候，后稷在小麦种植和推广方面，做出了巨大成就。

从相关记载看，后稷本人在农业种植方面有高超的技艺，《诗经·生民》有："诞实匍匐，克岐克嶷，以就口食。蓺之荏菽，荏菽旆旆。禾役穟穟，麻麦幪幪，瓜瓞唪唪。诞后稷之穑，有相之道。茀厥丰草，种之黄茂。实方实苞，实种实褎，实发实秀，实坚实好，实颖实栗，即有邰家室。"描述的就是后稷种植各种作物，作物生长茂盛的场面，这些作物中就有"麦"，可见麦已经是特别受到重视的作物。而麦还被视作上天特意恩赐给后稷的作物，《诗经·周颂·思文》有："思文后稷，克配彼天。立我烝民，莫菲尔极。贻我来牟，帝命率育，无此疆尔界，陈常于时夏。"，"贻我来牟"中的来即小麦，牟即大麦。本段的大意是：后稷的功业值得尊敬，其地位可以配享上天。生产的粮食养活的人民，人民都以他为榜样。上天赐给小麦和大麦，命令后稷培植养育下民。粮食推广种植，不局限在疆界之内，要在整个华夏成为常态。在这里把小麦和大麦的来源说成是上帝所赐，而且上帝命令要突破结界限制，把小麦等作物的种植推广到另一个华夏地区。这也从侧面反映了后稷在小麦种植的技术和改进和种植地域推广方面做出了巨大贡献。

后稷时代小麦的推广还有另一个旁证，即是水利工程的建设。小麦种植必须解决秋季灌溉的问题，而后稷所处的尧舜禹时代恰恰是水利建设的重要时期。以往对尧舜禹时代的治水往往只视作治理洪水，但从相关记载看，当时的治水并不仅仅是治理洪水，例如大禹治水在《尚书·禹贡》的记载为："……济河惟兖州。九河既道，雷夏既泽，灉、沮会同。桑土既蚕，是降丘宅土。厥土黑坟，厥草惟繇，厥木惟条。厥田惟中下，厥赋贞，作十有三载乃同。厥贡漆丝，厥篚织文。浮于济、漯，达于河。……"其中有许多描述所使用的都是关于河道交通的词汇，如

"浮于济、漯，达于河"，本文其他部分还有"浮于汶，达于济"，"浮于淮、泗，达于河"等。其中所用的浮、达、逾、入、乱等动词，都与治理洪水无关，而与水上交通有关①，如浮字，蔡沈集传在注解"浮于济、漯，达于河"，"舟行水曰浮"，也就是说大禹治水的目的不只是在于治理水患，更是疏浚河道，建立水道运输网络。治水如果不只是洪水，那么大规模水利工程中也自然有关于农业生产的部分，而在《尚书·尧典》中禹平水土和后稷主农业恰恰是前后结接的：

> 帝曰："俞，咨！禹，汝平水土，惟时懋哉！"禹拜稽首，让于稷、契暨皋陶。帝曰："俞，汝往哉！"帝曰："弃，黎民阻饥，汝后稷，播时百谷。"《尚书·舜典》

尧舜禹时代这种多功能治水，被历史的宏大叙事掩盖了其中了河流交通与农业水利，只留下了治理洪水部分。但其时代特征，依然为农业水利建设留下了可以查考的痕迹。

作为新来的一个物种，要实现本土种植和推广，需要诸多问题，后稷能使之生长茂盛并获利丰收，可见其对于种麦的技术有非常深入的了解，尤其是后稷作为主管农业的主官，可以将麦推广到各地，使之遍布早期的华夏也就是中原之地。从这种角度上说，后稷是小麦在中国成功种植和大范围推广的重要推动者，而这种推广极大改变了中国的农业结构也极大改变了中国的社会结构，极大影响了中国历史的走向，是继稻作和粟作之后，中国农业生产的一个关键性的转折点，这一转折不仅导致了生产方式的改变，而且影响了信仰领域农业始祖神的改变。所以，从历史上看，关于这一时期的农业始祖社信仰也发生了变化，原来的农业始神神农为周人的祖先弃也就是后稷所替代：

> 昔烈山氏之有天下也，其子曰柱，能殖百谷百蔬。夏之兴也，周弃继之，故祀以为稷。《国语·鲁语》

---

①

>有烈山氏之子曰柱，为稷，自夏以上祀之；周弃亦为稷，自商以来祀之。《左传·昭公二十九年》
>
>厉山氏之有天下也，其子曰农，能殖百谷；夏之衰也，周弃继之，故祀以为稷。《礼记·祭法》
>
>共工氏之子曰句龙，食于社；有厉山氏之子曰柱，食于稷。汤迁之而祀弃，故书'祀'作'禷'。《春官·大宗伯》郑玄注
>
>汤伐桀，欲迁夏社，不可，作《夏社》。乃迁烈山子柱，而以周弃代为稷祠。《汉书·郊祀志》

从以上记载可以看出，至少在商代出现了农业始祖神自神农改为后稷的变化。这种变化最初可能还没有完全定型，延续到了后稷的弟弟叔均的身上，关于这一点，《山海经》有记载：

>蚩尤作兵伐黄帝，黄帝乃令应龙攻之冀州之野。应龙蓄水，蚩尤风伯、雨师，纵大风雨。黄帝乃下天女曰魃，雨止，遂杀蚩尤。魃不得复上，所居不雨。叔均言之帝，后置之赤水之北。叔均乃为田祖。《山海经·大荒北经》
>
>有西周之国，姬姓，食谷。有人方耕，名曰叔均。帝俊生后稷，稷降以百谷。稷之弟曰台玺，生叔均。叔均是代其父及稷播百谷，始作耕。《山海经·大荒西经》

这里我们看到，叔均成为了"田祖"，田祖的意思下神农一样，表达的是农业始祖神的意思。叔均为后稷的弟弟，也被奉为农业的始祖神，这说明，后稷及其兄弟都是中国农业生产方式发生转折的重要人物，从侧面证明了小麦对中国农业的重要意义和影响。

作为一种粮食作物，小麦具有自身的特殊优势。首先，其播种时代是在秋季，多数农作物已经收获；其主要时段在冬季，这一季节恰恰是其他作物不能种植和生长的时段，充分利用了土地的闲置期；小麦收获时间较早，从中国地区看，南方从4月底到5月中旬初，北方最晚6月中旬小麦即可收获，对应中国农历为5月中旬。小麦收获后，时间还在

夏季前段，还有多种作物如大豆、荞麦、萝卜、白菜等作物可以种植，使一年之中收获的粮菜大大增加。其次，小麦之间还可以套种其他作物，也可以充分发挥地利。

小麦在4000年左右，也就是夏代已经遍布北方地区，最初更多是用作日常口粮。到了商代，随着商人祭祀的加强和小麦产量的增加，小麦成为重要的祭祀品，其在农作物中地位不断上升，成为最重要的祭品之一，《逸周书·商誓》："王曰：'在昔后稷，惟上帝之言，克播百谷，登禹之绩。凡在天下之庶民，罔不维后稷之元谷，用烝享在商先哲王，明祀上帝，□□□□。亦惟我后稷之元谷用告和，用胥饮食。肆商先哲王维厥故，斯用显我西土。'"这一段是武王对商遗民的训话，在这段话中，武王说天下之人皆用后稷所推广的农作物作为祭品，商人也用之祭祀祖先和上帝，而商先王也因为后稷的这种功绩而看重周人，重用周人的祖先使周获得了特殊的地位。这表明，小麦的地位是逐渐上升的，到商代获得了重要地位，成为最受重视的作物之一，而后稷农神的地位也由此确立。

甲骨文中也反映了对于小麦的重视，甲骨文中有关于小麦的记载：

翌己酉亡其告麦。
己酉卜，宾：翌庚㞢告麦。9621

告麦，就是向祖先报告小麦生长或收获的情况，其目的在于祈求祖先保佑小麦能够丰收。甲骨文中还有：

月一正，曰食麦。《合集》24440

"月一正"的意思就是"正月"，"食麦"是指尝新麦时对祖先的祭祀和生活中的礼仪。《礼记·月令》中有："孟春之月……食麦与羊，其器疏以达。"恰恰与甲骨文中的"月一正，曰食麦"相符合。这说明，麦子在商代已经重要农作物，而麦子收获时的庆祝和用新麦对祖先的祭祀已经成为商代社会生活的重要内容。

甲骨文中也见到关于稷的记载：

庚申卜，**㱿**贞：燎于稷。《合集》418 正

己巳卜，亘贞：燎于稷。《合集》8329

贞：于稷祷年。《合集》10139

壬申卜，祷四土于稷。《合集》21091

稷字作"𝕏"形，在甲骨文中是农业丰收祈祷的对象，明显是农业神的形象。另外，甲骨文中还有：

戊申卜，㱿贞：方帝，燎于土、稷，雨，卯上甲。《合集》1140 正

⋯稷、河、岳⋯《合集》22419

在这些卜辞，稷或与土、上甲形成神灵组合，或与河、岳形成神灵组合，也表现出自然神的特点。尤其是稷与土、上甲的组合，特别有意义，其中的稷是农业始祖神，土也就是社，是农业生产仰仗的土地神，而上甲是商人的祖先神，形成农业信仰领域中土地神、农业始祖神和祖先神的组合，表达出商人信仰中稷的特殊地位。从相关文献看，这里的稷最大可能即是周人的祖先稷，虽然是周人祖先，但因为其在农业上的巨大贡献，被推举为农业始祖神，所以跨越了血缘局限，升格为各族共同祭祀的农业神灵。

三　后稷教民稼穑于稷山的现代意义

由于小麦的这一巨大优势，使粮食产量大大增加，人口出现大规模的增长。中原地区在粮食产量增加和人口增长的促进下，原有的社会组织形式发生了改变，联系更加紧密的人群和组织方式更加紧密的国家出现，率先进入了国家形态，成为中国文明发展的中心地区。

后稷及其兄弟及僚属的功绩在改进小麦种植技术外，更重要的贡献是推广小麦种植的范围，使小麦在距今4000年之际成为北方重要的作物。山西稷山处于传统上的中原地区，又有适合小麦生长的气候和土壤条件，后稷到稷山推广种麦也在情理之中。至今，小麦依然是稷山经济和文化中的重要因素，例如稷山四宝鸡蛋、枣子、麻花和饼子，其中麻花和饼子本质上都与小麦有关。

后稷教民稼穑于稷山，对当今依然具有启发性意义：

第一，开放与交流是实现社会发展的重要方式。从历史上看，没有一个先进的文明是封闭发展起来的，中国历史更是交流与融合的历史，越是开放的阶段国家就越强大。反之，即使高度发达的文明，一旦封闭起来，必然走向没落之路。

第二，科学技术是第一生产力。后稷时代社会进步和中原中心的形成，正是新物种、新技术促成的结果。

第三，教育是实现富强的基础。任何新技术、新观念只有推广到社会大众才能充分发挥其应有的力量。

第四，为民建功是永久的丰碑。后稷是尧舜时代之人，周人之祖，却为商人所祭祀，立为农业丰收之神，并受到历代崇拜，这说明功业才是真正的丰碑。以功业为依据品评人物也是中国古代思想的重要特点：

> 夫圣王之制祀也，法施于民则祀之，以死勤事则祀之，以劳定国则祀之，能御大灾则祀之，能捍大患则祀之。非是族也，不在祀典。昔烈山氏之有天下也，其子曰柱，能植百谷百蔬。夏之兴也，周弃继之，故祀以为稷。……加之以社稷山川之神，皆有功烈于民者也；及前哲令德之人，所以为明质也；及天之三辰，民所以瞻仰也；及地之五行，所以生殖也；及九州名山川泽，所以出财用也。非是，不在祀典。《国语·鲁语》

凡是能够为人民立下法度的、为人民利益殉难的、为人民操劳而安定国家的、为人民抵御灾难的和为人民避免重大损失的，都可以超越血缘界限而以国家的名义致祭。这说明中国早期有一个明显的文化英雄时代，而后稷正是这个文化英雄时代的英雄之一。

（作者单位：中国社会科学院古代史研究所、
中国历史研究院甲骨学研究中心研究员）

追索周邦早期文明轨迹

宫长为

从现有的文献资料记载来看，周邦早期文明的历史，可以从公刘时代说起，诚如《史记·周本纪》所云："周道之兴自此始，故诗人歌乐思其德。"《索隐》谓："即《诗·大雅》篇'笃公刘'是也。"

按《诗·大雅·公刘》篇，依《诗小序》的说法，乃是"召康公戒成王也"。当"成王将涖政，戒以民事"，取"美公刘之厚于民，而献是诗也"。我们不管这种说法真实与否，在周邦早期文明的历史发展中，已经昭示了公刘占有极其特殊的地位，所以，郑玄作《诗谱序》时，也着重强调指出：

> 周自后稷播种百谷，黎民阻饥，兹时乃粒，自传于此名也。陶唐之末，中叶公刘，亦世修其业，以明民共财。

公刘能够秉承后稷之志，得以"明民共财"，而所谓的"明民共财"，则原本见于《国语·鲁语上》篇，其云："黄帝能成命百物，以明民共财"，《礼记·祭法》篇又引作"黄帝正名百物，以明民共财"，孔疏以为"公刘在豳，教民使上下有章，财用不乏，故引黄帝之事，以言之"[1]。即"明民者，谓垂衣裳，便贵贱分明，得其所也；共财者，谓山泽不障，教民取百物以自赡也"[2]，这当是"诗人歌乐思其德"之

---

[1] 《诗谱序》孔疏。
[2] 《礼记正义》卷46。

"德"的缘故。

我们今观《诗·大雅·公刘》篇,其作为记载周邦早期文明的史诗,主要讲述了公刘迁豳的事迹。前后共分六章,章十句。其云:

> 笃公刘,匪居匪康。迺场迺疆,迺积迺仓。迺裹餱粮,于橐于囊,思辑用光。弓矢斯张,干戈戚扬,爰方启行。
>
> 笃公刘,于胥斯原。既庶既繁,既顺乃宣,而无永叹。陟则在巘,复降在原。何以舟之?维玉及瑶,鞞琫容刀。
>
> 笃公刘,逝彼百泉,瞻彼溥原。迺陟南冈,乃觏于京。京师之野,于时处处,于时庐旅,于时言言,于时语语。
>
> 笃公刘,于京斯依。跄跄济济,俾筵俾几。既登乃依,乃造其曹。执豕于牢,酌之用匏。食之饮之,君之宗之。
>
> 笃公刘,既溥既长,既景迺冈,相其阴阳,观其流泉。其军三单,度其隰原,彻田为粮。度其夕阳,豳居允荒。
>
> 笃公刘,于豳斯馆。涉渭为乱,取厉取锻。止基迺理,爰众爰有。夹其皇涧,溯其过涧。止旅乃密,芮鞫之即。

我们从中不难看出,整个诗篇六章,也可以划分为前后或者说上下两个部分。前一个部分即一、二、三章,主要写了公刘不畏艰辛,不辞劳苦,带领邦人相察地势,选择都城的过程;后一个部分即四、五、六章,主要写了公刘选择都城以后,与群臣行燕飨之礼,共同谋划开垦新的疆域,营建居室的举措。如果我们把前后两个部分放入到公刘创建国家的历史进程中,去加以细心地考察的话,似乎可以得出这样的认识:前一个部分即一、二、三章,可以说是准备阶段;后一个部分即四、五、六章,可以说是实施阶段。从这一意义上说,前一个部分可以作为后一个部分前提条件;后一个部分可以作为前一个部分的有力保障,从而揭开了周邦早期文明的新篇章。

这里,我们准备从《诗·大雅·公刘》篇入手,在前人研究的基础上,再作一点具体的讨论工作。

首先,在前一个部分当中,诗人不仅给我们展示了公刘前期的历史面貌，而且还告诉我们这样一个事实，即在"爰方启行"之前，公刘实际上作了两个方面的准备工作：一是"迺场迺疆，迺积迺仓"，"场"与"疆"和"积"与"仓"，都是对言，前者指田之界畔，"场"为小界，"疆"为大界；① 后者指堆之粮谷，"积"为屋外，"仓"为屋内；② 一是"迺裹餱粮，于橐于囊"，"餱粮"即"干食也"，③ "橐"与"囊"都是裹粮的口袋，"无底曰橐，有底曰囊"④。也就是说，一方面整治田亩疆界，收拾粮谷积仓；另一方面，"乃裹粮食于囊橐之中"⑤，引用孟子的话说，叫作"居者有积仓，行者有裹囊也"⑥，然后"弓矢斯张，干戈戚扬，爰方启行"。

如是，我们就有理由说，按照公刘的迁豳计划，只是迁徙一部分居民，而另一部分居民则留下不走。不管是"居者有积仓"，以便继续耕作，还是"行者有裹囊"，以便开垦新疆域，都说明公刘"好货"⑦，善于理财，其目的也只有一个，就是为了农业生产的再发展，准备更多的物质力量，建设强大的新国家，所以，史迁也说："行者有资，居者有畜积，民赖其庆。百姓怀之，多徙而保归焉。"⑧

但是，我们需要指出，二章"笃公刘，于胥斯原"之后，"既庶既繁，既顺迺宣，而无永叹"一句，其中"既庶既繁"，应是描写"于胥斯原"的情形，郑笺误以为"厚乎公刘之于相此原地以居民，民既众矣，既多矣"⑨，"既顺迺宣，而无永叹"，则是"厚乎公刘之于相此原地以居民"，对"于胥斯原"所发出的赞叹，即郑笺下云："民皆安今之居，而无长叹，思其旧时也。"⑩ 只是"于胥斯原"之"胥"，能否与

---

① 参见严粲《诗缉》。
② 参见朱熹《诗经集传》卷6。
③ 参见严粲《诗缉》。
④ 参见朱熹《诗经集传》卷6。
⑤ 参见《毛诗正义》卷17。
⑥ 《孟子·梁惠王下》篇。
⑦ 参见《孟子·梁惠王下》篇。
⑧ 《史记·周本纪》。
⑨ 参见《毛诗正义》卷17。
⑩ 同上。

下文"于京斯依""于豳斯馆"同解,[1] 似须很好地斟酌。我们不妨仍按传统的说法,毛传以为"胥,相"也,[2] 即相察之义,《诗·大雅·绵》篇中,也有"聿来胥宇"一句,其义本同,郑笺所谓"厚乎公刘之于相此原地以居民"。这个"原",即公刘"陟则在巘,复降在原"之"原",也即三章"逝彼百泉,瞻彼溥原"之"原",当日指这片平原而言。

其次,在后一个部分当中,我们已经注意到公刘宴饮群臣时,诗人用了三句话:第一句,"跄跄济济,俾筵俾几","跄跄济济",当是习语,《礼记·曲礼下》有"天子穆穆,诸侯皇皇,大夫济济,士跄跄,庶人僬僬",郑笺亦云:"跄跄济济,士大夫之威仪也"[3],而"俾筵俾几"之"俾"是使的意思,"使人为之设筵几也"[4];第二句,"既登乃依,乃造其曹","既登乃依",毛传以为"宾已登席坐矣,乃依几矣"[5],把"依"当为动词,理解为"乃依几矣",而"乃造其曹"之"曹"是群的意思,孔疏谓:"曹者,辈类之言,故为群也"[6],当是"群牧之处也"[7];第三句,"执豕于牢,酌之用匏","执豕于牢",毛传以为"新国则杀礼也"[8],而"酌之用匏"之"匏"即指匏爵,"盖以一匏离为二,酌酒于其中,是曰匏爵,亦谓之匏"[9],毛传又以为"俭且质也"[10]。

如何诠释这三句话,我们觉得,从当时的礼制角度来看,它当道出了祀庙礼成的盛况。《礼记·曲礼下》说:"君子将营宫室,宗庙为先,

---

[1] 在这方面,可以参见谭戒甫《先周族与周族的迁徙及其社会发展》一文,《文史》第六辑,中华书局 2019 年版。
[2] 见《毛诗正义》卷17。
[3] 同上。
[4] 参见朱熹《诗经集传》卷6。
[5] 见《毛诗正义》卷17。
[6] 同上。
[7] 参见朱熹《诗经集传》卷6。
[8] 见《毛诗正义》卷17。
[9] 参见陈奂《诗毛氏传疏》。
[10] 见《毛诗正义》卷17。按"俭且质也",定本作"俭以质也",今依阮元《毛诗注疏校勘记》改之。

厩库为次，居室为后。"这里的"君子"，也可以泛指，孙氏指出：即"谓诸侯也。厩，养马者。库，藏财物者。宗庙所以奉先祖，故为先。厩库所以资国用，故为次。居室所以安身，故为后"，并且，还援引《诗·大雅·绵》篇为证，其五章曰："缩版以载，作庙翼翼"，"此宗庙为先也"；其七章曰："乃立皋门，皋门有伉"，"天子之皋门，于诸侯为库门，此厩库为次也"；其七章又曰："乃立应门，应门将将"，"王之正门曰应门，其内乃为寝室，是居室为后也"。① 郑笺以为"厚乎公刘之居于此京，依而筑宫室，其既成也，与群臣士大夫饮酒以乐之"②，恐怕诠释得还不够确切，前人已经指出了这一点，③ 而其中的"于京斯依"之"依"，能否读为"庡"，指族众集会的厅堂，下言"既登仍依"之"依"，又能否读作"殷"，即指殷见之礼，还可以继续讨论。④

也正因为如此，我们看第五章着意强调"其军三单，度其隰原，彻田为粮"，原本含有"厩库为次"的意思在里边。前人包括近人对"其军三单"有种种解释，远不如胡氏所云："此语虽为制军之数，古者寓兵于农，制军所以为受田，故上承相阴阳、观流泉，而下与度其隰原、彻田为粮相次，可知并非在道御寇之谓"⑤，所以，紧接着最后一章"笃公刘，于豳斯馆"，理当为后。这个"馆"，实际上包括了民居和宫室两个方面的建筑，"涉渭为乱，取厉取锻。止基迺理，爰众爰有"，当是描述营建宫室方面的情景；"夹其皇涧，溯其过涧。止旅乃密，芮鞫之即"，当是描述民居安顿方面的情形。

再次，我们通过对前后两个部分的比较分析，可以进一步得出公刘率领邦人迁徙的时间，大概从是年的秋后开始的。也就是说，在完成了两个方面的准备工作，即"迺场迺疆，迺积迺仓"，包括"迺裹糇粮，于橐于囊"之后，才"弓矢斯张，干戈戚扬，爰方启行"的。

---

① 见孙希旦《礼记集解》卷5。
② 见《毛诗正义》卷17。
③ 参见马瑞辰《毛诗传笺通释》卷25。
④ 参见杨宽《西周史》第一编第二章，上海人民出版社1999年版。
⑤ 胡承珙：《毛诗后笺》卷24。

我们知道，西周实行"三时务农而一时讲武"的制度。《国语·周语上》说："是时也，王事唯农是务，无有求利于其官，以干农功，三时务农而一时讲武，故征则有威，守则有财。"韦昭注云："三时，春、夏、秋。一时，冬也。讲，习也。"在一年四季当中，春、夏、秋"三时务农"，而唯有冬"一时讲武"，组织公社农民进行大规模的军事训练，《诗·豳风·七月》所谓："二之日其同，载缵武功"，即是一例。"二之日"，十有二月之日，郑笺以为"其同者，君臣及民因习兵俱出田也"①，这当是周邦以来的历史传统。春秋初年，鲁大夫臧僖伯述"古之制"时，还说："故春蒐夏苗，秋狝冬狩，皆于农隙以讲事也。三年而治兵，入而振旅，归而饮至，以数军实，昭文章，明贵贱，辨等列，顺少长，习威仪也。"② 这个"古之制"，自然是指西周旧制而言。由此，我们可以推想，公刘正是利用"于农隙以讲事"即"讲武"的方式，成功地实施了迁徙计划，而且我们从这一角度出发，迁徙也不会超出周邦势力范围，本在周邦"西土"之内。

从目前的研究情况来看，公刘率领邦人迁徙的路线，我们应当考虑两个方面的因素。一方面公刘率领邦人迁徙之前，前有"不窋用失其官，而自窜于戎、狄之间"③；另一方面，公刘率领邦人迁徙之后，后有公亶父迁岐之举，而公刘率领邦人迁徙的路线，正好介于前后两者之间。也就是说，公刘率领邦人迁徙的路线，应是自上而下或者说由北向南，至于这个"北"是东"北"，还是西"北"，有待于进一步讨论。毛传以为公刘原来居邰，是从邰地迁徙到豳地的，④ 恐怕推断有误。我们从《诗·大雅·公刘》篇本身记载来看，所谓"迺陟南冈"，已经透露出往南的信息，进而向南"涉渭为乱，取厉取锻"，公亶父迁岐正是沿着这一路线的，说明公刘已寓有此意在里边。

最后，我们纵观前后两个部分，还可以深切地感受到公刘迁豳的真

---

① 《毛诗正义》卷8。
② 《左传》隐公五年。
③ 《国语·周语上》篇。
④ 参见《毛诗正义》卷17。

实用意。

前人讨论公刘迁豳的时候,见于《史记》的记载,主要有三种不同的说法:

一种说法,以为"复修后稷之业"。《史记·周本纪》上说:"公刘虽在戎狄之间,复修后稷之业,务耕种,行地宜。"

一种说法,以为"避桀居豳"。《史记·刘敬叔孙通列传》上说:"周之先自后稷,尧封之邰,积德累善十有余世。公刘避桀居豳。"

一种说法,以为"变于西戎"。《史记·匈奴列传》上说:"夏道衰,而公刘失其稷官,变于西戎,邑于豳。"

实际上,在这三种不同的说法当中,后两种说法讲的是一回事,"避桀"指的就是"夏道衰"。当然,按照《国语·周语上》的说法,"及夏之衰也,弃稷不务",本是先王不窋,而公刘作为不窋之孙,恐怕是连带言之而已。

我们以为,真正促使公刘迁豳的原因,既有内因,又有外因,不能孤立地只看问题的一个方面,而忽略问题的另一个方面,"复修后稷之业",不妨说是内因;而"避桀"或者说"夏道衰",则不妨说是外因。这个外因,不一定非指"避桀"或者说"夏道衰",由于"先王不窋用失其官,而自窜于戎、狄之间"[1],很有可能深受其影响,造成了不利的外部环境,所以,《诗·大雅·公刘》开篇即云:"笃公刘,匪居匪康",已经包含这一层意思在里边。"匪"通作"非",郑笺以为"不以所居为居,不以所安为安"[2],把"居"训为"居",把"康"训为"安",朱熹又谓:"居,安;康,宁也。"[3] 其实,"居"可通作"凥"。《说文》云:"处也","康",《尔雅》云:"安也"。"匪居匪康",即"言不以戎翟之间为可以居处之地,而遂安宁也"[4]。按照辩证的方法看问题,外因是变化的条件,内因是变化的根据,外

---

[1] 参见《国语·周语上》。
[2] 《毛诗正义》卷17。
[3] 《诗经集传》卷6。
[4] 参见何楷《诗经世本古义》。

因是通过内因而起作用。公刘正是在这样的内、外因的作用下，带领邦人迁豳，也就是今陕西彬县、旬邑一带（很有可能在今长武、彬县一带），① 借以实现建国兴邦的宏伟夙愿，完成了由野蛮时代到文明时代的历史性转变。

我们从这一意义上说，公刘应是周邦历史上第一位国君，也就是开国之君，因而才有了"公"的称号，称"公"与后来称"王"一样，②都是当时周人对国君的尊称，反映了周邦历史的发展变化，公刘称"公"，标志着周邦正式建国，历史又翻开了新的一页。

根据对《诗·大雅·公刘》篇这几点的初步讨论，我们觉得，在公刘创建国家的历史进程中，集中地体现了两个最基本的特征：

一是"明民"，即前引孔疏所云："明民者，谓垂衣裳，使贵贱分明，得其所也。"③ 这里的"垂衣裳"，意为"使衣服有章"④，旨在强调"使贵贱分明，得其所也"，实际上就是要建立统治阶级秩序。我们看诗的后一个部分，公刘"于京斯依"之后，举行宗庙礼成之时，群臣士大夫"既登乃依，乃造其曹"，都是要按照尊卑排定席位，所以，才能"食之饮之，君之宗之"，如吕氏所说："既飨燕而定经制，以整属其民。上则皆统于君，下则名统于宗。盖古者建国立宗，其事相须。"⑤

一是"共财"，亦即前引孔疏所云："共财者，谓山泽不障，教民取百物以自赡也。"⑥ 这里的"山泽不障"，意为"使之同有财用"⑦，山泽作为农村公社土地所有制的共有地，原本不得"专利"⑧，旨在强调"教民取百物以自赡也"，实际上就是要推行这种从公有制到私有制

---

① 参见张天恩《周人早期历史的传说与郑家坡先周遗址》。
② 参见杨宽《西周史》，上海人民出版社1999年版，第33页。
③ 《礼记正义》卷46。
④ 参见《诗谱序》孔疏。
⑤ 《吕氏家塾读诗记》。
⑥ 《礼记正义》卷46。
⑦ 参见《诗谱序》孔疏。
⑧ 参见《国语·周语上》。

的"中间阶段"的农村公社所有制,①即我们常说的井田制度。我们再看诗的第五章,在考察阴阳寒暖之宜和水泉灌溉之利的基础上,公刘着重规划井田,制定赋税。其中"度其隰原"毛传就谓"高平曰原,下湿曰隰"②,郑笺即云:"度其隰与原田之多少",而"彻田为粮",毛传训"彻"为"治也",③ 治田为粮。这个"粮",不仅仅是一般意义上的粮食,当含有赋税之义,所以,朱熹谓:"周之彻法自此始",并谓:"此言辨土宜以授所徙之民,定其军赋与其税法。"④

由此看来,"明民"与"共财"作为一个问题的两个方面,我们是否可以这样说,"明民"应属于政治方面的变革,"共财"应属于经济方面的变革,政治方面的变革为经济的发展铺平了道路;同时,经济方面的变革又为政治的进步奠定了基础,所以,政治方面的变革与经济方面的变革交互作用,必然催生了新兴的奴隶制国家政权,从而走出了具有中国特色的古代文明发展模式。

其实,如果我们追溯一下周邦早期文明的历史,也许就会发现还存在着这样一个事实,即从后稷初封于邰,乃至公刘迁豳立国,前后本应历经十有余世。据《左传》昭公二十九年记载,当魏献子问起:"社稷五祀,谁氏之五官也?"晋大史蔡墨说了如下一段话:

> 少暤氏有四叔,曰重、曰该、曰修、曰熙,实能金、木及水。使重为句芒,该为蓐收,修及熙为玄冥,世不失职,遂济穷桑,此其三祀也。颛顼氏有子曰犁,为祝融;共工氏有子曰句龙,为后土,此其二祀也。后土为社;稷,田正也。有烈山氏之子曰柱为稷,自夏以上祀之。周弃亦为稷,自商以来祀之。

不仅讲述了"社稷五祀"的由来,而且还特意强调"后土为社;稷,

---

① 参见《马克思恩格斯选集》第3卷,人民出版社1972年版,第178页。
② 《毛诗正义》卷9。
③ 参见《毛诗正义》卷17。
④ 朱熹《诗经集传》卷6。

田正也",并且,进一步补充道:"有烈山氏之子曰柱为稷,自夏以上祀之。周弃亦为稷,自商以来祀之。"是"稷"作为"田正",原本与"土正曰后土"①一样,都为官职之名称,一如《礼记·祭法上》所云:"是故厉山氏之有天下也,其子曰农,能殖百谷。夏之衰也,周弃继之,故祀以为稷",与《国语·鲁语上》篇相对照,"厉山氏"即"烈山氏","其子曰农"即"其子曰柱","柱"当为人名,"农"当为官名,②既可以称"稷",又可以称"农",只是"夏之衰也"作"夏之兴也",当有误。这一点,前人已经注意到"'兴'当为'衰'字之误耳"③。杜注云:"弃,周之始祖,能播百谷。汤既胜夏,废柱而以弃代之"④,实则沿用了孔传的说法,以为"汤承尧舜禅代之后,顺天应人,逆取顺守,而有惭德,故革命创制,改正易服,变置社稷,而后世无及句龙者,故不可而止"⑤,《汉书·郊祀志》也有类似的说法。但是,都没有涉及汤有七年或五年之旱的问题,⑥说明弃为商"稷","自商以来祀之";柱为夏"稷","自夏以上祀之"。

我们由此来判断,柱为"田正"或曰"农",当在夏代以前;周弃为"田正"或曰"农",当在商代以前,结合《左传》昭公九年记载,周甘人与晋阎嘉争阎田,晋梁丙、张趯率阴戎伐颖。周王使詹桓伯辞于晋,开头即云:"我自夏以后稷,魏、骀、芮、岐、毕,吾西土也。"杜注谓:"在夏世以后稷功,受此五国为西土之长。"⑦也就是说,在有夏一代,由于担当后稷之职,夏后氏才把魏、骀、芮、岐、毕五国划分为周邦的势力范围,所以,时周穆王之卿士祭公谋父则有言:"昔我

---

① 《左传》昭公二十九年。
② 《礼记正义》卷46。孔疏以为:"作农官,因名农是也。"刘炫谓:"其官曰农,犹呼周弃曰稷。"
③ 《尚书正义》卷8。
④ 《春秋左传正义》卷53。
⑤ 《尚书正义》卷8。
⑥ 在这方面,可参见孙星衍《尚书今古文注疏》卷30。
⑦ 《春秋左传正义》卷45。

先王世后稷，以服事虞、夏"①，也正好与《尚书·尧典》篇相互参证。这个"世后稷"之"世"，绝不能简单地把它理解为"父子相继曰世"②，否则就无法应对下文"以服事虞、夏"一句，《诗·大雅·崧高》篇描述周宣王封申伯于谢时，其中就有"登是南邦，世执其功"之语，郑笺以为："世世持其政事，传子孙也"③，正得其解，当含有世代相承之意。这样就把担当后稷之职的时限，确切地说，上可以推到唐尧虞舜之际，恐怕也正由于这样的历史缘故，统一的夏王朝出现以后，才有可能继续承袭这一世官，下可以延到"及夏之衰也，弃稷不务"之时，即"我先王不窋用失其官，而自窜于戎、狄之间"④。因此，前人怀疑不窋非弃之子，以为"言世稷官，是失其代数也"⑤，是有一定的道理的。前引《史证·刘敬叔孙通列传》说过："周之先自后稷，尧封之邰，积德累善十有余世。公刘避桀居豳"⑥，也就是说，从弃到公刘，中间经历了十几代。至于《国语·周语下》篇说："自后稷以来宁乱，及文、武、成、康而仅克安民。自后稷之始基靖民，十五王而文始平之，十八王而康克安之，其难也如是。"其中前一个"后稷"，当指唐尧虞舜之际的"后稷"，为周之始祖弃，所以，韦昭注云："宁，安也。尧时洪水，黎民阻饥，稷播百谷，民用乂安也"，后一个"后稷"，则应当指"最后为后稷者"⑦，所谓"十五王而文始平之"或"十有五世而兴"⑧；"十八王而康克安之"，都应作如是观，⑨ 方合乎其历史实际。

---

① 《国语·周语上》。
② 《国语》韦昭注。
③ 《毛诗正义》卷18。
④ 《国语·周语上》。
⑤ 《史记·周本纪》索隐引谯周语。在这方面，还可以参见《毛诗正义》卷17，以及《戴东原集》卷1，等等。
⑥ 又见《汉书·郦陆朱刘叔孙传》。
⑦ 参见《戴东原集》卷1。
⑧ 亦见《国语·周语下》。
⑨ 董增龄曰："解自后稷以下至文王据《史记》。惟自唐虞至商之季，凡九百余年，不应只有十六世。太子晋所言，自是指其能修稷业而言之耳。"见徐元诰《国语集解》，中华书局2002年版，第100页。

那么，由前一个"后稷"到"最后为后稷者"，中经不窋失官，子鞠代之，传至公刘"复修后稷之业"[①]，恰恰可作为周邦早期文明历史发展的第一阶段。

（作者单位：中国社会科学院古代史研究所研究员）

---

① 见《史记·周本纪》。

《诗经》中所见的谷类——稷[*]

齐思和

黍和稷都是古代普遍种植的谷类。黍既是黍子,稷是什么呢?稷这名词自汉以来,已经不用了。《氾胜之书》中没有这名词。[①] 所以究竟什么是稷?遂成了经学上的大问题。《尔雅》:"粢,稷。"是以稷为粢也。《说文》:"稷,䄙也,五谷之长。""䄙,稷也。"二字互训,等于不加解释。后世的歧说,遂纷纷而起,最普通的说法,是以稷为穄,其说始于唐时苏恭。苏恭以陶弘景谓稷与黍相似,《本草》载稷不载穄,遂谓穄即是稷。[②] 以后学者,多沿其说。如徐铉《说文系传》:"稷即穄……楚人谓之稷,关中谓之䵚"[③],郑樵《通志略·昆虫草木略》:"稷,苗穗似芦而米可食,为五谷之长,今人谓之穄,关西谓之䵚,冀州谓之䴴,粢粱也。《尔雅》云:以粢为稷,误也"[④]。朱子的《诗经集传》是元、明、清国家取士所采用的注解,其中关于稷的解释是:"稷,亦谷也。一名穄,似黍而小。或曰粟也。"[⑤] 近世吴其濬的《植物名实图考》是一部极用心的著作,亦以稷为穄。[⑥] 而包世臣的《齐民四术》对于稷的解释是:"黍、稷本一类,黏者为黍,不黏者为稷。今名

---

[*] 节选自氏著《〈毛诗〉谷名考》一文,标题为编者所拟,《中国史探研》,河北教育出版社2003年版。

[①] 《经典释文·尔雅音义》卷下云:"氾胜之《种植书》无稷。"

[②] 李时珍:《本草纲目》(《四库全书》本)卷23。

[③] 徐铉:《说文系传》(《四部备要》)卷13,第9页。

[④] 郑樵:《通志》(《古今图书集成》局排印本)卷75。

[⑤] 《诗经集传》(《王风·黍离》诗注)。

[⑥] 《植物名实图考》(商务印书馆集印《万有文库》本)卷1,第115页。

芦种，又名芦粟，又名芦穄，又名狄芦，又名高粱，其实亦名黄米，随地异名也。"① 混黍、穄、稷、高粱为一，尤为可笑。

但是稷和穄，并非一种谷类，因为穄即穈，乃是黍的一种，而黍与稷分明是两种不同的谷类。前人辨者已多，尤以陆陇其的《黍稷辨》最为详明。兹撮钞于下。陆氏曰：

《良耜》诗曰："载筐及筥，其饟伊黍。"郑氏笺云："筐筥所以盛黍也。丰年之时，虽贱者犹食黍。"孔疏云："少牢特牲大夫士之祭礼有黍，明黍是贵也。"《玉藻》云："子卯稷食菜羹，为忌日，贬而用稷，是为贱也。贱者当食稷耳。"《黍离》诗孔疏云："黍言离离，稷言苗，是则黍秀稷未秀。"《出车》诗云："黍稷方华。"二物大时相类。但以稷比黍，黍差为早。愚尝合而观之，黍贵而稷贱，黍早而稷晚，黍大而稷小，黍穗散而稷穗聚，其辨甚明。②

按陆氏所说的大致不差。其实稷之所以讹为黍，因为稷、穄音近，遂由稷讹为穄，穄即穈，遂又讹为黍了。崔述的《稷穄辨》，已经辨明了。崔氏说：

《说文》云："穄，穈也。"又云："穈，穄也。"穄之苗穗，皆与黍同。故穈从黍，古人均谓之黍，《诗》所谓"其饟伊黍"，《论语》所谓"杀鸡为黍"者是也。关以西亦谓黍为黏穈。此可知穄之为黍属而非稷也。稷，入声，子力切。穄，子例切，去声。稷，从畟。穄从祭。其义、其音、其文，无一同者，则二者之非一物明矣……河北自漳以西，舌强能读入声，以东舌弱不能读入声，《中原音韵》所谓入声作平声作上、去声者是也。故读稷与穄之音相似，而乡中人识字不多，秋禾登于场，笔而记其数，有不识穄字

---

① 《齐民四术》（《安吴四种》清光绪十四年刊本）卷25，第5—6页。
② 陆陇其：《三鱼堂文集》（清同治七年武林薇署刊本）卷1。

者，则书稷以代之。稷字，《四书》《诗》所有，穄字，《四书》《诗》所无也……而不学者不知稷为何物，遂误以穄为稷，反疑其民呼为子例切者乃方音之转，而笑书穄者为误字矣。①

按崔氏所推阐稷讹为穄的原因也颇详明。不过稷之非穄，清人业已辨明了。对于经学小学稍有常识的人，已经不再沿袭此种错误了。但是旧错误方去，新的障碍又生。清乾隆间程瑶田作了一部《九谷考》，②更据元人吴瑞之说，以稷为高粱。程氏是当时第一流的经学大师，而这篇论文，又尽了钩稽征引的能事。此说既出，当时的经学大家，翕然风从，都尊信其说。段玉裁说：

> 程氏《九谷考》至为精析，学者必读此而后能正名。汉人皆冒粱为稷。而稷为秫秫，鄙人能通其语者，士大夫不能举其字，真可谓拨云雾而睹青天矣。③

王念孙在《广雅疏证》里也是采取程氏的说法，并且说他：

> 析缪解纷，致为精卓，穷物之情，复经之旧，援古证今，其辩明矣。④

郝懿行的《尔雅义疏》里也说：

> 惟程氏《九谷考》，多目验，为有据云。⑤

---

① 崔述：《无闻集》（《崔东壁遗书》，古书流通处石印本）卷2。
② 据罗继祖所撰《程易畴先生年谱》（《愿学斋丛刊》本），先生此书成于乾隆三十九年（1774），时先生年五十岁。
③ 《说文解字注》卷7。
④ 《广雅疏证》（《四部备要》本）卷10。
⑤ 《尔雅义疏》（清同治四年刊本）卷1。但郝氏云"程氏瑶田著《九谷考》，以稷为高粱，蒙意亦有未尽，聊复申之云耳"（同书卷1），是郝氏于程氏之说，亦未能安，但震于其名，不敢明斥，遂为依违之辞耳。

马瑞辰的《毛诗传笺通释》也说：

> 又按粱为今之小米，稷为今之高粱，程瑶田：《九谷考》辨之甚精，秦、汉以来多以稷为小米，俱误。①

此外刘宝楠的《释谷》，② 陈奂的《诗毛氏传疏》，③ 孙诒让的《周礼正义》，④ 王先谦的《诗三家义集疏》，⑤ 朱骏声的《说文通训定声》，⑥ 皆采取其说，以为定论。一直到现在，通俗的辞书如《辞源》之类，也都采取其说，几乎成了定论了。

程氏所以认定稷即是高粱，他举了四个证据：

（一）《月令》说："孟春行冬令，首种不入。"郑氏注："旧说谓稷。"程氏因谓："余足迹所至，旁行南北，气候亦至不齐矣。所见五方之士，下及农夫，辄相谘询，曾未闻有正月艺粱粟者。而高粱早种于正月者，则南北并有之。故曰：'稷为首种，首种者高粱也。'"⑦

（二）《月令》注以稷为五谷之长。程氏因谓："诸谷惟高粱最高大而先种，谓之五谷之长，不亦宜乎？"⑧

（三）《周官·食医职》："宜稌、宜稷、宜粱、宜麦、宜苽"，见稷则不见秫，《内则》："菽、麦、蕡、稻、黍、粱、秫惟所欲"，见秫不见稷。故郑司农说九谷，谷、稷并见，后郑不从，入粱去秫，以其重稷。故自汉、唐以来，言稷之谷者屡异，而秫为黏稷则不能异，而天下

---

① 马瑞辰：《毛诗传笺通释》（《四部备要》本）卷16（释《豳风·七月》诗），又马氏释《王风·黍离》诗，也完全采用程氏对于黍、稷的解说，见同书卷7。

② 刘宝楠：《释谷》（《皇清经解续编》本）卷2。

③ 陈奂《诗毛氏传疏》（《皇清经解续编》本）云："案程说辨黍、稷详尽，此以目验证经义，尤见确实。"见《诗毛氏传疏》（《王风·黍离》诗疏）。

④ 孙诒让：《周礼正义》卷2（《大宰职》疏）。孙氏云："惟瑶田辨黍、稷最为精析，今依用之。"按孙氏此书，释九谷多据程说，不独此处为然。

⑤ 王先谦：《诗三家义集疏》（虚受堂民国四年刊本）卷4，第2页。

⑥ 朱骏声：《说文通训定声》（临啸阁刊本）"稷"字条（卷5，第109—110页）云："程氏瑶田以稷为今高粱良是。"

⑦ 《九谷考》第30页。

⑧ 《九谷考》第31页。

之人呼高粱为秫秫，呼其秸为秫秸，卒未有异也。旧名之在人口，世世相受，虽经兵燹丧乱，不能一日不举其名，欲其异也得乎？此所谓礼失而求诸野乎？①

（四）《良耜之诗》笺云："丰年之时，虽贱者犹食黍。"疏云："贱者食稷耳。"今北方富室，食以粟为主，贱者食以高粱为主。是贱者食稷而不可冒粟为稷也。②

程氏的论证，不过如是。程氏这部书虽然征引浩博，而且漫游北方，亲询老农，不愧是一部精心的著作。但是其中逞臆武断之处，也颇不少，如以稷为高粱，以粱为粟，尤为钜谬。一般经学家虽然震于他的繁征广引，亲睹目验，遂奉为定论。但有几个学者，也深知其不然，起来加以辨驳。据我个人所知道的，对程氏的稷说加以辨正的，有王鸿渐的《乡党图考补证》，③ 吴其濬的《蜀黍即稷辨》，④ 吴汝纶的《辨程瑶田九谷考》，⑤ 高润生的《尔雅谷名考》⑥ 等书。此外，钮树玉《段氏说文注订》、⑦ 徐承庆《说文解字注匡谬》⑧ 也不采取程氏之说，显然是不以程氏的说法为然。但是这几位学者不若程、段、王、孙等氏著名，他们的说法，并不为人所注意，而且他们对于彼此的说法也不知道。但是他们都得到了同样的结论，都以为稷是谷子而不是高粱，可见真理是不可抹煞的。

今按程氏关于稷的考证，至少有十个极大的错误。

（一）稷是粟（即谷子），乃是秦、汉以来相沿的古说。《礼记·月令》："中央土，食稷与牛。"按五行家的说法，黄是中央的颜色，所以要食稷与牛，可见稷是黄的谷类，不是谷是什么呢？高粱只有红白二色，

---

① 《九谷考》第31页。
② 《九谷考》第32页。
③ 王鸿渐：《乡党图考补正》（黄县丁氏刊本，清光绪三十四年）卷6。
④ 《植物名实图考》卷1。
⑤ 《桐城吴先生文集》（吴氏家刻《桐城吴先生全书》本）卷4。
⑥ 高润生：《尔雅谷名考》（六册，1915年排印本）卷1。按：高氏此书虽体例稍乱，而引据广博，论断谨严，考证古代农事之书，程、刘而后，实以此书为最精。
⑦ 《说文解字诂林》（1931年上海医学书局石印本）卷7。
⑧ 同上。

并没有纯黄色的。则稷是谷子而非高粱,据此已可断言。《内经·素问·金匮真言》:"中央黄色……其畜牛……其俗稷。"王冰注:"色黄而味甘。"① 其说与《月令》同。到了汉朝,稷的名称已不常用,而为谷所替代了。但汉人以稷为谷,并无异说。《尚书大传》《淮南子》《说苑》云:"张昏中可以种谷。"② 而《尚书考灵曜》则云:"春鸟星昏中可以种稷。"③ 则谷即稷。《汉书·宣帝纪》服虔注以黑粟为玄稷。④ 韦昭《国语注》:"莠草似稷而无实。"⑤ 今莠草俗名狗尾草,极似谷而实极小。《尔雅》孙炎注:"稷,粟也。"⑥ 郭注:"今江东人呼粟为粢。"⑦ 皆以稷为粟。《经典释文》:"众家释粢为粟,知稷即粟也。"⑧《周礼·仓人职》孔疏:"案《月令》,'首种不入',郑注引旧记:'首种谓稷',即种粟,是五谷之长。"又《礼记·曲礼》孔疏:"稷,粟也。"《齐民要术》注:"谷,粟也。名谷者,五谷之总名,非止谓粟也。然今人专以稷为谷,望俗名之耳。"⑨ 可见至秦、汉以来,学者通以稷为后世之所谓谷。惟陶弘景《本草注》与陆德明《经典释文》始稍有异义。⑩ 盖南朝儒者,未能全见六谷,唐初经学尚南学,稷名遂渐混淆。至于以稷为蜀黍,其说始于元人吴端,李时珍已辨其误。⑪ 程氏既然说:"夫说经者之于一名一物,所据而知者,秦、汉诸儒之说耳。"⑫ 而又驳秦、汉以来相承之说,

---

① 《内经·素问》(《四部备要》本)卷1。
② 《尚书大传》:"主春者,张昏中可以种谷。"(《尚书·尧典》正义引)《淮南子·主术训》:"昏张中则务种谷。"高诱注:"三月昏张星中于南方,张南方朱鸟之宿也。"《说苑·辨物篇》:"主春者,张昏而中,可以种谷。"
③ 《齐民要术·种谷篇》、《礼记·月令》正义引。
④ 《汉书·宣帝纪》:"嘉谷玄稷,降于郡国。"注引服虔曰:"玄稷,黑粟也。"
⑤ 《国语·鲁语上》:"马饩不过稂莠。"韦注:"莠草似稷无实也。"
⑥ 按《左传》桓公二年正义引舍人(犍为)《尔雅注》曰:"粢,一名稷。稷,粟也。"《齐民要术》一种谷第三注引孙炎曰:"稷,粟也。"与舍人同。
⑦ 《尔雅·释草》篇注。
⑧ 《经典释文·尔雅音义下》。
⑨ 《齐民要术》卷1。
⑩ 《尔雅·释草》篇注。
⑪ 李时珍:《本草纲目》卷23。
⑫ 《九谷考》。

另以古代所无之高粱为稷,①自相矛盾,其误一。

（二）高粱是外来的植物,古代无此谷。考高粱本名蜀黍,其名最早见于《博物志》:"庄子曰:地三年种蜀黍,其后七年多蛇。"② 按此文不见今本《庄子》。且他本又有作地节三年者。按地节乃汉宣帝年号,当属讹误。当时是否已有蜀黍,实是疑问,因为《博物志》乃是一部伪书,并不可信。《广雅》:"藿粱,木稷也。"③《经典释文·尔雅音义》释秬曰:"或曰今蜀黍也。"④ 王祯《农书》云:"蜀黍一名高粱,一名蜀秫,一名芦穄,一名木稷,一名荻粱,以种来自蜀,形类黍稷,故有诸名。"⑤ 是蜀黍之名,实始于晋,不但经典中未有,即汉人的著作也无此名词。并且从语言学上看来,中国文字是单音的,因之凡中国原有草、木、虫、鱼,几乎都有一个字的单独名词,而外来语则或者就中国原有的名词而加以形容,如胡桃、倭瓜之类,或直译原来的音,如萝葍、蒲桃之类是。蜀黍是属于前一类的。全是借中国原有的名词而加上一个形容字,以其似粱而高,遂名为高粱,或似稷而高如木,故称它作木稷,以其似黍而种来自蜀,所以名为蜀黍。此外芦稷、芦粟又是因似芦而以为名。⑥ 到了程瑶田才硬指定稷即是蜀黍,岂非笑话?《齐民要术》对于各种谷类种植的方法极为详尽,但是其中并无蜀黍。直到元人的《农桑辑要》,才有记述。《农桑辑要》引《务本新书》:

> 蜀黍宜下地,春月早种,省工收耐用。人食之,撇碎多拌麸糖以饲五特外,秸秆织箔夹篱塞,作烧柴,城郭货卖,亦可变物。⑦

王祯的《农书》说:

---

① 《九谷考》第8—9页。
② 《博物志》（士礼居翻宋本）卷2。
③ 《广雅疏证》卷10（《释草》）。
④ 《尔雅音义下》。
⑤ 王祯:《农书》（福州局重刻聚珍本）卷7。
⑥ 参看陆志韦《借字浅说》,《燕京社会科学》第一卷（1948年）,第1—5页。
⑦ 《农桑辑要》（《四部备要》本）卷2。

  蜀黍，春月种，不宜用下地，茎高丈余，穗大如帚，其粒黑如蛤眼。熟时收割成束，攒而立之，亦济世之一谷，农家不可阙也。①

徐光启的《农政全书》也列蜀黍于谷类之末，并且引元扈先生曰：

  北方地不宜麦、米者乃种此，尤宜下地……虽水潦至一丈深不能坏之……秦中碱地则种蜀秋。②

可见蜀黍虽然自晋以来即有，但是直到明季，它仍是一种备荒的植物，种植尚未普遍。高粱在北方和东北的大量种植，乃是近百来年的事，而程氏竟认为是古代极普通的稷，其误二。

  （三）小米自古至今是华北主要的食粮，不可以高粱冒稷。程氏引据《诗疏》证明黍、稷是古代平民最普遍的食粮，这是对的，但稷乃是谷子而非蜀黍。因为小米自古至今是华北最普遍的食粮，所以历代以它为物价的标准，为薪俸的单位，为交易的媒介，由国家来存储，来控制，来支配。稷在古代的重要性不但见于《诗经》，此外如《周礼·仓人职》："掌粟入之藏，办九谷之藏，以待邦用。"郑注："九谷尽藏焉，以粟为主。"贾疏以粟为稷。可见自古仓廪的储蓄，是以谷子为主的。《周礼·职方氏》所谓九州，雍州、冀州、豫州、兖州皆宜黍、稷。《逸周书·职方篇》同。《淮南子·墬形训》："洛水轻利而宜禾，渭水多力而宜黍。"又谓西方宜黍，中央宜禾。斯西北的谷类以黍、稷为主，自古已然。周建都西北，以粟米为主要的食粮，又何足怪？谷子是华北人民最重要的食粮，古来如是，现在也如是，则稷不是谷是什么？程氏硬认高粱为稷，又硬以谷子为粱。不知稻、粱为古代极珍贵的食粮，而谷子乃是北方极便宜普遍的食料。程氏所言，实与事实违谬，其误三。

---

  ① 王祯：《农书》（福州局重刻聚珍本）卷7。
  ② 《农政全书》（清道光十七年贵州刊本）。按据这段引文看来，元扈先生似乎并没看见过高粱。高粱并不是水田的植物，因为它经不得水泡。一二尺深的水浸上几天，高粱便倒了，何况丈深的水？

（四）程氏所以认定稷为高粱，最重要的理由，不过是在北方高粱也称作秫秫。其实秫秫即是蜀黍之讹，这在北方人念来，声音上是无差别的。乡人识字不多，蜀字不常见，或讹写为秫秫。但这在古训上并无根据，在古书中还没有见讹为秫秫的。况且其他的谷类如麦子、豆子，都是单一的名辞，而蜀黍何以必二字联用，而不能单称为秫，或秫子呢？其为蜀黍的讹字，不极显然吗？程氏竟将乡人的讹字，作为稷为高粱最重要的证据，真是怪事。其误四。

（五）程氏所谓高粱在谷类中最为高大，应为五谷之长，更不成理由。因为所谓五谷之长，各家并没有一定的说法。《韩非子》："夫黍者，五谷之长也。"①《白虎通义·社稷篇》："稷，五谷之长，故封稷而祭之也。"又曰："稷者，得阴阳中和之气而用尤多，故为长也。"② 又以稷为五谷之长，而其所谓稷，显然指谷而言，此点程氏也承认。《内经·金匮真言论》伯岐曰："有东方，色青……其俗麦。"王冰注："五谷之长者，麦也。"③ 此又以麦为五谷之长。按五谷之长，无论为稷或黍或麦，皆指其重要性而言，《白虎通义》所谓"用尤多"也。程氏既采汉人之说，以稷为五谷之长，而又以稷为高粱，谓汉人已不识稷，自相矛盾。宜乎高润生驳他道："至谓高大者即可为长，此说于古未之前闻。程氏创言之，其所见尤浅尤陋，果如是则社栎轮囷即可为诸木之长，陵葬蓊郁即可为诸草之长矣。"④ 其误五。

（六）程氏又据郑玄《月令》注稷为首种，因谓北方种谷，高粱最早，高粱艺于南北者，则南北并有之。又谓："高粱为稷而首种无疑矣。"但《月令》所谓首种，氾胜之以为麦，郑氏以为稷，并无定说。⑤ 即谓稷为首种，但是北方根本无正月种高粱的事。北方播种普通在谷雨前后，夏历三月中。谷子、高粱、黍子、玉米播种的时间都差不多。这

---

① 《韩非子·外储说左下》。按亦见《孔子家语·颜回篇》。
② 《白虎通义》（抱经堂校刻本）卷1。
③ 《内经·素问》卷1。
④ 《尔雅谷名考》卷1，第13—14页。
⑤ 《月令》："孟……行冬令则水潦为败，雪霜大挚，首种不入。"郑注："旧说，首种谓稷。"但《齐民要术·大小麦篇》又以麦为首种。

叫作稙田。《说文解字》所谓："稙，早种也。"这个名词在河北乡间，现今还普遍地应用着。刈麦之后，仍可种谷子，或玉米，或豆子，名曰穉田，今通称为晚田，《齐民要术》："二月三月种者为稙禾，四月五月种者为穉禾。"陈旉《农书》曰："二月种粟。"① 时令和现在正相同。所以清人所纂的《授时通考》也与此相同。② 据我们所知，北方并没有正月种高粱的事。不但北方没有，即程氏所说的安徽，也没有此事。关于这点，清人汪士铎还作过一个有趣的试验。据汪氏说："程氏云：'凤阳人二月种高粱'，曾询之凤阳人，亦无此事。"又说："丁巳二月，以高粱、玉黍艺于绩溪，至四月不发芽，掘而视之腐矣。"③ 王鸿渐也说："今据《管子》日至七十日而艺稷，则知确非高粱。盖日至七十日，在正月雨水之后，二月惊蛰之前。管子齐人，齐地濒海多寒，而高粱畏霜，今齐地艺高粱者，多在谷雨后，其地暖者，或在谷雨前，未有正月者。"④ 王氏之说足正程氏之谬。按程氏既不信汉人关于谷的解释，又引郑氏稷为首种之说，还是自相矛盾。至于正月种高粱，更是没有的事，可谓逞臆而谈，其误六。

（七）程氏既以高粱为稷，遂不得不以谷子为粱，真可谓一误再误。但稻、粱是古来的精馔，衣帛食粱，是贵族的享受，而程氏竟以极普通的谷子当之，真是怪事，在北方五谷之中，以谷子每亩的收获量为最丰，丰年每亩可获五六百斤，比麦子、黍子几多一倍，所以是一般人的食粮。程氏谓："今北方富室食以粟为主，贱者食以高粱为主。"⑤ 其实北方人以麦为精食，以谷子、玉米为常食，此可目验而知者。食高粱的习惯，在东北较为普遍，在华北较少。程氏竟以极普遍的谷子当极珍贵的稻、粱，其误七。

（八）程氏既谓秦、汉人以稷为粟为非是，但于首种及五谷之长之说，又皆依汉人之说。并且既依汉人之说，以稷为五谷之长为首种了，

---

① 陈旉：《农书》（《知不足斋丛书》本）上。
② 《授时通考》（清乾隆七年内府刊本）卷3，第16页。
③ 见所著《谷名考》，《汪梅村先生文集》（清光绪七年刊本）卷1，第29页。
④ 《乡党图考补正》卷6，第23—24页。
⑤ 《九谷考》第32、40页。

而又别以高粱为稷。前后牴牾，其误八。

（九）程氏既以苗字为谷苗的专名，① 但是《诗》明云："彼稷之苗。"程氏又以稷为高粱。自相矛盾，其误九。

（十）郑氏注《周礼》，有稷有粱，程氏叹为卓识。但是郑氏注《周礼》五谷，有稷无粱，与程氏之说不合，程氏又不谓然。② 程氏既据《管子》日至七十日阴冻释艺稷，百日不艺稷之言，以稷为高粱，③ 又非其"日至百日，黍秫之始也"一语。④ 如是可加以附会者即以为是，不可附会者即以为非，前后自相矛盾，其误十。

总之程氏稷即高粱之说，不但与古训不合，而且与华北的实际情况也不合。程氏以高粱为稷，虽然繁征博引，费了很大的力气，实在他的说法是不能成立的。

周人以稷为始祖，以稷为谷神，以社稷为国家的象征，可见周民族与稷关系的密切。稷是谷名，而周人以为始祖，稷大概是周人的图腾。按古书的记载，稷盛产于西北，周本是西北民族。稷的艺植，可能是始于周民族。按西洋现在农学家研究各种谷类最早的发源地，系用考古方法及调查方法。考古方法须从史前人的遗迹中寻求，而调查方法要调查野种的分配和别种的多少。大凡某一谷类在某一地还有许多野种和别种，那这地方可能是最早艺植某一种谷类的地方。谷子的野种如稗、蓈、莠之类，现今在北方还散布甚广，而谷子的别种，《说文》所载的有五种，《齐民要术》注所载的有四十二种，现在华北有六十多种，较世界各地为多。而且前些年国立北平研究院在陕西岐山县古代周原附近的斗鸡台发现新石器文化。据该所研究员苏秉琦先生对我说，他在此地出土的瓦鬲中发现谷子粒。则谷子的艺植，大概起源于中国，似无问题。⑤ 但是这犹待于考古家和植物学家的证明。现今西方学者对于欧、

---

① 《九谷考》第6页。
② 皆见《九谷考》第10页。
③ 《九谷考》第30页。按《管子》原文见《臣乘马篇》。
④ 《九谷考》第34页。
⑤ 英国农业史家 E. C. Curwen 谓在谷类中惟谷子可能是由中国人自己独立发现的。见 Curwen, *Plough and Pasture*, p. 39。

美、西亚、印度各种谷艺植的起源,已有详细的调查。惟有中国,虽然是一个重要的农业发源地,但还没有详细调查,以致西洋人独对于中国农业的起源,犹很模糊,我们的科学家们真应当努力了。

(作者单位:北京大学历史系教授)

稷粟辨疑*

吴荣曾

常见于先秦古籍中的稷，究竟为后世的何种谷物？从汉魏至清，主要有以下三种不同的说法：

1. 稷为粟说

汉代学者如许慎、王逸，对稷的解释是，"粟也"，这和《尔雅》一样，以粟、稷互训，稷指祭祀用的谷物，可能当时人都知稷是什么，所以这样解释是可以的。唯郭舍人《尔雅》注，明白地指出，"稷，粟也"①。以后魏晋人多继承其说法，如孙炎云："稷，粟也。"② 郭璞云："今江东人呼粟为粢。"北魏贾思勰《齐民要术》云："谷，稷也，名粟，谷者五谷之总名，非止谓粟也，然今人专以稷为谷，望俗名之耳。"贾氏从农学的角度论定了稷就是粟。从魏晋到南北朝，对稷的解释还未发生什么分歧。唐初孔颖达、颜师古在注释古籍时，也都和前人一样，如颜师古在其《急就篇注》中说："稷、粟一种，但二名耳，亦谓之粢。"

2. 稷为穄说

唐苏恭在《唐本草注》中开始否定了稷为粟这一传统说法。他说："本草有稷不载穄，稷即穄也。今楚人谓之稷，关中谓之糜，呼其米为

---

* 原载于《北大史学》第2期，1994年。
① 孔颖达《春秋左传注疏》桓公二年疏引。
② 《太平御览》卷840引。

黄米，与黍为籼、秫，故其苗与黍同类。"① 他认为黍为粘性，而不粘者为稷。黍与粟同属禾本科，但分属两个不同的属，而苏恭将稷从粟属转移到黍属，这是个较大的改变。后来北宋苏颂的《图经本草》就沿袭苏恭之说。② 北宋人邢昺说《本草》中"稷米在下品，别有粟米在中品"③。苏颂晚于邢昺，则颂所见者当是唐人或北宋早期的《本草》，在这类书中，稷和粟截然分为二物，至为明显。

苏恭之说也不是他的发明，实际也有所本，因为南朝时陶弘景在其《名医别录》中曾提出怀疑，以为"黍与稷相似"④。他仅说相像，未敢肯定，而苏恭则在稷、穄之间画上一个等号，故以后治本草学者多从其说，特别到明代，李时珍在《本草纲目》中将唐、宋本草学家的意见汇集起来，而且还有所发挥。他说：

先儒以稷为粟类，或言粟之上者，皆说其义而不知其实也。按氾胜之种植书有黍不言稷，《本草》有稷不载穄。穄即稷也，楚人谓之稷，关中谓之糜，呼其米为黄米。其苗与黍同类，故呼黍为籼、秫。陶言与黍相似者得之矣。藏器曰：稷，穄一物也，塞北最多，如黍黑色。诜曰：稷在八谷之中，最为下苗，黍乃作酒，此乃作饭，用之殊途……时珍曰：稷与黍一类二种也。粘者为黍，不粘者为稷。稷可作饭，黍可酿酒，犹稻之有粳与糯也。⑤

由于《本草纲目》是一部具有权威性的著作，故从清到近现代，不仅许多本草一类著作沿用其稷为穄的看法，而且其他不少的古籍注释或辞书也多采其说。

---

① 《重修政和证类本草》卷26引。
② 同上。
③ 《尔雅注疏》，《十三经注疏》本。
④ 《重修政和证类本草》卷26引。
⑤ 《本草纲目·谷部·稷》。

3. 稷为高粱说

这种说法出现较晚。元吴瑞以为"稷苗似芦，粒亦大，南人呼为芦穄也"。明何乔远在其《闽书》中也说稷即蜀黍，"北人曰高粱，浙人曰芦穄"。清乾嘉时的程瑶田作《九谷考》，在前人的基础上，又作了进一步的发挥和展开。① 如他据汉代人称"稷为五谷之长"和"首种"，以为高粱株体大可为五谷之长，高粱播种在正月，也符合"首种"之说。但他判断稷为高粱的主要根据，仍在于古今名称上的某些相同，这和他以前持这一主张者没什么差别。如他举出高粱又名蜀秫、蜀黍、荻粱、芦穄、木稷等例，并认为从这些后来出现的不同名称，能推出就是从稷演变而来的。由此可知，今之高粱即古代的稷。

程氏在乾嘉的经学家中颇负盛名，受到同时或以后许多名家的推崇。他的《九谷考》也被人广为征引，如段玉裁《说文解字注》就以高粱释稷，并称赞程氏此文"至为精析"。王念孙的《广雅疏证》也有引用，认为程氏否定以稷为粟和判定稷乃高粱，"此说折谬解纷，至为精卓"。孙诒让，在其《周礼正义》中也多处引述程文，认为程氏"辨黍稷最为精析"。程氏的观点经过一些大名家认可之后，使其在学术界的声望大为提高。这是后来许多专著或辞书采纳此说的一个重要原因。

以上三种说法，以稷为高粱者虽为过去所无的新说，但也是最站不住脚的一说。尤其到现代，大家都知道高粱出现于中国历史上时间并不早，诗书中常提到的稷不可能是高粱，几十年前，齐思和先生在其《毛诗谷名考》中指出程氏这一说法有十大错误。② 既然程氏立论有悖于一般常识，所以现在已很少有人再提及了。

至于其他二说则不然。像稷为穄说，从唐至今，信从者颇多。尤其是从宋到明，很少有人提出异议，几乎成了最具权威性的说法。至于像稷为粟说，在此期间，坚持这种主张的人不多，即使是很知名的学者，对此问题也有些把握不定，如北宋的邢昺，他在《尔雅注疏》中说稷

---

① 此文收入《通艺录》。
② 《毛诗谷名考》，《燕京学报》第36期，收入《中国史探研》，中华书局1981年版。

就是粟，可是他又说："《本草》稷米在下品，别有粟米在中品，又似二物，故先儒共疑焉。"南宋时学问极为渊博的朱熹，他在《诗经集传》中对稷所作的解释是"穄也"，他接着又说"或曰粟也"。这表明他不想把问题说死，而留下了一点回转的余地，他主要倾向很明显，因受《本草》影响，更相信稷为穄这种说法。但也并非在所有学术领域都能承袭《本草》的观点，农学就是一个例子，如徐光启的《农政全书》，就以为稷为粟，毫不理会本草学家的意见。①

从清代开始，随着学术气氛的活跃，证经考史之风大盛，稷究竟为何种谷物的问题，也重新引起人们很大的兴趣。除了程瑶田主张稷为高粱这一新说外，长期争而不决的稷是穄还是粟的这种分歧，又出现了热烈的论战。就其广度、深度而言，都是前所未有的。康熙时的陆垅其撰写了一篇《黍稷辨》。②他对稷为穄这一说法的抨击不遗余力。为了加强自己文章的说服力，还引用了《真定府志》中雷礼关于稷的一段考证：

> 士人咸以饭黍为稷，愚尝合而观之，黍贵而稷贱，黍早而稷晚，黍大而稷小，黍穗散而稷穗聚。稷即粟也，今俗所谓小米者，稷也；所谓黄米者，黍也。黍有粘与不粘，不粘者，饭黍也。粘者，酿酒之黍也，其辨甚明，自士人以饭黍为稷，而黍稷粟之辨遂淆，然本草已分稷与粟为二种，则其相沿之讹，非一日矣！天启时，新城王象晋作《群芳谱》，近时江右张自烈作《正字通》，亦皆指饭黍为稷，甚矣！俗讹之难辨也。

雷氏这些论据虽不能完全驳倒稷穄为一的说法，但对本草派传统的优势起到动摇的作用。陆氏的文章因此而受到人们的重视，也往往成为有些人反对稷为穄的有力武器。在陆以后又有崔述的《稷穄辨》③，他

---

① 见《树艺谷部上》。
② 《三鱼堂文集》卷1。
③ 《无闻集》卷2，收入《崔东壁遗书》。

在陆氏的基础上又作了些补充，如说："稷，入声，子力切；穄，去声，子例切。稷从畟，穄从祭，其义、其音、其文无一同者，则二者之非一物明矣。"

崔氏的文章对否定穄为稷这方面具有一定的说服力。值得注意的是，在若干部属于对《尔雅》或《说文》的注释性著作中，也在宣扬稷为粟的这一主张，于是在清代就形成了稷为穄和稷为粟的明显对峙局面。尽管，稷为穄这一说法仍占一定优势，但与其相对立的一方所具有的潜力也不能低估，所以谁也不容易说服和压倒对方。这正是双方一直争论不休的原因所在。

近几十年来，这种争论并未停止，如在《农史研究集刊》《农业考古》上不断出现有关这方面论战的文章，这表明问题的解决并非易事。但仍有必要将这一争辩继续下去，以取得新的进展。

现在先看一看这两说的来源和主要依据。稷为粟说是魏晋时期的通行说法，但并非当时人所创始，可能是承袭自汉儒之说。稷为穄说则始于唐人，当然，不能将魏晋人早于唐人作为判断其说法是否正确的标准。而更重要的仍在于有无令人信服的旁证材料。

出于唐人新说的稷就是穄的这一观点，其论据并不充分，主要是以稷和穄音相近而认为它们是同一种作物。古今事物之名，其音相近者不少，要证明其是否为一物，还要看其实，这最重要。尽管先秦古书中留下的有关稷的材料奇缺，但仍可知道，稷是五谷之长，是黄河流域或其他有些地区普遍种植的一种谷物。而穄则不然，它和稷至少有以下几个不同之点：

（1）生长环境：据《周礼·职方氏》所记，雍州、冀州出黍稷，这两州都在今黄河中游的陕、豫、晋一带。而穄的最佳生长地区当在今东北、内蒙古等地，如唐陈藏器说"穄，穄一物也，塞北最多"[1]，南宋罗愿也说穄"大抵塞北最多"[2]。穄适宜于寒冷地区，汉魏人也早已知之，如《后汉书》《三国志》的《乌桓传》，都说乌桓之地"宜穄或

---

[1] 《重修政和证类本草》卷26引。
[2] 《尔雅翼》。

青穄"。这看出稷与穄适应的气候或土壤有如此大的差异。

(2) 植物形态：穄属黍属，其穗为散枝状，而粟属之穗为丛簇状。稷之穗不同于黍。韦昭《国语·鲁语》注云："莠草似稷无实也。"莠即今之狗尾草，则稷之穗和莠草相似。而古人也以为禾粟之穗如莠，如《战国策·魏策一》云："幽莠之幼也似禾。"综上所述，稷穗和禾穗都和狗尾草一样，如稷为穄则不可能有此现象。

(3) 食用价值：《诗经》中黍和稷最常见，也是黄河流域人民普遍食用稷的例证。而穄的食用价值不高，从梁陶弘景到宋人都懂得这一点，陶云："食之不宜人，言发宿病"①，宋寇宗奭云："然发故疾，只堪作饭"②，苏颂曰："穄米出粟处皆能种之，今人不甚珍此，惟祠事用之，农家惟以他谷之不熟则为粮耳"③。食穄以后能引发宿疾，故"食之不宜人"，这是古人所充分认识到的穄的特性。而在先秦时期，稷是主要的一种食品，它和麦、黍等并列，而且领先于其他谷物，所以赢得"五谷之长"的桂冠，如果先秦时期的稷是穄，怎么可能会有如此重要的地位呢？本草学家们对于这一明显的矛盾现象不知该作何解释？

据上所述，把稷当作穄的论点，看来很难成立。

稷是高粱或穄的可能性都不大，现在应该再对稷为粟这一说法作一认真的考察。当然，前人对这问题并非未曾反复研究过，实际上和主穄说者一样，没有新的史料，所以谁也说服不了谁。而我们今天则不然，不断从地下出土的新材料，使得问题的研究可以获得新的进展。湖北云梦、甘肃天水所出土的秦简，其中有关于当时谷物情况的记载，而又是传世古籍中所没有的，对于稷为何种谷物提供了正确答案。

先看一看《云梦秦律》。在《仓律》中提到的谷物有稻、麻、禾、麦、荅（小豆）、菽（大豆）七种。所谓禾，有时是泛指多种谷物，有时则专指粟。但从秦律来看，禾是所有谷物中最重要的一种，上至官吏，下至刑徒，他们的食粮都以禾粟为主。

---

① 《名医别录》，《重修政和证类本草》卷26引。
② 《本草衍义》。
③ 《重修政和证类本草》卷26引。

禾有不同的品种，如《仓律》云："计禾，别黄、白、青，秫勿以禀人。"律文说粟里面又有黄、白、青的区分，陶弘景《名医别录》认为粱即粟，粱里有青、黄、白三个品种，正与《仓律》合。律文中提到的秫，是稷的一种，如《说文》云："秫，稷之粘者。"由此可见，秫是禾粟的带粘性者，则禾和稷当属同一作物。《睡虎地秦墓竹简》注曾据此而看出了律文的重要含义，如说："稷，过去多认为是高粱，近人有的认为是谷子，从简文看，后一说似更可信。"这样理解无疑是正确的，因为律文所传达出来的信息是：当时人的观念，稷、禾是一物。

除了秦律之外，云梦、天水所出的《日书》，里面也保留了极为珍贵的有关谷物的某些情况。《日书》是一种迷信的文字材料。在当时人看来，人的多种行动都必须选择吉日而避开忌日，这里面也包括种植谷物在内。在《日书》中就有"禾良日"或"禾忌日"这类的内容，例如：

①禾良日：己亥、癸亥、五酉、五丑。

禾忌日：稷龙寅，秫丑，稻亥，麦子，菽、荅卯，麻辰，葵癸亥。

各常□忌，不可种之及初获出入之。辛卯，不可以初获禾。①

良日即吉日之意，忌日为凶日，即在某一个天干或地支日，不可播种或收获。而且每种谷物都有自己的忌日，彼此一般不相同。

云梦《日书》中的谷物忌日除上引的以外，还有以下一些：

②五种忌：丙及寅禾，甲及子麦，乙巳及丑黍，辰麻，卯及戌叔（菽），亥稻。不可以始种及获赏（尝），其岁或弗食。②

③五谷龙日：子麦，丑黍，寅稷，辰麻，申戌叔，壬辰瓜，

---

① 《睡虎地秦墓竹简》，文物出版社1991年版，第184页。
② 同上书，第227页。

癸葵。①

④五种忌日：丙及寅禾，甲及子麦，乙巳及丑黍，辰卯及戌叔，亥稻，不可始种获、始赏。其岁或弗食。凡有入殹（也），必以岁后，有出殹，必以岁前。②

甘肃天水放马滩所出的《日书》，其中也有和云梦简中类似的谷物禁忌材料：

⑤种忌：子麦，丑黍，寅稷，卯菽、辰□，巳□，未秫，亥稻。不可种获及赏。③

天水简中有"八年"字样，估计当为秦王政之八年，则这批简的抄写年代最晚不超过公元前239年，可知它和云梦简一样，都为战国时期之遗物。而且所反映的都属秦国的迷信习俗。秦的这种习俗，后来又为西汉所继承，如成书于西汉晚期的《氾胜之书》，书中也有九谷忌日：

小豆忌卯，稻、麻忌辰，禾忌丙，黍忌丑，秫忌寅未，小麦忌戌，大麦忌子，大豆忌申、卯。凡九谷有忌日，种之不避其忌，则多伤败，此非虚语也。④

上面所引用的秦简中的五谷忌日资料共五种，虽然都名为五谷或五种，实际上常常要多于五种，出现的谷物有麦、黍、禾、稷、麻、稻、叔、苔、秫、瓜、葵。其中的麻为大麻，其籽可供食用。瓜和葵非谷物，可能古人有时也可拿来充饥，故能跻身于五谷之行列。瓜也许是苽的省减，如同菽多写作叔。如果是苽，苽是雕胡之籽实，可为苽饭，见

---

① 《睡虎地秦墓竹简》，文物出版社1991年版，第235页。
② 同上书，第236页。
③ 《文物》1989年第2期。
④ 石声汉：《氾胜之书今释》，科学出版社1956年版，第9页。

于《淮南子·诠言训》。当时人种植的作物，其品种应多于上面那些，但最重要的恐怕都包括在其中了。

在这常见的谷物中，农家最普遍种植的也仅四、五种。从五个谷忌日的资料中很容易看出，如若在一两个资料中见到者，如葵、瓜之类就是种植较少一些的品种。反之，若在所有资料或多数资料中都有者，如麦、菽、禾、稷、黍之类应是农家必不可少的种植对象，秦汉时的五谷主要就是这几种。如成书于战国或秦汉时的《内经》，其《金匮真言论》按五行的顺序，东为麦，南为黍，中央为稷，西为稻，北为豆。《藏气法时论》以五色中的青属粳米，赤属小豆，白属麦，黄属大豆，黑属黄黍。《五常政大论》中提到的五种谷物为麻、麦、稷、稻、豆。新莽始建国元年所做的青铜方斗，四壁有图像文字，有嘉黍、嘉麻、嘉禾、嘉豆、嘉麦。[①] 禾指粟无疑问，特别是方斗上的图像，其穗如今狗尾草，可以证实。粟在古代的黄河流域是种植最多的谷物。从地下出土的谷物材料来看也如此，无论是遗址或坟墓中都很常见。因而战国秦汉的文献记载，凡提及多种谷物时，总不会没有粟。

现在则专就五谷忌中的禾、稷作些探讨。

第一，五个五谷禁忌资料中，并非每个都有禾的忌日。但值得注意的是，凡没有禾的五谷忌里面必有稷。相反的情况是，凡没有稷者则必有禾，而绝不见禾、稷并存于上引五个资料中的任何一个。这种类似的情况也见于《内经》，如《金匮真言论》中有稷，而《藏气法时论》无稷而有粳米，粳米即粟粒舂去糠壳者。《内经》对稷和粳米的药性都确定为甘。而其他如麦、黍等都不同于米和稷，这说明稷和粳米为一物而两名。《日书》五谷忌中的禾和稷也应为一种谷物。如认为稷非粟，则为何在有的五谷忌中可以无粟，而有稷？这从道理上说是说不通的。故根据五种忌，知道禾即是稷。

第二，五种忌中各种谷物都有忌日，而且各不相同，如麦为子，黍为丑，稻为亥，菽为卯，麻为辰，彼此不相混。而惟独禾和稷是相同的，都以寅或丙寅为忌日。如果稷和禾不是同一种谷物，那么其禁忌日

[①] 罗福颐、唐兰：《新莽始建国元年铜方斗》，《故宫博物院院刊》1958年第1期。

就不可能相同。

　　据以上两点，明确了稷和禾乃一物两名，犹如菽又名豆一样。粟是先秦时期中原一带种植最普遍的谷物，而稷是文献中最常见者，因而稷、粟为一物是合乎情理的。可是后人往往把稷说成是穄或高粱。而现在从《云梦秦律》和秦的《日书》得知，至少在战国时的秦国，人们明白无误地将粟称之为禾或稷。从唐至清，有不少人把稷误认为穄或高粱，现在如将其和上举地下出土材料相对照，立即能发现这是缺乏根据的主观判断。

（作者单位：北京大学历史系教授）

《尔雅翼》中的"稷"与"粱"

樊喜庆

最近收到朋友赠送的稷山县最新出版是《明清稷山县志》合订本①。笔者近几年正集中精力钻研野生高粱、高粱问题，自然最关心的就是在历代稷山县志上对"物产谷类"中的"稷"是怎么说法。一看，跟我的一贯观点大相径庭。在现存最早的明万历版和清康熙版中谷类只有名称，没有解释，在这两本县志中，粟和稷不是同种植物，现在仅把禾本科植物名称列后：粟、秫谷、黍、稷、梁（粱）、稻、大麦、小麦、春麦、秫黍、舜王谷、燕麦。但是从乾隆版起改了版，前5种"稷、黍、稻、麦与大麦"的开头都冠以"尔雅翼"三字。而"稷"的释文是："稷：《尔雅翼》②稷百谷之长也，今俗直名之曰谷，脱壳则为粟米，亦曰小米。"按这种说法，就是稷即粟！此后的嘉庆版及同治版，完全雷同，是一字不差地抄袭了乾隆版。最后的光绪版是"续修"，没有关于谷类的记载。

这跟现在我国某些所谓"主流派"完全相同。不过，两者的原因可能不同。乾隆版稷山县志的成书时间是1765年，当时"中国高粱外来说"应该还没有出现，我想主要原因是我国的汉字与口语发生分离，一些古汉字如"稷""粱"与"粟"是什么，后来的人对这些字已经不知所云了。而那班"崇洋派"只相信外国人的说法，一味地照搬外国的

---

① 明清稷山县志编纂委员会编：《明清稷山县志》，中华书局出版社，2018年8月，各篇页码恕不赘述。

② ［宋］罗愿：《尔雅翼》，《卷一草释》"国学大师"网，第33～178页。

资料和教科书。因此，现在在学界"稷即粟"已成为"公认"的"真理"。我对那时的县志编写者打着《尔雅翼》的旗号，完全背离原作的做法持有异议，笔者认为这种文风，这种治学态度度不值得效法和提倡；但对古人又不能过分苛求，毕竟这区区 27 个字，在一部厚厚的县志里，只能算是瑕不掩瑜。但这对本县的后稷研究产生的负面影响和误导却不容低估。

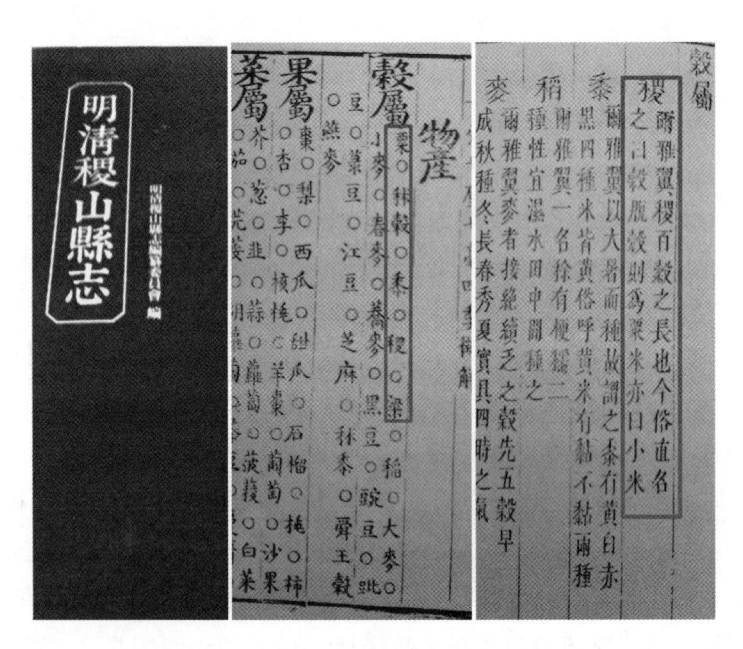

图 1　明清县志万历版与乾隆版对稷与粟的表述不同

如果不是看了乾隆版县志，老实说，我连"尔雅翼"是何物都不知道。幸亏现在有电脑，于是从电脑上查出了《尔雅翼》的原文。非常意外地是，当看到"稷"的最后，发现作者罗愿写了两种"稗"，其籽粒颜色等跟我在禹都公园里发现的野生高粱完全吻合；又从网上查出明代李时珍的《本草纲目》① 中对"稗"的描述更详细。因此，我可以断言：这两部著作里的"稗"，绝对是野生高粱！

---

① [明]李时珍：《本草纲目》谷部二，第 4 页。

习近平总书记在视察山西时说："后稷教民稼穑于稷山。"为了准确理解并贯彻执行习总书记的指示；为了使本县的后稷研究正本清源，拨乱反正；同时为了与我国学术界的专家学者共同研讨我国古代有没有高粱及现代有没有野生高粱，现在把《尔雅翼》中的"稷"与"粱"作为两项内容，并把这两部古籍中关于"稗"的内容合并一起，作为第三部分，提出自己的看法和评议，愿与专家学者共同商榷。

一 《尔雅翼》中的稷与粟毫不相干

我把《尔雅翼》中的"稷"分成4个自然段，把汉代、宋代延续《周礼》进行春祭等有关祭祀内容删去。

第一段主要写"稷"在五谷之中的尊贵地位。有趣的是《乾隆县志》的编纂者，在其它4种"谷类"中还多少引用了几个字（大麦最多），而唯独"稷"只引用了第一句，"稷者五谷之长"，还把"五谷"写成了"百谷"，夸大了20倍！其实这一句并非罗愿的话，而是东汉许慎在《说文》中对"稷"所下的定义。

"稷"之所以地位尊贵，是从周代以来，历代帝王都是把后稷尊为"五谷神"，"与社相配"，把稷称为"中央之谷"。在对"社稷"的祭祀时，必须"以稷为名，与牛、五行土为尊"，"故五谷稷为长"。古代帝王对社稷、祖庙的祭祀，都是非常隆重的。需要说明的是，古代用"稷、牛、土"来祭祀，这正是农耕文明的标志，证明后稷是农耕文明的始祖。

紧接着，作者对一年中的"首种"做了考证。他首先否定了汉代蔡邕认为麦为"首种"的说法。一般小麦都是秋种夏收。只有春麦是春种，但必须早种，种晚了可能没有收获。但太早了，也很危险，即"孟春行冬令，则雪霜大挚（读 niè，危险），首种不入"。这是蔡邕《月令章句》的话，因此，蔡邕的说法不攻自破。只有东汉时的农官郑康成说的对：只有在"日中，星鸟"的"仲春"（即"春分"）才可以种稷，所以"先种者唯稷"，"而云首种"。

如果把"稷为五谷之长"的"长"字，仅仅理解为植株"高大"，未免有些偏颇；高粱属于"春种秋收"的作物，在秋粮作物中只有高粱的生长期最长，加上植株高大，通过光合作用，果穗内积累的有机物质最多，在古代其产量就最高。"民以食为天"，只有多种高粱，才能解决当时人们的吃饭问题，因而才能称其为"长"。谷子（粟）虽然"春种一粒粟，秋收万颗籽"，但农民都知道，同一品种的谷子，既可春播，也可夏播，生长期比高粱短。我1954年去山东潍县读书一年，对那里的农村情况还是了解的。那里气候温和，雨量充沛，无霜期长，单说高粱，无论我们稷山的"**稻黍**"，还是潍县的"秫秫"，都是春种秋收。但在潍县，大豆是麦收后复播，而我们晋南只能春播。800多年前的南宋时期，还没有"高粱"这个词，实际上"稷"就是高粱，因为只有高粱植株高大、产量高、籽粒硕大，才有资格担当祭品，制作祭酒。

　　清代著名学者程瑶田1803年写出的《九谷考》里，更进一步对高粱的生态特征、播种时间进行了考证："今以北方诸谷播种先后考之，高粱最先，粟次之，黍糜又次之，然则首种者高粱也。""诸谷唯高粱最高大，而又先种，谓之五谷之长，不亦宜乎？"进一步他又说："稷为五谷长，故司农之官曰后稷。"[①] 程瑶田的观点一直持续了一百多年。因此，稷根本不可能是粟！

　　再补充一点历史知识，在大约4000多年前的新石器时代，后稷（原名叫姬弃）在现今叫"稷王山"一代"树艺五谷，教民稼穑"。这片广袤的土地上，既无地表水，又少地下水，十年九旱，需要一种特别抗旱的粮食作物。而高粱的根系发达，叶面有一层蜡质，能减少水分蒸发，只有种高粱才能解决那里的人们的吃饭问题——据我考察，高粱也能抗涝，如山东潍坊的沿海洼地就容易发生涝灾，只要雨季高粱不被水长时间淹没，仍能正常生长。由于后稷在古代农耕时代有特殊的贡献，后人尊他为"五谷神""稷王"，那座山就叫"稷王山"。再加上他是周部落的始祖，后来，周部落西迁，他的后代姬发（即周武王）在镐京

---

① 转引自卫斯：《试探我国高粱栽培的起源——兼论万荣荆村遗址出土的有关标本》，中国农史1984年第2期，第45~50页。

定都（今西安附近）建立了周朝。自周朝起，历代帝王便把"社稷"作为其"政权""山江"的象征①。因此"稷"在五谷中的地位就更不可撼动。那些不了解或不尊重这一历史事实的人，便把"稷"说成是"粟"。

至于罗愿把"穄"作为"稷"的另一种名字，我对此不敢苟同。据罗的说法，穄塞北最多，味道又很美，极有可能是"糜子"。我常听晋北人和陕西人说，他们那里有糜子。过去没有见过。2018年在太原一条南北巷子（财大西院南）看到过几个街头木箱里有人种的一种植物，跟晋南的黍子非常相似。我问一位保安，他说是"糜子"。好像比晋南的黍子植株略高、杆子略粗、籽粒也许大些，应该跟黍子是同类，跟高粱相差甚远。再说，高粱在各种谷物中味道最差，我在山东一年多所吃的高粱是我今生所吃高粱总量的80%，深有体味！

为什么罗愿把"穄"与"稷"放在一起呢？因为两者的读音近似，也就是罗所说的"语音有轻重耳"。查《佩文诗韵》，"稷"是入声，"穄"是去声。现代汉语"稷"，普通话与稷山话都读去声；运城话"稷"这类古入声字一般读阴平，可能受稷山话影响，许多人的"稷"也读去声；晋北、陕北等地属于有入声的"晋语"。不过，现在这两个字在口语里已经很少用，我觉得糜子与黍子应属同类。

耐人寻味的是，这位罗先生并没有在其它粮食作物后面给加上一种野草，但在"稷"的最后添了一个附笔，加了一种叫"稗"的野草。现在我把它移到后面再说。

二　罗愿说：今粟与粱功用无别，明非二物也

关于"粱"，罗先生开宗明义："粱，今之粟类"，也就是说"粱即粟"；又说：粱是"黍、稷、稻、粱"的总称。也就是说"粱"有广狭二义。统观全文，主要指狭义的"粟"。

---

① 黄建中：《华夏农耕始祖后稷》（无书号）．北京光明慈善基金会2015年版，第19~47页。

罗的第二句话："古不以粟为谷之名，但米之有稃壳者皆称粟。"我认为这是古人对"粟"的不公正对待。从考古发现，我国北方最早驯化的粮食作物就是粟，早在7000多年前的河北磁山、6000多年前的西安半坡以及4000多年前的山西万荣荆村，都有人工驯化的粟；而高粱的驯化就比较晚，5000多年前的郑州大河村的粮食颗粒遗存，我根据有人提供的照片测量计算，其籽粒与现代高粱籽粒的体积比约为1：3①，与我在禹都公园发现的野生高粱籽粒大小差不多，尤其根据古代文献记载，我国古代野生高粱的存在非常普遍，因此，根据我的"考今"结果：大河村的"高粱"应该是当时人们采集的野生高粱籽粒或刚处于驯化初期；而万荣荆村考古发现的高粱，才是我国高粱栽培史的起点②。

而且从古至今，粟都是我国北方人的主要粮食作物。现代北方口语叫"谷子"或"谷"（稷山话叫"谷"）。可能唐宋时期的口语叫"梁"（粱）。但"粟"是文言，是书面语，只存在与诗词作品或成语里，如"沧海一粟"。然而，古人却把"粟"排除在"五谷"之外。例如1.《周礼》麻、黍、稷、麦、菽；2.《孟子》稻、黍、稷、麦、菽；3.《楚辞》稻、稷、黍、菽、麻；4.《黄帝内经》稻、黍、稷、麦、菽。另外，《诗经》里的粮食作物有：黍、稷、稻、麦、菽、麻等。只有《小雅·甫田》里有："黍稷稻粱，农夫之庆。"此处的"稷"如果是"粟"，那"粱"是什么？

我在网上查出，只有一位古人管仲，给粟说了几句公道话，《管子·治国》篇里说："凡治国之道，必先富民。""民事农则田垦，田垦则粟多，粟多则国富。"不过，这里的"粟"不是单指谷子，而是泛指五谷。这也正好，"粟"有特指与泛指；今日的"谷"也是有"特指"和"泛指"。说不公道，倒也公道。因此，它不可能再有其它名字。

这就给某些人用"粟"来取代"稷"留下了"口实"。正如我前面

---

① 根据刘夙：《高粱：来自非洲的毒品还是希望？》的照片测量出的数据计算。
② 转引自卫斯：《试探我国高粱栽培的起源——兼论万荣荆村遗址出土的有关标本》，中国农史1984年第2期，第45~50页。

所说的，这又有两种情况：一种是"本土派"，他们是弄不清"稷"与"粟"的本来含义，而把两者混为一谈。乾隆版县志的编纂者就是代表。他们觉得前两种县志都是把"粟"排在第一位，"稷"排名第四。而稷山的县志自然应该把"稷"排在第一位呀，可是当时粟的产量也许在秋粮中占第一位，于是他们便将两者"合二为一"，并冒用了《尔雅翼》的招牌；另一种是所谓的"主流派"，他们认为中国古代无高粱，但五谷里没有"粟"却有"稷"，于是就偷换概念，"狸猫换太子"，把"稷"说成是"粟"。

罗愿有一句话似乎有矛盾，即"今人大抵多种粟而少种粱"。我认为此话中的"粟"是指"今人以谷之最细而圆者为粟"。也就是说，其它的谷子都叫"粱"，只有这种优良的谷种，人们特别称其为"粟"。但从植物学分类上讲，两者还是属于同种植物。也就是它们"功用无别，明非二物也"！

另外，大概在宋代还没有"高粱"这个词，罗先生说的"粱"有"青粱""黄粱""白粱""黄白粱"等都是指谷子。成语"一枕黄粱"（唐朝）一说是小米，一说是黍米。后来因为"稷"是广义的"粱"，才产生了"高粱"这个名词。还有，几种县志中的"粱"都写做"梁"，不知汉字什么时候造出了"粱"，应该属于"通假字"。

三 "䄸"百分之百是野生高粱！

（一）对"䄸"是野生高粱的论证

通过这次阅读乾隆版《稷山县志》偶然知道古代有一部皇皇巨著《尔雅翼》，又奇妙的是看到在"稷"的最后，有一附笔"䄸"，立即联想到我近3年来在运城市禹都公园里发现的疑似野生高粱植物，与这种"䄸"高度相似；又从网上搜索到明代药物学家李时珍的《本草纲目》里，也有关于"䄸"的介绍，而且更详细。现在我把这两种古籍中的"䄸"原文或摘句抄录如下：

《尔雅翼》：䄸有二种，一黄白，一紫黑。紫黑者，似芑（qǐ）

有毛，北人呼为乌禾。今人不甚珍此，惟祠事用之。农家种之以备它谷不熟为粮耳。

《本草》摘句："稗乃禾之卑贱者也，故字从卑。""稗有二种，一种黄白色，一种紫黑色。紫黑者似芑有毛，北人呼为乌禾。""稗处处野生，最能乱苗。其茎、叶、穗、粒并如黍稷。一斗可得米三升。故曰：五谷不熟，不如稗。""梢头出扁穗，结籽如黍粒，茶褐色，味微苦，性温。以煮粥、炊饭、磨面食之皆宜。"

罗愿与李时珍都称之为"稗"。按现代的字、词典的解释："稗"是稻田里的一种最像稻子的野草；《辞海》上说有两种"稗"，即"水稗"和"旱稗"①。这里显然属于"旱稗"，应该跟北方某种禾本科粮食作物最相似。而罗愿把它放在"稷"的最后，说明它应该最像"稷"。不过，为了扩大"搜索范围"，谨防"漏网"，现在我们就在高粱、谷子、黍子和糜子中来找最相似者。

有人不是说"稷即粟"嘛，那就应该是莠子（绝非狗尾草），也有人叫它"谷莠子"，当然一种野草可能有几个名字；也许还有最像黍子和糜子的野草吧？当然我认为最可能是"野生高粱"。那究竟是谁呢？

自从我发现野生高粱之后，有一位考古专家建议找有关科研单位鉴定，而且推荐给某科研单位。不过，这是我国第一次对一种陌生植物搞鉴定，如何鉴定？有什么标准？当然他们也是初次摸索，该单位的同志们也尽心费力了，也给我提出一些参考意见；虽然最后没有拿出鉴定结果，我还是要感谢他们。不过，现在有两位古人已经提出了相当完整的"鉴定标准"。这两位古人就是罗愿和李时珍。我把他俩关于"鉴定""稗"的标准归纳如下：

1. 处处野生。谷莠子当然符合，如果有什么"黍稗子"、"野糜子"那一定也符合这一条；但我所发现的野生高粱肯定是野生植物。三年来除了我今年种了两种，共十几棵，没有任何人种它们。

2. 最能乱苗。李时珍说的非常详细："其茎、叶、穗、粒并如黍

---

① 辞海编辑委员会编：《辞海》，上海辞书出版社1979年缩印本，第1754页。

稷"。南宋时期还没有"高粱"一词，到明朝已经有了，而高粱的一个别名就是"黍稷"。虽然我是在公园里而不是高粱地里发现的，假如它们长在高粱地里，一定"最能乱苗"。我问过张家坡的村民、公园游人和几个园艺工人，他们都说"是高粱"而不是"像高粱"。

图2　19年公园大门口有两大一小3棵苗，大苗完全可以"乱真"，但最后穗子籽粒很不正常

3. 种皮颜色。"一黄白，一紫黑"。谷莠子主要是黄色，假如有黍稗种子、野糜子，也肯定多为黄色。而我第一年（2018）最早发现的2号就是紫黑色，随后发现的3号就是黄白色（我在试验报告中称其"灰色"）。2019还发现了橙色、全黑色，共4种。今年可谓"大丰收"，结果却遭到"大毁灭"！原因是今年公园大修建，多处群苗已荡然无存。唯独原3号还留下七八棵后代。我抢收了1棵原2号的第3代种子。

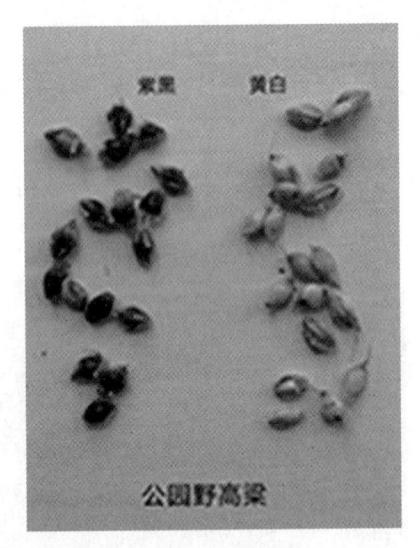

图 3　18 年发现的 3 号野生高粱及 2 号与 3 号的种子

我所见过的晋南传统高粱"稻黍"几乎都是紫黑色，而且是外皮全包裹。很幸运，刚刚收到本县退休女教师杨爱兰给我寄来她们村的传统"稻黍籽儿"，有两种：一种是紫黑色，一种是深橙色，而且是我听说过，但从未见过的"露仁"品种。我拍了照片可以对照。

4. 饥年代粮。李时珍的观察之细腻，描写之精准，令我叹服！他说："结籽（籽实）如黍粒，茶褐色，味微苦，性温。以煮粥、炊饭、磨面食之皆宜。"请对照我的照片，可以说毫厘不差！"一斗可得米三升"，他连"出米率"都写的很清楚，约为 30%。我看那些谷莠子等其它野草，恐怕连 3% 甚至 3‰ 都未必能达到！连什么味道都品尝了。试问，其它野草，哪一种能"煮粥、炊饭、磨面蒸馍馍"？因此，这种"稗"，非野生高粱莫属！

为什么罗说："农家种之以备它谷不熟为粮耳"？李说："五谷不熟，不如稗"呢？这是因为野生植物比同类农作物的抗逆性强，遇到灾年，其它粮食作物不抗灾，而野生植物仍能顽强生长。

图4　20年杨爱兰拍照的稷山稻黍照片

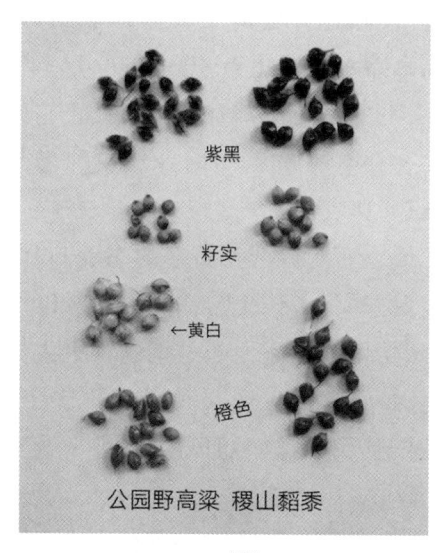

图5　野高粱与稻黍种子比较

图6　公园野高粱种子

至于罗说的"惟祠事用之"和李对它的药用价值，与本议题无关，无须多谈。

（二）关于"稗"的最早记载是《孟子》，距今 2300 余年！

我刚写完初稿，在《尔雅翼》的卷八又里查到了"稗"。该书分 32 卷。卷一至卷八为释草。卷一完全是禾本科谷物，他只用了不到 40 个字，把"稗"作为一种"准谷物"附于稷之后。想不到，他在卷八用了 400 余字，对"稗"做了更详细的阐述。第一句就是：孟子曰："五谷者种之美者也。苟为不熟，不如稊（tí）稗。稊与稗二物也，皆有米而细小。"

现在且不说"稊"是什么，对照前后文，对"稗"的许多说法都很一致。比如说它能"旱涝保收"；而五谷则"不抗旱涝"（"盖稗遇水旱无不熟，而五谷则有熟不熟之时"。虽然也说了它的"坏话"：生长旺盛的时候会使良田荒芜（"特滋盛易得芜秽良田"）；但它每亩可以收获"二三十斛（hú，旧量器单位）"。这"二三十斛"是多少？假定古今"亩"相等（古代不可能比现代大），我查了相关资料，按汉代 1 斛 10 斗，1 斗小米 4 斤，亩产就是 800～1200 斤（宋代更多）！我们今天的生产力水平、水肥良种等条件与古代相比，可谓"天上地下"；可是，今天的小麦亩产也未必有这么高。缩水一半也有 400～600 斤。要是真有这么高，人们何必种庄稼呢？不过，这不必斤斤计较，反正它的产量还相当可以。因此，"宜种之以备凶年"，"武帝时令典农种之"。"典农"是古代负责屯田、生产的官职（典农都尉）。

罗先生基本没说"稗"的一句坏话。而对后两种野草的态度却是："稂（láng），恶草也"；"莠者，害稼之草"。不难想象，罗之所以对"稗"能特殊对待，就是因为稗有特殊功用。难怪他先是把这种野生植物与尊贵的稷相提并论；最后又对它如此赏识，连汉武帝都"钦令"各县种它！由此可见，从先秦、汉、宋到明代，这种野草之繁盛，达到我们现在难以想象的程度。

到现在，我所发现的"疑似野生高粱植物"还需要请哪位专家、哪个科研单位鉴定吗？我看已经没有必要了吧？440 多年前的李时珍大夫对这个"疑难之症"，早就"诊断"的非常准确。

"实践是检验真理的唯一标准"。我若不是亲自发现了野生高粱，并连续三年对其进行了观察和试验,你就是把《尔雅翼》《本草纲目》让我读上几十遍几百遍,我无论如何也不敢相信历史上还真有这么一种神奇的野草!根本不知道"稗"跟高粱有什么关系,还以为就是稻田里那种跟稻子很容易"以假乱真"的稗子呢!

然而,目前在我国学术界的某些所谓的"主流派",不是脚踏实地地对生长在我国土地上的植物进行考察和研究,也不在我国的古籍里查找有无野生高粱记载;却把1935年某国人斯诺顿,在非洲发现了16种野生高粱,当做颠扑不灭的"真理",认为只有非洲才是高粱的原产地;中国的高粱只能从非洲经印度传入我国。

因此,他们即使看到野生高粱也漠然视之,有群众发现了也不予承认,不去认真研究;而是一言以蔽之曰:"鬼秫秫""假高粱""风落荚"。他们是否做过实验?这些所谓"鬼秫秫"有什么典型特征?我最近才看到一篇文章[①],很遗憾,某些学者已经几乎找到了野生高粱,唯独他们没有认真地做过研究和试验而功亏一篑!

现在我提出几个问题向有关专家学者们请教:1. 我国古代肯定有一种名字叫"稗"的野生植物,曾经非常繁盛,在"凶年"可以代替粮食;现代虽然几乎绝迹了,但远不到"绝种"的地步。我觉得古代那种"稗",就是我发现的野生高粱,而且不可能有其它选项。如果不同意,请提出你们的看法。而且,要使人心服口服,不能和稀泥,搞折中,更不能漠然视之,置之不理。2. 如果能够证明它是野生高粱,那么我国古代有没有高粱?这个答案也是唯一的。李时珍说它"最能乱苗",乱的什么"苗"?3. 如果我国古代有高粱,那么"稷"是高粱还是粟?4. 如果这几个问题现在都搞清楚了,这场旷日持久的争论是否可以休矣?

早在我的第一篇论文里就有这么一段话:通过这次对野生高粱的考察,可以说人类对这些野高粱的生死存亡起着相当决定的作用。因此,为了维护生态平衡,笔者呼吁并建议我国有关方面:对这种几乎濒临绝迹的植物中的"大熊猫"、我国古代高粱祖先的"活化石",能作为国

---

① 赵利杰:《原来还是外来:试论中国高粱的起源》,《古今农业》2019年1期。

家一级珍稀保护植物而给予珍惜和抢救！我再补充一句：野生高粱是我国现存的一种宝贵的生物资源！我人微言轻，希望我的意见能够引起有关方面的重视！我也引用一句外国人的话："闪光的东西并不一定是金子，但是是金子总会发光的！"

（作者单位：山西稷山中学高级教师）

稷山枣的前世今生

夏连保

枣为五果之一，是人们生活中经常吃的食物。天下处处都有枣，但枣的品质却有很大的差别。

在我国历史文献记载中，对红枣的记载最早见于《诗经》。《诗经·豳风》中有一首名为《七月》的诗歌，其中的第六章就有"八月剥枣，十月获稻"的农事描写。豳风，就是豳地的民歌。豳是周王朝的先祖后稷的曾孙公刘带领周部族人生活和居住的地方。根据《史记》的记载，公刘生活的年代，大约相当于"后羿代夏"的时期。按照夏商周断代工程阶段成果公布的结论，夏朝大约在公元前2070—前1600年之间，先后共经历了18王470年。"后羿代夏"发生在夏朝的第六王少康之时。据此我们可以推定，《七月》中记载的我国的红枣栽培，距今至少也已经有了4000年的历史。

我国红枣栽培最早见诸史籍记载的地方是在豳地。那么，这个豳地又在什么地方呢？

按豳作为地名，在经典中一般都写作"豳"，但在《孟子》中，却都写作"邠"。最有意思的是，郑玄在注《周礼·籥师》时，还特意把"豳"与"邠"两个字区别来写[1]。这就给我们透露出一个非常重要的信息，说明这两个字属古今字。即"豳"与"邠"原本是同一个地名在不同时代的两种不同写法。而"邠"字从邑分声，"汾"字从水分声，从文字学的角度看，"邠"与"汾"二字在造字之始，原是有着密

---

[1] 《周礼注疏》卷24："豳籥，邠国之地竹，豳诗亦如之。"

不可分的关系的。"汾"就是汾水,"邺"就是汾水边的城邑。也就是说,最初的邰邑,一定是在汾水附近,而不可能在别的地方。早在20世纪30年代,我国著名的历史学家钱穆先生就在他的《周初地理考》一文中指出,豳邑的所在地,应当就在今天山西南部的稷山汾河一带①。这一观点不仅得到了现代学者的普遍认同②,同时也与稷山县几千年来一直以盛产红枣闻名的实际状况完全吻合,至今稷山县仍然是我国最著名的红枣生产基地之一。

根据历史文献记载,至少在春秋时期,稷山红枣就已闻名于列国,成为当时非常著名的土特产品,其影响力在我国古代经济作物史上,占据着非常重要的地位。但是,在那个列国纷争的时代,稷山一带只不过是晋国都邑绛的鄙地之一,按照中国人以管辖地为物产命名的习惯,所以那时的稷山枣或被称作"晋枣",或被称作"绛枣"。秦灭六国后,分全国为三十六郡,今稷山一带为河东郡所辖,河东郡治在安邑。汉因秦制,稷山仍属河东郡,所以秦汉时稷山枣就又有了"河东枣"或"安邑枣"等名称。至隋唐时期,稷山一带又曾一度划归绛州,于是乎稷山枣就又一次被称作了"绛枣"。如宋代《普济方》卷二百二十所载的"附子煎"药方中,把入药的大枣称作"晋枣",又如光绪十八年《山西通志》卷一《风土纪下》引《图经》说:"大枣,干枣也,生枣并出河东。今近北州郡皆有,而晋绛州者特佳。"在这一段引文中,所谓的"枣出河东",实际上是秦汉时期流传的说法,而后面的"晋绛州者特佳",则又是隋唐时稷山划归绛州后的概念,特别强调河东别处的枣也不可与绛州枣相比。

天下好枣出山西,山西好枣出稷山。稷山枣既是全国著名的土特产,当地及其周边的人们吃枣当然也就成了家常便饭。宋罗愿《尔雅翼》卷十中就说,晋人尤好食枣,"其人置之怀袖,食无时,久之齿皆黄。故《养生论》云:齿居晋而黄"。古代稷山枣区汾河南岸一带人的

---

① 见钱穆《周初地理考》,《燕京学报》1931年第10期。
② 如吕思勉、陈梦家、王玉哲、邹衡、李民、杨升南等历史学家和考古学家,甚至包括海外华裔学者许倬云等人,都曾著文支持钱先生之说。

牙齿的确都发黄，而这种普遍的齿黄现象，恰恰又紧靠着稷山的主要产枣区，所以古人才会误以为吃枣太多会让人牙齿发黄。其实现代医学证明，这种延续了几千年的齿黄现象，只是因为地下水含氟量高所致，与吃枣的多少并没有任何关系。1949年后汾河南岸一带人民进行井水改造，采取深井取水饮用后，几千年来的齿黄现象就得到了彻底改善。虽然古人所说的"晋人齿黄"的原因并不正确，但却从另一个角度证明，古代所说的"晋枣""绛枣""河东枣""安邑枣"等，其产区都是在今天的稷山，只不过是古人错误地把它与当地人吃枣多联系在了一起罢了。

作为一种传统的名特产，红枣在稷山这片土地上栽培了几千年，不仅对当地人的饮食习惯产生了巨大的影响，而且也逐渐在当地形成了十分独特的红枣文化现象。这种与红枣有关的文化现象，在后来的历史发展中，又逐渐漫延到全国各地，对中国的历史文化产生了巨大影响。譬如古代三月的第一个建巳之日被称作上巳节。百姓有到野外祓禊以祛除不祥的习俗。这一习俗最早大约是从春秋之时的郑国兴起的，《诗经·郑风·溱洧》里描写的就是上巳日男女青年在野外祓禊时约会的情景："溱与洧，方涣涣兮。士与女方秉蕑兮。女曰观乎？士曰既且。且往观乎？洧之外洵吁且乐，维士与女，伊其相谑，赠之以芍药。"场面虽然浪漫动人，但从诗中可以看出，当时祓禊仪式其实比较简单，人们只不过是在水边采一些蕑草（即兰草）而已。但这一风俗传到晋地，情形就发生了改变。东汉杜笃的《祓禊赋》中，描写三月上巳祓禊的盛况，就增加了"浮枣绛水，酹酒醼川"的仪式。古时绛水在新绛一带注入汾水，而稷山产枣区就在沿汾河一带，可知上巳节把红枣扔入河水中禳灾祈福的风俗，正是从晋绛一带的红枣产区兴起的。这种习俗后来又逐渐从晋地流传到其他各地，到汉魏以后，就成了一种普遍的现象。上巳节无论官民男女，都聚集于原野水边，竞相浮绛枣于清流之中，欢呼嬉闹，更渲染了节日的浪漫气氛。仪式完毕之后，人们则四散踏青，或三五成群，踏歌舞蹈，饮酒赋诗；或男女相逐，眉目传情，期约心许。由于"绛枣"在当时产量高而又很有名气，后来就又成了文人雅士吟诗作赋常用的辞语，"绛枣"也就变成了"好枣"的代名词。如南朝梁庾肩吾《三日侍兰亭曲水宴》诗中就有"踊跃赪鱼醉，参差绛枣浮"的句子，后人纷纷效仿，渐成一种时尚。

汉代自文景之治以后，全国人口急剧增加，稷山枣的供应开始变得紧张。《汉书》"安邑千树枣，此与千户侯等"。可知在汉代官员的眼里，能到拥有千树枣林的河东郡当太守，也就如同被封为千户侯一样实惠，是当时的官员们都十分企羡的事情。当时，很多达官显贵，为了能吃到稷山枣，甚至不惜放低身价，托人向河东官员索求。据《杜氏新书》记载，三国时，有一个叫刘勋的人，因与曹操是老乡，颇得曹操宠信，不仅被曹操封为列侯，还任命他为平虏将军，一时权倾朝野，地方的官员都争相与他结交。一天这位刘将军突然想吃稷山枣，就写信给当时的河东太守杜畿，请他给弄一点来。没想到这位杜太守刚正不阿，居然回信拒绝了他，弄得这位刘大将军大失脸面。① 可见稷山枣在当时已成为非常难得的地方名特产。后来到曹魏时期，魏文帝曹丕干脆就把稷山枣定为"御枣"，特供皇家享用。② 《艺文类聚》卷八十七记载："魏文帝诏群臣曰：'南方有龙眼、荔枝，宁比西国蒲萄、石蜜乎？酢，且不如中国凡枣味，莫言安邑御枣也。'"意思是说，南方的龙眼和荔枝，怎么能比得上西域的葡萄和石蜜呢？其味道发酸，连中原普通的红枣都比不上，更谈不上与安邑所产的"御枣"相比了。由此可知，曹魏时稷山枣已经成了专供皇家食用的"御枣"，普通人是很难享用到的。

安邑（即河东）辖下出好枣，且其味道十分甜美，所以魏晋时期的人们，还经常拿"安邑枣"来与其他地方的红枣做比较，以说明其枣的优劣。如晋代嵇含在《南方草木状》中就说，南方有一种名为海枣的水果，五年一结实，像杯碗一样大，"其味极甘美，安邑御枣无以加也"。嵇含所说的海枣五年一结果，且大小如杯碗，能不能算枣

---

① 《三国志·魏志》卷16《杜畿传》裴松之注："《杜氏新书》：平虏将军刘勋为魏武所亲贵，震朝廷。尝从河东太守杜畿求大枣，畿拒以他故。勋败，魏武得其书叹曰：杜畿可谓不媚于灶者也。"

② 雍正十二年修《山西通志》卷47："汉文帝诏群臣曰：枣味美者，莫若安邑御枣。"按：此处所谓的"汉文帝"，应是"魏文帝"之误。

暂且不论。但他要说这种水果味道很甜,却不用蜜糖来形容,而是直接用"安邑枣"来做比较,也足以说明"安邑枣"在全国的名气有多大了。

由于稷山县域在不同历史时期的行政归属变化,使得稷山枣在历史上一路走来,留下了晋枣、绛枣、河东枣、安邑枣、御枣等不同的名称。这些名称在漫长的历史长河中,逐渐积淀成为中华文明语言中的固定符号或典故,并深深刻印在了民族文化的记忆之中,成为诗词歌赋中常用的语言词汇。如南朝梁简文帝《咏枣诗》"已闻安邑关,永茂玉门垂",就是将魏文帝诏书中的话语凝练成为典故入诗的。隋朝大业四年,隐居于稷山紫金山的著名诗人王绩来到长安,目睹了京城上巳节官民郊游祓禊的热闹与浪漫后,写下了"锦袖争垂,花钿半举,浮绛枣而相逐,櫜红兰而延伫"的华美辞句。按隋朝时长安的普通人家祓禊时使用的红枣未必是真正地道的稷山所产"绛枣",但作者使用"绛枣"一词入赋,烘托节日的气氛,就使文句显得的格外华美。至唐贞观年间,王绩又回到稷山紫金山一带隐居,还在《游北山赋》中,说他隐居的地方有"洞溪沼渚之苹芰,丘陵阪隰之桑枣"[1]。可见唐代时,稷山红枣在人们的日常生活中仍然占据着重要的地位。

至明代初期,稷山县归属平阳府管辖。由于人口不断增加,地道土特产就更难满足人们需求。于是乎,当时的官府,就想出了一个借助稷山红枣的"御枣"之名,以发展辖下经济的办法。为了保障向朝廷进贡的御枣品质,官府首先把程山三百二十三株枣树所产的红枣,指定为固定向朝廷上贡的御枣,"岁征钞六十四锭有奇,赴平阳府交纳"。除此之外,又命令平阳府所辖六州二十九县的百姓都种枣,如抗命不种,则发配去戍边。命令一下,各地农民自然不敢违抗,一时平阳府境内到处种枣,而且都冒称"御枣"。但毕竟仿冒的"御枣"并不是真正的稷山枣,这种做法也完全不符合市场规律,因此在折腾了几年后,百姓收益寥寥,怨声载道,官府只好任百姓把枣树砍掉当柴烧,只在路边遗留

---

[1] 王绩:《王无功集》(五卷本)卷1《游北山赋》。

下了一些所谓的"御枣千株"的牌匾，成为一时的笑谈。①

稷山枣之所以被人推崇，主要就是它历经千年而不变的品质。晋代医学家陶弘景在《本草经集注》中就特别推崇稷山枣，说："世传河东枣特异，与青州、江东、临沂、金城不同。"② 稷山枣成熟之后，其皮色紫红油亮，外形上的特点十分明显：枣果大小匀称，果肉肥厚。头部略宽，基部略窄，呈梯形。成熟的脆枣咬开后果肉泛翠，甜脆生香。晾至半干，则皮色愈深，果肉则变为酱色，黏软如怡，掰开可拉出如老蜜一般的细丝，这在所有的红枣中都是独一无二的。这种独特的品质，主要是得益于当地特殊的自然环境。西汉刘向《别录》说："枣生河东平泽。"一语道出了其中的秘密。所谓的平泽，说的就是它的特殊生长环境。稷山处于河东郡的中部，汾水自新绛县东来，西流进入稷山县境，在今吕梁山与汾南台地之间切割出一条宽阔的河谷地带，经过亿万年的历史变迁，逐渐形成了一条南北宽约 10—20 千米的汾河淤积平原带。汾河水流至此而趋缓，河面相对变宽，河道曲屈蜿延，丰水季节，河床常小有改易而在局部形成泽薮。由于土地肥沃，水分充足，且湿度相宜，故枣树极易成林，形成规模，且树体枝繁叶茂，粗壮高大，与山崖石缝间所生者绝不相同，这便是稷山枣品质上乘，历几千年而一直为人称道的秘密之所在。

稷山枣品质好的第二个原因，在于它的品种。稷山红枣的品种，在古代被称为"扑落酥"。这一名称大约形成于汉魏以后，魏文帝诏曰"良味美者，莫若安邑御枣"。《尔雅》注云："御枣甘美轻脆，后众枣熟，即今所谓扑落酥也。"明代的周王朱橚在《救荒本草》中也说："御枣即扑落苏也。""扑落酥"的命名，是因为这一品种在生长过程中，土地肥沃且水分充足，果实质量较重，落地很容易碎裂。"扑落"是形容物体掉落时的联绵词，"酥"则是指其生枣酥脆，落地易碎裂。

---

① 雍正十二年《山西通志》卷 47 记载："明初督民种枣，以三百二十三株上供，岁征钞六十四锭有奇，赴平阳府交纳。其不种者，成之。令初下，民踊跃，枣林栉比，获利滋多。后民穷，胥伐为薪，间有存者，亦非其旧。今道旁遗坊题曰御枣千株犹存。"

② 雍正十二年修《山西通志》引。

其品种是在当地特殊环境下，经几千年自然优化出来的。不论当年的雨水多么充足，其果实都不会像别的品种那样虚长膨大。充足的养分，高度凝聚于中等的果实之中，就使得果肉密实而集中，故成熟后品质才与众不同。《史记·货殖列传》："安邑千树枣，燕秦千树栗，蜀汉江陵千树橘。"把产于河东的稷山枣与燕秦的栗子、蜀汉江陵一带的橘子相提并论，可见当时稷山一带的红枣栽培规模之大，品质之好，已非它处可比。至今司马迁笔下的"千树枣"，仍有穿越两千多年而存活者，且生机勃勃，这不能不说是一个奇迹。今稷山县城西部汾河北岸一带"万亩枣园"中，传说属于汉代的枣树，仍然不下几百株。由于历史久远，沧桑巨变，这些枣树在外形上都似乎树老成精，显得非常奇特。它们或崎岖古岸，或虬结龙盘，枝或曲而兀展，杆或空而益坚，霜皮斑驳，屈突棘连，粗壮者两三人方可合抱，斜倚者似若倾而枝偏。千奇百怪，姿态万端，经常招引各地的丹青妙手，每于枣花盛开或红枣成熟季节，不远千里，前来观赏临摹，啧啧称叹。最可称奇的是，这些老树虽历经千年风霜，却仍然年年果实繁盛，且枣果甘甜无比。

随着历史的变迁，"扑落酥"命名的由来，逐渐被人们忘却。隋唐稷山置县后，人们在称这一品种时，便在前面加上"稷山"二字，又为了顺口，复将"酥"字省掉，便成了"稷山扑落枣"。在稷山方言中，"扑落"读如"博拉"（《集韵》：扑，"博木切，音卜"），连读快读后音转，便成了"稷山板枣"。大约到了清代中期，人们就只知有"稷山板枣"，而它原来的"扑落酥"一名，则几乎无人知晓了。

凡物产之美者，其竞争力总是最强的。自古以来，多少枣的品种在历史的长河中都逐渐式微了，只有稷山板枣（扑落酥）却穿越了几千年而更加生机勃勃，显示出了极其顽强的生命力。希望稷山人民能够认真总结红枣生产的历史经验教训，充分利用红枣生产得天独厚的自然条件和历史品牌效应，在新时代的社会主义建设中，开拓创新，发展红枣深加工产业，变资源优势为产业优势，相信在不久的将来，稷山的红枣产业必定能够走出一条更加广阔的发展道路。

（作者单位：北京市文物研究所研究员）

"后稷教民稼穑于稷山"的内涵与外延

吴 宣

2017年6月,习近平总书记视察山西时讲道:"后稷教民稼穑于稷山"。

稷山是后稷故里、板枣之乡,历史悠久、文化璀璨,是中华农耕文明的发源地之一。习近平总书记的讲话更是给予稷山最为宝贵的一块金字招牌。深入研究后稷农耕文化、大力弘扬后稷农耕文化,是稷山县委县政府和后稷儿女贯彻落实习近平总书记重要讲话精神的必然要求,更是稷山以特色文化为突破口扩大影响,加快推进全方位高质量发展的有效途径。近年来,稷山县通过举办后稷农耕文化论坛等多种方式在这方面进行了探索,自己吸收专家意见、结合稷山实际,从"后稷教民稼穑于稷山的内涵与外延"形成了一些新的思考。

一 深入研究"后稷教民稼穑于稷山"的内涵

从整体上来说,"后稷教民稼穑于稷山"清晰而肯定的讲明:农耕文明的先驱推广传播农业生产在稷山。分开来讲"后稷""教民""稼穑""于稷山"四个词,又有着丰富的内涵。这些概念到底指什么?后稷研究历史上基本依据传世文献记载,近年来结合考古学发现,校正了一些研究成果,但还有大量疑问,期待更多方法去研究。

(一)关于"后稷"的内涵

《史记·周本纪》有这样的记载:

周后稷，名弃。其母有邰氏女，曰姜原。姜原为帝喾元妃。姜原出野，见巨人迹，心忻然说，欲践之，践之而身动如孕者。居期而生子，以为不祥，弃之隘巷，马牛过者皆辟不践；徙置之林中，适会山林多人，迁之；而弃渠中冰上，飞鸟以其翼覆荐之。姜原以为神，遂收养长之。初欲弃之，因名曰弃。

弃为儿时，屹如巨人之志。其游戏，好种树麻、菽，麻、菽美。及为成人，遂好耕农，相地之宜，宜谷者稼穑焉，民皆法则之。帝尧闻之，举弃为农师，天下得其利，有功。帝舜曰："弃，黎民始饥，尔后稷播时百谷。"封弃於邰，号曰后稷，别姓姬氏。后稷之兴，在陶唐、虞、夏之际，皆有令德。

后稷卒，子不窋立。不窋末年，夏后氏政衰，去稷不务，不窋以失其官而奔戎狄之间。不窋卒，子鞠立。鞠卒，子公刘立。公刘虽在戎狄之间，复修后稷之业，务耕种，行地宜，自漆、沮度渭，取材用，行者有资，居者有畜积，民赖其庆。百姓怀之，多徙而保归焉。周道之兴自此始，故诗人歌乐思其德。公刘卒，子庆节立，国於豳。

庆节卒，子皇仆立。皇仆卒，子差弗立。差弗卒，子毁隃立。毁隃卒，子公非立。公非卒，子高圉立。高圉卒，子亚圉立。亚圉卒，子公叔祖类立。公叔祖类卒，子古公亶父立。古公亶父复修后稷、公刘之业，积德行义，国人皆戴之。

通过深入研读《史记·周本纪》开篇这段著述，我们可以清楚地认知关于"后稷"概念的三方面内涵。

1. "后稷"是什么。"封弃於邰，号曰后稷，别姓姬氏"。也就是说舜帝赐予弃封地"邰"，赐予弃名号"后稷"，赐予弃姓氏"姬"。"后"与"司"是同源字，从字形我们可以看出来，两个字都是一个"人"加上一张"口"，只是方向相反，都表示拥有权力的人在发号施令。"稷"是人类最早的栽培谷物之一，指粟或黍。在这里作动词用，指栽培谷物。"后稷"两字合起来，意思就是掌管种植庄稼的官员。因此，我们可以得出明确的结论，"后稷"就是上古至夏时期掌管农业生产的官职名称，相当于现在的农业部部长（商不窋后自称后稷）。

2."后稷"的沿袭。《史记·周本纪》写到"后稷之兴，在陶唐、虞、夏之际，皆有令德"，继续写道："后稷卒，子不窋立，不窋末年，夏后氏政衰，去稷不务，不窋以失其官而奔戎狄之间"。"陶唐、虞、夏之际"是一个时间概念。相传黄帝之后，陶唐氏、有虞氏、夏后氏三个部族结成联盟，联盟首领由有贤德的人担任，尧、舜、禹依次成为联盟首领。也就是说，由掌管农业的官员后稷管理推广农事在尧舜禹时期兴起。不仅兴起，而且从舜帝封姬弃为"后稷"开始"皆有令德"，"皆"是"都"的意思，就是说，不是一个人，是几代或十几代人，他们都是有高尚道德受到广泛赞誉的好农官。

那么，"后稷"沿袭的时间跨度到底有多长呢？

要探讨这个问题，首先要把目光聚焦到不窋身上。关于不窋是谁的儿子，主要有两种说法，一种说是姬弃的儿子，另一种认为不窋不是姬弃的儿子，而是与他相隔十几代的后裔。我认为，第二种说法更准确。其一，尧舜禹，舜封姬弃为后稷，禹子启建夏。即使姬弃长寿由舜执政时期活到夏，也就是夏初之人，而不窋是夏末之人，也就说从姬弃到不窋，一个是夏初一个是夏末，绝不可能是父子关系，而是夏末最后一个后稷的儿子叫不窋。

以不窋为分界线，不窋之前的后稷都是夏的农官，夏王朝从公元前2070年延续到公元前1600年，共计470年14代17王。不窋之后为夏衰到商，这段时间姬弃的子孙往西迁徙，在戎狄之间继续传播农耕的事业，扛起"后稷"的封号，带领人民从事农耕生产，丰衣足食，受到拥戴，追随者越来越多，周部落越来越强大，直到周武王姬发牧野之战一举推翻商纣王，建立周朝。查阅资料，我们可以知道，商王朝从公元前1600年到公元前1046年，共计550年30代。到了周武王建立周朝之后，给他已经去世的父亲加封为文王。在中国历史上，每一个王朝的创立者，都会追溯自己的先祖。周王朝兴起之后，追溯先祖，他们认为周人的第一代是姬弃，并且将之神化。

通过以上分析可以看出，"后稷"作为主管农业的官职在夏商两朝存在了1020年（470+550），其中周本纪中有名有姓的是15代，佚名的大约是二十几代，近 30 代。

另外，还有两个概念需要厘清。其一，尧舜禹夏商周上古时期，虽有朝代更迭，但并不是大一统，部落仍然并存，比如夏时期，商部落周部落都存在，仅仅是夏部落强大，是部落联盟的首领。其二，周王朝的先祖是姬弃，周王朝的发源地是晋南汾河流域，就是稷山及周边地区。甲骨"周"字，是在"田"里加四点，郭沫若认为"周"象田中有种植之形，也印证了周起源与农耕文明密不可分。

3. "后稷"的迁徙。一代代的"后稷"并不是固定在一个地方带领黎民从事农耕的。从目前的历史记载看，在夏末，因为受到黄河以南崛起的商部落侵扰，农官后稷无法带领部族安稳地从事农耕生产，被迫迁徙。先往西北，再返回来到现在的西安一带。他们所到之处，不仅传播了先进的农业耕作技术，而且带去了先进的农耕文化。这也就是为什么后来陕西岐山、杨凌讲后稷教民稼穑，甘肃庆阳也讲后稷教民稼穑的原因。

关于"后稷"的迁徙，有三个问题需要深入研究。

一是迁徙的出发地。这一点，钱穆先生在《周初地理考——后稷篇》中写道"后稷始教稼在稷山""后稷之于稷山，则犹神农之于介山，舜之于历山也"。当然此"稷山"并不是专指我们稷山县，而是稷王山一带。钱先生用大量史实论证了这一观点，得到了主流历史学家和考古学家的认同。也就是说"后稷"迁徙的出发地就在晋南，就在我们脚下这一方热土。

二是迁徙的缘由。《史记·周本纪》写道："不窋末年，夏后氏政衰，去稷不务，不窋以失其官而奔戎狄之间"。也就是说，夏末政治腐败混乱，黄河以南的商部落强大崛起，没有了稳定的社会秩序，不窋没办法再带领部族从事农耕事业，被迫率领族人开始迁徙，脱离了夏王朝的统治，也远离了商部落的侵扰，实际上是被迫逃亡。

三是迁徙的路线。历史上有"周人六迁"的说法。

一迁，不窋带领部族被迫流转于戎狄之间，最后的落脚地是甘肃庆阳，也就是现在的甘肃庆城，庆城现在还有不窋陵。

二迁，公刘带领族人由戎狄之间迁徙到豳地，也就是今天的陕西彬州市,"豳"通"邠",也通"邰","邠"一边是分,一边是左耳旁,"阝"的本字是"阜",象形字,意为土山,一边一个"分",一边一个"阜",合在一起是分河边土山的意思。因此,现在也有学者说"邠"地也在晋南的汾河流域。并且,据历史记载,著名的晋文侯勤王,也就是西周灭亡、平王新立的时候,晋文侯杀了携王,终结了二王并立的局面。作为报酬,平王赐晋文侯"邠之地"。《竹书纪年》写到:"平王赐秦、晋以邠、岐之地。""岐"显然赐给秦的是陕西岐山,赐给晋文侯的就是"邠"。

三迁,由豳至岐,也就是古公亶父带领族人迁到岐山。号周,周原。

四迁,文王迁丰,也就是周文王营建丰邑,周之国都也从岐迁至丰。至于丰邑的位置,经过现代的考古发掘,证明了丰邑在今天西安南部沣河中游西岸。

五迁,武王营建镐邑(今西安西南)。

六迁,西周东迁洛阳。

从周武王建立周朝前的四迁,大致可以知道后稷的迁徙路线,原点在稷王山一带,紧接着到甘肃庆阳,再到彬州、岐山、西安南部。有一个关键问题目前存在争议,就是不窋带领部族迁徙到庆阳的路线,一种说法是受到南部商朝侵扰,沿汾河往下游走,渡过黄河往西北方向迁徙到庆阳,然后又折回往西南方向走。另一种说法是受到南部商朝侵扰,沿汾河往上游走,到达晋中盆地,经过一段时间发展,又向西到庆阳。我更倾向于第二种说法,因为商自南来,退必往北。同时,晋中出土了许多光社文化先周文物,能够印证这一观点。

通过以上对"后稷"迁徙的梳理分析,可以知道,在周王朝建立之前,一代代"后稷"在今天山西、陕西、甘肃三省广阔的区域,带领着族人,并且团结当地人,在适合农耕的地方大力推广农耕文明,也使自己的部族得到了不断的发展壮大。

(二)关于"教民"的内涵。

"后稷教民稼穑于稷山"九个字中分量最重的是"教民"二字,为什么这么说。近年来许多历史学家的研究证明，最早遍尝百草、发现粒食的并不止后稷姬弃一个人，还有有巢氏、燧人氏、伏羲氏、黄帝、炎帝（烈三氏、柱三氏）等等。但他们都是仅限于部落首领掌控的贵族阶层小范围组织农耕，就像今天某种高新技术和高端产品只是少数人掌握和使用一样，只有到了以姬弃为代表的后稷时代，这种技术才走出贵族部落，得以在黎民百姓中普及，让普通阶层的人也能够从事农业生产，能够耕种自足，从而将农耕文明的火种播撒到了华夏大地。这就是"后稷教民稼穑"的为民性。《孟子》一书写道："稷思天下有饥者，由己之饥也。后稷教民稼穑，树艺五谷，五谷熟，而民人育。"这就是对后稷为民的功绩称颂。

(三) 关于"稼穑"的内涵。

"稼"指种植，"穑"指收获，"稼穑"合在一起泛指农业生产。那么后稷教民稼穑又是指哪些农业生产呢？一代代"后稷"在这方面的经验和思想由周族史官积累成书，称之为《后稷农书》。由于年代久远，部分散失，现存《上农》《任地》《辨土》《审时》，也就是《农书四篇》，保存在《吕氏春秋》一书中。研究分析《农书四篇》以及其他相关文献，我们可以把"稼穑"内容归为以下几类：

一是注重时令。历法对于指导农民依照季节及时安排农事生产，提高粮食产量具有重要作用。《帝王世纪》记载："（后稷）童龀好于稼穑，及长，仰伺房星，以为农候。"从这一记载看，后稷在利用历法季节合理安排农事生产，能够掌握规律，形成系统经验，大力推广应用，从而促进了当时农业生产的发展与进步。

二是选育良种。农作物的产量与种子质量密切相关，良种是提高粮食产量的有效途径。今天，我们还讲科技是稳产增产的根本出路，种子是农业的"芯片"。《诗经·鲁颂·閟宫》说到后稷播种百谷之事时是这样记载的，"是生后稷，降之百福，黍稷重穋，稙稚菽麦，奄有下国，俾民稼穑，有稷有黍，有稻有秬，奄有下土，缵禹之绪。"也就是说，后稷教导民众下种之前要选择优良种子。同时，注重培育良种。《周颂·思文》记载："思文后稷，克配彼天，立我烝民，贻我来牟。"来牟即小麦和大麦，说明小麦和大麦也是后稷留下来的。另外后稷还教导民众下种之前对种子进行防虫处理："煮马粪为汁，渍种防虫"（语出东汉王充《论衡》），即把马粪加水煮沸形成溶液，放凉后把种子进行浸泡，用浸泡后的种子下种，以减少虫子对种子的危害。

三是相地之宜。《史记·周本纪》说："（后稷）及为成人，遂好耕农，相地之宜，宜谷者稼穑焉，民皆法则之。"《淮南子·诠言训》也说："后稷播种树谷，因地也。"这是说农作物的种植不必一个模式，而要依据土质的不同，因地制宜地种植不同种类的农作物，这是保障粮食增产的重要条件。东汉赵晔在《吴越春秋》中记载得更为详细，"（后稷）种树禾黍、桑麻、五谷，相五土之宜，青赤黄黑，陵水高下，稷、黍、麦、豆、稻，各得其理"。这段话意思是说，后稷依据土地特性合理种植，根据不同类型的土地，选择合适的庄稼进行播种。

四是田间管理。《诗经·生民》记载，"弗厥丰草，种之黄茂"。《淮南子·人间训》记载，"田野不修，民食不足。后稷乃教之辟地垦草，粪土种谷，令百姓家给人足。"这就说明，后稷教导民众要进行田间管理，把田间茂盛的野草铲除掉，才能种好庄稼。尤其是后稷发明的畎亩法在中国农业发展史上具有重要意义。畎亩法，由畎和亩两部分组成。畎是沟，亩是垄。在地势高的田里，将作物种在沟里，而不种在垄上，这就叫做"上田弃亩"。在地势低的田里，将作物种在垄上，而不种在沟内，这就叫"下田弃畎"。高田种沟不种垄，有利于抗旱保墒；低田种垄不种沟，有利于排水防涝，且通风透光。这种耕作方法，一直沿用至今。

五是封疆画畔。之前民众耕种不分畔界，权责不清，收获时互相争夺。西汉《新语·道基》中记载，"后稷乃列封疆，画畔界，以分土地之所宜；辟土殖谷，以用养民。"后稷教导民众分清责任，管好自家田地，获得更好收成。

但是，在这里有一点需要注意，夏时历代"后稷"总结的农耕经验，不能归结于姬弃一人。对此，应有客观认识。

（四）关于"稷山"的内涵。

《史记·周本纪》中没有明确地写姬弃究竟在哪个区域教民稼穑，但是明确写道"其母有邰氏女，曰姜原"，并且写道"封弃於邰"，也就是说搞清楚了"邰"地在哪里，就搞清楚了姜原在哪里，就搞清楚了后稷故里、后稷教民稼穑在哪里。

关于"邰"地。学界一直有两种主张，一说是陕西武功，一说是晋西南。邰在陕西武功，历史上有记载，包括《汉书·樊哙传》等都有相关话语。邰在晋西南、在稷山，历史记载更多，隋大业年间官修的地理文献汇编《隋图经》中有明确记载，"稷山在绛郡，后稷播百谷于此山。"《大明一统志》记载，"后稷，尧臣，为农师，教民稼穑，稷山县稷神山有墓。"另外关于稷山这个地名，最早见于《左传》宣公十五年，也就是公元前594年，到汉朝时设立了稷山亭，隋开皇十八年（598）改高凉县为稷山县，此后1400多年，这个名字就再也没有变动过。隋文帝把高凉县改名稷山县，而没有把关中的武功、杨凌等地命名为稷山，说明早在隋朝时稷山作为后稷故里已经非常明确。

历史上两个"邰"之争一直没有定论，但是钱穆的考证给晋西南说增加了绝对的分量。他在《周初地理考》中明确提出，"周人盖起于冀州，在大河之东。后稷之封邰，公刘之居豳，皆今之晋地，及太王避狄居岐山，始渡河而西，然而亦在秦之东境渭洛下流。"之后邹衡先生对这一学说进行了深入研究，从先周文化陶器特征的考古角度明确提出，周人起源于山西不存疑问。

并且，从20世纪60年代至2012年，稷山县下王尹村、贾峪村以及闻喜县冰池村发掘出多处龙山文化遗址，内有先民聚居使用过的石斧、石凿、敛口瓮、大口罐等生产和生活用具，有力地证明了4000多年前，稷王山麓就有人类繁衍生息，耕耘劳作，这对农耕始祖后稷生于稷王山、长于稷王山、教民稼穑于稷王山，提供了考古学的确凿依据。

同时，在稷山，众多关于姜原和后稷的历史传说，众多姜原庙和稷王庙引起了许多学者的关注。也正因如此，越来越多的历史学家、考古学家认为，后稷的源头"邰"地就在汾河到涑水河稷王山的周边，也就是稷山与闻喜一带。

现在全国多处出现与后稷相关联的地名，大多与后稷的迁移有关系。比如，山东临淄有座海拔仅171米的小山，据《齐乘》记载，此山曾建有祭祀"五谷之神"后稷的祠堂，故得名稷山。为什么这里有祭祀后稷的祠堂？只有一种可能就是后稷的后裔散落到了那里。又比如，陕西武功又名"邰城"，还有"教稼台"等。这是因为后稷到达新的迁徙地后，会在新的地方沿用以往的地名，才有了这种现象。

二　丰富拓展"后稷教民稼穑于稷山"的外延

"后稷教民稼穑于稷山"是习近平总书记给予稷山县的金字招牌，我们不能只是守着这个金字招牌"打转转"，关键是要立足新时代，不断丰富拓展这个金字招牌的外延。近年来，在这方面通过不懈努力，我们取得了一些初步成果，形成了一批论文集，比如创办了季刊《后稷文化》，先后刊发关于后稷文化方面的文章100余篇，全国研究后稷的权威专家、东北师范大学文学院教授曹书杰，后稷的后裔周国屏等十几位专家学者都曾在刊物上发表特约文章。稷山县委、县政府邀请全国各地专家、学者先后举办了两届后稷文化研讨会，涌现出《后稷的传说》《农耕之祖》《后稷大传》《华夏农耕始祖后稷》等很多优秀作品。比如，编排了大型历史剧《农祖后稷》，制作了后稷农耕文化宣传画册《稷播丰登》和后稷农耕文化动漫片，创作了民俗鼓舞剧《稼穑风》，等等。2021年9月18日，我们在北京成功举办了首届中国·山西·稷山后稷论坛，展示了稷山形象、推介了"稷山四宝"、签约了一批项目、坚定了文化自信、扩大了稷山影响，《人民日报》、新华网等国内50余家高端媒体予以报道，全网阅读量突破3700万人次。但是，实事求是地讲，我们所做的工作，与杨凌等地方比起来还有很大的差距，还很难撑起习近平总书记给予的这块沉甸甸的金字招牌。一是对后稷农耕文化的研究还不够系统，说服力不够强。二是在后稷文化的弘扬方面差距还很大。三是现代农业发展成果还不够明显。四是还没有将后稷农耕文化很好地融入城乡建设，缺乏标志性的文化符号。五是宣传力度不够，对外宣传切入点把得不准，宣传深度和广度有限，对内宣传缺乏引领性、渗透性，广大群众尤其是青少年对后稷农耕文化的认知不够清晰。为此，我们一定要抓住关键，持续用力，紧紧围绕"倍加珍惜、深入研究、大力弘扬、全面发展"四个关键词，切实通过做好一件件实事，把这块金字招牌擦得更亮，更好地宣传稷山，弘扬后稷文化，促进稷山全方位高质量转型发展。

1. 倍加珍惜。首先，倍加珍惜"后稷教民稼穑于稷山"是讲政治的必然要求。全国2851个县，习总书记能给多少个县说一句流传千古引以为傲的话，历朝历代又有哪一个执政者能给稷山说一句标杆定向的话，这是利在当代、功耀千秋的宝贵财富。贯彻落实习近平总书记视察山西重要讲话精神，总书记说到的事情，我们必须做好。其次，倍加珍惜"后稷教民稼穑于稷山"是追本溯源的必然要求。不知来路，不记初心，就会迷失方向，如何开创未来。作为稷山人，应该知道自己祖宗是谁，知道自己祖宗有什么丰功伟绩，应该有身为后稷儿女的归属感和荣耀感，进而坚定信心、勇往直前、再创辉煌。再次，倍加珍惜"后稷教民稼穑于稷山"是加快高质量转型发展的必然要求。我们所处的时代是一个开放的时代，在激烈的市场竞争中，靠什么吸引全国乃至全世界的关注，靠什么扩大稷山的影响，唯有"后稷教民稼穑于稷山"具有强大的历史人文影响力，有了这个影响力，就有了鲜明的标志，无论是招商引资，还是发展现代农业，人家一下子就能记住稷山，觉得这个地方有历史、有底蕴、有深度。

2. 深入研究。目前我们对后稷农耕文化的研究实际上还停留在面上，如何往深里走、往细里走、往实里走，有三个路径可以持续探索。一是找载体。研究后稷文化，不能停留在口头上，更不能闭门造车。文化要有载体。虽然后稷文化所处的时代比较久远，但只要深入挖掘，也可以找出有效的载体来印证。比如，系统的史料记载，从古到今到底有哪些朝代、哪些书籍记载了后稷文化相关内容，要系统梳理，整理成册。我们还要编撰稷山历史、稷山地理、稷山文化系列丛书，进一步丰富完善后稷农耕文化。比如，考古发现稷山境内到底有多少相关考古发现，历史遗存中有多少件实物，每一件实物能印证什么，也需要潜心研究，深入考证，形成系统内容。比如，历史传说，稷山全县究竟有多少关于后稷的历史传说，这些口口相传的传说也需要系统的整理。再比如，稷王庙、姜原庙等历史遗存全县范围究竟有多少，有哪些有价值的文物，不仅需要我们心中有数，更需要精心保护。史料、文物、传说、遗存等等，有了这些，讲"后稷教民稼穑于稷山"才更有底气，才更有说服力。二是建平台。后稷农耕文化在中国先秦史研究和根祖文化研究中是一块重要的内容。研究的学者专家很多，研究的地方也很多。我们自己要研究，还要搭建与外界专家学者交流研讨的平台。首届中国·山西·稷山后稷论坛，来自中国社会科学院、北京大学、清华大学等各地专家学者从典籍、考古和推理等角度深入交流，形成了对后稷农耕文化研究的新共识：4000多年前，中国历史上第一位"后稷"——姬弃在稷山汾河岸畔、稷王山麓树艺五谷、教民稼穑。后稷农耕文化由一代代"后稷"历经千年、辗转多地积累形成，代表人物有姬弃、不窋、公刘、庆节、亶父等。上古时期"后稷"群体带领民众在汾河流域、渭河流域、黄河流域等广大区域谱写了推广农耕、辛勤耕耘的秀美画卷。后稷教民稼穑美在艰辛探索、美在坚定执着，美在天人合一、美在合作和谐，美在无私奉献、美在为民务实。"创新、合和、民本"是后稷精神的核心要义、精髓所在。稷山县要肩负起弘扬后稷农耕文化的特殊历史重任，每年确定一到两个主题，供专家学者研究讨论，并采取"重走后稷路、开启新征程"等多种方式，推进后稷农耕文化研究向纵深拓展。三是解疑点。时至今日，后稷文化研究仍然有许多疑点尚未突破，需要进一步深入研究。比如，后稷到底传了多少代，目前还没有准确的夏商纪年，王的传位不清，农官更迭更难搞清；历代后稷的迁徙路线究竟是怎样的，司马迁《史记·周本纪》比较模糊，可以印证的考古文物也比较少；在稷山耕种的周人先祖到底是什么时候西迁的，这也是一个尚未搞清的问题；等等。如果能够在破解这些历史疑点上取得突破，那么对后稷文化的研究就能够起到引领作用，甚至主导作用。

3. 大力弘扬。一是精神层面。就是要提炼升华、精准定位后稷精神，进而延伸到稷山精神、板枣精神，不仅提炼出这些精神的内涵，更要用这些精神激励后稷儿女把家园建设得更加美好。近期，经过多方征求意见、多次深入研究，我们确定了稷山 logo，图案由红色小篆"稷"字印章、姚奠中先生书法作品"稷山"二字、英文"CHIHA JISHAN"和"后稷故里 板枣之乡"构成，既包含了稷山特有的文化符号，又简洁大气、灵动庄重，形成了稷山鲜明的文化标识，这也是我们在精神层面形成的一个新成果。二是社会层面。就是要让每一个稷山人都能了解后稷文化，头头是道讲好后稷文化。要系统整理，精心编制稷山历史、稷山地理、稷山文化、尤其是后稷文化等系列文化作品，让每一个稷山人都知稷山、懂稷山、爱稷山，也就是说要让后稷农耕文化在稷山深入人心，要让传承弘扬后稷农耕文化成为每个后稷儿女的行动自觉。三是宣传层面。宣传后稷农耕文化就是宣传稷山。对内讲好后稷故事，让稷山县内外的后稷儿女都有心灵上的归属感，增强为家乡发展做贡献的凝聚力。对外要讲好后稷故事，让更多的人，包括游客、投资商、专家学者等不同的群体，更深层次了解稷山的璀璨文化、风土人情、旅游名胜、特色产业、投资环境，吸引他们到稷山观光旅游、探究历史、投资兴业。我们目前正在谋划邀请相关的知名专家和媒体人重走后稷路，在全国打响后稷根脉出稷山这张靓丽名片。

4. 全面发展。一要守牢粮食安全底线。加大农业水利设施建设力度，实施高标准农田建设工程，继续提升农业机械化水平，大力实施黄汾流域粮食高产高效和良种繁育核心示范区项目，确保粮食增产增收，"十四五"期间，全县粮食年产量要稳定在 2.5 亿公斤以上。二要紧扣"特优"大力发展现代农业。习近平总书记在讲到"后稷教民稼穑于稷山"这句话时，还讲到"要把这些传统农业文化利用好、传承好，为现代农业发展服务"。因此，传承后稷农耕文化，在新时代，发展现代农业就是其中的应有之义。到目前为止，在发展现代农业方面，稷山已经有了四块国字号招牌，国家板枣公园、国家现代农业产业园、汾河国家湿地公园、板枣生产系统入选中国重要农业文化遗产名录。下一步，要全力打造国家优质板枣产业基地，大力推进稷山板枣种植加工文旅融合综合开发项目，全面提升板枣品质，积极发展板枣设施农业，深度开发枣泥、枣茶、枣粉、枣汁、枣花蜜等养生功能性食品，发展枣乡休闲旅游养生产业，争取板枣生产系统尽早入选全球重要农业文化遗产。全力打造国家现代蛋鸡产业基地，以晋龙集团为龙头，扩大养殖规模、提高科技水平、延伸产业链条，积极创建稷山国家现代农业产业示范园，到"十四五"末，全县蛋鸡养殖规模达到2000万只，形成十个以上现代化养殖小区，蛋鸡养殖规模和技术水平跻身全国前列，晋龙集团进入世界前列。同时，以各乡镇农业特色产业示范园为带动，大力发展核桃、鲜桃、中药材等特色种植产业。后稷时代的农作物更多是解决吃饭问题，自给自足。现在农产品不仅要种得好，更要卖得好。因此，我们一定要在扩大销售方面下功夫。要加快培育加工型、科技型农业龙头企业，大力扶持建设"线上+线下"销售体系，加强农产品地理标志保护，加大特色农产品推介力度，叫响"稷山有四宝，麻花饼子鸡蛋枣"，全力打造四大区域公用品牌，小产业撬动大市场，让我们的稷山特产与"后稷教民稼穑于稷山"一起走向全国，走向更加宽广的市场。三要大力发展文化旅游产业。稷山有七大国宝、五大非遗，有巍巍吕梁、悠悠汾水，更有习近平总书记给予的金字招牌。如何以"后稷教民稼穑于稷山"为突破口，大力发展文化旅游产业，这是我们必须思考和突破的一个重要课题。其一，要让文化"活"起来。比如，进一步提升高台花鼓、高跷走兽等民间文体表演水平，创作更多涉及农耕文化的音乐舞蹈或蒲剧剧目等，让这些典型的农耕文化符号更加生动展现。比如，在景区增加有关农耕文化的演艺，让游客直观体验等等。国家板枣公园的《浇园》等演艺就很受欢迎，许多游客观看之后，都表示真是"望得见乡愁。"这些都会使稷山的文化旅游产业更具特色、更有内涵、更有味道。其二，要让载体"多"起来。不仅要保护好稷王庙等七大国宝，还要持续提升建设晋南寺观壁画馆、唐代名相裴耀卿展馆、清代探花王文在展馆、吴绍先孝悌馆、姚天福廉政馆、姚奠中艺术馆等，逐步建设民俗博物馆、产业博物馆、名镇馆、村史馆等，使我们传承弘扬后稷农耕文化和发展文化旅游有更多载体。其三，要让旅游"热"起来。通过大力宣传后稷农耕文化、稷山特色景点，精心打造"汾水苑曲里""姚村枣乡人家"，筹备枣花节、板枣文化节等，吸引更多游客到稷山，不仅到稷山，而且有看的、有买的、有乐的、有体验的，在无形之中感受农耕文化、稷山文化。四要加快建设稷王文化名城。目前我们正在有序推进稷王庙文化广场"城市会客厅"建设，其中一个重要内容就是要在文化广场兴建农耕文化博物馆，使这个广场成为在全国最具代表性的农耕文化广场。同时，还要以城区街道公园等基础设施为切入点，融入稷王文化元素，塑造特色县城风貌，打造具有鲜明识别度的后稷农耕城市主题文化，比如，在目前入城口已经建成高速口"丰"字标识和一级路口"稷"字标识的基础上，在县城各个广场、公园以及各乡镇所在地，建设更多类似的鲜明标志，让人一进入稷山境内，就能感受到无处不在的浓厚的后稷农耕文化氛围。

（作者单位：中共稷山县委书记）

2021 后稷农耕文化研讨会成果发布

金秋时节，丹桂飘香。在举国上下欢庆伟大的中国共产党百年华诞之际，喜迎 2021 中国农民丰收节即将来临之时，今天中华农耕始祖后稷故里——山西稷山县与来自全国著名高等院校、科研院所的专家学者、社会各界嘉宾朋友，齐聚我们伟大的祖国首都北京——国家会议中心，共同举办 2021 后稷农耕文化高端论坛，传说时代寓信史，稼穑溯源话后稷。习近平总书记强调，五千年文明的深度挖掘很有意义，历史学家、考古学家应继续努力研究。殷切希望我们要围绕一些重大历史问题，延伸历史轴线，增强历史信度，丰富历史内涵，活化历史场景，要探索我国古代历史未知、揭示本源，做好考古成果的挖掘、整理与阐释工作。

后稷作为中华农耕始祖，上承尧舜，下启虞夏，辅佐先帝，协和万邦，教民稼穑，播时百谷，在中国古代文明的生成和发展过程中，比肩尧舜禹，缔造夏商周，奠定了中国古代文明昌盛的根基。

深入发掘后稷农耕文化的内涵，进一步探索后稷农耕文化的精神，不仅有着重要的历史意义，更有着积极的现实意义。

（一）会议充分肯定后稷农耕文化作为中华优秀传统文化的重要组成部分，铸就了中华农耕文化的基调与内涵，后稷成为中华农耕文化的典范形象与受祭主神，凝聚中华民族心理认同与精神标识，需要我们认真加以总结研究，更好地提炼升华；

（二）会议特别强调晋南稷山地区后稷与周人起源密切相关，周人作为华夏民族中一个重要族群，在中华民族的历史舞台上曾担任非常重要的角色，演绎过气壮山河的历史诗篇，从出土文献、神圣叙事到考古调查，都需要我们进一步开展工作，注重运用"二重证据法"的原则，考镜源流，推陈出新；

（三）会议认为4000多年前，后稷农耕文化由一代代后稷历经千年、辗转多地积累形成，在汾河流域、渭河流域、黄河流域等广大区域谱写了推广农耕、辛勤耕耘的秀美画卷。后稷教民稼穑美在艰辛探索、美在坚定执着、美在天人合一、美在合作和谐、美在无私奉献、美在为民务实。"创新、合和、民本"是后稷精神的核心要义、精髓所在。

（四）会议完全赞同以后稷故里的名义搭建起后稷农耕文化交流研讨、合作发展的论坛平台，发展现代农业，助力乡村振兴，助推文旅融合，全方位推进县域经济高质量转型发展，将后稷农耕文化论坛打造成为具有时代影响力、号召力、发展力的高端论坛；

（五）会议号召大家认真学习贯彻落实习近平总书记在中国共产党成立100周年庆祝大会上的重要讲话精神，时刻牢记总书记"后稷教民稼穑于稷山"谆谆教诲，坚持把马克思主义基本原理同中国具体实际相结合、同中华优秀传统文化相结合，要统筹规划、科学设计，加大扶持力度，调动各方面积极性，通过多方合作，不断地推动后稷农耕文化研究的繁荣与创新，以史为鉴，开创未来。

出席2021后稷农耕文化研讨会全体代表
2021年9月于北京国家会议中心

后　　记

在第五届"中国农民丰收节"即将来临之际，我们满怀喜悦迎接党的二十大胜利召开之时，经过大家的辛勤耕耘不懈努力，《后稷文化论集》一书，终于与广大读者见面了。

《后稷文化论集》一书，由中国先秦史学会、中国共产党稷山县委员会、稷山县人民政府联合编辑，它从一个侧面反映了近百年来后稷文化研究学术成果，特别是我们走进新时代的最新成果。

多年以来，中共稷山县委、县人民政府始终牢记习近平总书记嘱托"后稷教民稼穑于稷山"，深入研究后稷农耕文化，大力弘扬后稷农耕文化，先后与中国先秦史学会合作，连续举办三届后稷农耕文化学术研讨会，不断地推动地方经济建设和文化事业健康发展，充分展现新时代全面建成小康社会，实施乡村振兴战略，加快推进农业农村现代化的新风貌。

最近，习近平总书记主持中共中央政治局第三十九次集体学习时，特别强调指出，中华文明源远流长，博大精深，是中华民族独特的精神标识，是当代中国文化的根基，是维系全世界华人的精神纽带，也是中国文化创新的宝藏。我们要深入了解中华文明五千多年发展史，把中国文明历史研究引向深入，推动全党全社会增强历史自觉，坚定文化自信，坚定不移走中国特色社会主义道路，为全面建设社会主义现代化国家，实现中华民族伟大复兴而团结奋斗。

我们要始终牢记习近平总书记的谆谆教诲，进一步深化后稷农耕文化研究，立足新发展时代，贯彻新发展理念，推动农业农村高质量发展，努力打造具有后稷农耕文化特色的社会主义现代化的新稷山。

《后稷文化论集》编委会

2022 年 9 月 12 日